Manuale D'igiene E Medicina Navale Ad Uso Della Marina Mercantile Italiana E Specialmente Sarda Del Cav. Gio. Battista Massone...

Gio. Battista Massone

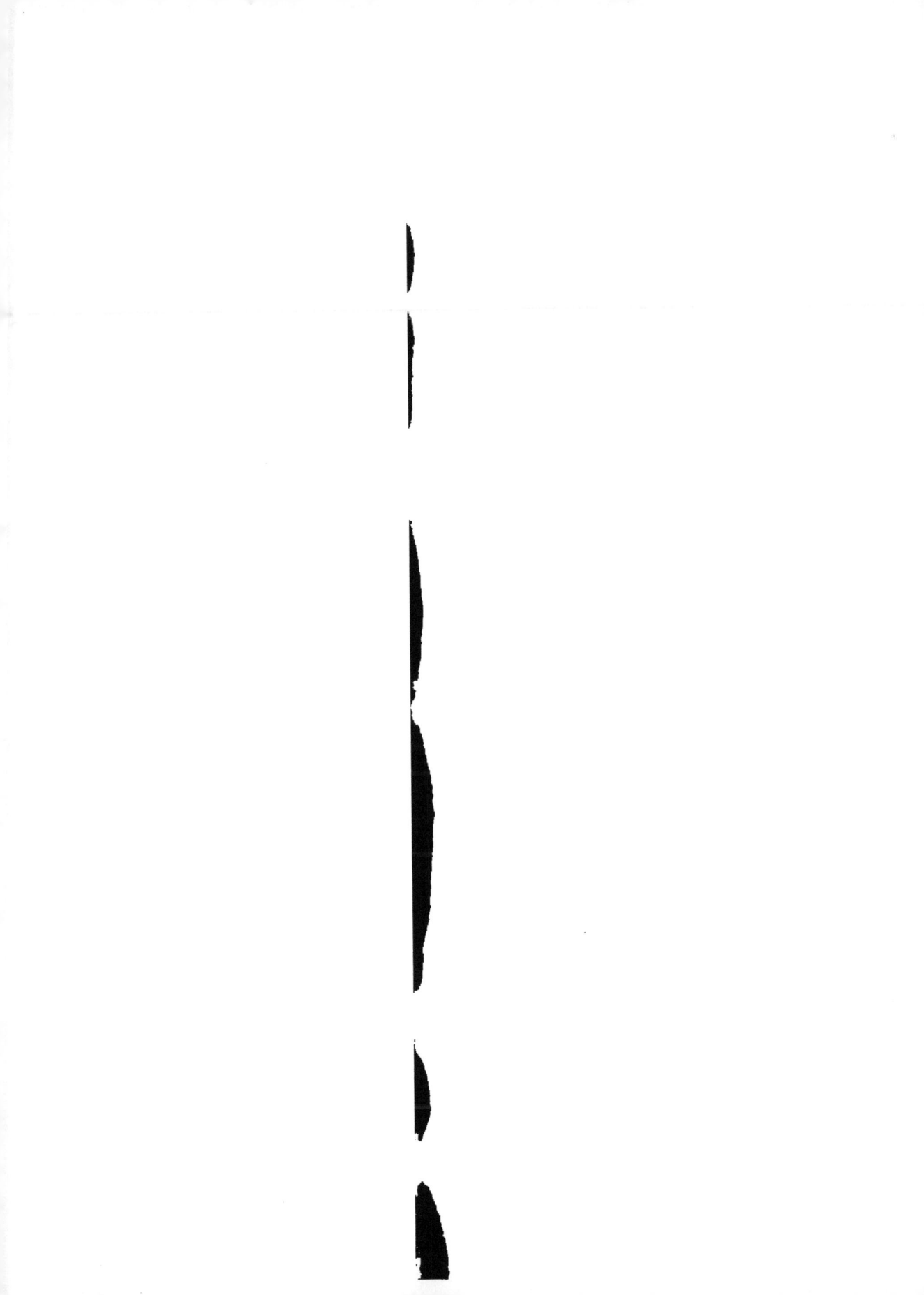

MANUALE

D'IGIENE E MEDICINA NAVALE

CO' TIPI DEL R. I. DE' SORDO-MUTI.

MANUALE D'IGIENE

E

MEDICINA NAVALE

AD USO

DELLA MARINA MERCANTILE ITALIANA E SPECIALMENTE SARDA

DEL

CAV. GIO. BATTISTA MASSONE

Medico-Chirurgo presso la Direzione Generale della Sanità Marittima
negli Stati Sardi. — Segretario generale dell'Accademia Medico-Chirurgica
e di Scienze Naturali di Genova. — Socio corrispondente di varie
Accademie Scientifiche e Letterarie, ecc.

OPERA PREMIATA AL CONCORSO STRADA

GENOVA

PRESSO DARIO GIUSEPPE ROSSI

Libraio-Editore Via Carlo Felice 16.

1856

A

PIETRO STRADA

ESPERTO AGRONOMO MEDICO ADDOTTRINATO

FILANTROPO A NIUNO SECONDO

DEI BUONI STUDI E DELLA PATRIA

BENEMERITO

QUESTO LIBRO SI DEDICA

COME DA LUI INSPIRATO E PROMOSSO

.....A chi mettesse avanti le difficoltà dell' esecuzione di queste provvidenze igieniche a cagione che ledono i diritti del commercio, sarebbe facile il domandare — se il commercio ha per avventura solamente diritti e non doveri.

Comm. Prof. RIBERI.

Relazione fatta al Senato del Regno Sardo sul progetto di legge per la sanzione della Convenzione Sanitaria Internazionale.

Fra i molti e grandi vantaggi recati dalla memoranda Conferenza Sanitaria, che le principali Potenze d'Europa tennero in Parigi nel 1851, non è certamente ultimo quello di aver chiamata l'attenzione dei Governi che vi presero parte, sulla necessità di provedere alla *igiene* della Marina Mercantile, o affatto negletta presso alcune nazioni, o insufficiente in altre, o non abbastanza apprezzata. Nè poteva essere altrimenti, dacchè i benemeriti e filantropi Rappresentanti delle Nazioni congregate non ignoravano le condizioni veramente deplorabili in cui, sotto il rapporto igienico, si trova la più parte delle Marinerie Mercantili in Europa. Il *voto* impertanto espresso in quella Conferenza, che si avesse a far redigere dai singoli Governi un MANUALE D'IGIENE NAVALE, per provedere a questa bisogna, era tanto attendibile dal senno di quei Rappresentanti, quanto richiesto dalla necessità, e voluto dallo scopo stesso pel quale erano congregati (1).

Imperocchè, senza l'opera di una ben regolata e praticata igiene navale non potendosi avere, nè mantenere la salubrità dei navigli e la salute degli equipaggi, è evidente, che i fomiti delle malattie verrebbero ognor più moltiplicati e da un centro all'altro diffusi, rinnovando così le irruzioni epidemiche di que' spaventosi contagi, che in oggi possiamo dire quasi affatto scomparsi, in forza appunto delle igieniche misure largamente introdotte in ogni contrada colla civiltà del secolo nostro.

Ma quel lodevole scopo non si sarebbe mai potuto raggiungere, senza un codice marittimo, o *guida pratica*, la quale, contenendo il meglio delle leggi e provedimenti già in vigore presso quelle nazioni, che già sentirono i benefizi di una ben regolata igiene navale, potesse giovare non tanto ai conduttori delle navi commercianti, quanto agli interessi sanitari della gente affidata alle loro cure. In una parola, bisognava che la Marina Mercantile, anche ne' limiti suoi, potesse, sotto il rapporto igienico, mettersi al livello della Marina Militare, che tanto migliorò in questi ultimi tempi le sue condizioni igieniche presso tutte le nazioni civilizzate.

(1) Dopo aver formulato la CONVENZIONE e il REGOLAMENTO SANITARIO INTERNAZIONALE, la Conferenza stimò opportuno di emettere dei *voti*, i quali furono coordinati da un' apposita Commissione. Questi *voti* furono sedici: all'8º è detto — *La Conferenza emette il voto, che ogni Potenza faccia redigere e stampare un* MANUALE D'IGIENE NAVALE *per uso della Marina Commerciante. Le prescrizioni più importanti di quel Manuale saranno rese obbligatorie.*

Se non che ad ottenere eguali, se non maggiori migliorie e perfezionamenti igienici nella Marina Mercantile, la quale non ha certamente nè il potere, nè i mezzi disponibili della Marina Militare, era mestieri che un qualche Filantropo, ben penetrato della necessità di tali provedimenti, stimolasse col generoso e nobile allettamento del premio gl'intelligenti e i pratici all'esame di questo grave argomento; e raccogliendo l'idea informatrice del *voto* espresso dai Convenuti alla Conferenza Sanitaria Internazionale, la offrisse loro siccome meritevole di attuabilità. E questo Filantropo non mancò! Il *dott.* Pietro Strada, già tanto benemerito per altri incoraggiamenti dati agli studi igienici in Piemonte (1), si avvisò poter tradurre in fatto quella prima idea, aprendo un concorso publico fra i Medici Italiani per la compilazione di un *Manuale d'Igiene navale*, che, nel soddisfare ai bisogni della Marina Commerciante in genere, avesse principalmente di mira il miglioramento igienico di quella degli Stati Sardi. Il quale nobile divisamento trovava degno e competente interprete nella persona dell'illustre *prof.* e *cav.* Angelo Bo, che tanto operava nella Conferenza Sanitaria di Parigi, acciò si avessero vita que' provedimenti igienici internazionali, che, altamente reclamati dal progresso della civiltà e degli studi, resero oramai l'antico sistema quarantenario incompatibile coi presenti bisogni e colle condizioni nazionali di tutta Italia.

(1) Fra i molti premi stabiliti da quest'egregio Medico, ci piace ricordare quello di un — *Trattato popolare d'igiene privata e publica, specialmente rivolto a migliorare la condizione delle popolazioni agricole ed industriali;* non che un altro recentissimo — *Sul migliore ordinamento delle condotte mediche nei comuni degli Stati Sardi.*

Egli è a questo erudito Medico, che, nella sua qualità di Direttore Generale della Sanità Marittima negli Stati Sardi, il proponente *dott.* Strada affidava il delicato, quanto difficile incarico di formulare il *Programma di concorso*, che Egli, con profondità di senno e lodevole distribuzione delle varie materie relative al subbietto, poco stante publicava nei giornali politici e scientifici del Piemonte, riportato tosto dai principali periodici italiani e stranieri (1).

Al vedere come in quel *Programma* venissero così saviamente indicate le traccie a seguirsi nella trattazione speciale dei singoli argomenti, e come un nesso logico continuo esistesse tra gli uni e gli altri, senza ledere quel processo naturale di fatti e di cose, che costituiscono l'armonico complesso di tutta la Igiene navale; noi, comechè impari ci sentissimo alla difficile impresa, nè ci potessimo nascondere le gravissime difficoltà della riuscita, fummo arditi di metterci nell'arringo, sperando che ci avrebbero non poco agevolata la via i lumi che ci siamo procurati dagli Autori i più accreditati in cosiffatti studi, nonchè i consigli e i suggerimenti che ci largirono i più esperti Capitani di mare, che abbiamo voluto consultare, per riguardo specialmente a quelli usi e provedimenti igienici già sanzionati utili dal tempo e dalla esperienza presso le principali nazioni marittime.

Certo è però, che col *manuale* che ora noi presentiamo alla Commissione esaminatrice in esecuzione del citato *Programma*, non pretendiamo al merito della novità; sapendo ognuno, che

(1) Questo *Programma*, inserito per la prima volta nella *Gazzetta Uffiziale della Divisione di Genova*, porta la data del 28 ottobre 1855.

non vi può essere novità in fatto d'igiene, se questa non è forse l'ordine e la distribuzione, che, congiunti alla chiarezza e semplicità del linguaggio, possono far parere anche in siffatte materie il lavoro *originale*. E sotto questo rapporto noi speriamo di avervi adoperato con paziente perseveranza ed occhi e mente, giacchè sapevamo di dover scrivere non per dotti e scienziati medici, ma per quelli che nè dotti, nè medici sono, e che pure tanta necessità si hanno di una siffatta *guida pratica* nella vita marittima.

Egli è bensì vero che appunto qui stava la maggiore delle incontrate difficoltà. Spetta ora all'imparziale giudizio della Commissione esaminatrice il decidere se la venne da noi superata. Ove altri più di noi fortunato abbia raggiunta la difficile meta, noi faremo eco di buon grado alla sentenza dei nostri Giudici, comechè a noi contraria, perchè trattasi qui di una questione altamente umanitaria, e non certo d'individuale interesse.

Agosto, 1854.

———

Con queste parole io dava cominciamento al *manoscritto*, che, per mezzo di mano amica, faceva pervenire dall'estero al concorso aperto dal *dott.* STRADA (1). In esse, siccome in tutto il corso del lavoro, fu mia solerte cura che nulla vi fosse, che potesse in qualche modo disvelare il nome e la patria dell'Autore, ciò essendo non tanto voluto dal

(1) Il *manoscritto* era presentato alla Direzione Generale della Sanità Marittima in Genova il 21 agosto 1854, cioè dieci giorni prima che spirasse il concorso, siccome risulta dalla ricevuta che ne venne rilasciata da quell'Ufficio.

Programma, quanto altamente richiesto dalla mia delicatezza in faccia agli altri Concorrenti ed ai Membri stessi della Commissione esaminatrice.

E perchè di questo concorso si fece molto caso nel nostro paese, sia per la utilità pratica che ne poteva derivare alla gente di mare, sia per le lodi che giustamente ne venivano al Benemerito che lo avea stabilito; così, nel mentre compio in oggi al debito che m'incombe di mandarlo al publico per le stampe, credo opportuno dirne in proposito alcune parole.

Il *Programma,* come dissi più avanti, venne, per incarico del *dott.* STRADA, redatto e publicato dal *prof.* A. Bo, il quale, nella sua qualità di Direttore Generale della Sanità Marittima negli Stati Sardi, fu ad un tempo Presidente di diritto della Commissione esaminatrice. Gli altri Membri di essa vennero eletti (a mente del Fondatore del premio) in egual numero e dal Comitato Ligure dell' Associazione Medica degli Stati Sardi, e della Presidenza dell' Accademia Medico-Chirurgica e di Scienze Naturali di Genova. Dal primo uscirono nominati — il *dott.* RAPETTI GIUSEPPE, già Chirurgo maggiore nella R. Marina Sarda, e il *dott.* PASQUALI ANDREA; — dall' Accademia, il *dott. coll.* ANSALDO MATTEO, e il *dott.* FRESCHI FRANCESCO, professore d' igiene, pulizia medica e medicina legale nella R. Università di Genova, il quale fu scelto a *Relatore* della Commissione.

Molte furono le sedute tenute da questi Commissari, delle quali fu redatto sempre il più scrupoloso processo verbale dal signor QUESTA CARLO, vice-Direttore e Segretario generale della Sanità Marittima in Genova. Questi processi verbali e la *Relazione* del *prof.* FRESCHI, per la loro esattezza ed imparzialità, attirarono l'attenzione non solo, ma si meritarono gli elogi dei Radunati al IV Congresso generale dell'Associazione Medica degli Stati Sardi, tenutosi in Cuneo nell'agosto del 1855, in seno del quale era disposto si dovesse proclamare il vincitore del premio, a norma del *Programma*.

A solo oggetto che possa risultare al Lettore delle ragioni che indussero la Commissione a decretare il premio al presente *manuale*, reputo conveniente ricavare dal suindicato *Rapporto* quanto appunto lo riguarda.

" L'ultimo, e il più considerevole lavoro, che fu però il primo ad essere inviato al concorso, è quello che ha in fronte alcune parole pronunciate dal RIBERI in Senato " *A chi met-* " *tesse avanti le difficoltà di esecuzione di queste provvi-* " *denze igieniche ecc.* " le quali son tolte dalla Relazione sua intorno alla Convenzione Internazionale Sanitaria fatta a Parigi. Di questo *manoscritto* la Commissione ebbe già ad udire un primo circostanziato rapporto del Collega PASQUALI. L'autore di questo lavoro non va misurato alla stregua degli altri, di cui si è già parlato. Imperocchè, oltre di avere egli bene svolte tutte e singole le materie indicate dal *Programma*, come taluno di quelli ha del pari eseguito, li ha poi superati tutti nel modo franco, semplice, popolare ed esatto con cui ha saputo sminuzzare il pane della scienza anche ai profani alla medesima, onde non rechi peso e indigestione alla loro limitata intelligenza. Persuaso che tra il *voto* manifestato a Parigi dai Governi congregati nel 1851 per la riforma delle leggi sanitarie marittime, onde venga la Marina Mercantile proveduta di un buon *Manuale d'Igiene navale*, e il primo impulso dato dal benemerito STRADA e dall'attuale Direttore Generale della Sanità Marittima, onde realizzarlo, corra un vincolo strettissimo, che lega il ben pubblico al privato a decoro grandissimo della patria nostra, l'Autore si è accinto all'opera di dar vita al generoso pensiero. Padrone della storia dell'Igiene navale, egli comincia con un brioso e gustosissimo ragguaglio storico a mostrarci in brevi pagine ciò che fu nel passato l'Igiene navale presso le varie nazioni, partendo dal Medio Evo, da quando Genova, Venezia e Pisa erano fiorenti e potenti Repubbliche; e discendendo giù a traverso i secoli fino ai tempi nostri, cenna il meglio che si fece in Francia da Luigi XIV in poi, non che in Inghilterra, negli Stati-Uniti d'America, in Austria, Alemagna, Svezia, Danimarca, Spagna, Portogallo ed altre Nazioni, quanto al tutelare, o migliorare con savi statuti la igiene delle navi. Delle Marinerie Italiane attuali pone innanzi la Sarda, come quella che può stare in esempio per tutte le altre nazionali; e mostra com'essa, e nessun'altra Italiana, possa reggere al confronto colle straniere, specialmente di Francia, d'Inghilterra e d'America in quanto alle igieniche discipline. Non tace però l'iniziamento di molte riforme già introdottevi dal Governo, e i vantaggi recativi a quest'ora dalla Direzione Generale di Sanità Marittima, per cui spera che queste misure igieniche si andranno ognor più ampliando e perfezionando. La lettura di questo succoso sunto storico (parte 1ª), che non occupa di più di 40 pagine, riesce così facile e gradita, che cominciata non si può non terminarla, e la si ha terminata più presto di quello che si credeva. Così l'Autore, dopo questo preambolo, si fa strada alla trattazione delle singole materie, le quali suddivide in *otto parti*, quanti appunto sono i paragrafi del *Programma*.

" Egli incomincia dai *carichi* e *mercanzie* diverse imbarcabili sulle navi (parte 2ª), facendone cinque capi distinti, e questi poi suddividendo in diversi articoli separati. Dopo aver data una idea generale delle merci che si trasportano sulle navi (cap. 1°) a vela, oppure sui piroscafi, mostrandone le differenze sotto il rapporto della Igiene, considera in modo più speciale e sotto questo stesso rapporto, la *quantità* dei carichi o merci (cap. 2°), e poscia la varia loro *natura*, o *qualità* (cap. 3°). E qui relativamente a quest'ultimo punto tratta in separati articoli dell'imbarco dei passeggieri, di quello di animali vivi, di diverse sostanze animali, dei vari prodotti, o materie vegetali, e per ultimo delle sostanze combustibili; indicando di ognuna materia la più o men facile alterabilità, e combustibilità, non che i danni, o conseguenze nocevoli alla salute degli equipaggi, che possono derivarne per poca previdenza, o ignoranza nel caricarle sulle navi. Considera quindi le merci stesse sotto il rapporto della più o men facile loro suscettività ad imbrattarsi di materie deleterie, trasmissibili od infettanti (cap. 4°), attenendosi per questa parte alla classificazione stabilita dall'articolo 5° della Convenzione e 62 del Regolamento Sanitario Internazionale firmati a Parigi. Contempla finalmente nel capo quinto la *alterabilità* delle merci a bordo delle navi sotto il rapporto della triplice causa — l'*umidità* sola, — il *calore* più o meno elevato — e l'*umido-caldo*, che sono appunto le sorgenti precipue dei guasti e corruzioni, che si manifestano nelle sostanze organiche stivate sulle navi.

" Tutte queste materie sono sminuzzate con una chiarezza e semplicità di stile che sorprende; il fatto soltanto vi è enunciato come una verità che la scienza e la esperienza hanno già dimostrato; ond'è, che i precetti e le avvertenze relative appariscono più persuadenti. Imperocchè vi ha tale una temperanza di parole e di espressioni nel significarli, che fa vero contrasto con quella abbondanza smodata, che la Commissione ha dovuto censurare in altri.

„ Così è della 3ª parte, ove l'autore discorre dei *viveri* e delle *bevande* di bordo; materia alla quale consacra cinque altri capitoli distinti. Imperocchè, dopo averne parlato brevemente in genere, tocca poi le loro differenze in quanto alla provenienza o animale, o vegetabile, per il modo di constatarne la buona qualità (cap. 1°); poi mostra il modo di meglio conservarli a bordo (cap. 2°), e come si possa impedire, od ovviare al guasto e corruzione loro (cap. 3°), e quali effetti nocivi derivino dall'uso di viveri guasti od avariati (cap. 4°), e come vi si debba nel caso porre riparo (cap. 5°). Tutti questi cinque capitoli poi sono da lui divisi in vari articoli ciascuno, nei quali egli discorre le specie diverse tanto dei viveri, quanto delle bevande, che si usano a bordo, non omettendone alcuna. Di tutte poi enumera i caratteri esterni indicativi, o la loro buona qualità, o la subita alterazione, od avaria proveniente dalle diverse cause. Nessuno sfarzo di cognizioni scientifiche per mostrare il più o il meno di digestibilità delle sostanze alimentari, come fecero altri Concorrenti; non spiegazioni, o digressioni teoretiche; non citazioni inutili; — tutto è regola, tutto è precetto, tutto è pratica, esposta in termini chiari, semplici, convincenti. La Commissione giudica che non si possa, in materia come questa, riuscire esatti più di così, e farsi ad un tempo intendere anche dai profani a questi studi.

„Lo stesso dobbiamo dire degli altri cinque distinti capitoli in cui è distribuita la 4ª parte del *manoscritto*, nella quale è più particolarmente considerata l'*igiene del marinaio*. L'autore comincia dal mostrare quali debbano essere le condizioni di attitudine alla vita marinaresca (cap. 1°), quali regole si debbano seguire nella scelta delle *vestimenta* più adattate alla persona del marinaio (cap. 2°), come se ne debba vegliare la pulizia (cap. 3°), regolarne il *lavoro* ed il *riposo* (cap. 4°), il *vitto* e le abitudini loro particolari (cap. 5°). La Commissione non può che indicarvi i sommi capi, giacchè volendo entrare nei particolari di questo importante argomento, bisognerebbe riferirvi l'intiero scritto. Ciò che sorprende maggiormente in questa parte del lavoro, si è il vedere con quale disinvoltura, maestria e franchezza l'Autore si sbriga di una materia che negli altri Concorrenti, ad eccezione del quinto, si vede trattata confusamente, e sepolta ben di spesso in un mare di parole, di spiegazioni e digressioni più o meno scientifiche, per cui chi legge o ne rimane annoiato, o non comprende verbo, o ben poco.

„Ma dove questo Autore ha potuto vincere tutti gli altri competitori, nessuno eccettuato, egli è nella 5ª parte, dedicata alle *malattie del marinaio*. Questo che formava il più terribile scoglio del *Programma*, venne da lui superato con una vittoriosa semplicità senza pari. Rimasto libero, come egli stesso avverte sul principio, di battere quel cammino che più gli sarebbe sembrato acconcio ad agevolare altrui l'intelligenza di questa materia, giacchè il *Programma* non legava per questa parte i Concorrenti, l'Autore ha scelto quell'uno che potea meglio di tutti condurlo alla meta; vogliamo dire quello di un piccolo *Dizionario alfabetico* delle malattie

mediche e chirurgiche principali, cui soggiacciono i marinai.
Di tutte le classificazioni delle malattie egli non adotta che
quella, la quale è pure dal popolo ammessa, di *interne,*
cioè, e di *esterne,* nel senso di *visibili* e d'*invisibili,* e
per noi di *mediche* e di *chirurgiche.* Or bene, egli premette
sì delle une che delle altre una nomenclatura in ordine
alfabetico, disposta per guisa, che la stessa lettera dell'alfa-
beto porta da un fianco il nome di una malattia interna,
e dall'altro quello di una esterna, fra le più principali che
si osservano nella gente di mare. Chi vuole usare del *Dizionario,* il quale tien dietro subito dopo a questo elenco
alfabetico, non ha che a scorrere coll'occhio sull'elenco
stesso, e, sotto quella lettera cui si riferisce, il nome di quella
malattia che si vuole conoscere, quindi, trovatolo, correre
a cercare il nome eguale, o il suo sinonimo nel Dizionario esplicativo. Per guisa che, l'elenco alfabetico che precede è da ritenersi siccome l'indice del Dizionario medesimo;
il quale indice è duplice, attesa la duplice divisione delle
malattie poc'anzi cennata. Ora chi è, anche fra i profani
all'arte medica, che non sappia trovar fuori un nome anche
volgare di malattia in un duplice indice alfabetico che ha
sott'occhio, e correre poi a cercare la spiegazione del nome
rinvenuto in un piccolo Dizionario che gli fa séguito immediatamente? E la spiegazione poi è quanto mai semplice,
facilissima, alla portata d'ognuno. Imperocchè ogni nome
di malattia contenuta nel Dizionarietto non comprende che
la spiegazione, o definizione chiara del nome stesso; poi i
sintomi che accompagnano la malattia; quindi le *cause* che la
fanno nascere ordinariamente; per ultimo i *rimedi,* o la *cura,*
che si usa generalmente per dissiparla; e ciò senza alcuna

mischianza di opinioni controverse, che gitterebbero nel dubbio il Lettore. Il tutto è poi detto in termini così chiari, semplici, non equivoci, che anche la persona estranea a questi studi non può non comprenderli facilmente. Lo stesso egli ha fatto per la così detta *Cassetta dei medicamenti*; nella quale i rimedi, o siano semplici, o speciali, oppure comprendano dei gruppi di rimedi d'una data categoria, sono egualmente distribuiti in ordine alfabetico. Così nella prima delle finche, o colonne, in cui è spartita questa cassetta, sta il numero progressivo; nella seconda il nome generico del medicamento, alfabeticamente collocato; nella terza il numero progressivo del paragrafo; nella quarta o di fronte, o a fianco sta il nome *specifico* del medicamento; in una quinta l'indicazione del modo di preparare, o amministrare il rimedio; nella sesta finalmente le malattie in cui viene amministrato. Può darsi distribuzione più semplice, più chiara, più economica di questa? La Commissione non può a meno di proclamare unanime sotto questo rapporto la superiorità di codesto *manoscritto* su tutti gli altri finqui passati in rassegna.

» Nella 6ª parte poi dovendo l'Autore insegnare quali regole e misure igieniche sieno applicabili alle navi del commercio allorchè salpano dal porto, viaggiano, o approdano, comincia dal mostrare le nocive influenze sulla salute degli equipaggi dipendentemente dalla mala costruzione del naviglio, e porge utilissimi precetti igienici sì quanto alla scelta dei legnami, e sì quanto al miglior modo di costruirlo, indicando brevemente le riforme, che, sotto questo punto di vista, dovrebbero introdursi nella Marina Mercantile nostra. Passa poi a dire delle varie eventualità che possono occor-

rerc o prima di salpare, o anche viaggiando, vuoi quanto
alle varie insalubrità, le quali si possono svolgere a bordo,
od incontrare, vuoi quanto ai pericoli d'incendio, di guasto
di viveri, di avarie di merci, di malattie accidentali, o at-
taccaticcie, od altre; per le quali eventualità l'Autore porge
ottimi consigli, e mette in savia avvertenza i conduttori
delle navi.

» Così è della 7ª parte, corrispondente al settimo Paragrafo
del *Programma*, in cui si cercano le regole e misure igieniche applicabili alle navi in caso di malattie importabili
e trasmissibili. L'Autore, che è medico, ben si vedeva sopra
un terreno ancora più a lui conosciuto; e però non poteva
non uscirne vittorioso. Le malattie dipendenti dalla stagione,
dai climi, dalle intemperie, da cause endemiche, epidemiche
e contagiose, le quali possono acquistarsi navigando in latitudini diverse, o stazionando, od approdando in località
infami, vengono dall'Autore indicate in tutte le loro circostanze
ed eventualità, e mostra ad un tempo il modo di evitarle
e di guardarsene con precauzioni e misure preventive le
più savie e giudiziose. L'Autore con una destrezza singolare
di cui gli si deve saper buon grado, evita opportunamente
il lubrico terreno delle opinioni combattute dai contagionisti
e dagli epidemisti, e solamente si appoggia ai dettami che
la esperienza di più secoli ha sanzionati. La Commissione
è d'avviso, che anche questa parte non potesse essere con
più maestria e sicurezza di principii ed utilità d'applicazione svolta e trattata.

» Finalmente nella 8ª ed ultima parte l'Autore in sette distinti capitoli svolge tutta quanta l'igiene quarantenaria, in
relazione alle ultime riforme introdottevi colla Convenzione

e col Regolamento Sanitario internazionali approvati a Parigi. La piena conoscenza ch'egli ha non solamente di questi Atti, ma delle Leggi ben anco pubblicate il 2 e 9 dicembre 1852 dalla Sardegna a sanzione di quegli Atti stessi, lo hanno messo in grado di potere con ottime avvertenze e ammaestramenti istruire i capitani di mare sulla pratica delle patenti, dei lazzaretti, degli espurghi, delle tasse, sull'attuale organizzazione sanitaria marittima negli Stati Sardi, sulle speciali attribuzioni dei vari dicasteri, sulle pene comminate ai colpevoli di violazione delle leggi sanitarie, su quanto insomma può interessare un armatore, un capitano, un patrone di nave in materia di sanità. L'argomento essendo, come ben si vede, quasi tutto di materie dispositive, non prestavasi per la sua aridezza a molti dilucidamenti. Ciò nullameno, il modo col quale l'Autore lo ha trattato, i vari commenti e spiegazioni da lui apposti ai vari articoli delle leggi sanitarie vigenti, sono così opportuni e dimostranti, che la cognizione loro non può non esserne fruttifera alla gente di mare. Termina il lavoro un copioso *Indice generale,* che ne agevola l'uso e la lettura.

" La Commissione dopo che ebbe compiuta la severa e minuta disamina di questo scritto, non potè a meno di persuadersi: — Primo, che l'Autore di esso avea più degli altri cinque Concorrenti compreso e raggiunto lo scopo principale del *Programma,* quello cioè di redigere un *Manuale d'Igiene navale* facilmente intelligibile dai capitani della Marina mercantile Sarda, ai quali è specialmente destinato: — Secondo, che non solo egli ha raggiunto questo scopo, ma ha nel tempo medesimo vittoriosamente, e meglio degli altri, svolte e trattate tutte e singole le materie indicate, o richieste dal *Programma*, conservando costantemente, e riunendo insieme la esattezza dei principii e il linguaggio semplice, nitido, piano, necessario per accomodarli alla popolare intelligenza.

" Di queste due verità di fatto, risultanti a pieno onore e vantaggio dell'Autore del sesto *manoscritto*, la Commissione è pienamente convinta. Ciò nullameno essa crede di soddisfare ad un debito di coscienza e di giustizia dichiarando unanimamente, che l'Autore del quinto, di cui si è più sopra riferito, si è per molti lati *accostato*, e incomparabilmente più degli altri quattro Concorrenti, a quella meta sublime, che l'ultimo ha veramente raggiunta. Imperocchè, se questi ha saputo sciogliere il problema difficilissimo di dare in mano alla nostra Marina Mercantile un vero *Manuale d'Igiene navale*, redatto secondo lo spirito e le esigenze tutte del *Programma*, quegli del quinto *manoscritto* ha fatto un lavoro che potrebbe servire come un buon libro, o *Trattato d'Igiene navale*, fruttifero a tutti coloro, che, medici o non medici, amano conoscere il progresso fra noi di così utili studi.

" La Commissione impertanto dopo maturo esame, studi e discussioni fatte su tutti e singoli i sei *manoscritti* inviati al concorso, ha con unanime voto adottate le seguenti conclusioni:

I. Che i *manoscritti* n.° 1, 2, 3, 4, non sono meritevoli del premio, non avendo alcuno di questi adempiuto a tutte e singole le esigenze del *Programma*, ed essendosi, specialmente i primi tre, allontanati più o meno dallo scopo voluto dal *Programma* stesso.

II. Che solamente il quinto, contraddistinto dalla epigrafe l'*Hygiène c'est la civilisation ecc.*, vi si è più degli altri quattro accostato, per cui lo crede meritevole dell'accessit (1).

III. Che unico l'Autore del sesto manoscritto, che ha in fronte l'epigrafe del RIBERI — *A chi mi opponesse le difficoltà ecc.*, ha vittoriosamente raggiunto un tale scopo, e perciò giudica doversi al medesimo accordare intiero il premio largito dal benemerito *dott.* STRADA.

IV. Che l'Autore di questo *manoscritto* premiato, rimanendo proprietario assoluto del suo lavoro, non possa pubblicarlo colle stampe, senza averlo prima fatto riconoscere dalla Commissione per la sua identità.

V. Che non sia aperta la scheda del quinto *manoscritto* giudicato meritevole dell'*accessit*, altro che quando l'Autore

---

(1) Non certo per ispirito d'ambizione, ma a puro senso di verità, mi trovo obbligato a dichiarare, che questo quinto *manoscritto* è anche il mio. Trovandomi innanzi tanta materia a svolgere allorchè mi posi al cimento del concorso, con innanzi un *Programma* così complesso, il primo mio lavoro non poteva riuscire che ampio, e, come assai bene dice la *Relazione*, un vero *trattato*. Ma questa sua ampiezza, che da un lato lo rendeva un lavoro più *completo*, costituiva appunto un grande difetto, essendo soverchiamente voluminoso, e con tratti qua e colà nei quali si appalesava troppo la parte scientifica. Fu allora, che, restandomi ancora un po' di tempo, mi diedi alla compilazione del presente *manuale*, il quale non è in sè che il *ristretto* dell'altro. Io non me ne sarei mai dichiarato l'Autore, siccome lo tacqui a tutti nel Congresso Medico di Cuneo, se per gravi ragioni particolari non vi fossi stato costretto più tardi. Ciò valga, desidero, a mostrare vieppiù con quanto impegno io mi accingessi ad un lavoro, dal quale sperava potesse venirne non poco vantaggio ad una classe di benemeriti cittadini, dei quali ho tutti i giorni motivi gravissimi di lamentare il modo con cui sono tenuti a bordo in riguardo alla igiene, e più ancora trattati nelle loro malattie.

del medesimo lo pretenda ; nel qual caso si farà conoscere o innanzi al Congresso dell' Associazione Medica radunato in Cuneo, o alla Commissione sedente in Genova ».

Genova, 23 luglio 1855

Dott. ANGELO BO, *Presidente* — *Dott.* GIUSEPPE RAPETTI — *Dott.* ANDREA PASQUALI — *Dott.* MATTEO ANSALDO — *Dott.* FRANCESCO FRESCHI, *Relatore.*

Egli è adunque questo stesso *manuale* (n.° VI) che oggi io confido alla indulgenza del publico. Ma abbenchè esso venisse così favorevolmente giudicato dalla Commissione, io non posso disconoscervi dei difetti, molti dei quali però credo inseparabili affatto da lavori di questo genere. E perchè mi dorrebbe me ne venisse più tardi fatto carico, io amo fra gli altri ricordare e l'aridità dello stile, e l'aver dato consigli e proposto norme recisamente, e senza discendere mai a motivarne le ragioni; l'aver usato parole, che ben lungi dall'essere della nostra lingua, non aveansi la sanzione che dall'uso della marineria mercantile, avendo reputato inutile quanto ridicolo il significarle con frasi, che sarebbero forse riuscite non facilmente intelligibili a chi avea ad usare del libro. Più, se i dotti dell'arte saranno pazienti tanto di gettar dentro lo sguardo a questo mio libro, non dubito certo che faranno carico all'Autore di aver trattato molte quistioni di scienza nel modo il più superficiale ed incompleto. Del quale mio mancamento parmi però dovermi andare assoluto, ove si abbia presente lo scopo vero che si proponeva Chi fondava il premio, e le parole stesse del *Programma*, ove è stabilito, fra le altre, quale condizione indispensabile — *volersi un libro in istile piano e facile, il più possibilmente popolare, spoglio d' ogni astruseria e terminologia scolastica, e scritto con linguaggio chiaro, succoso e di facile apprendimento.*

Altri appunterà forse, e giustamente, la distribuzione stessa delle materie. Infatti sarebbe forse convenuto meglio separare affatto la parte che tratta delle *malattie*, da quelle che versano esclusivamente sulla *igiene:* la *parte quinta*, che sta fra la *igiene degli equipaggi* e quella propria della *nave*, toglie molto, il confesso, dell'ordine logico che dovrebbesi avere un tale lavoro. Ma io ho voluto tanto nel *manoscritto*, quanto nella stampa uniformarmi pienamente al *Programma;* del quale perciò conservai scrupolosamente gli stessi titoli, e la più identica distribuzione del lavoro, sia nel suo complesso che nelle singole sue parti.

E perchè il citare per disteso le leggi e i regolamenti che in fatto d'igiene navale avea publicato il Governo Sardo, e le molte e savissime circolari, che si emanarono dopo la Riforma quarantenaria da questa Direzione Generale di Sanità Marittima potea destare sospetti sull'Autore del lavoro, io credetti opportuno tralasciare affatto e gli uni e le altre nel *manoscritto*. Ma in oggi nel publicarlo, perchè il *manuale* non patisca difetto di una parte così interessante ed utile pei capitani di mare, dietro consenso di chi dovea darmelo, ho stimato indispensabile che in una separata *Appendice* vi fossero per intiero riportati e i regolamenti e le circolari, apponendo perciò qua e colà nel *manuale* delle note esplicative a piè di pagina, perchè fossero collegate col lavoro. Così ho ritenuto per utilissima cosa il disporre l'*indice generale* in sul principio del volume, e supplirlo invece alla fine del libro con un *indice alfabetico*, ad oggetto di agevolarne il più possibilmente l'uso, essendomi mancato il tempo, allorchè io lo mandava al concorso, di redigerlo, per consegnarlo a chi era incaricato di copiare l'*originale* (1).

Le quali cose piacemi dire, acciò non vi sia chi mi appunti di aver mutato in ciò il mio lavoro, mentre mi feci un preciso dovere che venisse publicato conforme al *manoscritto* presentato al concorso; il quale, firmato e postillato dai Commissari, esiste tuttavia negli archivi della Direzione Generale della Sanità Marittima, del che tutto ampiamente risulta da apposito *Certificato*, che fu mia cura di ottenere dai Membri della Commissione per inserirlo alla fine del *Manuale*.

Per quanto io mi sia oltremodo soddisfatto della palma ottenuta nel concorso, e delle lodi che la Commissione esaminatrice largì al mio lavoro, e più di tutto dei segni non dubbi di simpatia e di cara amicizia onde mi furono prodighi i Colleghi Subalpini in seno del Congresso di Cuneo (dei quali segni io conserverò in ogni tempo la più grata ricordanza, quale unico ed ambito compenso alle fatiche durate); pure io nol sarei abbastanza, ove il mio lavoro non corrispondesse pienamente al fatto pratico ed allo scopo cui mira. Perciò, io accetterò sempre e con vera gratitudine e riconoscenza quegli appunti ed osservazioni, che i miei Colleghi, e specialmente la gente pratica delle cose di mare vorranno farmi, per metterle poi a partito ove io dovessi un giorno ristampare questo libro.

(1) Lo sviluppo della epidemia cholerosa in Genova nel luglio del 1854, e l'essere io stato incaricato nei primi del successivo agosto della direzione medica dello Spedale provvisorio aperto pei cholerosi del nostro Porto, m'impedì di dare, siccome era mio intendimento, l'ultima mano a questo mio lavoro.

Fu scopo del *dott.* S̲t̲r̲a̲d̲a̲ nell'aprire questo concorso; come accennava il *Programma*, di *mettere nelle mani dei capitani e conduttori delle navi mercantili una guida facile e sicura per dirigere il governo e servizio igienico di tutte le persone affidate alla loro responsabilità nei lunghi viaggi e nelle traversate;* fu mio solo intendimento raggiungere questo scopo, allorché mi posi paziente all'arduo cimento, e ciò per secondare all'invito fattomi dal Direttore Generale della Sanità con sua circolare del 29 ottobre 1853, diretta a tutti i Sanitari addetti alla Sanità Marittima negli Stati Sardi, nella quale scriveva — che è *specialmente a questi Medici che si appartiene, come uomini della scienza e della pratica, e che per ragione del loro ufficio sono più che altri a portata di ponderati lavori, lo sciogliere l'arduo problema e colmare una lacuna finora deplorata fra noi.*

Se questo mio nuovo lavoro, che raccomando alla indulgenza del publico, potrà riuscire utile; se avrà la fortuna di soddisfare al *voto* espresso dalla Conferenza di Parigi; se il Governo, che tanto interesse addimostra pel vantaggio del commercio, sarà per accettarlo quale utile *guida dei capitani* della nostra Marineria Mercantile; se gli altri Governi d'Italia vorranno prenderlo in qualche considerazione, per raccomandarlo alle loro marinerie commercianti, che hanno tutte egualmente il più urgente bisogno di radicali riforme nella parte igienica; io sarò lieto di avervi consecrato con tutto impegno quei pochi momenti, che l'esercizio pratico della medicina e le tante mie occupazioni mi concedevano di libertà.

Gennajo, 1856.

INDICE

—

PARTE QUARTA.

Stabilire le regole e le misure igieniche applicabili agli *equipaggi* delle navi mercantili durante i viaggi e le traversate, e quando approdano, calcolando il *numero* delle persone accolte a bordo, gli *usi*, le *abitudini* e i *pregiudizi* nazionali inerenti alla nostra Marina mercantile. *Pag.* 111

Parte Quinta.

Dare un'idea il più possibilmente chiara delle *malattie* che si manifestano più ordinariamente negli equipaggi della Marina mercantile, distinguendole: A) In quelle che di-

pendono più o meno dal continuo soggiorno sulle navi.
b) In quelle che provengono da abusi di vitto, da intemperanze varie, e da negligenze di cautele igieniche a bordo delle navi stesse. c) In quelle che emanano dalla influenza più o meno diretta dei climi diversi cui si espongono gli equipaggi nei lunghi viaggi e nelle stazioni nei diversi porti; — col dare delle une e delle altre i sintomi più caratteristici, e coll' indicare i mezzi curativi più pronti e più facili per dissiparle. *(Cassetta dei medicamenti e modo di usarne)* . . . . *Pag.* 147

Parte Sesta.

PARTE SETTIMA.

APPENDICE.

PARTE PRIMA

∞

Premesso un breve esame comparativo dei regolamenti igienici attualmente in vigore presso le più accreditate Marine mercantili dell'Europa, in confronto colla nostra, farne risultare le differenze.

CENNI STORICI

SULLA IGIENE NAVALE

§ 1. Chi volesse cercare nei secoli passati documenti e
leggi riguardanti il miglioramento e il progresso della IGIENE
NAVALE, avvisando che essa andasse di pari passo coi trionfi
delle Marinerie Militari e Mercantili specialmente Italiane,
che sino dal XII al XV e XVI secolo riempirono il mondo
delle loro gesta, sprecherebbe tempo e fatica. La medica
letteratura per questa parte è poverissima di materiali sto-
rici; e se la scienza poco o nulla si curava in allora della
publica e privata igiene, cercando di svilupparne la instruzione e diffonderne i lumi, ben si può dire che in fatto
d'igiene navale rimanesse perfettamente muta. Imperocchè
non poteva certo bastare all'uopo un qualche breve lavoro,
che dopo il risorgimento delle lettere in Europa andavasi
qua e colà publicando di tempo in tempo sulle malattie della
gente di mare e specialmente sullo scorbuto e sul tifo navale, appunto perchè erano in allora cotali malattie i due
maggiori flagelli degli equipaggi. Che se pure da questi più
o meno speciali scritti poteva trarne un qualche vantaggio

la marineria da guerra, poco o nulla dovea approfittarsene la mercantile, abbandonata siccome la si trovava alle sue abitudini tradizionali, a' suoi usi, a' suoi pregiudizi, e, giova pur dirlo a titolo di verità, alle tante sue improvidenze ed a' suoi errori.

§ 2. Allo scadere delle Marinerie Italiane, e soprattutto delle celebratissime di Genova e di Venezia, cominciò il dominio di quelle di Francia e d'Inghilterra, alle quali non poterono dopo tener fronte le altre più antiche e famose d'Europa, quali erano la Portoghese, la Spagnuola e la Olandese, cui non pertanto è dovuta la scoperta di nuovi continenti e la conquista di ben molte regioni. Eppure, nè durante il periodo di gloria delle une, nè allo elevarsi del dominio delle altre troviamo rivolto il pensiero agli interessi igienici delle navi percorrenti tutti i mari, e portanti il commercio nelle più remote contrade del globo. E quantunque la peste ed altri contagi facessero ben di frequente irruzione or nell'uno ed or nell'altro paese, importativi appunto dalle navi; sebbene le stragi e le calamità immense che secoloro adducevano le epidemie pestilenziali costringessero poi i governi, e quelli specialmente d'Italia e di Francia, a creare i lazzaretti e le quarantene, onde opporsi a novelle importazioni di contagi e a nuovi eccidi (ciò che mostra la necessità di curare l'osservanza dei più rigorosi provedimenti igienici); pure gli è un fatto, che la marina mercantile, anche dopo tutte queste disposizioni salutari, restò come prima senza guida, e priva di quelle providenze e regolamenti particolari per la igiene, difettando i quali non è, nè sarà mai possibile migliorarne efficacemente le più vitali condizioni.

§ 3. Il primo pensiero filantropico e veramente saggio relativo alla igiene navale per riguardo alla marina mercantile che fu promulgato in Europa, lo si deve alla saviezza del Governo di Francia, sotto il Regno di Luigi XIV.

Ella è una lunga e ben motivata ordinanza che venne emanata nel 1681, colla quale si prescrivevano savissime misure igieniche per la marina mercantile, una gran parte delle quali si mantengono colà tuttora vigenti. Gli è da quell'epoca che le proviste dei viveri, la loro qualità e conservazione a bordo delle navi furono regolate da instruzioni e norme precise, e che venne ordinato a tutti gli armatori, capitani e conduttori di navi, aventi un dato numero di equipaggi, di provedersi della *cassa dei medicamenti*. Ma ciò che mostra ancora meglio la saviezza di quella legge si è, che per essa veniva stabilito l'obbligo ad ogni nave di commercio, che volesse intraprendere viaggi di lungo-corso, d'avere uno o due chirurghi a bordo a seconda della natura dei viaggi, nonchè del numero degli uomini imbarcati.

Questo principio veniva poi sanzionato da un'altra ordinanza del 1689, e lo si applicava quindi mercè un esteso regolamento del 5 giugno 1717. E sebbene nelle epoche successive questo obbligo, per essere di troppo gravoso al commercio, avesse d'uopo di speciali interpretazioni, e venisse perciò alquanto modificato, pure fu sempre nella sostanza mantenuto, quantunque le altre marinerie mercantili d'Europa non lo abbiano mai adottato.

La quale citata legge del 1689 porta all'art. 1°, che qualunque nave, sia dessa destinata pei viaggi di lungo-corso, o per quelli della pesca della balena, o di altri pesci *a lardo*, la quale abbia un equipaggio di 20 persone o più, non compresi i mozzi, debba avere a bordo un chirurgo; e coll'art. 2° impone, che si debba del pari imbarcare un chirurgo sulle navi destinate alla pesca del merluzzo, tuttavolta l'equipaggio sia di 40 uomini, eccettuati egualmente i mozzi. Che se il numero degli uomini d'equipaggio ascendesse a 90, allora coll'art. 3° viene prescritto di tenere a bordo due chirurghi, — disposizioni queste sanzionate più tardi da una nuova legge del 4 agosto 1819.

Vero è che quest'obbligo riusciva tanto gravoso al commercio, che dal 1824 in poi non cessarono le diverse Camere di commercio dei littorali francesi e i capitani ed armatori dei principali porti della Francia di reclamare contro una tale misura, ch'essi però sapevano eludere assai bene, preferendo di armare le navi con un numero insufficiente di persone, anzichè assoggettarsi alla spesa di stipendiare un chirurgo a bordo. Ed è in vista appunto di questi reclami e di tali inconvenienti, che questa disposizione della legge venne recentemente esaminata dall'attuale Ministro della Marina Francese, e perciò modificata l'ordinanza del 1819 con decreto di Napoleone III, in data del 2 luglio 1853. Egli è in questo decreto che viene prefisso: (art. 1°) che gli armatori e capitani di qualunque nave destinata a viaggi di lungo-corso, ad eccezione di quelle che si danno alla pesca della balena e del merluzzo, sieno esonerati dall'obbligo d'imbarcare il chirurgo, ciò solo però quando il numero degli uomini dell'equipaggio di dette navi non oltrepassi i 30, non compresi i mozzi; — e che (art. 2°) in nessun caso gli armatori e capitani delle navi destinate alla pesca della balena e del merluzzo debbano essere tenuti di avere a bordo due chirurghi, qualunque sia per essere il numero delle persone del loro equipaggio.

Come ben si vede questo ònere d'imbarcare a bordo delle navi mercantili un sanitario, imposto agli armatori e capitani, già tanto antico in Francia, veniva pur ora sanzionato in principio, quantunque colla nuova legge lo si trovi d'assai modificato nella sua pratica applicazione.

§ 4. Se non che le citate ordinanze e decreti del Governo Francese non sono commendevoli solamente sotto questo rapporto, ma eziandio per altre eccellenti misure igieniche, che per essi vengono prescritte. E fra queste è meritevole di speciale ricordo quella imposta dal decreto del 1767, in cui si ordinava di collocare nella stiva un *robinetto* ad oggetto d' introdurvi liberamente l'acqua del mare per poterla lavare con tutta facilità, — usanza questa già assai prima praticata dalla marineria inglese.

Però tutte queste ordinanze e decreti non avrebbero forse ottenuto tutto quell' effetto che era a ripromettersene e che più tardi infatti si ebbero, ove non vi fosse stato chi sapesse aiutarne lo sviluppo e l'applicazione con regolamenti ed *instruzioni* esplicative le più giudiziose e commendevoli. E questi fu il celebre medico Poissonier, il quale, dopo avere nel 1767 publicato un buon libro sulle *malattie della gente di mare*, raccolse tutti i materiali per la compilazione del *Codice marittimo* publicato nel 1790, che portò di conseguenza la istituzione dei *Comitati di salubrità navale* creati nel 1794, e produsse il bellissimo regolamento organico del 1798, da cui derivarono poi le più recenti ordinanze del 1819, del 1825 e 1827, emanate successivamente dal Governo Francese, e modellate tutte più o meno sulle basi e sui principii da quell' Autore stabiliti.

§ 5. Come vedesi adunque la Francia fino dal secolo XVII, ma più specialmente nel passato, rivolse fermo il pensiero a migliorare la igiene navale, o a crearla dove non esisteva per anco; pensiero questo che non abbandonò più mai. Al che contribuirono efficacemente non pochi benemeriti scrittori, i quali con libri ed *instruzioni* seppero svolgere in ogni modo il grave argomento, e somministrare delle utili *guide* agli uomini di mare.

Non si creda però che con tutto questo la marina mercantile francese siasi per modo avvantaggiata e perfezionata sotto il rapporto igienico da poter servire di modello alle altre nazioni commercianti. Se sotto questo rapporto quella parte della stessa marina che dalla legge del 1819, e ultimamente dal decreto imperiale del 1853, ha obbligo di avere a bordo un chirurgo, lascia poco a desiderare, non così del pari la è quella che non imbarca alcun ufficiale di sanità, e va esente perciò da quelle prescrizioni. Chè rispetto a quest'ultima vi hanno inconvenienti non pochi e negligenze grandissime d'igieniche cautele, che ben a ragione tuttogiorno reclamano savi provedimenti e radicali riforme.

§ 6. Ciò nullameno anche per questa parte della marina mercantile francese si va da qualche anno cercando ogni via per migliorarne la igiene con regolamenti ed apposite *instruzioni*. Ed infatti, oltre quelle già emanate dal Governo nel 1849 e conosciute sotto il nome di *Chirurgo di carta*, possediamo oggi, fra le molte, una *guida* utilissima scritta dal dott. RAOUL, e publicata d'ordine del Ministro della Marina e delle Colonie, nella quale sono date savie avvertenze ed utilissimi precetti d'igiene navale, applicabili ad una delle stazioni le più malsane, quale appunto si è la costa occidentale dell'Affrica: oltrediché, a meglio diffondere la utilità di questi precetti, e a far apprezzare ognor più nel suo complesso la grande importanza della igiene e medicina navale, concorsero le scuole teorico-pratiche già appositamente istituite in tutti i porti marittimi della Francia dal COLBERT, ed or fatte rivivere (1844) per opera del BERTULUS, sotto il padrocinio del Ministero della publica Istruzione.

§ 7. Non diversi furono i progressi fatti sotto il rapporto igienico della Marina Inglese mercantile, promossi in gran parte dai vantaggi già sperimentati dalla Marina da guerra, che fu, a ver dire, la prima a migliorare e perfezionare le condizioni sue igieniche, per mezzo di ottimi provedimenti dati dal Governo Britannico nelle varie epoche di sue ingrandimento. Ma la maggior parte di essi però, e quelli in ispecial guisa che riguardano la marina mercantile, non vanno più in là del secolo passato.

Non per questo si dee credere siasi in oggi ottenuto tutto che sarebbe necessario per poter dire perfezionata in ogni sua parte la igiene navale in Inghilterra; chè rimane ancora a farsi non poco, massime sotto il rapporto delle vesti, dei letti e degli alimenti da provedere a bordo delle navi mercantili. Ma quanto riguarda la *cassetta dei medicamenti*, che ogni naviglio di commercio è obbligato di avere, dal vedere le forti multe e pene inflitte ai contravventori a questa disposizione, sia non provedendola convenevolmente, sia non tenendola in buono stato, non possiamo che encomiare il Governo Britannico per così savi provedimenti. Oltredichè esso non mancò mai di dare incoraggiamenti e premj agli autori di buone *instruzioni* o *guide* indicanti il modo di giovarsi di questi mezzi curativi a bordo delle navi mercantili, massime nei viaggi di lungo-corso. Di che fanno la più ampia fede i molti *manuali* che su tale argomento uscirono alla luce in Inghilterra in questi ultimi cinquant'anni; alcuni dei quali se anche furono il frutto di speculazioni librarie, ve ne hanno però non pochi che vennero publicati a tutta spesa del Governo e largamente da essolui diffusi e raccomandati.

A ciò devonsi aggiungere le molte particolari e ripetute *instruzioni* dal Governo stesso bene spesso emanate, nello scopo d'indicare la maniera onde arrestare, od impedire lo sviluppo di qualche grave malattia contagiosa. Nel quale proposito troviamo commendevolissima quella publicata nel settembre del 1853 relativa al *cholera*, e dedicata particolarmente ai capitani e comandanti delle navi mercantili, la quale venne susseguita poco stante da un'altra consimile, fatta publicare in inglese, tedesco e francese, acciò si avesse la maggiore publicità possibile, diffondendola a tutte le navi che approdavano nei vari porti dell'Inghilterra e delle Indie nel mentre vi regnava il cholerico flagello.

§ 8. Così la previdenza del Governo Britannico è tanta sotto questo rapporto, che non si permette ad alcun libro, sia *manuale* od *instruzione* od altra publicazione qualsiasi relativa ai bisogni e miglioramenti della igiene navale, di avere l'appoggio governativo, se non porta in fronte le principali disposizioni e leggi colà vigenti relative a questa materia.

Così, ad esempio, non si può aprir libro o *manuale* inglese d'igiene navale, senza che si trovi rammentato in capo ad esso il § 18 del cap.° 112 dell'*Atto del Parlamento* (sotto il titolo di *Atto del Mercante e del Marinaio*) emanato nel settembre del 1844, con cui si prescrive, — che qualunque bastimento nazionale debba avere a bordo una sufficiente provigione di medicinali adattati alle malattie ed accidenti diversi, che possono aver luogo a bordo delle navi; provigione che vuol essere fatta attenendosi severamente al catalogo approvato dal Governo stesso, e publicato nella Gazzetta Ufficiale del Regno.

Viene pure dallo stesso *Atto del Parlamento* imposto l'obbligo ai capitani ed armatori di avere a bordo una sufficiente quantità di calce pel disinfettamento delle navi, non che limoni, aceto e zucchero da doversi distribuire alle persone dell'equipaggio, quando in certi viaggi di lungo-corso abbiano dovuto per un qualche tempo cibarsi esclusivamente di carni salate ecc., e vi si indica la quantità della razione e il quando amministrarla, minacciandosi infine multe gravissime a chi infrangesse questa legge.

§ 9. Ma non basta ancora. Il Governo Inglese chiamando in vigore la legge del 1842, intitolata — *Atto per regolare il trasporto dei passeggieri sulle navi mercantili* — ricorda l'obbligo d'imbarcare un ufficiale di sanità tuttavolta possa essere il viaggio maggiore di sei settimane ed abbia cinquanta o più persone a bordo, stabilendo l'inflizione di una ingente multa ai contravventori di questa disposizione. La quale è però un po' più larga su questo particolare che non la ultimamente modificata in Francia, dove, come abbiamo detto (§ 3), è prescritto l'imbarco di un sanitario ogni qualvolta l'equipaggio, non compresi i mozzi, ammonti a trenta persone, senza però ristringere alle sei settimane i viaggi di lungo-corso, cui sono destinate quelle navi mercantili.

Ma non meno lodevoli disposizioni igieniche sanzionava un altro più recente *Atto del Parlamento* Inglese, emanato in agosto del 1850. All' art. 63 di questo vien disposto, che lo spazio destinato sulle navi mercantili alle persone componenti l'equipaggio debba essere non minore di nove piedi inglesi in superficie per ogni individuo adulto; e che debba essere tenuto costantemente ventilato e aereato, e non occupato mai da altri oggetti, se non sono le poche vesti degli equipaggi. All' art. 65 poi prescrive la nomina d'Ispettori Medici incaricati di riconoscere lo stato dei medicinali di bordo e le provigioni dei viveri e bevande, ogniqualvolta le Autorità marittime e locali avvisassero opportuna una tale visita; e all' art. successivo (66) si minacciano gravi multe agli spacciatori di medicinali o viveri di cattiva qualità.

§ 10. Tutte queste ed altre providenze igieniche emanate in questi ultimi anni dal Governo Britannico in epoche diverse e sotto varie circostanze, vennero poi raccolte ed ordinate meglio in una più recente legge (30 giugno 1852), la quale riunisce tanti e così vari precetti, che non possiamo a meno di qui riportarla per sommi capi.

Premessa la definizione dei termini usati in detta legge acciò non cada dubbio sulla interpretazione e loro significazione, e dopo avere indicate le misure concernenti le Autorità Governative per ciò che riguarda gli *Atti Civili*, il rilascio dei *Certificati* ecc., passa a prescrivere il numero dei passeggieri, che possono essere imbarcati sulle navi mercantili; il quale numero dev'essere costantemente proporzionato alla capacità della nave. E perciò ordina, che dovendo passare i Tropici ogni passeggiere debba avere quindici piedi inglesi di spazio in superficie nel luogo a lui destinato sulla nave, spazio che può essere limitato a soli dodici ove non si passi la Linea.

Vuole poi che preceda sempre una visita di periti avanti di salpare dal porto pei viaggi di lungo-corso, ad oggetto di esaminare e constatare la buona costruzione del bastimento, lo stato in cui lo si trova, e tutte le condizioni necessarie per poter intraprendere tali viaggi. Prescrive pure il numero delle latrine, il quale dev'essere proporzionato esso pure a quello dei passeggieri e dell'equipaggio; ed impone l'obbligo di avere a bordo delle *barcaccie* destinate alle imbarcazioni in ogni possibile caso di disgrazia, oltre quello severissimo di tener sempre pronte ed in istato servibile le *pompe a incendio*.

Così parimenti in riguardo al numero delle persone componenti l'equipaggio è detto, che dev'essere sufficiente ai bisogni delle manovre navali : e non tace il modo con cui deve essere mantenuta la ventilazione nell'interno della nave; e parla della qualità e quantità necessaria dei viveri e bevande che si devono imbarcare; ricordando nel tempo stesso le regole da seguirsi nel caso di viveri alterati, sofisticati e guasti, colla minaccia di più o men gravi multe pecuniarie cui verrebbero assoggettati i capitani e gli armatori, tuttavolta volessero caricare dei viveri di non buona qualità. Sul quale proposito quella savia legge stabilisce le norme generali per la visita da farsi per mezzo dei periti alla provigione dell'acqua potabile, e per caricarne dell'altra toccando nel viaggio dei porti intermedi, dando nel tempo medesimo le opportune regole igieniche rispetto al vitto giornaliero ed all'ora più conveniente per la distribuzione dei pasti.

Egli è in questa legge stessa, che con lodevole pensiero troviamo fatta parola della qualità del carico rispetto alla sua più o meno nociva influenza sulla salute dell'equipaggio, e al luogo più acconcio per disporlo sulla nave, acciò non venga tolta od impedita la libera circolazione della luce e dell'aria.

Ben s'intende che la *cassa dei medicamenti* e degli strumenti chirurgici non deve mancare mai a bordo delle navi

mercantili aventi l' obbligo d' imbarcare un ufficiale di sanità, per il quale vi hanno pure delle norme tutte particolari. Più, altre misure igieniche sonovi contenute, e tutte
egualmente dirette a tutelare la salute degli equipaggi e a
preservarli da ogni pericolo d' infezione, dipendente da negligenza d' igieniche misure.

Così l' Inghilterra, che era la prima a proclamare la inu-
tilità delle quarantene di *osservazione*, s' adoperava da anni
ed anni a far sentire la grande necessità di surrogare a
quelle un buon sistema igienico-navale, il quale efficacemente
contribuisse a mantenere la salubrità delle navi e a tutelare
la salute degli equipaggi.

§ 11. Leggi così próvide e previdenti come sono le
ultime inglesi, indarno noi le andremmo cercando nelle marine mercantili degli altri Governi d' Europa. Tuttavia non
è da credere, che questi o sieno sprovisti per guisa di regolamenti igienico-navali, o li abbiano così trasandati da essere le marinerie loro mercantili spoglie affatto d' ogni guarentigia igienica. Molte e più o meno savie disposizioni e
misure adottarono essi in epoche diverse su questo particolare, le quali sono tuttavia in vigore, e meritano di essere
da noi ricordate, comechè lascino non poco a desiderare
in quanto sia del loro perfezionamento.

§ 12. Nell' *Editto politico di navigazione austriaca* emanato dalla Imperatrice Maria Teresa nel secolo passato, ed
anche oggidì vigente nell' Impero Austriaco, vengono prese
in considerazione; — 1° la scelta delle persone, che, per
attitudine e capacità, meglio convengono a formare l' equipaggio
d' una nave; 2° la buona qualità dei viveri, che devono
essere provisti a bordo; 3° la loro relativa quantità; 4° la
natura e quantità del carico, che vuolsi non mai superiore
*alla salutifera portata del bastimento; 5° la cassetta dei
medicamenti*, di cui ogni nave mercantile dev' essere proveduta; 6° la cura degli ammalati a bordo; 7° le multe

(e sono gravissime) che vengono minacciate ai contravventori di questo Editto. — Il quale, se per una parte può dirsi una buona raccolta di precetti igienici utilissimi, non contenendo però dall'altra tutte quelle misure e disposizioni, che il tempo, il progresso dei lumi e la esperienza suggerirono di mettere in pratica, venne dal Governo stesso modificato e migliorato nel 1843 con una *notificazione circa i provedimenti da farsi dai bastimenti austriaci patentati a lungo-corso pel salvamento dei naufraghi e delle persone che cadessero dal bordo.*

Egli è in questa notificazione che si obbligano gli armatori e capitani a tenere a bordo certi apparecchi destinati a salvare le persone in pericolo di naufragio (*salva-uomini*), prescrivendo la loro grandezza, proporzionata sempre al numero delle persone d'equipaggio, ordinando che tanto il capitano, quanto i marinai ed i mozzi, prima di imbarcarsi, vengano istrutti sul modo di usarne, instituendosi per ciò dal Governo medesimo un'apposita scuola.

La quale instituzione se merita a tutta ragione l'encomio dei filantropi, ben più lo merita la fondazione, avvenuta nel 1847, di una scuola egualmente gratuita di medicina, chirurgia ed igiene navale, adattata alla capacità della gente di mare; scuola diretta fino al 1851 dall'esimio dott. BENEDETTO SERAVAL, medico del Lloyd Austriaco, sventuratamente perito in detto anno, con grave perdita della igiene navale, al cui ingegno e indefessa opera essa va debitrice di molti lavori, utili tutti e pregiatissimi.

§ 13. L'esempio dato dall'Inghilterra colle savie sue leggi relative alla igiene navale, era seguito non guari dopo anche dalle città libere dell'Alemagna settentrionale. Il Senato di Brema emanava nel 1849 un regolamento concernente l'imbarco dei passeggieri a bordo delle navi mercantili, il quale contiene varie misure, la più parte delle quali abbiamo già indicate nella legge del Parlamento Inglese del 1850. Imperocchè trovasi in esso contemplato il bisogno di uno spazio sufficiente per ogni passeggiere ricevuto a bordo, nonchè la necessità di una libera ventilazione ed il come più facilmente ottenerla. Si parla in quel regolamento della qualità dei viveri e delle bevande, e del come distribuirli, e così di molti altri argomenti relativi tutti alla igiene navale. Il Convento dei Negozianti di quella libera città fece istanza perchè una tal legge venisse in alcuni punti riformata; e diffatti esso ottenne il suo intento, introducendovi nel 1852 delle modificazioni, tutte rivolte a maggiore benefizio della igiene navale.

§ 14. Più ancora esplicito fu il procedere del Senato di Amburgo in questi tre ultimi anni relativamente a tale materia. Essendo in quel porto numerosi e frequentissimi in ogni anno ed in ogni stagione dell'anno gl'imbarchi di passeggieri, atteso il moltiplice ed estesissimo suo commercio e di migliaia di emigranti per l'America, era un'assoluta necessità per la locale Autorità marittima di regolare con opportuna legge tutte quelle imbarcazioni, tutelando gl'interessi della publica e privata igiene, manomessi ben di spesso dalla più esosa cupidigia e dalla frode. E però venne nel 1850 publicata un'apposita ordinanza (modificata poi nel 1852, ed aumentata di notevoli aggiunte nel 1853), con cui si stabilisce: — 1° il numero determinato delle persone che si possono imbarcare a bordo di una nave mercantile, prescrivendo lo spazio in superficie che ognuna di esse deve avere; 2° il come ed il quando si dee farne l'imbarco, nonchè la grandezza e disposizione delle *cucciette*; 3° la quantità e qualità dei viveri di provista; 4° si vieta assolutamente di ricevere a bordo persone affette da malattie contagiose; 5° si prescrivono norme precise per operare la ventilazione della nave: — sonovi finalmente accennate varie altre cautele igieniche fra le più essenziali ed utili a conoscersi dai capitani e marinai.

Se non che in onta a così savi avvertimenti, si trova tanto il regolamento di Amburgo, come quello di Brema manchevole di due elementi importanti, che abbiamo visto invece primeggiare nelle leggi di Francia ed Inghilterra, vogliamo dire l'obbligo imposto ai capitani ed armatori di avere a bordo un ufficiale di sanità trattandosi di viaggi di lungo-corso e di un certo numero di persone imbarcate per equipaggio, e l'altro di tenere a bordo in buono stato la *cassa dei medicamenti*.

§ 15. Su quest'ultimo particolare il Governo degli Stati Uniti d'America pubblicò leggi le più esplicite e le meglio redatte. Imperocchè viene imposto l'obbligo a tutti i capitani della sua marina mercantile di avere a bordo una *cassetta di medicamenti*, tuttavolta la nave superi la portata di settantacinque tonnellate. Ed acciò i medicamenti non difettino mai, nè sia ignorato il modo di amministrarli, vuole la legge, che questa *cassetta dei medicinali* sia approvata dallo stesso Governo. Il quale perciò molto saviamente emanava *instruzioni* apposite per i capitani medesimi, non tanto ad oggetto di ammaestrarli nella pratica dei rimedi in esse *casse* contenuti, quanto anche nella conoscenza delle malattie che ordinariamente si manifestano a bordo, aggiungendo a corredo molti precetti igienici adattati all'uopo. Ed è per questa saviezza di provedimenti igienici emanati da quel Governo, e, bisogna confessarlo, religiosamente rispettati ed osservati dalla Nazione, che le navi mercantili dell'America settentrionale possono servire di vero modello, sotto il rapporto igienico, alle più colte e civili nazioni dell'Europa.

§ 16. Uno dei più gravi inconvenienti incolpati, e giustamente, alla marina mercantile, quello si è dell'*adunamento di molte persone* a bordo delle navi, per guisachè il numero degli imbarcati è spesso sproporzionato alla capacità del naviglio. Il Governo Spagnuolo penetrato a ragione dei danni che avvenivano da questo grave abuso, volle porvi un freno, e farlo finalmente cessare nella sua marineria.

Ond'è che nel 1846 usciva un decreto, col quale veniva ordinato a tutte le navi mercantili destinate a' viaggi di lungo-corso, di limitare il numero degl'imbarcati, determinando per di più lo spazio che ognuno di essi doveva aversi nell'interno del bastimento. E però pei viaggi delle Antille, o verso la costa orientale d'America dovesse ogni individuo aversi non meno di una tonellata di spazio, portato ad una tonellata e mezza quando trattavasi di viaggi alle Isole Filippine.

§ 17. Vuolsi però osservare, che, rispetto a questa savissima providenza, il Governo Spagnuolo era già stato preceduto da quello del Portogallo. Il quale nel 1842 emanava un regio decreto, con cui veniva ordinato, che nessun bastimento mercantile destinato all'imbarco di passeggieri, potesse viaggiare verso porti stranieri situati al Sud 30° latitudine con più di due individui per ogni cinque tonellate.

Se non che, per quanto commendevoli si riconoscano queste igieniche misure prese dai due Governi della Penisola Iberica, onde por freno alla insaziabile cupidità di certi capitani ed armatori, non sono tali però da riempiere quella vasta lacuna, che in materia d'igiene navale presentano tuttavia le due marinerie mercantili della Spagna e del Portogallo, come tutto giorno ne fanno la più ampia fede e la ignoranza per questa parte dei loro capitani e la poca nettezza dei loro navigli, comechè non difettino nei due Regni dei *manuali* assai ben redatti d'igiene e medicina navale, destinati appunto ai capitani delle loro marinerie mercantili.

§ 18. Sul quale argomento dell'imbarco dei passeggieri a bordo delle navi mercantili, anche il Belgio publicava nel 1843 un'apposita legge, che, d'assai migliorata, richiamava in vigore nel 1850. Egli è in forza di questa legge, che si stabilisce l'esistenza d'una Commissione coll'incarico di vigilare su quanto riflette la parte igienica delle navi, non tanto per la loro attitudine al viaggio che stanno per

intraprendere, quanto per sovraintendere al modo di distribuzione delle *cucciette*, alla qualità delle proviste, ai recipienti destinati a contener l'acqua potabile, ai mezzi pel
rinnovellamento dell'aria nell'interno delle navi stesse, pel
vuotamento delle acque della sentina, dando in uno delle
severissime norme per la visita della *cassa dei medicinali*,
di cui devono assolutamente essere proviste tutte le sue
navi mercantili.

§ 19. E così crediamo debbano esserne provisti, in forza
di apposite leggi, quelle appartenenti alla Prussia ed all'O-
landa, giacchè non accade ne difettino che assai raramente.
E queste *casse* di cui esse navi sono proviste vanno accompagnate da apposite *instruzioni*, ora scritte in tedesco per i Prus-
siani ed in olandese per gli Olandesi, ora invece in inglese
per gli uni e per gli altri. E queste *guide mediche* non
mancano di qualche breve avvertimento d'igiene, per cui
sono utili a chi ne vuole e sa trarre profitto pel meglio
degli equipaggi e dei passeggieri.

§ 20. Noi non conosciamo se nei due Governi della Scan-
dinavia esistano leggi apposite per la igiene delle navi mercantili, come abbiamo veduto presso altri Governi d'Europa, non avendo potuto consultare atti o documenti officiali
in proposito. Cionullameno sappiamo da alcune *instruzioni*
fatte appositamente stampare nelle due lingue svedese e da-
nese da noi esaminate, essere i capitani e conduttori delle
navi mercantili di quelle marinerie obbligati a tenere a
bordo in buono stato la *cassa dei medicamenti*, dandosi
loro delle norme non solo per poterne usare con profitto,
ma ben anco porgendo ad essi una descrizione abbastanza
esatta delle malattie più frequenti a bordo, nelle quali que'
rimedi devono essere adoperati.

§ 21. Del resto, senza voler qui entrare in un esame
comparativo-differenziale e minuto di tutte e singole le diverse marinerie mercantili dell'Europa considerate sotto il

rapporto della igiene, perchè ci mancherebbero all'uopo i necessari elementi, possiamo dire in tesi generale, che, per rapporto alla pratica di certe misure igieniche essenziali alla salute degli equipaggi, trovansi molto avanti quelle delle parti settentrionali dell'Europa, comparativamente a molte altre appartenenti a nazioni meridionali, dove, generalmente parlando, la igiene navale viene abbandonata al buon senso, alla discrezione ed alla pratica, non però sempre lodevole, dei capitani. E in queste ultime non è raro il caso di trovare navi mercantili, che, visitate attentamente, ci mostrino gli equipaggi o sprovisti di vesti, o difettare di viveri, o averne di pessima qualità, e l'interno del naviglio muovere a schifo per la massima sporcizie in che è tenuto, e lo spazio destinato agl'individui essere rubato dalle mercanzie esalanti fetido odore, per cui non vi si possa abitare senza grave danno della salute. Il che tutt'assieme considerato costituisce un complesso di cause e circostanze così favorevoli allo sviluppo di malattie principalmente contagiose, che non ci fa meraviglia se alcuni Governi marittimi dell'Europa meridionale tanto insistevano sulla necessità di mantenere intatto il sistema quarantenario fin qui vigente, appoggiandosi principalmente sulla *insufficienza* delle condizioni igieniche delle navi e degli equipaggi per preservarsi dalla importazione di que' terribili flagelli.

§ 22. La rapida e succinta esposizione dei principali provedimenti igienici diretti a tutelare più o meno la salute degli equipaggi a bordo delle navi mercantili, che noi abbiamo fatto per rispetto alle marine mercantili più accreditate dell'Europa e dell'America, ci dispensa dall'esame comparativo che avremmo dovuto istituirne colla Marina Sarda, sotto questo aspetto considerata. Imperocchè in un paese nel quale per la forza tradizionale delle abitudini, o per colpa di circostanze contrarie allo svolgimento d'ogni libera istituzione e del vero progresso civile, che tanto influirono per lo passato, poco o nulla si potè creare o riformare relativamente alla publica igiene, e tutto, si può dire, rimane ancora a farsi, — il confronto con altri paesi, che o non furono travagliati tanto da queste calamità politiche e morali, o seppero almeno vincerne gli ostacoli, il confronto, diciamo, nasce di per sè, e le differenze grandissime emergono spontanee, chiare e manifeste ad ognuno. Nè vale illusione o adulazione a celare una lacuna, che pur troppo esiste grande ed antica in questa parte della publica sanità, cui d'altronde si vincola una delle più ricche fonti della prosperità di una nazione; chè la marina mercantile sarda sotto il rapporto della igiene trovasi in oggi molto al di sotto di quelle di Francia, Inghilterra ed America (1).

§ 23. Se non che dopo la promulgazione dell'*Atto Internazionale*, che, riformando radicalmente tutto l'antico sistema quarantenario, affidava all'*opera previdente* della igiene il mantenimento di quelle ottime condizioni sanitarie, che da più anni prevalgono nei paesi mediterranei, vennero dal Governo Sardo, e per mezzo di riforme savissime attivate con molto senno ed utilità, e per mezzo di altri provedimenti dati o proposti, introdotti tali miglioramenti e fat-

---

(1) L'Autore fu dolentissimo di dover dire così apertamente una sì dura verità; ma in lui stava l'obbligo di non celare una piaga, che deturpa tanto schifosamente la marineria mercantile sarda, acciò si avvisasse più prontamente ai rimedi che si credevano i meglio acconci a poterla sanare. D'altra parte egli sapea benissimo, che questa verità era stata proclamata non meno francamente dalla Direzione Generale della Sanità Marittima di quel Regno, lorquando indirizzando una circolare ai Consoli di marina (febb. 1853, n. 475) dovea confessare, che se quella marineria — « non avea rivali nel coraggio e » nella perizia de' suoi marinai fra le altre nazioni marittime del mondo, » era però d'assai inferiore a molte altre nelle condizioni d'igiene » navale, d'altronde così essenziali al suo benessere ed alla sua flo- » ridezza..... »

tine sperare più altri in materia pure d'igiene navale, chè ci conforta la speranza di vedere ben presto la marina mercantile di quel Regno mettersi, sotto il rapporto igienico, a livello colla militare, che ha da molti anni un servizio sanitario assai ben organato e regolarmente costituito.

§ 24. Intanto per ottimo divisamento proposto da quella Direzione Generale della Sanità Marittima sino dall'agosto del 1853, veniva prescritto a tutti i Medici addetti al servizio della Sanità medesima — " di non limitare le loro visite ai bastimenti " ad alcune provenienze soltanto di origine sospetta, od a " farle per semplice formalità, siccome un tempo già si costu- " mava, ma di entrare nella ricerca di tutte quelle condizioni " igieniche nelle quali si trovano i bastimenti stessi all'atto " della visita, tanto in rapporto ai carichi, quanto agli " equipaggi. "

Specialmente poi nella circolare scritta dal Direttore Generale della Sanità Marittima nell'aprile del 1853 a tutti gli uffizi sanitari di quel Regno si raccomandava altamente — " di " porre la maggiore attenzione alle condizioni igieniche dei " navigli sì all'arrivo che alla partenza, essendosi voluto " dal Governo, col sanzionare la riforma sanitaria marit- " tima, provedere non solo alla efficace tutela della salute " publica contro possibili malattie esotiche micidiali e " trasmissibili, ma mirare eziandio a distruggere i fomiti " di malattie popolari nei paesi marittimi, che spesso hanno " origine ed alimento da pessime condizioni igieniche delle " navi, e dalla natura e qualità alterata del carico. Essere " in forza di questa nuova legge, che si voleva finalmente " provedere al migliore ben essere ed alla maggiore inco- " lumità dei marinai della marina mercantile sarda, che " costituiscono una parte così interessante e benemerita " della popolazione dei R. Stati ". — Savie e generose parole codeste, le quali se da un lato mostrano il perchè abbia fra i primi il Governo di S. M. il Re di Sardegna sancita la nuova legge sanitaria marittima, sono dall' altra arra più che sufficiente della intenzione sua di volerne religiosamente eseguite le lodevoli disposizioni.

§ 25. E per vero, con dispaccio ministeriale del 3 agosto 1853 creavasi a tal uopo una Commissione incaricata *di formulare un progetto di regolamento, nel quale venisse determinato il numero dei passeggieri da imbarcare sui bastimenti a vela ed a vapore, la estensione dei loro alloggi e la quantità delle proviste di bordo, secondo la durata probabile del viaggio, ad oggetto di far cessare il grave abuso invalso nei capitani marittimi d' imbarcare un soverchio numero di passeggieri a bordo dei bastimenti nazionali, che salpano per l'America.* « Il che mostra quanto stia a cuore del Governo Sardo la riforma igienica della sua marina mercantile, e come a questo grande quanto urgente scopo mirino gli adoperamenti suoi, specialmente dopo la sanzionata legge sanitaria internazionale, per cura e suggerimento particolarmente della Direzione Generale di Sanità Marittima, che tanto degnamente lo rappresenta (1).

Infatti, quest'ultima messa in pensiero dalla comparsa in varie contrade dell'Europa e dell'America del *cholera-*

_____

(1) Tanta è l'importanza che si dava da questa stessa Direzione sanitaria alla igiene navale, che inviando ai Consoli ed Incaricati all'estero una circolare (n. 914) in data del 4 maggio 1853, si leggeva fra le altre avvertenze: — « Egli è pure di tutta necessità che nella
» patente si trovino distintamente indicate le condizioni igieniche
» del naviglio, del carico, delle persone dell'equipaggio e dei passeg-
» gieri che si trovano a bordo. L'igiene navale ha molta importanza
» nel relativo trattamento contumaciale a imporsi alle navi all'arrivo;
» ed è ormai un fatto avverato, che potrebbesi senza pericolo, an-
» corchè la provenienza fosse sospetta, ammettere in libera pratica
» una nave di cui la traversata di una certa durata fosse stata incolume
» e le condizioni igieniche fossero riconosciute sotto ogni aspetto lo-
» devoli e fuori di qualunque eccezione. »

morbus nell'estate ed autunno ultimi scorsi (1853), avvisava conveniente redigere e publicare alcune instruttive *avvertenze*, che faceva poi distribuire a tutti i capitani della sua marina mercantile, i quali salpavano per alla volta di paesi nei quali regnava la temuta malattia. Colle quali *avvertenze* essi erano instruiti sul come prevenirne lo sviluppo, conoscerne la forma in caso di svolgimento ed ovviare ai danni di essa cogli opportuni mezzi dell'arte.

§ 26. Vero è che fin qui la osservanza dei regolamenti e cautele igieniche nella marina mercantile sarda non venne ancora imposta con apposita legge, e che perciò il *voto* espresso dalla Conferenza Internazionale di Parigi rimane tuttavia inesaudito (1). Ma è vero altresì, che ad impedirne l'esaudimento osta una grave difficoltà quasi insormontabile rispetto al Governo stesso, che non dipende intieramente dalla sua volontà il poter superare per ora; la quale sta nella mancanza per la marineria mercantile non solo sarda, ma italiana in genere di un lavoro igienico, che, alla guisa appunto di un *manuale*, sia alla portata della intelligenza della gente di mare, e d'una pratica utilità immediata; lavoro inteso specialmente ad insegnar loro i doveri e le regole tutte con cui cautelare la salute degli equipaggi e la salubrità delle navi. Fino a tanto che il Governo non sappia sin dove si estendano questi doveri e queste regole, esso non potrà mai formulare leggi o regolamenti igienici per la marina mercantile, nei quali venga finalmente sanzionato il principio della responsabilità dei capitani e degli armatori per rapporto alla preservazione dei passeggieri e degli equipaggi durante la traversata; applicando alla violazione delle regole igieniche a ciò relative le pene convenienti. Allora soltanto, quando questo libro o *manuale* di facile apprendimento sarà stato redatto ed approvato, si potrà dal Governo emanare

(1) Vedi la *Introduzione* al manuale.

una legge penale apposita: e allora soltanto sarà dato sperare di veder cessati i tanti abusi, che oggi a buon dritto si lamentano nella marina mercantile sarda, che per coraggio e sveltezza di traffichi a nessuna è seconda; abusi molti e deplorabili, fra i quali non è il men grave quello di vedere non pochi de' suoi capitani intraprendere viaggi di lungo corso per ogni parte del mondo, sprovisti o del tutto, od in gran parte di quei mezzi igienici e terapeutici, che sono necessari a preservare e a ridonare la salute agli equipaggi.

§ 27. Ma quello che qui diciamo della marineria mercantile sarda vogliamo s'intenda egualmente applicabile alle marinerie tutte mercantili italiane e a ben molte d'Europa, trovantisi nelle eguali condizioni, se forse non peggiori, in rispetto alla igiene. — Del resto, noi speriamo che non sia lontano il giorno in cui vedremo rattificato da tutti i Governi che vi presero parte, quel memorando *Atto*, che usciva dalla Conferenza Sanitaria Internazionale a Parigi, e per cui va ad essere assoggettata l'Europa marittima ad un sistema uniforme di precauzioni e misure igieniche generali e speciali. Imperocchè allora soltanto si potrà vedere col fatto la igiene dividere la solidarietà della ricchezza e prosperità dei commerci col centuplicarne i benefizi, rompendo finalmente i vincoli tutti che la barbarie dei secoli passati avea messi, moltiplicando, diffondendo e fomentando in mille guise le cause dei morbi trasmissibili per contagio. Allora conosceranno anche i più devoti a tutto che pute d'antichità, che val meglio il *sistema preservativo* della igiene reso obbligatorio e uniforme per tutte le nazioni trafficanti sui mari, che non il *sistema proibitivo* e vessatorio osservato fin qui da alcune di esse soltanto, — sistema appoggiato totalmente sulla troppo accarezzata teoria della importazione dei contagi.

PARTE SECONDA

⚬

Stabilire le regole e misure igieniche applicabili ai **CARICHI** diversi e **MERCANZIE** d'ogni specie, considerandoli:

A) sotto il rapporto della *quantità*.

B) » » della *qualità*.

C » » della loro suscettibilità ad infettarsi di principii deleterii e trasmissibili.

D) » » della loro *alterabilità*, e delle conseguenze nocive che possono derivarne alla salute degli equipaggi.

IGIENE DEL CARICO

CAPITOLO I.

Delle regole e misure igieniche applicabili ai carichi diversi e mercanzie d'ogni specie in generale considerati.

§ 28. Dovendo limitare le nostre considerazioni alla marina mercantile, noi siamo costretti ad esaminare la influenza in generale dei *carichi* delle navi mercantili, rispetto alla salute degli equipaggi, sotto un duplice rapporto, cioè:

1° per quanto spetta alle navi o bastimenti *a vela*.

2° per quanto riguarda la navigazione *a vapore*, — a ciò obbligandoci la differenza che esiste fra gli equipaggi addetti all'un genere di marineria e quelli dell'altro, relativamente agli effetti od influenze più o meno pericolose o nocive esistenti fra l'una e l'altra marina.

ART. I.

Bastimenti a vela.

§ 29. La influenza più o meno pericolosa che può derivare tanto dalla *quantità* che della *qualità* dei carichi e merci imbarcate, non può essere apprezzata giustamente, nè valutata, se prima non si consideri la *qualità* del luogo in cui i carichi stessi vengono collocati.

§ 30. La *stiva* è quello spazio sottostante al ponte della nave, dove, come ognuno sa, si depositano tutti gli oggetti che sono trasportati dalla nave come mercanzia, o che servono alla navigazione e difesa della nave medesima (*stirce*). Ora la stiva trovasi di sua natura avere un grado più o meno elevato di temperatura (che non è certamente nelle parti superiori della nave) quando sono chiuse le boccaporte; mentre quando queste sono aperte la differenza è quasi nulla rispetto alla temperatura dei luoghi i meglio aereati.

I recipienti, qualunque essi sieno e specialmente se botti, contenenti l'acqua potabile ivi allogati, lasciano sfuggire in gran copia l'umidità; altra umidità deriva pure dalla pioggia che qualche volta vi penetra; così pure dall'acqua marina che più o meno filtra a traverso le commessure del naviglio, o che proviene dai cordami, gomene, catene, ecc. che si ritirano dal mare e mettonsi ben di spesso sotto-coperta senza essere prima convenientemente asciugati. Di qui ognuno vede facilmente come tutte queste sorgenti d'umidità e d'acqua si concentrino e si riuniscano nella *sentina,* dove il loro deposito, oltre di intaccare il legno del bastimento ed ossidarne il ferro che serve a riunirlo, lascia una specie di melma nerastra, simile ad inchiostro, che ne intonaca non raramente tutt'attorno le pareti. Di qui poi la sorgente inesausta di quell'*umido-caldo* che si svolge e si mantiene più o meno costante nella stiva medesima, in forza del quale le sostanze o materie ivi depositate (massime se animali o vegetabili) si corrompono e si putrefanno più o meno prontamente (§ 83). La quale corruzione tanto più aumenta, inquantochè per l'aria irrespirabile o metifica che si svolge e si eleva dalla sentina, vi periscono insetti e sorci, che sono i numerosi abitatori delle navi mercantili, i quali contribuiscono a loro volta a corromperla ognor più colla stessa loro putrefazione. D'altronde si sa che la stiva non ha che pochissima luce e non riceve aria che dall'alto, e nei piccoli bastimenti da una sola apertura praticata superiormente nel ponte (*boccaporta di maestra*); per la qual cosa ognun vede di leggieri, che, poste queste condizioni inevitabili, la stiva medesima, sotto il rapporto della sua influenza igienica, può essere considerata quasi come il basso-fondo d'una maremma, o d'una palude ondeggiante, da cui, per il caldo-umido che vi si mantiene, svolgesi un'atmosfera più o meno impregnata di vapori o miasmi insalubri. E per vero, chi non sa, che vi hanno esempi non rari di marinai caduti asfitici nel discendere nella stiva, dove non aveasi avuta l'avvertenza di far prima penetrare per qualche tempo dell'aria acciò vi circoli liberamente.

Si aggiungano poi alle qui accennate cagioni di nocivi influssi:

1° i prodotti della respirazione e della traspirazione, che emanano dalle persone imbarcate in qualità d'equipaggi, o comunque raccolte a bordo;

2° l'umidità che si evapora dalle vesti bagnate, dalle lavature varie di oggetti personali o inservienti al naviglio, dalle inondazioni accidentali portate o dalla pioggia o dai colpi di mare;

3° le emanazioni pessime che si sprigionano più o meno dalla camera di *basso-a-prora*, dalle biancherie sporche, dal magazzino delle proviste, dalla qualità di certi carichi, o merci imbarcate, e bene spesso anche dalla natura stessa del legno ond'è costrutto il bastimento.

§ 31. Tutte le accennate cause operanti più o meno costantemente nell'interno de' bastimenti mercantili, col produrre o calore od umidità, basterebbero già di per sè sole a rendere assai malsana l'abitazione sotto-coperta alle persone che sono obbligate di rimanervi un qualche tempo. Ma se a queste cause, o male influenze proprie della località stessa, si aggiungano poi tutte quelle che derivar possono dalla qualità delle merci imbarcate, ognuno comprenderà facilmente quanto debba accrescersi la insalubrità del naviglio, e possa quindi trovarsi esposta a maggiori pericoli la salute dell'intiero equipaggio.

E per vero; lo spazio necessario alle persone, già angusto di per sè, viene occupato non raramente in gran parte dalla mercanzia; — oppure, se mentre la capacità del naviglio, rispetto ai passeggieri da prendere a bordo, non è che di cento, in ragione cioè di una o due persone per tonnellata, si vuol far essere di cencinquanta o duecento, cioè metà o due volte in più; — se invece di una merce innocua di per sè, se ne caricherà una che sia facile ad imputridire, o già putrefatta ed emanante quindi vapori e odori malefici; — ben si comprende, che la insalubrità del bastimento riescirà tanto maggiore e tanto più arrecherà danno alla salute degli equipaggi, quanto più queste cause o influenze nocive saranno maggiori e più a lungo mantenute.

ART. II.

Bastimenti a vapore.

§ 52. Noi manchiamo ancora di studi ed osservazioni speciali sulla influenza più o meno nociva, che la navigazione *a vapore* può dispiegare sulla salute delle persone addette al suo servizio. Tuttavia possiamo in tesi generale ammettere, che g'inservienti alle macchine a vapore dei navigli si trovano in quelle condizioni medesime in cui sono gli operai esercenti professioni, che richiedono una elevata temperatura. E però per costoro le brusche variazioni atmosferiche e specialmente quelle della temperatura potranno riuscire ben di spesso più nocive, che non alle altre persone imbarcate.

Ma il pericolo delle nocive influenze non esiste in essi, nè è cagionato soltanto dalle succitate circostanze. Imperocchè in quanto al carico ed alle mercanzie ben si vede, come dalla più elevata temperatura che si trova sul fondo del naviglio, possano con tutta facilità, quando non si pratichi alcuna precauzione o misura igienica efficace, nascere questi effetti più o meno nocivi, cioè:

1° *emanazioni putride* dalle acque della sentina;

2° *umido-caldo* più facile a svolgersi e a mantenersi nella stiva;

3° facilità grandissima per la *corruzione delle materie* tutte *vegetabili od animali*, suscettibili di più pronta alterazione.

§ 33. Imperocchè non si deve dimenticare, che pei movimenti continui delle macchine agenti nei navigli a vapore, scolando una certa quantità di materie grasse, queste vanno a raccogliersi tutte nella sentina, dove si mescolano alle acque già corrotte che vi si trovano, e soggiacendo colà ad una specie di decomposizione organica, sprigionano un odore per lo più di *uova fracide* (*gaz solfidrico*), alterando l'aria in modo che, non essendo più atta alla respirazione, produce delle conseguenze morbose diverse ed assai gravi. Infatti, in molti di questi inservienti alle macchine sui piroscafi si osserva generalmente uno smagramento generale più o meno sensibile, ed un color terreo-giallastro della pelle. A ciò contribuiscono per avventura, oltre le suaccennate, due altre cause, e sono:

1° che la temperatura più elevata di queste navi nel loro interno, massime di notte, influisce maggiormente sulle persone inservienti alle macchine, o che sono costrette ad abitare in quel caldo ambiente;

2° che le fatiche e i lavori cui trovansi obbligati sono molto maggiori di quelli, che sostengono in tempi ordinari i marinai dei bastimenti a vela.

§ 34. Queste generali considerazioni noi abbiamo creduto necessario di esporre avanti di entrare nell'esame speciale delle influenze nocive particolari, che possono esercitare sulla salute degli equipaggi dei bastimenti tanto la *natura diversa*, quanto il *volume* e la *quantità* dei carichi e delle mercanzie, ciò parendoci della più grande importanza in così grave argomento.

CAPITOLO II.

Delle regole e misure igieniche applicabili ai carichi diversi e mercanzie d'ogni specie, considerati sotto il rapporto della QUANTITA'.

§ 35. La *quantità del carico* di una nave mercantile può considerarsi sotto due aspetti diversi:

1° che essa quantità non sia soverchia, perchè allora sarebbe esposta al pericolo di affondare durante qualche fortuna di mare;

2° che essa sia tale da non occupare lo spazio, o porzione dello spazio destinato alle persone dell'equipaggio, ed ai passeggieri.

Non dovendo noi occuparci del primo punto, ma del secondo, egli è sotto quest'ultimo rapporto che ci faremo ad esaminare gl'inconvenienti e i pericoli portati dalla *eccessiva quantità* del carico.

§ 36. Bene spesso accade, per esempio, di vedere bastimenti carichi di *grano* per modo, che non solo i luoghi destinati al riposo dei marinai, ma perfino la camera stessa del capitano è piena di questo genere, per cui si è obbligati a mettersi carpone onde poter penetrare nella *cuccietta*. V'hanno bastimenti che dalla Spagna, dalla Sicilia, dal mare Ionio e dalle Isole dell'Arcipelago arrivano così carichi di *carube*, che ve ne ha non solo sotto-coperta in ogni angolo o ripostiglio della nave, ma sopra-coperta per ogni dove e ad una altezza di due e tre metri; motivo per cui riesce affatto impossibile il manovrare, e sono costretti spesse volte i capitani a gittar via gran parte del carico appena soffia più forte il vento, o il mare si agita alquanto. — Lo stesso si dica di certi carichi di *carbone* e di quelli specialmente di *legna,* sieno esse destinate alla fabbricazione o ad abbruciare.

§ 37. Questo modo di caricare le navi può essere causa di molti inconvenienti e danni alla salute degli equipaggi, e principalmente poi nelle seguenti circostanze:

1° quando si tratti di viaggi di lungo-corso, in cui o si debba navigare fra i Tropici, o passare la Linea, esponendosi perciò a climi caldi, o caldo-umidi, la cui influenza riesce tanto nociva sotto ogni rapporto;

2° quando si tratti di dover viaggiare verso climi freddi e posti a grandi latitudini, per cui non sia possibile ai marinai di stare a lungo sopra-coperta;

3° quando si tratti di carichi, o mercanzie di natura animale, o vegetale facili a corrompersi ed alterarsi più o meno, sia per l'influenza di una temperatura caldo-umida, sia per difetto di rinnovazione dell'aria, o d'insufficiente ventilazione nella stiva;

4° quando per il soverchio ingombro delle merci o del carico non sia fattibile lo spurgo delle acque della sentina, la circolazione dell'aria dell'interno della nave, e la libera manovra della medesima.

§ 38. A questi inconvenienti e pericoli si riparerà in generale, limitando la quantità del carico non solo alla *capacità* della nave, ma facendo per modo, che possa l'aria avere in qualunque siasi circostanza libero l'accesso nella stiva, e penetrare in tutti i ripostigli ove si trovano depositate le mercanzie.

In ogni caso poi, questo limite che si vuole imporre alla quantità del carico da imbarcarsi, s'intende sempre che non sia mai a pregiudizio dello spazio necessario all'abitazione dei marinai e di tutte le persone che si trovano a bordo.

§ 39. Se non che la quantità del carico di una nave mercantile, considerata sotto il rapporto della igiene, non riguarda soltanto il *peso* più o meno grande del carico stesso, ma bene spesso il *suo volume*, il quale può essere assai esteso, mentre il peso puossi trovare di molto inferiore.

E su questo particolare noi insistiamo tanto più vivamente, inquantochè la influenza più o meno nociva della quantità del carico o delle mercanzie imbarcate, essendo specialmente misurata dall'angustia dello spazio abitabile dalle persone componenti l'equipaggio (per cui queste se ne veggono con grave lor danno private a tutto vantaggio della mercanzia), egli è per causa ben di spesso più del *volume* che non del *peso* della mercanzia, che succede questa insufficienza o privazione di spazio abitabile.

§ 40. Ad evitare impertanto tutti questi pericoli ed inconvenienti che possono addivenire gravissimi, noi avvisiamo, che potranno essere sempre utilmente adoperate le cautele seguenti:

1° che sia da persone perite fatto visitare il naviglio per vedere se, sotto il rapporto tanto del volume che del peso, la quantità del carico è, o no proporzionata alla capacità e portata del naviglio stesso;

2° che qualunque sia la capacità della nave e qualunque il peso ed il volume della mercanzia imbarcata, abbiavi sempre maniera di far penetrare e circolare liberamente l'aria esterna nella stiva e di mezzo alle merci, od altre materie depositate nella stiva medesima, — ben s'intende permettendolo il tempo e le altre circostanze;

3° che per ottenere la libera circolazione dell'aria nella stiva si disponga per guisa il carico, che non poggi direttamente sul fondo della stiva stessa, o si appoggi sulle pareti laterali della nave (*fasciamento o murate*), ma bensì sopra stuoia, canne, pezzi di legno trasversali, o longitudinali, situati attraverso il corpo e lungo il maggiore diametro del naviglio; il che recherà due segnalati vantaggi, — quello cioè di preservare il carico dalla umidità del naviglio stesso, e di provedere nel tempo medesimo alla salute dell'equipaggio: — (un regolamento di Francia prescrive l'obbligo che stacchi dai due ai tre pollici);

4° che quando, per essere eccessiva la quantità del carico imbarcato e sotto il rapporto del peso e sotto quello del volume, v'abbia più o meno pericolo di alterazione spontanea del carico stesso, — o si diminuisca al più presto questa quantità, oppure si sottometta la nave e l'equipaggio a tutte quelle misure igieniche, che si stabiliranno più avanti (§ 54);

5° che per via di apposita legge, si obblighino tutti gli armatori e capitani della marina mercantile a non caricare merci al di là della *salutifera* portata e della capacità della nave, giusta i limiti fissati in appositi regolamenti (da formularsi all'occorrenza), e vengano inflitte gravi multe agl'infrattori di questa legge, siccome si usa in altri paesi (§ 12);

6° che nelle visite mediche da farsi o all'arrivo od alla partenza di una nave mercantile, sia dai delegati ad un tale ufficio fatta sempre attenzione alla quantità del carico che porta la nave stessa, e ne sia fatto speciale rapporto alle Autorità competenti, tuttavolta lo trovino soverchio per modo, da essere o tolto, o scemato di troppo lo spazio occupabile ed assolutamente necessario alle persone imbarcate, o componenti l'equipaggio, siccome più volte accade vedere.

CAPITOLO III.

Delle regole e misure igieniche applicabili ai carichi diversi e mercanzie d'ogni specie, considerati sotto il rapporto della QUALITA'.

§ 41. Potendo la marina mercantile trasportare da un punto all'altro del globo una immensità di oggetti diversi per *qualità*, egli è evidente il bisogno di stabilire alcune norme generali, per cui si possa avere una guida meno incerta, ad oggetto di regolare tutte codeste differenze sovra basi giuste e sicure.

E però noi ci faremo a considerare qui la *qualità* diversa dei carichi e mercanzie di una nave in riguardo alla loro perniciosa influenza:

1° sotto il rapporto della loro *provenienza* ;
2°　　　 "　　　 della loro *alterabilità* ;
3°　　　 "　　　 della loro *combustibilità*.

ART. I.

Della qualità diversa dei carichi e mercanzie sotto il rapporto della loro provenienza.

§ 42. Tutti e tre i regni della natura somministrano alla marineria mercantile que' materiali di trasporto, da cui poi hanno vita e sviluppo l'industria, le arti ed il commercio; — e perciò v'hanno carichi e merci di *provenienza animale, vegetabile* e *minerale*, variamente influenti sulla salute degli equipaggi.

§ 43. Quanto ai carichi di sostanze o corpi *animali*, bisogna avvertire che questi possono essere o *vivi* o *morti*. Sotto il primo rapporto s'intendono tutti i carichi o trasporti di *passeggieri*, ciò che riguarda principalmente le navi a vapore; non che i trasporti di *animali vivi* specialmente domestici, destinati in generale all'alimentazione degli equipaggi.

§ 44. **Trasporto dei passeggieri.** Non tutte le navi mercantili sono atte egualmente al trasporto degli uomini; esse debbono essere costrutte o modificate almeno a questo oggetto, non essendo gli uomini da pareggiarsi sotto nessun rapporto ai carichi di mercanzie.

L'*aria* essendo l'elemento indispensabile alla vita dell'uomo, è evidente, che ove si stivino su di una nave tante persone, che non possano aversi aria e spazio conveniente alla loro abitazione, ne nasceranno pericoli e danni più o meno presto, ma sempre gravi per la salute. Egli è perciò che in molti paesi marittimi furono emanate apposite disposizioni tendenti a regolare questo genere di commercio, siccome altrove si accennava (parte 1ª). Per esse non solo viene limitato il numero delle persone da potersi imbarcare in proporzione alla capacità ed ampiezza del bastimento, ma si prescrive pur anche il modo con cui puossi ottenere la rinnovazione e circolazione libera dell'aria esterna nell'interno del bastimento durante la traversata.

§ 45. Le leggi degli Stati Sardi non hanno ancora proveduto stabilmente su questo punto; ma quella Direzione Generale della Sanità Marittima ha molto saviamente ordinato intanto, che, ad ovviare ai tanti abusi e inconvenienti che per cupidità di guadagno si commettevano, sia limitato il numero dei passeggieri da imbarcare, cioè non più di cinque in ragione di ogni tonellata per le traversate di poche ore. Il quale numero però non potrebb'essere sempre determinato *invariabilmente*, inquantochè dipende molte volte da circostanze diverse il farlo essere anche più ristretto, secondo la lunghezza del viaggio e la destinazione della nave. Infatti, se per una breve traversata, ad esempio, tra una costa e l'altra dello stesso littorale, che può durare soltanto alcune ore, potrebbesi concedere che il numero delle persone imbarcate possa essere di cinque per ogni tonellata; ove si trattasse invece di un viaggio di lungo-corso e di una destinazione pei mari del Sud ed in stagione calda, quel numero sarebbe certamente soverchio. Laonde è prudenza di lasciare indeterminato questo numero, od almeno stabilirlo con differenze assolutamente *relative alla lunghezza del viaggio ed alla destinazione* del naviglio, trattandosi soprattutto di trasporto d'uomini da un continente all'altro; e le Autorità sanitarie marittime potranno sempre determinarlo ad ogni partenza della nave dal porto, quando conoscano e consti loro del luogo per cui è destinata (1).

§ 46. **Trasporto di animali vivi.** Le avvertenze notate in rispetto al trasporto degli uomini, si applicano pure trattandosi di *animali viventi*, e specialmente di grossa mole.

Se non che in quest'ultimo caso gl'inconvenienti e i pericoli d'influenze nocive potendo farsi molto più gravi, abbisognano cautele maggiori onde evitarli. Imperciocchè gli animali di cui è discorso, non solo hanno bisogno di respirare l'aria esterna come l'uomo, ma dovendo restare fermi nel luogo stesso durante la intiera durata del viaggio, non potendo avere liberi i movimenti come l'uomo per portarsi sopra-coperta, egli è evidente che ove una costante circolazione d'aria non venga attivata nella stiva dove gli animali stessi si trovano alcune volte raccolti, possono nascere i seguenti inconvenienti, cioè:

1º danno più o meno sensibile alla salute degli animali, che possono anche non difficilmente rimanere vittima della insufficienza dell'aria respirabile;

2º corruzione maggiore dell'aria dell'ambiente, e per la non regolare sua rinnovazione e per la emanazione di miasmi diversi prodotti dalla traspirazione e dagli escrementi degli animali stessi, — quindi pericolo maggiore per le persone componenti l'equipaggio, influenzate più o meno dall'azione di quelle putride emanazioni.

§ 47. Tutte le navi impertanto, che si danno a questo genere di commercio, o che vogliono, o debbono talvolta imbarcare di questi carichi, dovranno sotto il rapporto igienico essere assoggettate alle seguenti cautele, cioè:

(1) In data del 16 aprile 1855 il Ministero della Marina publicava delle *norme* cui doveansi attenere i capitani volendo imbarcare dei passeggieri. Noi riprodurremo per intiero nella parte 8ª questo *regolamento*, che comprende in breve quanto di meglio si fece fin qui negli altri paesi a tale riguardo.

1° il numero degli animali dovrà essere proporzionato sempre allo spazio disponibile nell'interno del naviglio, tanto per rapporto al bisogno della respirazione degli animali imbarcati, quanto degl'individui componenti l'equipaggio;

2° si dovrà avere la maggior cura, che nissuno degli animali imbarcati sia affetto da malattia trasmissibile, ben sapendosi quanto più si aumenti per questo mezzo il pericolo delle nocive influenze rispetto agli altri animali conviventi nel luogo medesimo ed agli individui del bordo;

3° in qualunque possibile modo si dovrà procurare di continuo la libera circolazione dell'aria nella stiva, o rinnovarla almeno il più frequente che si possa;

4° trattandosi di siffatti carichi, e non potendo impedirsi le putride emanazioni provenienti dalle immondizie ed escrementi degli animali, per cui l'aria interna del naviglio rimane più o meno corrotta, i capitani dovranno vigilare attentamente, acciò sieno subito asportate le materie escrementizie e tenuta la stiva nella maggiore possibile pulitezza, facendo di quando in quando, ed anche più volte nel giorno se occorra, praticare fumigazioni di *cloro*, o per mezzo del *cloruro di calcio*, come diremo nella parte 6ª;

5° ammalandosi un animale di malattia grave, venga subito separato dagli altri, e se volge in peggio sia tosto ucciso, e se ne muore sia immantinente gittato in mare e fumigata convenientemente la stiva od il compartimento che gli era stato assegnato;

6° nel dare il pasto agli animali si abbia cura di scegliere, quando sia possibile, vegetabili piuttosto secchi che verdi o inumiditi, ad oggetto di evitare il pericolo di una più facile corruzione dei rimasugli, curando costantemente, anche sotto questo riguardo, la massima pulizia della stiva.

ART. II.

Della qualità diversa dei carichi e mercanzie sotto il rapporto della loro alterabilità.

§ 48. In generale tutte le materie organiche, specialmente animali, che vengono imbarcate per lunghi viaggi da un punto all'altro del globo, potendo per la più o men facile corruzione loro essere causa di malattie, o di gravi offese alla salute degli equipaggi, dovranno le Autorità marittime locali e i capitani ed armatori vegliare attentamente sull'imbarco loro, onde appunto evitarne i facili e gravi pericoli.

§ 49. Le *lane* diverse, le *ossa* e *corna* di vari animali, le *pelli* di qualunque specie, massime se fresche, i *grassi*, le *carni* commestibili, salate o non, o comunque preparate, devono essere collocate per guisa nell' interno della nave, che l'aria possa liberamente circolare nella stiva fra un collo e l'altro, fra le casse ecc.

§ 50. Se non che bisogna sempre avere in vista, che il pericolo della corruzione, trattandosi di *pelli* e sostanze animali, come *carne*, *ossa*, *tendini* ecc., aumenta ognor più quando queste diverse sostanze sono *fresche* e non preparate, cioè conciate o salate o in qualunque altra guisa preparate per impedirne la putrefazione. In simili casi le misure igieniche dovranno necessariamente essere maggiori, non tanto per la buona collocazione e ventilazione di queste merci nella stiva, quanto anche per ovviare agli inconvenienti della putrefazione, che assai facilmente si svolge nelle medesime.

Trattandosi poi di *pellami*, e specialmente di quelli provenienti da animali bovini, dovrà aversi dai capitani somma cura per vedere se siano affetti da *carbonchio* tanto essendo *freschi* che *secchi*. Imperocchè è facilissimo nell'uno e nell'altro caso, che si trasmetta il germe contagioso di questa gravissima malattia, tuttavolta si maneggino ed anche solamente si tocchino, o si svolgano. E poichè il toccarle e maneggiarle potrebb' essere un' assoluta necessità ad oggetto di eliminare collo spurgo o disinfettazione, oppure colla prolungata esposizione alla corrente dell' aria libera il principio carbonchioso, è chiaro che le persone incaricate di questo servigio potrebbero facilmente contrarre la malattia carbonchiosa, tanto per mezzo del *principio umido*, trattandosi di pelli fresche, quanto del *polverio*, se *diseccate*.

§ 51. Ma indipendentemente da questi pericoli accidentali d' infezione carbonchiosa od altra, quando si tratti di materie animali imbarcate, vi ha pur sempre il pericolo del loro *guasto spontaneo*, ossia della *putrida corruzione* alla quale vanno facilmente soggette, e delle conseguenze più o meno nocive che ne derivano, o ne possono almeno derivare alla salute degli equipaggi.

Sotto questo rapporto noi consideriamo qui le sostanze o materie animali siccome costituenti il *carico* di una nave mercantile, vale a dire sotto il rapporto di *merce* o *mercanzia* solamente; perchè dovendo nella 3ª parte trattarne sotto il rapporto di *materie alimentari*, ci riserbiamo d' indicare colà tutte quelle cautele e misure igieniche, che sono applicabili in pratica a guarentirne la incolumità.

§ 52. Lasciando adunque a parte questa considerazione, è chiaro, che sotto il rapporto mercantile possono imbarcarsi delle merci *corruttibili* più o meno, o già *corrotte e putrefatte*, tanto di provenienza animale quanto vegetabile; e che perciò il pericolo di nocive influenze alla salute degli equipaggi delle navi vi ha sotto due rapporti, cioè:

1° sotto il rapporto della *insalubrità del naviglio* sul quale venne caricata la merce o putrescibile o putrefatta, e dalle cui putride emanazioni le persone componenti l'equipaggio possono rimanere più o meno gravemente danneggiate, massime trattandosi di lunghi viaggi e segnatamente se fatti nelle regioni tropiche ed equatoriali ;

2° sotto il rapporto della *suscettività* che le materie stesse hanno di trasmettere il principio contagioso di alcune malattie esotiche, quali ad esempio la peste, la febbre-gialla ecc.

§ 53. All'una o all'altra di queste due pericolose eventualità possono gli equipaggi delle navi mercantili essere più o meno esposti, secondo la qualità diversa delle materie animali; ma niun carico forse può riuscire tanto pericoloso sotto questo rapporto quanto quello del *guano*, di cui si fanno frequenti imbarchi e trasporti dai lidi Peruviani e del Chilì a quelli d'Europa. Questa materia, che come si sa non è altro che lo sterco di vari animali, il quale subì per anni ed anni una lunga fermentazione per la continuata sua esposizione all'aria, all'acqua ed al sole, costituisce un eccellente ingrasso delle terre, ed è perciò che la speculazione commerciale ne fa traffico dall'America all'Europa. Ma per quanto possa per l'agricoltura essere utile un tale ingrasso, certamente vuol essere proscritto sotto il rapporto igienico-navale, tanto è il cattivo odore e la malvagia indole della esalazione, che sprigionasi nell'interno e in ogni parte del naviglio che lo trasporta; ciò che è, o può essere facilissima sorgente di malattie, o di grave pregiudizio alla salute degli equipaggi. Basta infatti non già salire ma accostarsi pur solo alle navi che ne sono cariche, per esserne respinti dal fetore che da esse tramandasi. Ed infatti v'hanno taluni, che non possono resistere assolutamente all'influenza di queste putride emanazioni, per quantunque altri si sforzino di vincerle e soventi anche vi riescano.

§ 54. Or bene, contro tutte queste pericolose influenze di materie animali o *putrescibili* o *putrefatte* si dovranno dai capitani delle navi, che ne fecero il carico, non trascurar mai le seguenti cautele igieniche, cioè:

1° trattandosi di *sostanze animali* non commestibili, e più o meno suscettive di alterarsi e putrefarsi durante il viaggio, o la traversata da un lido all'altro, il loro imbarco e deposito nella stiva devono essere fatti in modo, che sia il più possibilmente impedita l'alterazione o corruzione loro, sia col metterle al riparo dell'azione dell'umido e dell'eccessivo caldo, sia col collocarle in modo, che una corrente d'aria fresca possa sempre essere diretta su di esse ed esservi fatta circolare liberamente;

2° che durante la traversata od il viaggio non solamente si mantenga in varie ore del giorno una circolazione d'aria continua nella stiva, ma si portino il più spesso possibile sul ponte tutte quelle materie più facili a corrompersi e di facile traslocamento, lasciandole per alcune ore del giorno esposte all'aria libera e fresca;

3° che questa ventilazione e circolazione d'aria nella stiva sieno fatte sempre nelle ore più fresche della giornata o della notte, evitando, fin dove si può, i calori della giornata e l'azione dell'aria caldo-umida, che è il principale movente della putrefazione animale (§ 83);

4° che in caso di avanzata corruzione di materie animali avvenuta durante il viaggio e prima che si sia giunti al termine di esso, si gettino in mare le materie guaste, a meno che non siavi alcun pericolo di corruzione trasmissibile alle altre, e che dal conservarle a bordo non emerga pericolo, o timore alcuno di nociva influenza alla salute dell'equipaggio;

5° che in ogni evenienza di materie animali che comincino a putrefarsi, oppure di altre già putrefatte di loro natura, come sarebbe il guano, e per cui le putride emanazioni possono riuscire più o meno pregiudizievoli alla salute dell'equipaggio, il capitano abbia sempre in pronto i suffumigi di *cloro* da praticarsi nei modi che vengono indicati in questo *manuale* (parte 6ª), ripetendoli le molte volte a seconda dei casi e delle circostanze, e molto più quando si abbia già qualche prova del danno che arreca una siffatta influenza sulla salute dei marinai;

6° che tuttavolta si apriranno le boccaporte per dare dell'aria alla stiva, dove si trovano delle sostanze, o putrescibili o putrefatte, abbiasi la precauzione di non respirare di quell'aria mefitica o comunque viziata, che esce dalle aperture rese libere, giacchè potrebbesi facilmente rinnovare il caso di veder cadere asfitico quegli, che imprudentemente si fosse esposto alla respirazione di quell'aria gravemente viziata e spesso anche mortifera.

§ 55. **Trasporto di sostanze vegetabili diverse.** I corpi o materie che il regno vegetabile ci somministra, e che il commercio e l'industria usufruttano in tante maniere e per tanti scopi e bisogni vari, soggiacciono essi pure alla corruzione *spontanea*, o per effetto delle cause esterne, o per circostanze intrinseche alla loro natura. Quindi entrano anch'essi, sotto questo rapporto, nella categoria delle influenze nocive alla salute degli equipaggi, tuttavolta che le navi mercantili cariche di siffatti corpi, sieno esposte agli effetti di una tale corruzione.

Fra i tanti oggetti però che entrano in questo novero, quelli che sono più facili ad alterarsi per influenza dell'*umidità*, ed a recar quindi nocumento alla salubrità del naviglio, hannovi i *cereali* diversi, il cui commercio dell'Italia coi paesi del Levante e dell'America è oggimai attivissimo e fatto sovra una grande scala.

§ 56. Specialmente il *frumento* e la *melica* sono soggetti ad alterarsi per l'umidità; ciò che è facile ad avvenire trattandosi di caricarli sulle navi e di far loro intraprendere lunghi viaggi. Che se questi grani non fossero di prima qualità, ma si trovassero mescolati alla *zizzania*, o fossero affetti dalla *golpe*; se il frumento fosse preso più o meno dalla *rubigine* e la melica dal *verderame*; oppure non fossero questi grani convenientemente stagionati, o si trovassero bagnati, od umidi quando vennero imbarcati, è allora più facile d'assai la loro alterazione durante il viaggio e la traversata.

§ 57. Quindi ad impedire che essa avvenga, troviamo conveniente di consigliare ai capitani le seguenti misure igieniche, cioè:

1° osservare prima dell'imbarco se il grano, di qualsiasi specie egli sia, dia odore di muffa o tanfo, o sia umido o bagnato; nel quale caso lo si farà ben asciugare al sole prima d'imbarcarlo;

2° la ventilazione e la libera circolazione dell'aria si dovranno pure impiegare, specialmente se il grano da imbarcarsi sarà molto polveroso, e massime poi se la polvere provenga dalla calce alla quale da alcuni suolsi mescolare a meglio conservarlo, e ciò ad oggetto di privarlo di tutto il polverìo, che nuoce più o meno sempre quando lo si debba rimestare durante il viaggio;

3° ricordare, che il caricare i grani in tempo estivo e quando sono riscaldati, può dar luogo con tutta facilità alla loro alterazione, e che il caricarli umidi dà luogo allo sviluppo di diversi vermi e parassiti corrosivi;

4° aver cura che dalla stiva non penetri grano nella sentina, le cui acque, col determinarne prontamente la fermentazione, sprigionerebbero tale un fetore nauseabondo, che non potrebbe che riuscire molesto ed anche nocivo alla salute dell'equipaggio; e dove ciò succeda, si dovrà estrarre di frequente l'acqua della sentina ed introdurvene di quella pulita (§ 84).

Le stesse precauzioni si dovranno sempre usare trattandosi di altre sostanze vegetabili, sieno secche o verdi, e più o meno soggette alla putrefazione, per le quali la libera ventilazione e continua esposizione all'aria e l'allontanamento dalla umidità saranno mai sempre le precipue indicazioni igieniche (§ 85).

ART. III.

Della qualità diversa dei carichi e mercanzie sotto il rapporto
della loro combustibilità.

§ 58. Fra i carichi diversi delle navi mercantili hannovi
pur quelli di *materie incendiabili* o *combustibili* più o meno,
e ciò tanto per combustione *spontanea*, quanto *acciden-*
tale. Il perchè, le precauzioni in questi casi non saranno mai
troppe, nè mai soverchia la diligenza dei capitani. E per
vero si sa, che, per maniera d'esempio, le *lane* della Bar-
beria specialmente, siccome quelle che sono molto sporche,
si riscaldano naturalmente per una guisa di fermentazione
cui soggiacciono, e prendono fuoco. Se la lana è lavata,
come suol esserlo generalmente quella di Buenos-Ayres e
Montevideo, questo pericolo è assai più raro e lontano.

§ 59. Parimenti i *cenci*, di cui si fa commercio non piccolo, vanno soggetti essi pure ad infiammarsi per *ispontanea*
combustione. Ed infatti non ha molto che una nave Ame-
ricana partita da Livorno carica di stracci, rimaneva incen-
diata per viaggio dalla combustione spontanea del carico
cencioso ch'essa trasportava.

§ 60. Parimenti l'*alcoole*, l'*acquavite*, l'*acqua di ragia*
ed altre materie combustibili, come pure gli *acidi corrosivi*
più o meno *concentrati*, de'quali si fa in alcune parti commercio attivissimo, sono materie che esigono egualmente
la massima oculatezza nel caricarle e tenerle in grande
riguardo a bordo delle navi mercantili.

§ 61. Ond'è che sarà bene lo attenersi costantemente alle
seguenti cautele igieniche, cioè:

1° esaminare attentamente la qualità e bontà dei recipienti
 destinati a contenere ogni materia liquida più o meno
 combustibile, per vedere se sieno bene guarentiti dalla

rottura e non lasciò trapelare alcunchè dalla loro superficie o dalla bocca ecc.;

2° collocarli in modo nella stiva, che non ne sia facile nè la rottura, nè l'alterazione;

3° far circolare liberamente l'aria nella stiva e rinnovarvela spesso, onde evitare i pericoli del riscaldamento e della fermentazione, e perciò anche dell'incendio.

CAPITOLO IV.

Delle regole e misure igieniche applicabili ai carichi diversi e mercanzie d'ogni specie, considerati sotto il rapporto della loro SUSCETTIBILITA' ad infettarsi di principii deleterii e trasmissibili.

§ 62. Arduo riuscirebbe certamente a chiunque lo stabilire i caratteri differenziali di tutte le merci e carichi diversi delle navi mercantili, desumendoli dal *più* o dal *meno* della loro *suscettibilità* ad infettarsi, ed a trasmettere quindi per contatto *mediato* od *immediato* principii deleterii, trasmissibili, contagiosi. La scienza stessa vien meno a fronte di questa grave difficoltà; dappoichè non altro ci sa dire, che vi hanno materie e sostanze diverse le quali *hanno* questa proprietà *più* o *meno*, mentre altre *non l'hanno* in alcuna maniera. Egli è vero che rispetto alla pratica è già molto il sapere quali materie, o merci, o sostanze sieno capaci di ricevere, conservare e trasmettere il principio contagioso, e quali invece ne siano incapaci; ma è vero altresì che non tutte lo sono poi ad un *grado medesimo*, per cui vi ha sempre bisogno di varie distinzioni e differenze grandissime.

§ 63. Se non che questa difficoltà di distinzione venne sentita, prima che da noi, dalla Conferenza stessa Internazionale ch'ebbe luogo in Parigi nel 1851, la quale aveva pur essa grande bisogno di risolverla in modo non dubbio, per poter applicare al fatto pratico quelle misure igieniche, ch'essa andava formulando. E però noi seguendo le traccia di quel memorando Consesso, ci atterremo al piano medesimo di distinzione da essolui adottato.

La Convenzione Internazionale Sanitaria all'art. 5° porta, che — *per l'applicazione delle misure igieniche le mercanzie saranno distinte in tre classi;*

La prima per le mercanzie soggette a una quarantena obbligatoria ed agli espurghi;

La seconda per quelle soggette ad una quarantena facoltativa;

La terza finalmente per le esenti da ogni quarantena.

In conformità poi a questi principii, nel *regolamento sanitario internazionale* annesso alla Convenzione medesima, all'art. 62 troviamo stabilito, che — *le vestimenta ed effetti d'uso personale, i cenci o stracci, le cuoja e pellami, le penne, crini e avanzi d'animali in generale, le lane e le materie di seta entreranno nella prima classe, e saranno perciò sottomesse ad una quarantena obbligatoria, e quindi agli espurghi o purificazioni.*

Che nella seconda si comprenderanno il lino, il cotone, la canapa, e saranno soggetti quindi ad una quarantena facoltativa.

Mentre tutte le altre merci, o mercanzie non comprese in queste due categorie, e perciò annoverate nella terza, saranno esenti da ogni quarantena.

§ 64. Come ben si vede questa triplice categoria stabilita dalla legge sanitaria internazionale è basata sul principio generale della *suscettibilità*, o *non* delle diverse mercanzie capaci di ricevere, conservare e trasmettere il principio contagioso.

Se non che la legge stessa ben sentì la impossibilità di stabilirne solo due classi, e però ammise un grado intermedio, che è quello appunto occupato dalle mercanzie della *seconda* categoria , per le quali è lasciata facoltativa l' applicazione delle misure igieniche stabilite per quelle della prima.

§ 65. Però trattandosi di *pellami*, *crini* ed *avanzi d' animali* suscettibili in grado diverso di trasmettere principii contagiosi , o si dovrebbe costantemente fare applicazione delle misure igieniche prescritte per le mercanzie della *prima* classe, ancorchè munite di *patente netta*; oppure, volendo limitarle al caso di *patente brutta* e di accidenti morbosi occorsi durante il viaggio o la traversata, bisognerebbe lasciare facoltà di regolarle secondo i casi e le circostanze alle locali Autorità sanitarie marittime del luogo d'approdo. Perchè potrebbesi dare il caso, che risultasse a queste Autorità stesse, che le *pelli* o *avanzi d'animali* provenissero da bestie infette, o che durante il viaggio si fossero manifestati a bordo dei casi di *carbonchio* o di *morva*, o che i pellami si trovassero al tempo dell'approdo in uno stato di decomposizione putrida assai avanzata e perciò pericolosa a chi ne dovesse fare lo sbarco ed il trasporto.

Ma ad ovviare a questa non difficile eventualità , molto providamente disponeva l'art. 60 del succitato regolamento sanitario internazionale, nel quale vien data facoltà appunto alle locali Autorità sanitarie marittime di applicare le misure igieniche che potessero avvisare migliori , nel caso di navi mercantili cariche di *cuoia*, *crini*, *cenci*, *stracci*, quand'anche fossero queste navi munite di patente netta (1).

(1) Noi non possiamo che altamente commendare quanto fece la Direzione Generale della Sanità Marittima negli Stati Sardi in proposito di tali carichi, usando appunto di quella *facoltà*, che il qui citato articolo del regolamento internazionale sanitario le concedeva amplissima. E perchè in altro luogo ci riserbiamo di accennare più specialmente alle ordinanze publicate in riguardo alle pelli, cuoia ecc., qui ci basti avvertire, che in data del 13 marzo 1853 e 28 dicembre 1854 si emanavano dalla prelodata Direzione di Sanità due *circolari*, che noi riferifemo per intiero sulla fine dell'ultima parte di questo nostro *manuale*.

La *suscettibilità* adunque di ricevere, conservare e trasmettere più o meno il principio contagioso, che le une merci hanno e le altre no, non potrebb' essere da noi stabilita sovra norme diverse da quelle, che vennero adottate dalla Conferenza internazionale (§ 63): norme desunte da una lunga serie di fatti e da una savia esperienza, acquistata da quelli uomini pratici nello studio delle malattie trasmissibili.

§ 66. Egli è su queste basi medesime che possono pure regolarsi tutte le misure e cautele igieniche necessarie a prendersi dai capitani delle navi mercantili, alloraquando si tratterà d' imbarcare mercanzie dell' una o dell' altra classe. Imperocchè, senza entrare in un dettaglio particolarizzato di queste cautele per ogni specie di merce, il che ci trarrebbe in lungo non solo, ma benanco in noiose ripetizioni, possiamo indicar loro in modo generale come dovranno contenersi sì per le mercanzie dell' una che per quelle dell' altra classe.

§ 67. Perciò dovendo imbarcare mercanzie annoverate nella 1ª categoria (§ 63) avranno cura:

1° che le sostanze animali, come *pelli, corna, avanzi d'animali* diversi, *lane, penne* ecc., vengano collocate nella stiva per modo da poter essere facilmente assoggettate alla ventilazione ed alla libera circolazione dell' aria ripetutamente e per varie ore del giorno durante la traversata, quando il tempo lo permetta;

2° che sia allontanata il più possibile qualunque fonte di umidità e di elevato grado di calore, onde impedire la putrefazione delle materie animali, o la loro corruzione qualunque, così facili ad avvenire per influenza appunto dell' umido-caldo (§ 85);

3° che la nave sia proveduta costantemente di quanto occorre per praticare le fumigazioni di *cloro* od altre, come verrà insegnato più sotto in questo *manuale* (parte 6ª), tuttavolta si sviluppasse una qualche putrida emanazione e fetore qualunque nel carico;

4° che di quando in quando le merci di questo genere vengano assoggettate alla diretta esposizione dell'aria, al soleggiamento se occorre, e svolte se si può, ed in ogni caso poi tenute il più possibilmente in luogo fresco e nel quale possa facilmente penetrare una libera ventilazione;

5° che le persone destinate all'imbarco di queste mercanzie (della 1ª categoria), o incaricate di maneggiarle, toccarle o svolgerle comunque durante il viaggio, si lavino attentamente dopo le fatte operazioni e mani e braccia e collo e faccia ed anche il corpo tutto se occorre; si mutino le vestimenta o le facciano almeno suffumigare, o si sottopongano gl'individui stessi all'azione disinfettante del *cloro*, e ciò specialmente ove si abbia sospetto di provenienza infetta, rispetto alle mercanzie imbarcate, svolte o comunque maneggiate;

6° che i capitani delle navi mercantili sieno tenuti responsabili della esecuzione di queste misure e cautele igieniche, trattandosi di carichi di mercanzie appartenenti alla 1ª categoria, ogni volta che viaggino con patente brutta, o siensi avute a bordo malattie durante il viaggio o la traversata.

CAPITOLO V.

Delle regole e misure igieniche applicabili ai carichi diversi e mercanzie d'ogni specie, considerati sotto il rapporto della loro ALTERABILITA', e delle conseguenze nocive che possono derivarne alla salute degli equipaggi.

§. 68. Avendo nel cap. 3° di questa 2ª parte considerate le qualità diverse dei carichi e delle mercanzie d'ogni specie, anche sotto il rapporto della loro più o meno facile *alterabilità* e delle *influenze perniciose* che possono derivarne alla salute degli equipaggi, ora non ci rimane qui che di considerare questa *alterabilità* in rapporto alle diverse mercanzie, applicandola cioè al fatto pratico, e mostrando le peculiari conseguenze morbose che potrebbero derivarne, qualora si fosse o molto corrivi o negligenti nell'adottare tutte quelle misure igieniche e precauzioni diverse, che indicammo appunto nel succitato capitolo. Così col particolarizzare l'applicazione dei principii ivi stabiliti, mostreremo meglio la importanza loro e la necessità di appigliarci a tutti quei provedimenti, che la esperienza mostrò essere i più acconci ad impedire i funesti effetti di così perniciose influenze.

§ 69. Abbiamo già fatto sentire, che le cause principali che producono l'alterazione, o guasto, o corruzione delle materie organiche tanto vegetabili quanto animali, sono l'umido e il caldo, la niuna aereazione, con tutte quelle estrinseche condizioni, le quali favoriscono più o meno lo sviluppo della putrida decomposizione dei corpi.

§ 70. Ora diremo che questa *corruzione* od *alterabilità* avviene più o meno prontamente, a parità di circostanze:

1° nelle materie *animali* più presto e più facilmente che nelle *vegetabili*, e che è nulla o quasi nulla trattandosi di sostanze inorganiche o *minerali;*

2° che il guasto o corruzione delle materie organiche animali e vegetabili tanto più facilmente succede a bordo delle navi mercantili, in quanto esse sono meno integre e meno sane nella origine loro; e per contrario tanto più sia difficile a prodursi il guasto stesso, quanto più sono ben conservate, stagionate e sane;

3° che il guasto stesso può del pari verificarsi anche in causa della sola *umidità* operante in vario grado, ma per un tempo più o meno lungo (pag. 53); mentre il *calore*, se agisce di prevalenza e per un certo tempo, vi determina piuttosto la essiccazione con tutte le conseguenze relative a questo risultato, specialmente quando la essiccazione sia stata eccessiva (pag. 58);

4° che il guasto o corruzione delle medesime sostanze tanto più presto succede, quanto sono maggiori le condizioni favorevoli allo sviluppo della putrefazione, specialmente sotto il rapporto del *calore* e della *umidità* agenti simultaneamente (pag. 59).

Noi esamineremo ora in separati articoli la portata ed il valore pratico di queste circostanze e condizioni più o meno favorevoli allo svolgimento della *corruzione* od *alterabilità* nelle materie organiche, esemplificando, per quanto ci sarà possibile, la loro applicazione pratica.

ART. I.

Alterabilità delle sostanze organiche prodotta dall' umidità, *e conseguenze nocive alla salute.*

§ 71. Se a bordo di una nave mercantile si trovano *materie* o *avanzi di animali*, oppure *semi* e *frutti* di piante diverse e specialmente *cereali*, e non si abbia cura di guarentirli dalla umidità della nave stessa, che, come abbiamo veduto, può derivare da varie sorgenti (§ 30), egli è certo, che non andrà molto che quelle materie organiche saranno più o meno guaste ed alterate in forza appunto dell'*umido* di cui si sono imbevute. Allora si avranno più o meno spiegati i seguenti risultati; cioè:

1° fetide emanazioni più o meno sensibili e odori disgradevoli, nauseabondi, insopportabili;

2° aria più o meno viziata o corrotta nell'interno della nave, che non varrà sempre a correggere, nè convenientemente rimpiazzare una corrente di aria, sia pure salubre e fresca.

§ 72. Da queste cause di corruzione poi emaneranno siccome legittime conseguenze;

1° sconcerti vari di salute nelle persone componenti l'equipaggio, come sarebbero vomito, capogiri, emicranie, mal essere più o meno sentito ecc.;

2° malattie di carattere grave, siccome le febbri maligne e ben anco lo scorbuto, oppure affezioni locali sì acute che croniche, relative più o meno alla qualità della materia organica guasta o corrotta da cui vennero provocate.

§ 73. Le quali conseguenze di malattie presentanti più o meno pericolo, sono soprattutto temibili quando si tratti d'imbarcare e trasportare durante lunghi viaggi dei pellami, e specialmente di quelli destinati a formar cuoia.

Quando siffatte *pelli* sieno ancora fresche, oppure appena salate, o, come le chiamano, *in trippa*, emanano un odore cattivo, più o meno nauseoso, il quale tanto più si farà insopportabile e nocivo alla salute, quanto più quei pellami saranno stati chiusi e stivati in luogo meno esposto alla ventilazione, e dove non sia stata possibile la libera circolazione dell'aria. Quando poi a questa circostanza si aggiunga l'altra della umidità, egli è evidente che la putrefazione troverà un elemento assai più favorevole per isvolgersi, e l'odore potrà quindi rendersi maggiormente disgustoso, e il respirare quell'aria assai più nocivo alla salute dell'equipaggio.

§ 74. Ma trattandosi di pelli specialmente bovine, il pericolo del guasto si aumenterà tuttavoltachè le medesime avranno appartenuto ad animali *rognosi* o *carbonchiosi*. Di che la prova potrassi avere dai capitani medesimi esaminando diligentemente le pelli, sulle quali la *rogna* suol lasciare delle piccole macchie più o meno scure, mentre il *carbonchio* vi forma delle vessichette nere, o tumori più o meno rilevati.

Questi caratteri delle due malattie attaccaticce possono anche riscontrarsi quando le pelli sieno secche; nel quale caso usano ben di spesso i venditori di tagliare tutt'attorno i tumori carbonchiosi; e perciò le pelli si veggono allora qua e colà bucherellate più o meno, come accadde osservare in alcuni carichi di pelli secche provenienti da Montevideo or fanno alcuni anni. In questo caso potrebbe credersi, che essendosi in origine esportata tutta la parte carbonchiosa, il pericolo di contrarre il carbonchio da chi si facesse a maneggiarle, fosse stato tolto; il che è un vero errore. La esperienza mostrò invece, che si può ancora contrarre la malattia per mezzo del polverío o del contatto immediato delle pelli siffattamente guaste, abbenchè da più tempo diseccate.

§ 75. E perciò molto saviamente la Direzione Generale della Sanità Marittima degli Stati Sardi disponeva, che, in vista appunto del guasto cui possono soggiacere le pelli bovine e d'altri animali destinati a far cuoia a causa del carbonchio, prima di essere sbarcate fossero assoggettate ad una visita accurata di appositi periti, per vedere se fossero o no infette da questa malattia, e nel caso lo fossero, venissero assoggettate a tutti gli espurghi convenienti, onde premunire gl'individui che le maneggiano dal pericolo d'infettarsi (1).

(1) Per quanto nell'antico sistema di quella Sanità Marittima già vi fossero questi *periti* di cuoia e pelli provenienti dalla via di mare, pure, a meglio tutelare la publica salute ed a rendere quel servizio il più possibile ordinato, in data del 1 maggio 1853 il Direttore della Sanità publicava un'ordinanza, che, nell'interesse del nostro lavoro, crediamo utile riepilogare per sommi capi. « La nomina di questi periti è fatta dal Direttore stesso di Sanità fra i meglio pratici nel mestiere, d'intemerata condotta e di probità senza eccezione. Il loro numero è di dodici; e fra essi vi ha uno incaricato di sorvegliare che sia adempiuto con zelo e probità ai loro doveri. Oltre queste incumbenze e quelle di distribuire il servizio fra gli altri periti, di esigere i diritti ecc., esso sorvegliante è anche incaricato di curare che sieno abbruciati alla sua presenza e sotto la sua responsabilità i pezzi esportati dalle pelli infette, ed immerse nella calce viva le porzioni delle pelli riconosciute sane, ma dalle quali sieno stati prima recisi i pezzi carbonchiosi. Che se alcuna delle pelli o cuoia, dopo la visita, praticata dai periti ed ammessa a libero commercio, si rinvenisse con macchie e pustole carbonchiose, quello dei periti che avesse proceduto alla visita del cuoio o pelle riconosciuta infetta, è disposto venga tosto dimesso. E così lo è quegli, che, per negligenza o per colpa, non avesse fatta

§ 76. Dall' America principalmente ritira il commercio d'Europa una quantità considerevole di *aste* così dette di bue, ed anche di capra, di montone e d'altri animali cornuti. Questi avanzi o parti di animali possono essere imbarcati tanto nello stato *fresco*, ossia non essiccati ancora e contenenti la così detta *anima* o materia oleosa racchiusa nell'interno del corno, quanto anche perfettamente *essiccate* e vuote. Oltredichè possono conservare tuttavia aderenti alla loro radice dei pezzetti di carne o pelle.

Quando siano *essiccate* del tutto non vi ha più pericolo di putrefazione, dipendentemente dal solo deposito o carico sulla nave.

Quando siano *fresche*, e molto più se conservano aderenti alcune porzioni di tessuti molli, soggiacciono facilmente alla putrefazione, e vedesi allora sviluppare, col concorso della umidità, una quantità infinita di vermini, e svolgersi un fetore più o meno insopportabile, ciò che contribuisce a rendere grandemente insalubre il soggiorno sulla nave.

§ 77. Contro queste eventualità più o meno facili ad accadere, i capitani procureranno:

1° d'impedire che s'imbarchino di queste *aste* di bue od altre qualsiasi, le quali non sieno convenientemente essiccate, e private dell'*anima* e spoglie d'ogni frammento di carne;

2° in caso che non si fosse potuto impedire l'imbarco di questa merce nello stato tuttavia di freschezza, procurare almeno che la sia messa sopra-coperta durante il viaggio e lasciata all'aria libera per alcuni giorni; .

3° quando siasi sviluppata la putrefazione (indicata specialmente dal fetore particolare che per essa sprigionasi) regolarsi in questo caso come abbiamo già indicato per

la visita ordinata ad alcuna partita di cuoia o pelli, o di cui si fosse trovata falsa la fattane dichiarazione di visita, salve per di più quelle pene, che in simili casi vengono inflitte dal codice penale ecc. ».

Vedansi sulla fine della parte 8ª le circolari emanate in proposito dalla Direzione della Sanità, e ciò a norma dei capitani. .

tutte le altre sostanze animali putrescibili (§ 54), giacchè le perniciose conseguenze che possono o potrebbero derivarne in codesto caso alla salute dell'equipaggio, sono le medesime che quelle proprie degli altri casi già sopra citati.

§ 78. Il *baccalà* (merluzzo), che ci arriva dai banchi di Terranuova; — lo *stoccofisso*, che il commercio ritira principalmente dalla Svezia e dalla Norvegia; — le *salacche*, che ci vengono per lo più dalla Spagna e dalla Svezia; — le *alici salate*, che in barili ci arrivano dalla Sicilia, dalla Francia, dalla Spagna e da Gibilterra; — e così altri pesci di mare *insalati*, che la marina mercantile trasporta da un paese all'altro, sono quanto mai soggetti alla corruzione putrida per causa della *umidità*. Oltredichè certune di queste sostanze, come sarebbe ad esempio il baccalà, oltre di guastarsi per l'umido, soggiace pur anco ad una specie di corruzione che in esso va operando un *tarlo* di color nero, che si sviluppa particolarmente in questo pesce, e vi si riproduce e moltiplica rapidamente in modo prodigioso, per cui in poco di tempo vien ridotto in polvere finissima. Vero è che quest'ultima alterazione del baccalà non influisce granchè sulla salute dell'equipaggio, ma non è men vero che la *qualità* del carico non ne rimanga anche per essa di molto alterata.

Le *salacche* invece vanno piuttosto soggette ai vermini, nonchè a putrefarsi nella testa, quando questa venga loro lasciata, siccome generalmente si usa in alcuni paesi.

Le *alici salate* possono guastarsi per mancanza della salamoia, che serve a conservarle. Necéssita perciò che i capitani facciano visitare di quando in quando i bariletti o gli alberelli in cui si contengono, aggiungendovi, della salamoia, tuttavolta questa si trovi essere insufficiente.

§ 79. Le conseguenze più o meno pericolose della putrefazione di queste merci a bordo delle navi mercantili, si riducono in generale alle seguenti;

1° odore più o meno fetido, nauseabondo, insopportabile, che emana dalla putrida decomposizione, e che ammorba l'interno della nave;

2° viziamento e corruzione dell'aria della stiva per effetto di tale scomposizione organica; quindi nocumento più o meno sensibile nella salute degli equipaggi.

§ 80. È necessario quindi che i capitani vigilino attentamente sulla alterazione di queste merci; cautelino fin dove è possibile la salute dell'equipaggio dalle putride emanazioni di queste sostanze, sì col soccorso della libera circolazione dell'aria, e sì con quello delle fumigazioni di *cloro*, fatte con esattezza e ripetute più volte, occorrendo, durante tutta la traversata.

ART. II.

Alterabilità delle sostanze organiche prodotta dal calore e conseguenze nocive alla salute.

§ 81. Se l'*umidità* opera e favorisce, come abbiamo veduto nel precedente articolo, la corruzione e la *fermentazione putrida* delle sostanze organiche e delle animali soprattutto, il *calore* invece (quando sia soverchio) e un'aria calda e secca producono più o meno rapido il *diseccamento* delle materie stesse. E sotto questo rapporto il pericolo di nocive conseguenze, per quanto riguarda le merci caricate a bordo delle navi mercantili e la salute degli equipaggi, sarebbe tolto od almeno scemato d'assai.

Ma anche in questo caso può darsi, che, trattandosi specialmente di carichi di cuoia o pellami secchi, di lane od altri avanzi diseccati di animali, che si abbiano a smuovere o maneggiare o trasportare dalla stiva fin sopra-coperta, o farne lo sbarco, si elevi un polverío finissimo, il quale, portato a contatto della pelle o del polmone mediante la respirazione, generi assai di spesso tali irritazioni di gola e di petto od anche della pelle da richiedere dei mezzi curativi diversi.

§ 82. E però i capitani delle navi mercantili dovranno raccomandare tutte le cautele possibili sia nello smuovere che nello sbarcare queste mercanzie od altre di tal natura, acciò la polvere di cui è caso non molesti od offenda per modo la pelle od il petto delle persone incaricate di tale servigio, da dover richiedere poi soccorsi speciali, consigliando a quest'uopo delle lavature al collo, alla faccia, alle braccia, alle mani e là dove insomma la polvere abbia potuto deporsi, procurandone la nettezza in tutti i possibili modi, essendo questo il mezzo igienico principale onde preservare chi le maneggia da ogni morbosa affezione.

Queste avvertenze generali e queste cautele si dovranno aver sempre presenti, tuttavoltachè a bordo delle navi si tratti di dover maneggiare, smuovere o trasportare da un luogo all'altro corpi o sostanze organiche (animali o vegetabili) od anche inorganiche molto secche e facilmente riducibili in polvere, o imbrattate di polvere comunque, ad oggetto di evitare le irritazioni locali di gola, o di petto, o della pelle, che per quella polvere più o meno molesta ed irritante potrebbero facilmente svilupparsi. Citiamo a mo' d'esempio il carico di *pepe*, da cui è facilissimo che si sollevi appunto questo polverío del quale facciamo parola, causa frequente d'irritazione agli occhi, al naso, alla gola, al petto, ed anche gravissima, se non vengono usate tutte le cautele per noi sommariamente accennate in questo medesimo articolo.

ART. III.

Alterabilità delle sostanze organiche prodotta dall'umido-caldo, e delle conseguenze nocive alla salute.

§ 83. L'*umido-caldo*, come già avvertimmo (§§ 30. 54), è la causa precipua che provoca, favorisce o fomenta la *putrefazione* delle sostanze organiche tanto vegetali quanto animali. Ed è per questo che insistemmo ed insistiamo acciò le mercanzie di questo genere, caricate a bordo delle navi mercantili, sieno tenute lontane da ogni azione od influenza di umidità e specialmente dall' *umido-caldo*, per preservarle appunto dalla corruzione putrida, ordinando perciò che si vuotino il più spesso possibile le acque della sentina, si rinnovi e si faccia circolare l'aria liberamente nella stiva, e si espongano, se occorre, le merci stesse all'aria libera sopra-coperta, quando ciò sia fattibile (§ 54).

E indicammo pure le varie specie di merci o mercanzie che più particolarmente soggiacciono a questa alterazione, la quale assai più facilmente si osserva nelle materie o sostanze animali, che non nelle vegetabili (1). Tuttavia, per riguardo a queste ultime noi crediamo utile di aggiungere ancora qualche parola per ciò che spetta i diversi cereali, di cui la marina mercantile fa tanto commercio.

§ 84. Che i *grani* assorbano l'umidità, e per l'umido assorbito si alterino, si guastino, si corrompano più o meno, noi lo abbiamo già detto (§§ 55. 56), ed abbastanza il dimostra la giornaliera esperienza. Che essi possano subire questa corruzione anche a bordo delle navi sulle quali vengono caricati per una causa più o meno permanente di umidità, lo si è veduto al § 71. Però puossi anche dare il non difficile caso, che una porzione di essi penetrando per le commessure del tavolato (*pagliolo*) nelle acque della sentina, soggiacendo naturalmente alla putrida scomposizione, addivenga questa una causa di umidità maggiore e di viziamento dell'aria nella stiva, la quale potrebbe riuscire perciò nociva più o meno alla salute dell'equipaggio.

(1) Crediamo utile riportare colle altre, nella parte 8ª, la circolare che la Direzione della Sanità Marittima publicava rispetto alle avarie ecc. dei generi coloniali e di drogheria. Questa servirà di norma ai capitani, allorchè si trovano nei casi in essa circolare previsti.

§ 85. Perciò ad evitare questo pericolo, noi ricordiamo, oltre le già date (§ 57), le seguenti avvertenze; cioè :

1° si guardi attentamente che i tavolati che separano la stiva dalla sentina sieno incastrati di modo fra loro, che nè l'acqua da questa in quella, nè i grani da quella in questa possano per le male commessure penetrare durante il viaggio ;

2° sieno le boccaporte coperte di tela cerata e tutt'attorno nel loro rialzi (*battenti*) difese e calafatate di gulsa, che nè goccia d'acqua, nè umidità possano penetrare nella stiva ;

3° le interne pareti della stiva medesima abbiano una fascia di tavole o stuoia tutt'attorno, quasi fosse una incassatura (*pagliolo laterale* o *fasciamento*), per proteggere, per quanto lo si può, il grano dall'umidità, che è tanto facile a penetrare ;

4° se contro le avvertenze già indicate a questo proposito nel capitolo precedente (§ 36), si volessero caricare sacchi di grano anche nella stanza di sotto-prora e in quella del capitano, abbiasi almeno la precauzione di guarentirli il più possibile dall'umido, ravvolgendoli con molte stuoia.

§ 86. Per queste e per le altre alterazioni cui soggiacciono i cereali tutti, ma specialmente il *frumento* e la *melica* caricati a bordo delle navi mercantili (§ 56), egli è facile vedere fin dove la salute degli equipaggi possa essere messa in pericolo, qualora le alterazioni medesime si spingessero fino al grado della putrida fermentazione.

In questo caso stanno eguali le misure igieniche che abbiamo già indicate per riguardo a tutte le sostanze organiche guaste, sprigionanti putride esalazioni nell'interno delle navi (§ 67); e però i capitani non dovranno operare diversamente anche nel caso di grani guasti e corrotti (§ 57); e le conseguenze più o meno pericolose alla salute dei loro equipaggi, essendo pur quelle medesime, che già notammo provenienti in genere da un'aria viziata per queste putride emanazioni (§ 52), noi non possiamo consigliar loro, che le misure stesse e le precauzioni già indicate più sopra per questa causa medesima (§ 54).

§ 87. Ma le alterazioni proprie dei grani e di tutte le *biade* e cereali in genere, che possono essere trasportate dalla marina mercantile, essendo, anzichè della Sanità Marittima, di speciale competenza delle Autorità, nelle cui mani sta la immediata sorveglianza dell'igiene publica, alla quale si appartiene di vegliarne il commercio; noi non possiamo inoltrarci di più in questo grave argomento, perchè non possiamo a meno di credere, che là dove il mercato dei grani è vigilato da buone leggi annonarie e igieniche, la vendita e lo smercio di biade guaste e corrotte sarà necessariamente vietato, e punito nel caso di violazione delle leggi, e quindi verrà impedito ai bastimenti esteri di farne carico ed esportazione. E quando pure vi abbia diffalta di questi provedimenti igienici nei luoghi della esportazione, dobbiamo credere che in quelli di approdo od importazione vi avranno leggi previdenti, che vieteranno lo sbarco e molto più lo smercio di granaglie guaste e malsane.

§ 88. Ed è in questa vista appunto, che la Direzione Generale della Sanità Marittima degli Stati Sardi emanava da molto tempo un'ordinanza, in forza della quale si prescriveva ai capitani di non isbarcare granaglie comunque alterate, senza prima renderne consapevole la Direzione medesima, per tutte quelle igieniche providenze, che si credesse nel caso di ordinare (1).

(1) Gravi, nè sgraziatamente rari, sono gl'inconvenienti che nascono dalla introduzione in città e vendita di questi generi fermentati o comunque avariati. Ad ovviarvi, si prescriveva dalla Direzione suddetta, che appena ammessi in pratica, i capitani che avessero a bordo cereali dovessero fare una *sottomissione*, firmando una carta nella quale è detto, sotto il vincolo del giuramento, che sospenderebbero lo sbarco del grano tuttavolta se ne rinvenisse una qualche porzione di avariato, rendendone avvisata l'autorità sanitaria per gli effetti che di ragione. In fondo all'ultima parte del *manuale* sono riportate per intiero due circolari in proposito, publicate dalla stessa Direzione sanitaria fin dal 1853.

PARTE TERZA

∝

Stabilire le regole e le misure igieniche necessarie a constatare, e a conservare la buona qualità dei VIVERI e delle BEVANDE a bordo delle navi mercantili, ad impedirne la corruzione, a conoscere e distinguere gli effetti perniciosi di questa, e a ripararli nel caso, e con quali mezzi.

IGIENE DEI VIVERI

CAPITOLO I.

Delle regole e misure igieniche necessarie a CONSTATARE la buona qualità dei viveri e delle bevande a bordo delle navi mercantili.

§ 89. Sotto il nome generico di *viveri* s'intendono comprese tutte quelle sostanze animali, vegetabili e minerali, che sono necessarie per alimentare e nutrire l'uomo, nonchè a preparare più convenientemente i suoi alimenti. E perciò si applica un tale vocabolo tanto ai *cibi* o *alimenti* in genere propriamente detti, quanto ai loro *condimenti*.

Il nome poi di *bevande* (quantunque queste si possano già considerare come facenti parte dei viveri) applicasi più particolarmente a tutte le sostanze o materie liquide, atte non solo alla nutrizione, ma più ancora ad estinguere la sete e ad altri bisogni più o meno urgenti della vita.

E di queste e di quelli essendo assoluta necessità che la gente di mare si proveda, massime nei viaggi di lungo-corso, interessa grandemente alla igiene navale che sieno di ottima qualità quando se ne fa l'acquisto. Quindi è oltremodo lodevole il *voto* espresso dalla Conferenza Sanitaria Internazionale, formolato nell'art. 10 del *regolamento*, là ove è detto, che l'*Autorità locale*, *prima che i bastimenti salpino dai porti*, *deve certificare lo stato dei viveri e delle bevande e specialmente dell'acqua potabile*, *non che dei mezzi per conservare gli uni e le altre in ottimo stato.*

ART. I.

Dei viveri o alimenti *in generale ed in particolare*, *che servono ai bisogni della igiene navale*, *e del modo di constatarne la buona qualità.*

§ 90. Gli alimenti ci sono somministrati dal *regno animale* e dal *vegetabile.*

Alla prima provenienza si riferiscono :

1° tutte le specie di *carni* fresche, salate, affumicate, aromatizzate, marinate ecc. (§ 163), che si traggono tanto dagli animali domestici, quanto da altri che possiamo procurarci colla caccia, colla pesca e con altri mezzi più o meno industriosi ;

2° tutti i prodotti commestibili degli animali stessi, quali sono il *latte* con tutte le preparazioni diverse che somministra, le *uova*, non che altri *prodotti artificiali*, che l'industria umana seppe preparare allo scopo di variare il genere del suo nutrimento, ovvero a renderlo più omogeneo e più efficace.

§ 91. Al regno vegetabile appartengono :

1° tutti i frutti e semi che somministrano le *farine* capaci di subire la fermentazione panaria, e dalle quali appunto si cavano il *pane* e tutte le *paste* che si usano per minestra o zuppa. — I grani dei cereali sono quelli che danno le farine capaci di essere convertite in pane.

2° tutti i frutti e semi che somministrano lo *zucchero*, la *gomma*, l'*alcool*, l'*olio* e diverse altre materie estrattive, le quali, se non di per sé, unite almeno in varie dosi ad altri alimenti contribuiscono più o meno al mantenimento della vita e della salute dell' uomo.

§ 92. Avendo poi detto di comprendere sotto il nome generico di *viveri* anche i diversi *condimenti*, che servono a preparare e confezionare più o meno le sostanze o materie alimentari, noi diremo, ch' essi ci vengono somministrati tanto dal regno *organico* (animale e vegetabile) quanto dall' *inorganico* o *minerale*.

Essi si riducono principalmente, in quanto al regno organico:

1° al *lardo* e al *grasso*, che si cavano dagli animali;

2° al *burro* e alle diverse specie di *olii grassi*;

3° all' *aceto*;

4° allo *zucchero*;

5° a vari aromi, quali sono il *pepe*, la *cannella*, la *noce moscata* ecc.;

6° a diverse erbe, o radici, o piante più o meno aromatiche.

E in quanto al regno inorganico, ad alcuni sali, ma più particolarmente al *sale da cucina (cloruro di sodio)*.

§ 93. Ma prima di passare a dire singolarmente di ognuno degli alimenti sumentovati, crediamo utile riepilogare per sommi capi alcune norme generali sul genere di alimentazione più adatto alla conservazione della salute degli equipaggi.

1° Gli alimenti necessari alla provigione di una nave mercantile, massime se destinata a lunghi viaggi, vogliono essere in parte animali e in parte vegetabili. Ai primi appartengono, come dicemmo (§ 90), le *carni* tutte, il *formaggio*, le *uova* ed altri prodotti animali. Ai secondi le *farine* tutte dei cereali buone per fabbricar pane, paste, non che le *fecole amidacee* che ci somministrano i *pomi di terra*, il *riso*, le *castagne* ecc.

2° Essendo dalla esperienza insegnato, che un' alimentazione *esclusivamente animale* oppure totalmente *vegetabile* arreca più o meno nocumento alla salute, ne viene di conseguenza, che l'alimentazione più omogenea e più confacente alla vita si è quella appunto dell'uso promiscuo o avvicendato dell'un genere e dell'altro di alimenti, proporzionati sempre al *bisogno*, all'*età*, allo *stato di salute*, al *clima*, al *sesso* e ad altre circostanze estrinseche.

3° La *qualità* dell'alimento ordinario potrebb'essere la più acconcia, ma non contribuire per nulla alla salute dell'uomo, quando ne fosse *insufficiente*, oppure *eccessiva la quantità*. Chè tanto per eccesso od abuso, quanto per insufficienza o mancanza del necessario alimento l'uomo ammala gravemente e muore. Ma trattandosi d'igiene navale, poichè è più temibile che si pecchi per insufficienza anzichè per troppa abbondanza di viveri, così è indispensabile che si vigili molto sulla necessaria *quantità* dei medesimi, massime trattandosi di lunghe traversate.

4° Le ore dei pasti, il modo di distribuzione degli alimenti e la quantità giornaliera per ogni individuo, non possono essere assoggettate a regole generali, dappoichè si riferiscono a circostanze diverse, quali sono ad esempio gli *usi*, le *abitudini*, i *climi*, le *stagioni*, gli *accidenti dei viaggi* ecc.

§ 94. **Carni.** — La parte più nutriente ed omogenea al nostro gusto, che contengono gli animali dai quali caviamo il nostro alimento, sono le *carni* loro muscolari. Le quali però non riescono sempre, nè egualmente sapide e nutrienti, e perciò ammettono differenze più o meno notevoli fra loro. Queste differenze si riducono:

1° alla *diversa specie* dell'animale che le somministra;

2° all'*età* dell'animale stesso;

3° al *metodo di alimentazione* usato dal medesimo;

4° al *diverso modo di preparare* le carni, e alle mutazioni diverse che perciò loro si fanno subire;

5° al *tempo* più o men lungo passato dalla loro macellazione, e perciò allo stato di *freschezza* o *putrefazione* in cui si trovano.

§ 95. Gli animali domestici della specie bovina, quali sono il *bue*, il *toro*, la *vacca*, la *pecora*, il *montone* ecc., somministrano carni più o meno nutrienti e gustose; e questa loro diversità, per ciò che riguarda al gusto, sta in ragione appunto della *diversa specie*. Così le carni degli *uccelli* e dei *gallinacci* sono per colore, consistenza e gusto diverse assai da quelle dei *quadrupedi domestici*. Così egualmente quelle dei *pesci, molluschi, crostacei* ed altri di cotalfatta animali diversificano da tutte le altre.

In generale però queste differenze si possono ridurre a queste tre principali:

1° al *colore*, — inquantochè vi hanno carni più o meno bianche o rosse, o rosso-scure, tanto negli uni quanto negli altri animali, cioè tanto nei quadrupedi domestici, quanto negli uccelli e nei pesci ed altri animali;

2° alla *consistenza*, — inquantochè vi hanno carni più o meno dure o molli, e ciò tanto nello stato di crudità quanto anche dopo la cottura;

3° al *sapore* più o meno gustoso delle medesime.

Queste differenze (e specialmente le due prime) influiscono anche direttamente sulla qualità più o meno nutriente delle carni stesse; giacchè, mentre le carni bianche, tenere, molli e giovani sono meno nutrienti, le rosse o rosso-scure, consistenti e dure lo sono di più, e perciò faticano anche di più le forze digestive dello stomaco.

§ 96. L'*età* dell'animale modifica grandemente lo stato e le condizioni della carne alimentare. Il vitello ed il porchetto da latte danno una carne che è ben diversa per qualità nutriente, da quella che ci somministrano i due animali medesimi addivenuti l'uno bue o toro e l'altro maiale o porco castrato. Così l'agnello e il capretto, rispetto alla pecora, al montone ed alla capra.

§ 97. Il *metodo di alimentazione* usato dall'animale esercita puranche una grande influenza sulla buona condizione delle carni. È noto che gli animali erbivori domestici, che si lasciano pascolare liberamente nei campi, nei prati e su pei colli, danno una carne d'assai più gustosa ed aromatica, che non quando si fanno impinguare nelle stalle con pasti artificialmente preparati. Gl'Inglesi perciò preferiscono di salare la carne del bue che crebbe e pascolò liberamente, anzichè quella del bue fatto·impinguare nella stalla (§ 164).

§ 98. Anche il modo di *preparare* o confezionare diversamente le carni muta d'assai la condizione loro naturale, aumentandone o scemandone più o meno le loro proprietà nutrienti. È certo ed ovvio, che la *bollitura* di queste carni nell'acqua diminuisce non poco la qualità nutriente delle medesime, inquantochè una porzione dei loro principii sapidi e nutritivi si scioglie nell'acqua·, mentre invece le carni *arrostite* o cotte senza il concorso dell'acqua conservano più o meno tutti i loro principii nutrienti, ed acquistano quindi una forza stimolante assai maggiore per l'apparato digestivo.

§ 99. Finalmente i due estremi opposti, cioè la *troppa freschezza*·del pari che la *putrefazione* (ma più questa che quella) influiscono potentemente a mutare ed anche a distruggere la facoltà nutritiva delle carni. Generalmente si ritiene, che la carne macellata non vuol essere mangiata subito, ma·ventiquattr'ore dopo il macellamento, od anche più tardi, a norma però sempre della stagione e del clima.

Trattandosi poi di animali non macellabili, quali sono specialmente gli uccelli e i gallinacci domestici, od alcune specie di selvaggina, è noto come ne riesca più gustosa e saporita la carne, se si aspetta qualche giorno a mangiarla, o se dopo averli uccisi la si lascia in alcuni casi·svolgere perfino un primo indizio di putrefazione. Però questa decomposizione spontanea delle carni vuol essere in generale sempre evitata, siccome causa di più o men grave danno, specialmente trattandosi dei pesci, le cui carni vogliono sempre essere mangiate assai fresche.

§ 100. Le carni che s'imbarcano a bordo pei bisogni delle navi mercantili sono *fresche* o *salate*.

Le *carni fresche* sono generalmente quelle di bue o di vacca, di pecora o di montone, ma possono servire più o meno all'uopo anche quelle di capra e di cavallo, che sono nutrienti quanto il bue, nonchè le altre del cervo, del camello, del bufalo e di altri mammiferi, le cui carni servono di ordinario alimento a' popoli diversi.

Il pollame domestico offre pure diverse specie di carni fresche, le quali possono benissimo riuscire utili alla gente di mare, abbenchè non siano paragonabili in generale alle carni dei mammiferi.

I pesci somministrano pure un buon alimento, se anche non pareggi quello dei quadrupedi domestici. Le loro carni sono più giovevoli quando sono fresche.

§ 101. Le carni essendo fresche debbono avere le condizioni seguenti per essere di ottima qualità, cioè:

1° derivare da animali nè troppo giovani, nè troppo vecchi o consumati da una vita stentata, ma essere di un'età media e sani;

2° se si tratta di carni muscolari, queste devono essere ben scolate dal sangue, di color rosso-vivo, brillante, sode, elastiche, e premendole col dito alla loro superficie non deve restarvi infossamento molto sensibile, il che sarebbe indizio o di troppa gioventù dell'animale, o di non troppa freschezza, od anche d'incipiente putrefazione o malattia;

3° le carni muscolari meglio è che sieno tagliate in masse compatte e grosse, anzichè in listarelle o fettuccie; perchè nel primo caso riescono più saporite e danno maggiori materiali alla nutrizione;

4° i tendini, le ossa, le cartilagini, la parte cellulare-membranacea e la grascia delle carni sono egualmente di per sè soli poco o nulla nutrienti. Tuttavia la carne avente una certa quantità di grasso fra le sue fibre ed accompagnata dalle ossa alle quali è attaccata, riesce molto più nutriente di quella che è stata dispogliata di queste parti. Ed è perciò che le carni ricavate da animali grassi e vigorosi riescono sempre più saporose e più nutrienti, oltrechè stancano meno lo stomaco ond' essere digerite, che non quelle provenienti da animali magri e scarnati;

8° le carni di animali bovini morti per certi generi di malattia, sebbene non siano di per sè essenzialmente nocive alla salute, pure non è prudente l' usarne, tranne nei casi di un' assoluta necessità; ma anche in queste contingenze l' uso non dovrà esserne che affatto temporaneo.

§ 102. Le carni non essendo fresche, ma *preparate* sia colla cottura o col sale allo scopo di conservarle, noi tratteremo dei diversi metodi di loro conservazione nel capitolo seguente (§ 163 e seguenti). D' altronde non potendosi aver sempre le carni fresche, è evidente che la preparazione loro o in un modo, o nell' altro diviene una necessità volendole conservare.

Ma le carni pel viaggio possono acquistarsi tanto preparate, quanto esser fatte dai capitani stessi preparare a bordo delle loro navi, provedendosi in allora dei diversi capi di bestiame. Sì nell' un caso che nell' altro potrà tornare utile il conoscere i metodi più adoperati in oggi ad un tale scopo e di cui, come dicemmo, faremo più sotto parola (§ 164 e seg.) Tutti questi metodi però non hanno altro in mira che la *diseccazione* delle carni, la quale ottenuta, è ben naturale che esse abbiano perduto grandemente delle loro qualità, e ne abbiano acquistate altre dipendenti appunto dalla loro preparazione.

§ 103. Le carni *fresche* sono preferibili alle *salate* o conservate comunque, perchè quest'ultime pérdono sempre più o meno della loro forza nutriente, sia ciò dipendentemente dal tempo, o lo sia dal modo diverso di preparazione usato per poterle conservare.

§ 104. **Latte, Uova,** ecc. — Non egualmente si possono applicare tutte queste avvertenze generali agli altri alimenti animali, quali sono il *latte, uova, latticini* ecc., della conservazione dei quali verrà detto più oltre (§ 170 e seg.).

§ 105. In quanto agli *alimenti vegetabili*, ed a quelli che più particolarmente servono ai bisogni degli equipaggi, essi si riducono ai seguenti:

1° *farine diverse* di cereali, che servono a fabbricar *pane* e *paste;*

2° *pane* o *fresco,* o *biscotto* (galetta), e *paste* per uso di minestra;

3° *riso;*

4° *legumi* diversi;

5° *pomi di terra, castagne* ecc.;

6° *frutti* diversi o freschi o secchi.

§ 106. Gli alimenti vegetabili richiedendo pure preparazioni e modificazioni diverse per essere mantenuti in buono stato, anche di questi diremo più acconciamente altrove (§ 173 e seg.).

Per quello che riguarda il principale scopo di questo articolo, noi riepilogheremo in pochi precetti generali il molto che si potrebbe dirne in proposito.

§ 107. **Farine.** — I caratteri della *farina di frumento* di buona qualità, sono i seguenti:

1° il suo colore è bianco-gialliccio, brillante, senza punti rossastri, grigi o nerastri;

2° l'odore è tutto suo particolare ma gradevole;

3° il sapore è ben poco e può essere paragonato a quello della pasta fresca;

4° è dolce al tatto, secca e pesante;

5° aderisce alle dita e forma una specie di pallottola se si comprime fra le mani;

6° avida com'è dell'umido, se si bagna coll'acqua (di cui assorbe più del terzo del suo peso) forma una pasta elastica e soda;

7° non contiene ordinariamente che circa un quinto del proprio peso di crusca;

8° la mescolanza della farina di frumento con altre farine di cereali (*orzo, maïs, segale, avena, riso*) e di leguminose (*fave, piselli, fagiuoli, veccia, patate*, ecc.) produce mutamenti più o meno sensibili e manifesti nei caratteri fisici della farina stessa qui sopra riferiti, per cui è facile di conoscerne anche a vista d'occhio la sofisticazione, o di conoscerla tosto che la venga sottomessa alla panificazione.

§ 108. **Pane, Biscotto, Paste.** — Il *pane* può essere fabbricato:

1° con farina di frumento soltanto (*pan bianco*);

2° con farine diverse di cereali mescolate insieme in varie proporzioni (*pane bigio*);

3° può essere fresco ossia fatto di recente;

4° può essere biscotto (*galetta*).

§ 109. Il pane *bianco* con farina di frumento e fresco ha i seguenti caratteri:

1° una crosta soda, friabile e di color giallo-dorato o bruno;

2° la mollica bianca, elastica, sparsa di una quantità grande di buchi (od *occhi*, come si chiamano comunemente), soffice, leggera;

3° l'odore ed il sapore quanto mai attraenti e appetitosi.

Se non è fresco, questi caratteri non si riscontrano, o in parte soltanto; allora il peso scema, e così mutano il volume e la forma sua, che sono sempre in rapporto con esso.

§ 110. Il pane *bigio*, che è fatto con la mescolanza di altre farine a quella di frumento, ha i seguenti variabili caratteri:

1° la *farina di melica (zea maïs)*, che suolsi mescolare a quella di altri cereali in ragione di un quarto o di una metà, dà un pane con crosta nera o bruna, con mollica pure bruna, poco levata, vischiosa, pesante;

2° la *farina di segale* dà un pane bigio, grasso, abbastanza saporoso, grato all'odore e che si conserva anche una settimana senza seccare: — unita a quella di frumento in ragione di un'ottava parte, dà un pane più fresco e molto gustoso;

3° la *farina d'orzo* produce un pane grigio-rossastro, denso, massiccio, ma però sostanzioso e nutriente: — disecca più presto che quello di segale;

4° la *farina del frumentone* (*grano-nero* dei Francesi) dà un pane mal levato, pesante, indigesto, poco nutriente;

5° la *farina d'avena* dà un pane grossolano, ma però salubre, per cui in ciò può tener dietro a quello di frumento;

6° La *farina di riso* non serve che a fabbricare una qualità di galette.

§ 111. Il *biscotto* si fabbrica con farine di prima qualità, estraendone la crusca, il cruschello e la farina della crusca.

Si fa con lievito ed anche senza: è preferibile però il primo al secondo metodo, essendosi sperimentato che il biscotto *azimo* ammuffa assai più facilmente che non il lievitato ed è meno digerito dell'altro. Provò anche una ripetuta esperienza, che il biscotto che si fabbrica da giugno a settembre è il meno atto ad essere conservato.

§ 112. Il biscotto quando è ben fatto e con farina scelta presenta i seguenti caratteri:

1° è sonoro alla percussione ed ha una superficie dura, quasi verniciata;

2° è friabile facilmente, ha un colore giallo-dorato, e rompendolo presenta una spezzatura netta e brillante, semivetrificata;

3° non ha odore di sorta, e il suo sapore è grato;

4° immerso nell'acqua gonfia senza andare in bricioli, ma uniformemente in tutta la sua massa, nè si approfonda nell'acqua per quanto vi resti immerso;

5° quando mancano tutti o la più parte di questi caratteri è segno che il biscotto non venne bene preparato o che si è guastato. Se è ben fatto può conservarsi un anno ed anche più in perfetta integrità.

§ 113. Ecco alcuni avvertimenti in riguardo alle *paste fabbricate*.

1° Le paste fabbricate ad uso di minestra, quali sono i *maccheroni* i *vermicelli* ecc., devono essere fatte con buona farina e lasciate convenientemente diseccare all'aria; diseccate che sieno si mostrano facilmente friabili.

2° Esse non sono acide al gusto e stentano a cuocere. Se la pasta cuoce troppo prontamente è segno che non è della miglior qualità.

3° Le paste sono bianche o gialle. La tinta gialla vien loro data collo zafferano, che non è punto nocevole alla salute.

§ 114. **Riso.** — 1° Il *riso* di buona qualità presenta i granelli bianchi, bislunghi, intieri, di volume e grossezza quasi uniforme e di durezza singolare.

2° Nell'acqua cuoce impiegandovi un tempo più lungo che non il riso di scadente qualità, il quale cuoce presto e prende facilmente l'aspetto di una densa poltiglia.

3° Debb'essere dell'ultimo raccolto, non avere odore, essere purgato dalla polvere, ned'essere frammisto a materie eterogenee, come sarebbero sabbia, terra, pietre ecc.

4° Il riso che in commercio ha il nome di *riso bertone* è della più scadente qualità. Il migliore è quello della Carolina meridionale, nonchè del Piemonte, del Bolognese e del Ferrarese.

§ 115. **Legumi.** — I *legumi* sono *freschi* o *secchi*. Nel primo caso la bontà loro è presto riconosciuta, quando si sia sicuri:

1° della loro perfetta *maturità* e *stagionatura*, che ognuno presto rileverà esaminandoli;

2° della loro *integrità*, escluso cioè qualunque dubbio di putrida alterazione.

Essendo *secchi*, la loro bontà sarà tosto constatata:

1° dalla mancanza di qualunque tarlo, morsicatura, buche-
ramento, corrosione o guasto qualunque, che possa essere
stato operato da insetti od animali parassiti diversi;

2° dalla secchezza loro perfetta, che esclude il dubbio di
qualunque umidità;

3° dalla facilità con cui vengono cotti nell'acqua, quando questa
però sia di tale qualità da facilitarne la cottura (§ 133).

§ 116. **Pomi di terra.** — Vi hanno diverse varietà di
pomi di terra, che servono più o meno alla nutrizione del-
l'uomo. Sonovi i bianchi, i gialli, i rossi, i violetti e i neri.

Queste due ultime varietà, essendo piuttosto acri al gusto
e contenendo minor quantità di fecola, sono le meno ricercate.

Le bianche, le gialle e le rosse sono sempre a preferirsi.
Questi tuberi soggiacciono però ad alterazioni spontanee;
per cui è facile che la ingestione loro, essendo o immaturi
o guasti, arrechi danno più o men grave alla salute.

§ 117. Per essere adunque di buona qualità, i pomi di
terra debbono avere le seguenti condizioni:

1° essere giunti a *perfetta maturanza*, — ciò che non è difficile di rilevare anche dalla semplice osservazione, mostrandosi altrimenti troppo tenera ed erbacea la loro polpa;

2° non avere *sorpassata la maturità*, — ciò che si osserva
avvenuto quando cominciano a germogliare; e questo
succede sul finire dell'inverno o sul principio della primavera: — se si mangiano in questo stato diventano nocivi;

3° non essere presi dal *gelo* od *acquosi*, — nel qual caso si
mostrano o di un color verde o di un purpureo-carico,
ed hanno un gusto amaro pronunciatissimo; caratteri tutti
di malattie particolari cui vanno soggetti questi tuberi;
e l'uomo e gli animali che ne usassero, rimarrebbero più
o meno avvelenati.

§ 118. **Frutti.** — Le condizioni generali che abbiamo
stabilite di maturità, d'integrità e buona stagionatura dei
vari prodotti vegetabili sopra mentovati (§ 115), si richie-

dono sempre per tutte maniere e specie di *frutti*, che si vogliano imbarcare per uso degli equipaggi: quindi non crediamo necessario di darne i caratteri speciali per ogni qualità, essendo ovvii ed abbastanza noti ad ognuno.

ART. II.

Dei condimenti *in generale ed in particolare, che servono ai bisogni della igiene navale, e del modo di constatarne la buona qualità.*

§ 119. Fra i *condimenti* più necessari e ordinariamente adoperati nella preparazione degli alimenti, e che possono far parte anche di questi, ricordiamo particolarmente i seguenti. Il *burro* o *butirro*, il *formaggio*, il *lardo* o *grasso del maiale*, le diverse specie di *olii grassi* commestibili, alcuni *aromi* principali e il *sale da cucina*.

§ 120. **Butirro.** — Il *butirro* diversifica per bontà, colore e consistenza a seconda della specie o varietà degli animali che lo somministrano. — Egli è perciò che il butirro che ci somministra la vacca è più consistente e più o men giallo ed assai migliore di quello che ci danno la capra e l'asina, dappoichè questo è più molle, più bianco ed è molto meno gustoso.

§ 121. Il butirro dev'essere fresco; nel quale caso è dolcigno al gusto e facilmente digeribile. Ma esso diviene rancido in brevissimo tempo, si altera, inacidisce, ed in questo caso riesce più o meno nocivo alla salute.

§ 122. Danno alcune volte artificialmente il color giallo al butirro mediante il zafferano, o col sugo di carota o colle bacche degli asparaghi, colori tutti che però sono innocui alla salute.

Viene anche adulterato e falsificato il butirro colle patate, colla farina di frumento, col latte indurito al fuoco, col sego di vitello, colla creta ecc. Tutte queste adulterazioni

si scoprono facilmente facendo fondere il butirro e raccogliendo le materie estranee che si precipitano sul fondo
del vaso.

§ 123. **Formaggio.** — La mescolanza del caggio con la
crema che si trovano nel latte, costituisce quello che chia-
miamo *formaggio*. E diverso per consistenza, per colore e
pel gusto secondo i diversi latti da cui si ricava o i diversi
animali che ce lo somministrano, nonchè i diversi modi di
fabbricarlo. Serve da condimento e da alimento.

§ 124. Vi ha del formaggio *fresco* e senza sale, ve ne
ha del *fresco salato* e vi ha del formaggio *vecchio*, fermen-
tato, alcalescente, i cui componenti hanno mutato affatto le
loro proprietà. Generalmente i formaggi freschi sono più
difficili ad essere digeriti; meno lo sono e nutriscono di
più i formaggi vecchi e fermentati, sebbene riescano più o
meno sempre indigesti allo stomaco. — Un pezzo di formaggio col pane può servire assai bene di ottimo alimento.

§ 125. **Lardo.** — Il *grasso del maiale*, cioè il *lardo*, e
in generale tutte le specie di grascia animale, riescono difficili a digerirsi e poco o nulla contribuiscono alla nutrizione. Tuttavia il lardo che si adopera come condimento è
utilissimo per dare alla minestra, che si fa con legumi, un
sapore particolare che in generale piace assai. — Taluni
lo mangiano anche col solo pane.

§ 126. Quando è di buona qualità non ha odore di sorta,
e il suo sapore non è ingrato, nemmeno per quelli che
ripugnano al suo uso. Talvolta irrancidisce, ingiallisce, ed
allora sprigiona un cattivo odore. In questo caso diventa
acre ed irritante, e può produrre nocumento anche grave
alla salute.

§ 127. **Olii grassi.** — Alcune specie di *olii grassi*
entrano nella categoria dei più necessari ed utili condimenti
delle sostanze alimentari. L'olio d'*ulivo* e quello di *noce*
sono i più comunemente adoperati.

§ 128. L'olio d'ulivo ha un colore o verde o giallo secondo il vario modo usato per ottenerlo: se si adopera l'espressione a freddo si ha un olio verde; se la espressione è a caldo od ebbe luogo un certo grado di fermentazione delle ulive, allora lo si ottiene giallo: ma l'una specie è affatto identica all'altra; se non che la prima ritiene un po' più il sapore del frutto, mentre la seconda, quando è di buona qualità, ha odore e gusto più dolce.

L'olio di noce è di un color bianco-verdognolo.

§ 129. **Pepe ed altri aromi.** — Il *pepe*, l'*aglio*, la *cipolla*, la *cannella*, il *garoffano*, e qualche altro aroma di cui ci serviamo come condimento, sono troppo conosciuti perchè se ne debbano riepilogare qui i caratteri distintivi.

§ 130. **Sale da cucina.** — Il più essenziale dei condimenti è certamente il *sale da cucina* (cloruro di sodio): senza di esso sarebbero insipidi i nostri alimenti, e potrebbero ben anco riuscire ributtanti.

Il sale *grigio*, purgato dalle materie eterogenee, può essere conservato per un tempo indefinito.

In caso d'urgenza, o non sapendo come provederne, può sostituirglisi il *salnitro*, la polvere d'archibugio, la salamoia delle sardelle, delle aringhe e delle carni salate.

ART. III.

Delle bevande *in generale ed in particolare, che servono ai bisogni della igiene navale, e del modo di constatarne la buona qualità.*

§ 131. **Acqua.** — L'*acqua* costituisce la prima e quasi indispensabile bevanda dell'uomo. Vuolsi però intendere dell'acqua *dolce*, quella cioè che ci è data dalla pioggia, dai fiumi, dalle fonti diverse, dai torrenti, oppure dalle nevi e dai ghiacci a séguito della loro fusione; giacchè l'acqua *marina*, essendo salata e più o meno contenendo delle sostanze organiche in dissoluzione, non può servire ai nostri bisogni senza averla prima dispogliata di tutte queste sostanze.

§ 132. La *quantità* d'acqua da caricarsi a bordo si calcola, per termine medio, a tre litri al giorno per ogni individuo, trattandosi di viaggi in climi caldi. Questa avvertenza è molto importante per gli armatori e capitani, acciò non lascino mancare la provista di questo elemento indispensabile, massime trattandosi di lunghi viaggi.

§ 133. Dicesi *potabile* l'acqua che serve per bevanda omogenea all'uomo. Per esser tale deve avere i seguenti caratteri:

1° essere limpida e fresca, senza odore e senza sapore;

2° deve sciogliere perfettamente il sapone;

3° deve rammollire e cuocere in breve tempo i legumi (§ 115);

4° deve contenere una certa quantità d'aria.

§ 134. **Vino.** — Dopo l'acqua vi ha il *vino* con tutte le sue varietà, il quale costituisce la più omogenea ed utile bevanda degli equipaggi, per quantunque non sia così assolutamente necessaria alla salute ed alla vita dell'uomo come sarebbe l'acqua.

§ 135. Il *vino* è *bianco* oppure *rosso* o *nero*. Delle due qualità è preferibile sempre la seconda alla prima, inquantochè se il vino bianco è più leggiero e può spegnere meglio la sete ove sia diluito coll'acqua, il rosso ed il nero invece sono più eccitanti e più *stomatici* (come si usa dire comunemente) e corroborano meglio le forze.

§ 136. Un vino puro e naturale, fabbricato con uva di buona qualità e convenientemente, deve avere i seguenti caratteri:

1° dev'essere più o meno colorito tanto che sia bianco che rosso;

2° dev'essere limpido, e la sua limpidezza mantenersi eguale in tutti i punti del vaso o recipiente;

3° esposto all'aria od al sole il suo colore non deve mutàre, ma mantenersi costante, nè formare deposito o sedimento alcuno;

4° non dev'essere acido, nè avere cattivo odore, come quando ha sapore di muffa od ha contratto l'odore del legno o del recipiente qualsiasi in cui era conservato.

§ 137. **Birra, Sidro, Arak, Idromele ed altre bevande fermentate di questo genere.** — Vi hanno pure la *birra*, il *sidro* e l'*idromele*, ecc., bevande tutte più o meno fermentate, le quali possono supplire alla mancanza del vino e da taluni essergli anche preferite.

§ 138. La buona *birra* si conosce ai seguenti caratteri:
1° è trasparente e non fioccosa;
2° ha un sapore amarognolo, un po' acido e alcoolico;
3° per l'acido carbonico che contiene, forma effervescenza viva (*spuma*) nel versarla;
4° o è bianca, o più o meno colorata in giallo, o giallo-scuro. Tali varietà dipendono, prima dalle sostanze usate per fabbricarla, indi dai diversi gradi di concentrazione e dai modi diversi di ottenerla.

§ 139. Il *sidro* si ottiene dalla fermentazione del succo delle *mela*. Con quella del succo delle *sorbe* e delle *pera* si ottengono due altre specie di sidro, che i Francesi chiamano l'una *poiré* (sidro di pera), l'altra *cormé* (sidro di sorbe).

§ 140. Il sidro è più o meno spumoso secondo il tempo che si mette in bottiglie, e contiene più o meno di zucchero e d'alcool. Egli è per la proporzione più o meno grande di quest'ultimo, che si distingue il *grosso,* il *medio* ed il *piccolo sidro.* Lo si colorisce con diverse sostanze, quali sono ad esempio lo *zucchero d'orzo*, la *cocciniglia* e la *tintura di fiori del papavero selvatico.* Per cangiarne il sapore v'aggiungono taluni dei succhi fermentati diversi.

Vi hanno differenze di sidro secondo che vennero adoperate a farlo o *mele dolci*, oppure *acerbe, acide, aspre* e *amare.*

Colle prime si ha il *sidro dolce*, suscettibile di essere conservato ; colle altre lo si ottiene *leggiero* e pronto ad inacidire e ad imbrunire all' aria.

Se il sidro è di fabbrica recente abbonda di materiali muco-zuccherini; quando la fermentazione alcoolica sia terminata, ciò che avviene più tardi, allora è più stimolante, e ne è mutato il sapore. In capo ad alcuni anni si altera per modo che non puossi più bere.

Il *sidro di pera* dà colla distillazione più acquavite che l'altro; è più piccante, meno nutritivo e si conserva difficilmente.

Il *sidro di sorbe* è analogo molto a quello delle mela con pochissima differenza.

§ 141. Il sidro può essere anche più o meno gustoso, a seconda dei diversi modi di fabbricarlo. Ma in' generale si ritenga :

1° che se è fatto con mela marcide o troppo immature riesce una bibita nocevole, perchè può cagionare coliche, flatulenze ed anche diarree ;

2° che quando, ha un colore bruno, indica un principio di scomposizione ; e se non riesce allora sempre nocivo, certo non è più una bevanda omogenea ;

3° che quel sidro che fabbricasi con mela, zucchero e sciroppo di cedro è più assai difficile a digerirsi, senzachè per questo possa dirsi veramente nocivo alla salute ;

4° che quel sidro il quale viene falsificato collo spirito di vino, è facile ad essere riconosciuto, inquantochè bevendolo si sente manifestamente il sapore d' acquavite.

§ 142. L' *arack* poi, o *rack*, è una bevanda usata molto in varie contrade dell' Oriente, la quale si ottiene dalla fermentazione alcoolica del riso.

§ 143. L' *idromele* è una bevanda composta, che si ottiene da una miscela di acqua, di erbe aromatiche e di miele.

§ 144. In Alemagna e nella Svizzera si usa un' altra bevanda alcoolica di questo genere, che chiamano *kirschen-*

wasser. Questa risulta dal pestare le ciliege insieme ai loro nocciuoli, che fannosi quindi fermentare.

§ 145. È anche dalle ciliege che si ricava il così detto *Maraschino di Zara,* perchè appunto è in quella città che si fa il migliore, e se ne fa il maggior consumo.

§ 146. **Acquavite e bevande alcooliche.** — Tutte le bevande e liquori acoolici, quali ad esempio il *rhum,* l'*acquavite, i rosoli* ecc. entrano pure nella classe delle bevande più o meno utili alla salute dei marinai, purchè usate a tempo e con grande moderazione.

§ 147. L'*acquavite* è un liquore spiritoso, o alcoolico, che misurato all'*areometro* o pesa-liquori segna dai 18 ai 22 gradi. Questa concentrazione però varia secondo l'interesse dei rivenditóri e il gusto dei consumatori. Questo liquore è molto appetito dai marinai, e loro riesce assai utile e talora anche necessario navigando in certi climi.

§ 148. Quando l'acquavite è veramente fatta con alcool o spirito di vino tratto dalla distillazione del vino, è limpida, forte al gusto, non ha alcun cattivo odore, siccome invece si osserva se la si fabbrica con alcool di fecola.

L'acquavite più stimata nel commercio è quella di *Cognac.*

§ 149. Crediamo inutile di far qui parola d'altre bevande alcooliche usate nel commercio, le quali, e per la loro carezza e per la loro varietà ed altre circostanze, non sono necessarie alla provigione delle navi mercantili, bastando per esse, in quanto ai bisogni delle navi stesse, l'acquavite di cui veniamo di far cenno (§ 147).

§ 150. **Caffè ed altre bevande aromatiche.** — Tra le bevande aromatiche, il *caffè* infuso e bevuto caldo costituisce un'altra specie di bevanda grata ed abbastanza nutriente.

§ 151. Il *caffè* ci somministra colla sua infusione a caldo (dopo essere stato torrefatto e polverizzato) una delle più grate ed anche nutrienti bevande. Il marinaio francese ne suol ricevere alla mattina una certa porzione.

Non ci estendiamo a descriverne i caratteri, poichè
questi sono noti a tutti e non vi ha pericolo d'inganno,
nè in quanto alla qualità dei semi, nè in quanto alla maniera di prepararli. Le sofisticazioni e adulterazioni con altri
semi torrefatti sono presto e da tutti facilmente conosciute.

§ 152. Il *the*, che usano e consumano tanto gl'Inglesi,
costituisce un'altra bevanda aromatica molto omogenea al
gusto. Noi non facciamo che accennarla, ben sapendo che la
marina mercantile sarda può benissimo far senza di questa
bevanda, quantunque non se ne ignorino le sue utili qualità
sui naviganti quando la è usata in certi climi.

§ 153. **Aceto e bevande acetose diverse.** — Col
mezzo dell'acqua e di alcuni *acidi vegetabili*, per lo più
spremuti da certi frutti, o preparati dall'arte, si ottiene una
serie di *bevande acquose* più o meno grate ed astringenti, le
quali riescono utilissime alla salute della gente di mare, non
tanto per ispegnere la sete, quanto per impedire lo sviluppo
di alcune malattie ad essa particolari e dello scorbuto soprattutto. Giovano a quest'uopo principalmente l'*aceto* comune, l'*acido citrico* che si esprime dal limone o dal
cedro, l'*acido tartarico* e *malico* che si cavano dai frutti
acerbi, l'*arancio* ecc.

§ 154. L'acqua leggermente acidulata coll'*aceto comune*,
(*posca*) costituisce una delle più utili e delle più usate bevande, atte a smorzare la sete, massime negli ardori della
estate. Da tempo immemorabile è in uso questa bevanda, la
quale, in quanto alla gente di mare, riesce della massima
utilità non solo, ma di vera necessità, per essere molto
acconcia a spegnere la sete, e per la sua potente virtù an-
tiscorbutica, che divide coll'acido del limone e del cedro
e con altri acidi vegetabili.

§ 155. L'*aceto* migliore è quello che si ricava dalla fermentazione acida del vino; ma bene spesso se ne smerciano
altre qualità inferiori, e sono quelle che si cavano dalla

fermentazione della birra, del sidro, dello zucchero, del legno, del siroppo di fecola ecc.

L'aceto inglese è il prodotto della prima fermentazione alcoolica (e quindi acida) del così detto *malt* d'orzo e di frumento, usati per la fabbricazione della birra.

In Alemagna lo ottengono ordinariamente dalla fermentazione della fecola di patate.

In Francia, oltre l'aceto tratto dal vino, se ne fabbrica pure colla fecola di patate che si vende ad un prezzo assai basso.

§ 156. La forza dell'aceto dipende dalla quantità dell'*acido acetico* che contiene. Questo essendo più o meno diluito coll'acqua, è evidente che la sua forza sarà più o meno sensibile.

§ 157. Taluni fabbricano anche dell'aceto col mezzo dell'*acetone* così detto, dopo di averlo allungato coll'acqua e messo in contatto di varie piante aromatiche; altri per di più vi aggiungono anche dell'alcool per farlo credere proveniente dal vino. Questa però è la qualità più scadente e nociva ben anco alla salute. Puossi però riconoscere assai facilmente di artificiale composizione, inquantochè, non contenendo quelle materie estrattive e saline che sono nell'aceto tratto dal vino, emette un odore grave ed ha un sapore d'assai differente.

§ 158. L'aceto buono, quello cioè del vino, debb'essere limpido, di colore più o meno rossiccio, secondo il vino da cui si è ricavato e perciò variabile. Il suo odore e sapore sono decisamente acidi, tanto all'ordinaria temperatura quanto che si faccia riscaldare e bollire. La sua fluidità e scorrevolezza è pari alla limpidezza. Che se invece lo si vede vischioso, lattiginoso alla superficie, di colore versatile per l'azione della luce, ed abbia un sapore caustico, o, fregato fra le mani, esali odore di birra o d'acquavite, si è sicuri ch'esso non è aceto di vino, ma ricavato da altre sostanze.

§ 159. Le *bevande acquose* tutte, o semplici o composte, servono ad ammorzare il troppo calore del corpo; e quindi sono da preferirsi durante la calda stagione, o in climi ardenti, o quando il corpo si sente troppo riscaldato.

Però devesi avvertire, rispetto al loro uso, a due circostanze di sommo valore, acciò non abbiano a riuscire nocive: 1° che se sono moderatamente prese e quando ve n'ha bisogno, recano un grande refrigerio e sollievo al corpo; — usate invece in troppa copia, o soverchiamente continuate, snervano e indeboliscono non poco le forze; 2° che usate fredde e a corpo riscaldato possono portare gravi sconcerti alla salute, producendo coliche od altri morbosi accidenti di una qualche intensità e pericolo.

§ 160. Tutte le *bevande alcooliche* e *vinose* poi, sieno semplici o composte, spiegano sulla economia animale una azione opposta a quella delle acquose, giacchè stimolano, eccitano le forze, risvegliano il calore, aumentano i battiti del polso, producono l'esilaramento, l'ebrietà e perfino il delirio e la febbre, tuttavolta vengano usate smodatamente. Quindi il loro uso vuol essere preferito: 1° alla stagione invernale o nei climi freddi ed umidi, cioè quando siavi bisogno di eccitare le forze troppo snervate da queste cause; 2° a dose moderata, nè sempre continuata, ma alternandole con altre di azione diversa ed anche opposta se occorre.

CAPITOLO II.

Delle regole e misure igieniche necessarie a CONSERVARE la buona qualità dei viveri e delle bevande a bordo delle navi mercantili.

§ 161. Tutti gli alimenti sono soggetti ad alterarsi e a guastarsi col tempo, e molto più se vi abbiano circostanze e cause che ne aiutino la corruzione. Provenienti dal regno *animale* o *vegetabile*, portano in sè medesimi la ragione di questa loro spontanea corruzione; la quale tanto più è maggiore o tanto più pronta addiviene, quanto più concorrano condizioni ausiliarie e favorevoli a svilupparla. Il calore e l'umidità dell'atmosfera sono gli agenti provocatori di questa corruzione; il freddo al contrario, specialmente intenso, e l'aria secca la impediscono.

Si può adunque stabilire per precetto generale, che la conservazione degli alimenti dipende primieramente dall'evitare l'azione del *caldo-umido* dell'aria o degli ambienti in cui si trovano riposti, procurando invece la loro esposizione all'aria fredda, secca e rinnovata.

§ 162. Vi hanno diversi metodi di conservare gli alimenti tanto *animali* quanto *vegetabili;* ma tutti hanno sempre in mira di raggiungere un grado più o meno elevato di *diseccazione* e di *prosciugamento* tanto negli uni quanto negli altri. Questi metodi variano secondo la natura degli alimenti cui vengono applicati, secondo gli usi dei vari paesi, e secondo il tempo e le circostanze in cui vengono usati. Daremo una breve idea degli uni e degli altri, facendo sentire però quali sono i più comunemente adoperati, e che potrebbero riuscire i meglio acconci ai bisogni della marina mercantile.

ART. I.

Regole e precetti per la conservazione degli alimenti.

§ 163. **Carni.** — Non potendosi a bordo delle navi aver sempre le carni fresche o di fresco macellate, la necessità costringe di far provigione delle carni *salate, cotte, marinate,* od in qualunque altro modo preparate, le quali riescono nonpertanto meno utili e nutrienti.

Questa preparazione si ottiene o per mezzo del *sale,* o coll' *affumicamento,* o colla *cottura.* Tutti e tre questi metodi hanno per iscopo la *diseccazione* delle carni.

Potendo interessare ai capitani di conoscere questi diversi modi di conservazione delle carni, quando tornasse loro più utile di far preparare essi stessi le carni fresche da imbarcare, noi ne diamo qui una succinta idea.

§ 164. SALAGIONE. La carne di bue è da preferirsi a tutte le altre per essere salata: quella di vacca si ritiene siccome incapace di sopportare l'azione del sale.

Gl' Inglesi, il cui metodo di salare le carni è forse il migliore, fanno questa preparazione durante la stagione fredda.

Il bue da prescegliersi dev'essere alto, tarchiato, grasso e soprattutto sano. Gl' Inglesi, come già fu detto, preferiscono quello che impinguò nei pascoli liberi all' aperto, a quello che si fece ingrassare rinchiuso nelle stalle (§ 97).

Quando il bue è stato ucciso e le vene del collo furono aperte e che si è lasciato scolare tutto il sangue, lo si scortica e gli si esporta la testa. Gl' Inglesi per iscorticare il bue non usano di soffiare sotto la pelle con soffietto o mantice, come generalmente si pratica in alcuni paesi: essi credono che l'aria cacciata dentro a quel modo pregiudichi non poco la buona qualità della carne e la sua conservazione. Il tubo digestivo lo si lega, onde impedire lo spandimento delle materie contenutevi, che andrebbero a guastare le carni. Apresi quindi il ventre dell' animale e vuotasi la cavità con tutta precauzione; poscia si solleva in aria l'animale e gli si apre il petto; staccansi diligentemente tutti i visceri in esso contenuti; ritirasi la grascia che sta sui fianchi dell' animale; quindi lo si divide in due, spaccando la colonna vertebrale per tutta la sua lunghezza. Ciò fatto, si lascia sospeso in questo modo per due circa giorni, affinchè scoli affatto ogni materia liquida. Si levano quindi le ossa lunghe dalle membra, e le carni si consegnano agli uomini incaricati di salarle.

Il bue viene tagliato in quarti; ogni quarto poi vien suddiviso in pezzi da circa otto libbre cadauno. Ciascun pezzo viene ravvoltolato per un minuto circa per ogni verso nel sale triturato, e ciò da persone aventi le mani guernite di guanti di lana.

I pezzi di bue così salati si mettono in grandi casse quadrate, aventi un fondo bucherellato e poggianti sopra barili od altri recipienti atti a ricevere quanto può scolare. Si lasciano in quelle casse per una settimana almeno, durante il qual tempo per due volte si cospargono di salamoia.

In capo a sette giorni si ritirano e si mettono per un'altra settimana entro altre casse eguali, avendo la precauzione però di collocare sul fondo quei pezzi che erano alla superficie nelle prime casse, e mettere viceversa di sopra quelli che prima erano di sotto.

Per tutte queste operazioni, la quantità di sale necessaria per ogni pezzo di otto libbre in peso, è di una libbra. Si crede che due terze parti di questo sale aderiscano alla carne o vi si combinino, mentre l'altro terzo passa in salamoia sul fondo della cassa, di dove scola nei barili, in cui viene poscia collocata dopo la seconda settimana.

Ecco in quale modo gl'Inglesi eseguiscono quest'ultima operazione. — Il fondo del barile è coperto da uno strato di *sale* detto della *baja di Vigo* unitamente a del *nitro*, perchè quest'ultimo serve a tenere fresca e ben colorita la carne. Si osservi che il sale di Vigo ha la proprietà di mantenersi allo stato cristallino per anni ed anni, sviluppando le sue virtù preservative quando quelle del sal comune, usato generalmente in Italia, sono già esaurite. Per quarantadue pezzi di carne da otto libbre che contiene incirca ogni barile, non mettono che dieci oncie di nitro.

Sopra questo primo strato di sale vengono collocati alternativamente i pezzi di carne per modo da non rimanere alcun intervallo fra loro. Fatto il secondo strato con altri pezzi sovrapposti, li comprimono battendoli con una massa pesante venti e più libbre, simile a quella che adoprano i selciatori delle strade per battere la selciata. Alla metà del barile mettono uno strato piuttosto alto fatto colla miscela dei due sali (di Vigo e nitro) ad oggetto d'impedire che nel caso di guasto nella carne, la corruzione di una metà del barile si possa propagare all'altra.

Terminano poi di riempiere il barile collo stesso metodo fino alla linea del coperchio. Allora vi versano sopra in abbondanza la salamoia, e vi aggiungono un nuovo strato dei due sali: ciò fatto, chiudono i barili il meglio che possono.

Questo metodo ha il vantaggio del disossamento della carne, ed è perciò migliore degli altri. Così il sale penetra in ogni parte della carne, ciò che non farebbe se vi fossero attaccate le ossa.

§ 165. Il majale si prepara in egual modo, colla sola differenza che lo si mette in pezzi più piccoli acciò resti meglio salato.

§ 166. Cottura. Anche colla *cottura* delle carni si arriva ad ottenere la perfetta loro conservazione.

Su questa preparazione semplicissima è fondato il tanto conosciuto e lodato metodo di Appert. Esso consiste nel preparare prima gli alimenti come se dovessero essere serviti in tavola, e di chiuderli poi in iscatole di latta od in vasi di vetro esattamente chiusi, onde l'aria non vi possa penetrare. Quando gli alimenti si vogliono mangiare non si ha che a farli scaldare. Queste scatole si ritengono in oggi come indispensabili a bordo dei bastimenti, specialmente pei malati e convalescenti, nel mentre sono per tutti d'una risorsa grandissima massime nei viaggi di lungo-corso.

§ 167. Affumicamento. Le carni diseccate col mezzo dell'*affumicamento* si raccorciano e si fanno acide. Se l'affumicamento non è operato uniformemente in tutti i punti del pezzo carneo, facilmente vi si manifesta la putrefazione.

Si può anche ottenere la diseccazione delle carni esponendole all'azione solare, come si usa tuttavia al Chili ed al Perù.

§ 168. È stato pure proposto recentemente di far passare la carne fra due cilindri caldi pieni di vapore, come fosse un laminatoio.

§ 169. Altri e svariati metodi vennero proposti e adoperati per ottenere la conservazione delle carni; ma noi crediamo che il metodo inglese rispetto alla *salagione* (§ 164), e quello di Appert in quanto alla *cottura* (§ 166), possano corrispondere meglio d'ogni altro.

§ 170. **Latte, Uova** ecc. — Il *latte* può conservarsi più o men tempo per mezzo del metodo di Appert più sopra accennato (§ 166). — Riscaldandolo un pò tutti i giorni si conserva anche per del tempo; ma bisogna ricordare che al di là di 60° del termometro centigrado si altera e muta grandemente il suo sapore.

§ 171. Le *uova*, come ognun sa, somministrano uno dei migliori, facili e comuni alimenti all'uomo, tanto nello stato sano quanto nel morboso.

Una provigione a bordo di questo prodotto dei gallinacci domestici potrà riscire non che utile, necessaria in mille occorrenze.

§ 172. Possono conservarsi le uova più o meno lungamente. Diversi sono i metodi adoperati a quest'uopo. Ecco i più usitati:

1.° si cuoprono le uova con una vernice impermeabile all'acqua (come sarebbe la cera, il grasso, il burro ecc.) e quindi si ravvolgono nella polvere di carbone, di legna o di creta;

2.° si possono immergere nell'acqua bollente, e ritirarle prima che ne termini la cottura;

3.° si possono tenere immerse in liquidi differenti, come nell'acqua di calce assai densa, in una miscela di cremor di tartaro (un chilogramma) e di calce viva (tre litri e un decilitro) con una sufficiente quantità d'acqua;

4.° finalmente in un miscuglio di sal comune e di crusca, o sotto un mucchio di grano, o di segale, o di segatura di legno, o di cenere in cui s'immergono o si seppelliscono.

§ 173. **Farine.** — Bisogna che le farine sieno ben secche e di buona qualità. Per conservarle si collocano entro sacchi che si mettono ritti in piedi, lasciando però tra gli uni e gli altri un certo spazio per la libera circolazione dell'aria, oppure in barili intonacati al di dentro con bitume. Questi mezzi di conservazione però, che possono riuscire assai bene per i magazzini ordinari delle farine, risulta dall'esperienza essere affatto insufficienti rispetto a quelle che si caricano a bordo delle navi. Infatti queste si conservano assai meglio se si mettono dentro casse di latta ermeticamente chiuse per impedire l'accesso dell'aria.

Si conservano meglio quando sieno state finamente stacciate, che quando contengono ancora la crusca. Si abbia sempre l'avvertenza di ben calcarle nei barili.

Di tutti i cereali però il *riso* è quello, che è più facile ad essere conservato e per più lungo tempo.

§ 174. **Pane.** Se il pane è fresco la sua conservazione dipende dalla quantità d'acqua più o meno grande ch'esso contiene, e della quale va perdendo via via colla evaporazione. Se ne evapora più o meno secondo che la cottura del pane fu spinta più o meno avanti.

Rispetto al pane *tutto-biscotto* si ritenga in tesi generale, che quando la doppia cottura è completamente esaurita, l'evaporazione è in ragione di libre 78 sopra 315 di pasta; se è *semi-biscotto* non si eleva che a libre 34 sulla stessa quantità di pasta. In quanto al pane *ordinario* l'evaporazione è di libbre 45 sopra la medesima quantità di pasta. E ciò a norma dei capitani, onde non vengano ingannati dai botteganti.

§ 175. Il *biscotto* chiuso in casse si conserva lungamente. Quand'anche cominciasse a muffare, gli si può restituire in gran parte la sua bontà, sia passandolo di nuovo per alcuni momenti al forno, sia facendolo macinare per convertirlo nuovamente in farina e fabbricarne quindi dell'altro.

§ 176. **Legumi.** — I legumi freschi, come *piselli, fagiuoli* verdi ecc. si conservano benissimo col metodo di APPERT già descritto al § 166.

§ 177. **Pomi di terra.** — Le *patate* per poterle conservare non debbono essere nè tanto giovani, nè avere germinato. Si mettano in luoghi ventilati ed al riparo dell'umidità, coprendole con paglia ben asciutta.

Certe radici, come ad esempio le *carote*, le *barbabiettole*, i *navoni* ecc. si conservano facilmente tenendole in luogo fresco, nè troppo umido. Si recida loro il *colletto* per impedirne la germinazione.

§ 178. **Frutta.** — Le *mandorle,* le *noci*, le *nocciuole* si conservano colla diseccazione, siccome le *castagne*.

Le altre frutta, come sarebbero i *fichi*, le *albicocche*, le *prune* ecc., si conservano esse pure per mezzo del diseccamento.

ART. II.

Regole e precetti per la conservazione dei condimenti.

§ 179. **Butirro.** — Il *burro* può egualmente conservarsi col metodo di APPERT (§ 166); ma conviene ottenerne la fusione non a fuoco nudo, ma sibbene a bagno-maria. Vero è che il butirro fuso perde alquanto del suo sapore, ma può essergli restituito battendolo alquanto con della crema fresca. Che se lo si sala, come usasi fare in Francia e più specialmente nella Normandia ed in Bretagna, allora non solo si conserva più lungamente, ma il suo sapore si rende d'assai più squisito.

Ad impedire il rancido del butirro lo si fa fondere al fuoco e vi si aggiunge un pò di sale da cucina, conservandolo ben chiuso in adatti recipienti.

§ 180. **Formaggio.** — Il *formaggio* può essere più facilmente conservato quando sia fresco: basta salare il coagulo del latte acciò non diventi agro od acido.

Gli altri formaggi sono più o meno stimati in ragione diretta della loro alcalescenza e putrefazione.

§ 181. **Lardo.** — Riconosciuto che sia di buona qualità e ben preparato, non v'ha che a tenerlo appeso in luogo ove circoli l'aria liberamente. Di tempo in tempo si esamini per vedere se in alcuna parte si guasti, nel quale caso si recide tosto tutto ciò che vi è di alterato.

§ 182. Nulla occorre che si dica della conservazione degli *olii*, degli *aromi* e del *sale da cucina*.

§ 183. Per tutte queste ed altre sostanze alimentari sta poi la regola generale di doverle disporre per modo nell'interno della nave, che

1° nè l'umidità, nè il calore, nè il caldo-umido, nè l'aria corrotta o mefitica possano fermarvisi, concentrarvisi, ed influire direttamente sulle sostanze medesime ivi depositate;

2° che l'aria possa rinnovarsi facilmente, o, non potendolosi fare agevolmente, che si smovano dai loro ripostigli e si portino di quando in quando all'aria aperta sopra-coperta.

ART. III.

Regole e precetti per la conservazione delle bevande.

§ 184. **Acqua.** — L'*acqua potabile* è di tanta necessità a bordo delle navi, che si sono immaginati vari metodi per poterla conservare lungamente. Si cercò dapprima di metterla entro botti di legno intonacate internamente con acqua di calce, o con argilla, o pece, od olio, oppure carbonizzate per mezzo del fuoco, o coperte con uno strato di cemento arenoso. Vi fu chi conservò per sette e più anni dell'acqua potabile immergendo in ogni barile della capacità di 250 litri d' acqua, un chilogramma e mezzo di *perossido di manganese* ed agitandola fortemente ogni quindici giorni.

In oggi i navigli mercantili di Francia ed Inghilterra sono quasi tutti muniti di casse di ferro. Queste hanno però l' inconveniente di ossidarsi rapidamente e di dare all' acqua un colore di ruggine ed un sapore metallico. Si volle ovviare a questo inconveniente colla vernice o colla stagnatura; ma tali preparati si distaccano. Cionullameno l' inconveniente di dover bere i marinai un' acqua un pò ferruginosa, nonchè nuocere alla loro salute, contribuisce forse a preservarli, secondo taluno opina, dallo scorbuto sì facile a svilupparsi a bordo.

§ 185. **Vino.** — Se il *vino* è di buona qualità e contiene una giusta proporzione d' alcool, è certa la sua conservazione per più o men tempo; anzi tanto più facilmente si conserva quanto più esso abbonda d' alcool.

Quando sia stato messo in bottiglie o dentro barili od altri recipienti, si chiudano esattamente acciò non vi penetri aria.

§ 186. **Sidro e Birra.** — Difficilmente si conserva il *sidro* di mela e quello di pera; il quale ultimo è anche più facile ad alterarsi dell' altro.

Più lungamente, in grazia del *luppolo,* resiste la *birra.*

CAPITOLO III.

Delle regole e misure igieniche necessarie ad IMPEDIRE la corruzione dei viveri e delle bevande a bordo delle navi mercantili.

187. Nel capitolo precedente avendo dovuto dire dei modi e regole da usarsi per la *conservazione* dei viveri e delle bevande a bordo delle navi, abbiamo dovuto necessariamente

accennare per anche alle corruzioni ed ai guasti cui vanno generalmente soggetti gli alimenti d'ogni genere. I quali guasti ed alterazioni sono *spontanei* ed accidentali affatto, vale a dire non confondibili con quelle *alterazioni*, che determinano le *adulterazioni e sofisticazioni* inventate dalla malizia e dalla frode, delle quali non crediamo dover qui parlare, sia per essere difficile argomento, non potendosene tener parola senza entrare a dire più o meno delle reazioni chimiche, delle quali sono certamente ignari i capitani; sia chè, forse per tale giusta ragione, ne tace affatto il *programma*, unica base impostaci a questo nostro lavoro.

§ 188. La *corruzione* di cui si parla qui è l'effetto di quella *spontanea decomposizione*, che, sotto date circostanze, si svolge nelle sostanze organiche, e che da un primo grado di alterazione semplicissima può estendersi fino a quello della putrida dissoluzione.

§ 189. Le *carni* d'ogni specie soggiacciono principalmente a questa forza dissolvente, la quale con tutta facilità si sviluppa nei tessuti animali morti. Per questa scomposizione mutano principalmente:

1° il colore, — che dal rosso più o meno vivo passa al gialliccio, al cinereo, al bleu-scuro ed al nero con gradazioni varie;

2° il sapore, — che è reso acre e ributtante;

3° l'odore, — che è fatto disgustoso;

4° la consistenza, — che del pari si vede mutata.

§ 190. Con tutte queste mutazioni di caratteri fisici egli è evidente il pericolo di nocumento e di danno che vi sarebbe tuttavolta si mangiassero alimenti così corrotti; nè v'ha chi non vegga quanto importi alla salute degli equipaggi di far sì che simili guasti non avvengano, od almeno cessino se già sonosi formati.

§ 191. Se non che i mezzi più efficaci da usarsi nello scopo d'impedire una tale corruzione, stanno tutti riposti nei diversi

metodi di preservazione e preparazione delle sostanze alimentari, quali li abbiamo più sopra riferiti (art. 1° e 2°). Ponendo
mente alla scelta dell'alimento il più confacente all'uopo ed
alla maniera la più adattata per prepararlo, si comprende
facilmente, che ad impedirne il guasto che spontaneamente
può svolgersi in esso, l'unico spediente più efficace sarà
quello di collocarlo e conservarlo in que' luoghi della nave,
che si sapranno essere i più adattati ad allontanare il pericolo di una tale corruzione, vale a dire lungi dalla umidità
e da cattive emanazioni, e nei quali possa l'aria esterna
avervi accesso e circolarvi liberamente. Soprattutto l'influenza
sempre nociva dell'umidità, che nel fondo delle navi è, si
può dire, inevitabile, vuolsi mai sempre ritenere quale possente cagione del guasto che si determina nelle sostanze
alimentari tanto semplici che composte o preparate (§ 30).

§ 192. Le *carni*, il *pane* e le *farine* sono quelle che più
facilmente possono soggiacere ad una tale influenza. E però
non basterà di averle con diligenza scelte, preparate, incas-
sate e riposte secondo i metodi che abbiamo superiormente
descritti; ma le casse, gli otri, otricelli, barili, botti ecc.
contenenti queste varie sostanze, dovranno essere collocati
nella *stiva* per modo, che non poggino direttamente sul *pagliolo* o fondo, ma sopra una specie di telaio o traversi di
legno, che li sollevino alcuni pollici dal fondo stesso, e sieno
disposti per guisa, che, senza pregiudicare allo spazio destinato al carico ed alle mercanzie, possano essere sufficientemente difesi dall'acqua e dalla umidità, e sottoposti nel
tempo stesso alla libera circolazione dell'aria esterna, sia
ciò per azione diretta, o condottavi per mezzo di ben intesi
ventilatori (parte 6ª).

§ 193. Che se per l'angustia dello spazio della nave o
per altre circostanze particolari non fosse possibile di disporre
a bordo tanto i viveri che le bevande a seconda delle buone
regole igieniche, per cui dovendo fare lunghe traversate, o

passare la Linea, o viaggiare in climi diversi vi fosse prossimo pericolo di corruzione e di guasto dei viveri così coacervati e non bene collocati, sarà debito allora del capitano di ordinare ogni otto o dieci giorni, o più ancora soventi a seconda dei casi, di smuovere dai ripostigli i recipienti o le sostanze alimentari, di esporle all'aria aperta per qualche tempo, oppure fare in modo che l'aria possa avere libero accesso nei magazzini, i quali, ben s'intende, devono essere sempre puliti e vuotati da ogni lordura prima che vi sieno riposti i viveri e le bevande.

CAPITOLO IV.

Delle regole necessarie per CONOSCERE e DISTINGUERE gli effetti perniciosi della corruzione dei viveri e delle bevande a bordo delle navi mercantili.

§ 194. Per la più chiara intelligenza delle cose che andremo svolgendo in questo capitolo, noi dichiariamo di limitare le nostre osservazioni e distinzioni a quel modo di *corruzione* o guasto qualunque, che si determina o si svolge comunque nei viveri e nelle bevande a bordo delle navi, indipendentemente dalla loro *provenienza*, e nella supposizione anzi che fossero di ottima qualità e diligentemente preparate e cautelate allorchè vi vennero trasportate ed allogate.

Avendo già nei capitoli precedenti indicati i caratteri generali e particolari che contraddistinguono la *buona qualità* degli alimenti e delle bevande, tanto sotto il rapporto della loro *derivazione*, che della loro *natura* o semplice o composta, noi crediamo inutile di qui fermarci a considerare le diverse specie di possibili alterazioni cui possono andare soggetti, nonchè i conseguenti effetti morbosi prodotti da alimenti insalubri, mal preparati o adulterati; inquantochè si suppone, che le proviste da farsi dai capitani delle navi mercantili dei diversi viveri, vengano fatte con pieno accorgimento e nelle viste del proprio ed altrui interesse, vale a dire provedendo generi di *ottima qualità*. Solamente il timore dell'inganno o la ignoranza loro per rapporto alle più o men buone qualità dei viveri, potrebbe dar luogo a provigioni nocive alla salute dei loro equipaggi. Ed è appunto in vista di ciò, che nella enumerazione dei vari generi di alimentazione descritti nel 1° capitolo di questa parte, si sono indicati i caratteri più o meno essenziali, che devono avere gli alimenti e le bevande acciò riescano sane e nel tempo stesso nutrienti.

§ 195. Ma anche con tutte queste cautele, con tutta la diligenza che si può credere impiegata dagli armatori e dai capitani nella scelta dei viveri, e quand'anche questi fossero della più squisita qualità, può darsi il non difficile caso, che, o per cause dipendenti dalla nave, o per avarìe sofferte nei viaggi di lungo-corso, o per omissione di certe cautele igieniche, od altre consimili circostanze si alterino più o meno, si *corrompano*, e diano quindi luogo ad *effetti più o meno nocivi* alla salute degli equipaggi, tuttavoltachè questi ne facciano uso.

Ora, egli è di questi *effetti* appunto dipendenti dalla *corruzione* dei vari alimenti e bevande prodotta nell'accennata guisa, che noi terremo parola, enumerando i segni diversi più o meno caratteristici coi quali riconoscerli e distinguerne le differenze.

Considereremo a questo scopo separatamente gli effetti nocivi dei viveri guasti o comunque alterati per rapporto alla loro *provenienza*, cioè se appartenenti al *regno animale* o *vegetabile*, giacchè vi ha differenza più o meno rimarchevole tra gli uni e gli altri sotto questo rapporto considerati.

ART. I.

Degli effetti perniciosi prodotti dalla ingestione di alimenti animali più o meno guasti e corrotti, e dei segni per riconoscerli.

§ 196. La *corruzione spontanea* può appigliarsi tanto alle carni fresche non salate, quanto alle salate, affumicate o preparate in altro modo, purchè si dieno le circostanze favorevoli a farla sviluppare.

§ 197. Quando le carni o salate o affumicate si corrompono o sono già corrotte, tagliandole, si veggono nella parte loro centrale d'una consistenza molle, più o meno pastosa, di un colore o grigio o gialliccio vario, mentre gli strati esterni e alla superficie si veggono piuttosto d'un aspetto ruvido, grumoso, secco e muffato: oltracciò l'odore è sgradevole, il sapore è acido, rancido e più o meno nauseabondo.

§ 198. Quando questi segni di guasto delle carni sono molto pronunciati, è presumibile che si rifiuteranno da chi dovrebbe farne uso per alimento. Cionullameno quando il guasto non fosse molto sensibile, o che la necessità spingesse l'individuo a farne uso, o non si credessero, ad onta di questo, pregiudicievoli alla salute, potrebbe darsi il caso che venissero nonpertanto usate, e che ne nascessero quindi degli effetti perniciosi. E ciò tanto più è presumibile, inquantochè si crede volgarmente che la *cottura* e *bollitura* di queste carni tolgano, o possano almeno togliere alle medesime tutto quello che in esse si contiene d'insalubre. La quale erronea opinione vuol essere assolutamente combattuta, siccome sorgente che ella può farsi di danni non pochi e gravissimi alla salute individuale.

§ 199. Ecco i principali fenomeni che ordinariamente accompagnano la ingestione di carni guaste e corrotte, specialmente salate o affumicate, come quelle del bue e del maiale.

Dopo un tempo più o meno lungo della loro ingestione, l'individuo accusa:

1° un senso di bruciore o ardore allo stomaco, che varia di grado, e poco a poco si rende insopportabile;

2° a questo tengono dietro la nausea e gli sforzi di vomito, poi il vomito stesso, il quale può essere più volte ripetuto, ed è quasi sempre accompagnato da ambascia grande e dolori vivi alla bocca dello stomaco;

3° si vomita dapprima la sostanza inghiottita e tuttociò che fu preso di alimenti con essa; dipoi delle vischiosità gialle, verdastre, talvolta scure e spesso anche sanguinolenti;

4° l'individuo ha sudori freddi, è pallido in faccia, abbattuto, avvilito, ed esprime nel complesso uno stato di patimento più o meno doloroso;

5° a questi fenomeni possono tener dietro anche le convulsioni, il delirio e ripetuti svenimenti;

6° al vomito si accompagnano generalmente le scariche del ventre frequenti, dolorose, fetidissime, sanguinolenti, e precedute ben di spesso da coliche più o meno dolorose;

7° qualche volta la diarrea o la dissentería precedono il vomito, o questo non si mostra quasi affatto, ed il ventre intanto è dolorosissimo al tatto e la sete ardentissima, inestinguibile;

8° se prontamente ed energicamente non si provede ad un tale stato morboso, l'individuo muore.

I quali effetti venefici vennero osservati le ripetute volte dopo aver mangiato più o meno di *salami* guasti, di *salsiccie* e *sanguinacci* corrotti, e di carni salate e affumicate tanto di bue quanto di maiale; e possono osservarsi egualmente dietro la ingestione di altre sostanze animali guaste, tanto semplici quanto composte, che provengono da quadrupedi, gallinacci o pesci, purchè siasi nelle medesime determinata una più o meno avanzata putrida alterazione.

ART. II.

Degli effetti perniciosi prodotti dalla ingestione di alimenti vegetabili più o meno guasti e corrotti, e dei segni per riconoscerli.

§ 200. La corruzione che può svolgersi nelle materie alimentari provenienti dal *regno vegetabile*, riguarda principalmente:

1° la *farina* di frumento, e il *pane* che se ne ottiene;

2° le *patate* o *pomi di terra*, che possono guastarsi massime durante i viaggi di lungo-corso;

3° le diverse specie di *legumi* e *frutta*, che abbiamo più sopra enumerate (§§ 176, 178).

§ 201. La umidità e gl'insetti guastano le *farine* dalle quali caviamo il pane. Per l'influenza dell'umido esse si alterano nella loro composizione, si coprono di macchie nere di guisa che la bianchezza loro scompare, ed emanano allora un odore ammoniacale più o meno sensibile (§ 107). Questi risultati si osservano del pari ed anzi molto più facilmente quando la farina siasi ottenuta da grani che abbiano germinato, o muffito, o sofferto la *ruggine* o il *punteruolo* (§ 56). Invano allora la si mescola con farine di buona qualità; il pane riuscirà sempre cattivo.

§ 202. Ma indipendentemente dalla farina che s'impiega, il *pane* stesso si guasta e si altera più o meno per le medesime cagioni.

Due modi affatto diversi si distinguono di alterazione nel pane *ammuffato*. L'uno ha luogo quando questo venga tenuto in luoghi umidi, sporchi ed ove regnino nocive esalazioni; ed allora si vede la superficie esterna del pane coprirsi poco a poco di una finissima *lanuggine* (*muffa*) di color grigio-scuro: — l'altro si genera invece tanto alla superficie quanto nell'interno del pane, mostrandosi con larghe macchie rosso-scure; il quale genere particolare di *muffa* si forma anche indipendentemente dai luoghi umidi.

§ 203. In riguardo alla *muffa* del pane, devonsi ritenere due circostanze di sommo valore; e sono:

1° che essa si genera più facilmente tuttavoltachè il pane venga fabbricato con farine di scadente qualità (§ 110);

2° che malattie più o meno gravi ed anche la stessa morte possono tener dietro alla ingestione del pane muffato, tanto nell'uomo quanto negli animali.

§ 204. Gli effetti che il pane ammuffato produce nell'individuo che ne usa, sono in generale i seguenti:

1° senso di arsura e dolore sempre crescente alla bocca dello stomaco, con sete più o meno molesta;

2° nausea e peso allo stomaco con ripetuti sforzi di vomito, quindi vomito ed evacuazioni abbondanti, fetenti, tinte soventi di sangue;

3° coliche qualche volta dolorosissime e senso di formicolío alle membra, non però sempre costante, e convulsioni diverse.

§ 205. Noi abbiamo fatto sentire la grande utilità (per non dire la urgente necessità) di fare provista a bordo delle navi d'una certa quantità di *patate* o *pomi di terra,* per essere quei tuberi di una risorsa grandissima a bordo massime nei viaggi di lungo-corso. Oltre di somministrare un alimento abbondante, gustoso e di facile digestione, servono anche di potentissimo preservativo contro-lo scorbuto, malattia prevalente nei marinai. Risulta infatti da ripetute osservazioni, che lo scorbuto, quand'anche in viaggi di lungo-corso si manifesti in mezzo alle più gravi circostanze, può essere sul momento arrestato, od almeno mitigato grandemente nella sua gravezza, mediante una continuata razione di pomi di terra, fatti mangiare crudi all'equipaggio, nella dose di due alla mattina e due alla sera.

Però questi benefici effetti non si ottengono nè sotto il rapporto alimentare, nè sotto il rapporto medicamentoso, tuttavoltachè le patate sieno immature o guaste dal gelo; perchè nel primo caso se si mangiano siano, cotte o crude, portano coliche, diarrea, dissenteria e dolori di stomaco; nel secondo gli effetti loro sono ancora più gravi, perchè possono riuscire perfino mortali (§§ 116, 117).

§ 206. Ecco in generale i fenomeni che si osservano in séguito alla ingestione di patate acquose o colpite da gelo:

1° dopo alcuni giorni si manifestano dolori intestinali più o meno vivi, vaghi ma continui e sempre crescenti;

2° una diarrea acquosa di color verde tien dietro a quelle coliche, lasciando però anche degli intervalli più o meno lunghi da una evacuazione all'altra;

3° senso penoso di debolezza alla bocca dello stomaco, prostrazione di forze, convulsioni di membra, brividi di freddo ricorrenti, sviluppo d'aria nel bassoventre, svogliatezza e malessere generale inesprimibile.

§ 207. In quanto alla corruzione dei *legumi* e delle *frutta*, imbarcate quale alimento a bordo delle navi, i fenomeni morbosi derivanti dalla ingestione loro sono quasi identici a quelli che abbiamo riferiti di sopra, nè giova perciò il qui ripeterli.

ART. III.

Degli effetti perniciosi prodotti dalla ingestione di alimenti conditi con sostanze più o meno guaste e corrotte, e dei segni per riconoscerli.

§ 208. La corruzione di cui è qui il caso, non può riguardare che i *condimenti grassi*, siccome quelli che sono facilissimi a guastarsi, ove non si usino tutte le cautele necessarie alla loro conservazione (§§ 179 e seg.).

§ 209. Il *burro* inacidito o rancido, il *formaggio* troppo alcalescente o putrefatto, il *lardo* irrancidito o fetido, l'*olio* mal preparato, possono imprimere agli alimenti ai quali vengono uniti nel condirli, tali nocevoli qualità, da alterare più o meno prontamente la salute.

§ 210. Questa alterazione poi è tanto più facile a succedere, tuttavoltachè gli alimenti, di qualunque specie, saranno preparati, conditi o manipolati in recipienti di rame non stagnati, od aventi perduta quasi affatto la stagnatura, o di piombo, e perfino di terra se male verniciata. Nei quali casi, mercè il calore degli alimenti, si staccano delle particelle di rame, di piombo od altro nocivo metallo, e combinandosi cogli alimenti vengono poscia introdotte nel corpo, dove poi destano delle malattie più o meno gravi e pericolose.

§ 211. Le quali malattie consistono generalmente in diversi gradi d'irritazione dolorosa allo stomaco ed alle intestina, preceduta od accompagnata da vomito, da diarrea, da smanie, da angoscie, da deliqui, da prostrazione di forze, che possono ben anco terminare colla morte, quando non vi si provegga prontamente. Questi sintomi morbosi sono facili ad essere rilevati da tutti, troppo ovvia essendo la natura loro; per cui non è difficile di risalirne subito alla causa, massime trattandosi d'individui robusti e sani.

ART. IV.

Degli effetti perniciosi prodotti dalla ingestione di bevande più o meno guaste e corrotte, e dei segni per riconoscerli.

§ 212. La *corruzione* di cui qui si parla o riguarda l'*acqua potabile*, oppure le bevande fermentate, e fra queste il *vino*, la *birra* ed il *sidro*. Non si può egualmente dire o supporre a riguardo delle *bevande alcooliche* propriamente dette, cioè dell'*acquavite* e sue varietà, perchè questi liquori non possono soggiacere alla corruzione spontanea cui vanno soggette le bevande suaccennate.

Dopo di aver tracciati i caratteri che distinguono la buona qualità delle bevande acquose e fermentate in uso a bordo delle navi (§§ 131 e seg.); dopo avere indicate tutte le cautele e misure necessarie a prendersi per assicurare la conservazione (§§ 179 e seg.); non è facile il credere che si possano usare bevande o dell'una o dell'altra specie non aventi più le qualità volute, e perciò più o meno guaste o alterate.

§ 215. Cionullameno può darsi il caso, che, o per ignoranza, o per negligenza, o per urgente necessità, venga inghiottita dell'acqua *insalubre* perchè guasta dal lungo soggiorno sulla nave. Vuolsi però distinguere la specie di questo guasto o corruzione che può avvenire nell'acqua potabile imbarcata per uso delle navi; perchè talvolta l'alterazione non è che apparente, ed allora agitandola alcunpoco, o battendola soltanto all'aria aperta, l'alterazione svanisce. Il che si osserva specialmente in que'casi, in cui l'acqua contenuta nelle casse imbarcate a bordo dei navigli, acquista un aspetto ed una consistenza analoghi ad una soluzione di gomma. L'agitazione e la battitura restituiscono allora prontamente a quell'acqua il suo naturale aspetto e consistenza.

§ 214. Tuttavia quando avvenisse il caso di aver bevuto più o meno di quest'acqua alterata pel soggiorno soltanto sulla nave, gli effetti non tarderebbero a manifestarsi; e tanto più sarebbero sentiti e gravi, in ragione della quantità bevutane, o del tempo più o men lungo che se ne fosse continuato l'uso. Tali effetti si manifesterebbero principalmente allo stomaco ed alle intestina per mezzo della nausea, del vomito, dei dolori più o meno vivi al ventre e alla bocca dello stomaco, e finalmente per la diarrea che ne seguirebbe e la prostrazione più o meno sentita delle forze.

Questi fenomeni si osservano pure in gran parte nel caso d'ingestione di bevande fermentate, che si sieno alterate pel lungo soggiorno sulle navi o per essere mal conservate. Se non che alle pene e molestie indicanti più o meno lo stato di prostrazione e debolezza nel caso delle bevande acquose corrotte, si aggiungerebbe (trattandosi di bevande fermentate guaste) un complesso di altri sintomi di maggior irritazione allo stomaco ed alle intestina, più o meno diffusi anche al cervello, quali sarebbero il mal di testa, il delirio, le convulsioni; sintomi tutti dipendenti dalla diversa natura delle bevande stesse.

§ 215. Questi fenomeni morbosi saranno tanto più presto e più facilmente rilevati ed apprezzati anche dai capitani di mare e dalla gente dell'equipaggio, se si darà il caso:

1° che l'individuo o gl'individui malati fossero in piena salute prima d'inghiottire quella data bevanda;

2° che si possa essere sicuri che nessun'altra cagione sia intervenuta a produrre quello sconcerto morboso;

3° che la natura sospetta o corrotta della bevanda inghiottita sia dimostrata dall'esame del residuo di essa quando vi abbia.

Queste tre avvertenze generali s'adattano anche benissimo al caso degli *alimenti* corrotti (Art. 1, 2 e 3).

CAPITOLO V.

Dei mezzi più acconci onde RIPARARE nel caso agli effetti perniciosi della ingestione di alimenti o bevande più o meno guasti e corrotti a bordo delle navi mercantili.

§ 216. La ingestione di sostanze alimentari o di bevande alterate o corrotte (indipendentemente, come già avvertimmo (§§ 187, 188), dalle loro adulterazioni e sofisticazioni, le quali non entrano nel caso attuale) adduce sempre più o meno i medesimi effetti, con sole differenze di grado, qualunque sia la specie dell'alimento e della bevanda inghiottita.

§ 217. Per regola generale impertanto, tutti i soccorsi da prestarsi in così gravi circostanze devono essere suggeriti dall' idea di voler sbarazzare, fin dove è possibile, lo stomaco e le intestina dalla causa indigesta, non omogenea o venefica che possa essere stata inghiottita per la ingestione di alimenti insalubri e corrotti.

§ 218. Ond'è, che noi crediamo utile formolare in poche parole nei seguenti precetti tutte le regole cui si dovrà attenere in simili occorrenze il capitano, non che i *mezzi* più acconci per provedere all'uopo; — ben s'intende relativi sempre alla posizione tutt'affatto eccezionale degli equipaggi, riservandoci a dire nella 5ª parte più a dilungo di quanto riflette le *malattie*, che dipendono dall'uso di questi alimenti, e del miglior modo di provedervi.

1° Espellere dallo stomaco o dagli intestini la materia alimentare o la bevanda inghiottita, delle cui buone qualità si sospetti, o si abbia certezza della indole sua nociva. Questa espulsione si ottiene colla provocazione del vomito, quando questo non siasi già risvegliato spontaneamente.

2° Il vomito poi si fa nascere o col titillamento alla gola mercè le barbe di una piuma, o col cacciarsi due dita nella fauci, ovvero col far bevere molta acqua tiepida, o col somministrare un qualche vomitivo.

3° La espulsione della stessa materia dalle intestina si ottiene per mezzo dei purganti o dei clisteri purgativi. Nel primo caso l'olio di ricini, la gialappa, i diversi sali neutri, operano più o meno prontamente; — nel secondo i clisteri fatti con sostanze più o meno purgative operano del pari.

4° La espulsione sola però della materia inghiottita non basta generalmente a ripristinare lo stato di salute, perchè anche dopo averla ottenuta, o prima di ottenerla, vi sono fenomeni più o meno imponenti da dissipare, quali sono ad esempio i dolori, le coliche, i perturbamenti nervosi e l'abbattimento delle forze.

5° Si provede nel primo caso alla calma dell' economia animale con mezzi sedativi-calmanti; e si rimedia nel secondo con sostanze ristoranti, rinforzanti, eccitanti come si dirà nella parte 5ª.

6° Il riposo, l'astinenza dalle cause che provocarono più o meno davvicino la malattia, l'allontanamento di tutte le circostanze che possono aiutarne la manifestazione od aggravarne la condizione, sono quelle avvertenze generali, che in ogni caso si dovranno sempre avere in vista, e che sono troppo ovvie a conoscersi, perchè non possano essere da chichessia debitamente apprezzate.

PARTE QUARTA

∽

Stabilire le regole e le misure igieniche applicabili agli **EQUI-PAGGI** delle navi mercantili durante i viaggi e le traversate, e quando approdano, calcolando il **NUMERO** delle persone accolte a bordo, gli **USI**, le **ABITUDINI** e i **PREGIUDIZI** nazionali inerenti alla nostra Marina mercantile.

IGIENE DEGLI EQUIPAGGI

CAPITOLO I.

Regole e misure igieniche relative alle PERSONE le meglio idonee alla vita marinaresca, ed alla loro scelta.

§ 219. Gli equipaggi delle navi mercantili si compongono d'individui di diversa età, distinti con nomi diversi a seconda del loro grado e della qualità dei servigi che prestano sulla nave. V' hanno fra gli altri i *marini* o *marinai* propriamente detti, e v' hanno i *mozzi*. I primi sono o giovani già fatti od uomini adulti che conoscono ed esercitano la professione loro, nella quale si fecero più o meno esperti; gli altri invece sono gli apprendisti della professione, e per lo più fanciulli o giovinetti appena puberi o poco più.

Questa differenza di *età* vuol essere ben ponderata trattandosi di marina mercantile, nella quale non vi essendo, come nella militare, alcun termine fisso per regolare l'epoca dell'ammissione alla professione del marinaio, può essere non infrequente il caso di veder accettati come mozzi dei fanciulli non ancora capaci di reggere alla fatica di quel servigio, o vecchi che per l'età e le conseguenti sue malattie ne sono resi affatto incapaci.

§ 220. Se vigesse una legge organica regolatrice di tutte le condizioni necessarie per poter un individuo essere ammesso al servizio della marina mercantile, potrebbesi riposar tranquilli sulla scelta che ne farebbero i capitani e gli armatori obbedienti alla legge stessa. Ma pur troppo questa legge utilissima manca presso alcune nazioni marittime, e la scelta e il numero delle persone destinate a far parte degli equipaggi vengono abbandonati all'arbitrio dei capitani ed armatori, i quali non sempre si mostrano giusti e previdenti, e procedono bene spesso avventatamente non solo, ma contro i dettami stessi della carità e del buon senso, quando per viaggi di lungo-corso si circondano di un equipaggio insufficiente per *numero* al servigio della nave, e molto più alle pericolose eventualità di una lunga navigazione.

§ 221. Non vogliamo credere però che la cupidigia o l'avarizia o la temerità spingano sempre questi armatori e condottori di navi a non provederle di sufficiente equipaggio; ma che la ignoranza o la improvidenza più spesso abbianvi la loro parte, e ciò non solo rispetto al numero, ma eziandio in quanto alla *salute* ed alla *forza* degli stessi marinai. Imperocchè non si può pretendere che da gente estranea alle cognizioni igieniche generali e speciali si possa aver la oculatezza di scegliere solamente il buono e lasciare in disparte il cattivo. Con ciò non vogliamo già dire che non ispetti ai capitani di fare la *scelta* dei loro equipaggi, chè anzi ad essi soli si appartiene il farla; ma potendo questa scelta essere talvolta non molto giudiziosa, ben sapendosi che non tutti gl'individui sono atti egualmente a fare la vita del marino, troviamo necessario tracciare in brevi parole le qualità generali che, igienicamente parlando, si richiederebbero per poter sopportare il duro servigio dell'arte marinaresca.

§ 222. 1° L'individuo dev'essere sano, di robusta complessione, di forme ben sviluppate e senza alcuna di quelle deformità, che rendono men liberi i movimenti e le forze muscolari.

2° L'età migliore è tra il 12ᵐᵒ e il 55ᵐᵒ anno: prima e dopo questi limiti si andrebbe incontro ad inconvenienti diversi o per essere poco sviluppate le forze fisiche, o già troppo logore e consunte, quindi insufficienti nell'un caso e nell'altro a reggere alle fatiche di mare.

3° Sieno stati gl'individui vaccinati, o mostrino almeno di aver sofferto il vaiuolo. Su questo proposito rammentiamo una severissima legge vigente in Francia, la quale esige, che non solo si faccia constare l'avuto vaiuolo o vaccino nei marinai, ma ben anco nei passeggieri prima di accoglierli a bordo, massime trattandosi di lunghi viaggi e destinazioni per luoghi in cui regni di suo costume il vaiuolo, o dove il clima e le condizioni locali possano più o meno favorirne lo sviluppo.

4° Si preferiscano gli isolani e quelli già abituati alla vita e fatiche di mare, e così pure gli abitanti delle coste e dei littorali marittimi, perchè, direm quasi, naturalizzati coll'atmosfera marittima, che non quelli del continente od abitanti nell'interno dei paesi e non stati mai avvezzi alla vita marinaresca. Quelli avranno sempre, a parità di circostanze, un vantaggio che questi non potranno avere mai; vantaggio che solo possono dare e il paese nativo e le precedenti abitudini per un genere di vita, che in gran parte dipende appunto da questa, e che lo fanno essere meno faticoso di quello che realmente egli è.

5° Non si accettino individui provenienti da paesi paludosi e maremmani, nei quali si respira un'aria più o meno impregnata di miasmi e di umidità; giacchè questi, oltre di abituarsi difficilmente alla vita del marino, ed oltre essere più facilmente travagliati dal mal di mare, vanno anche per lo più soggetti a febbri periodiche e intermittenti per causa appunto dell'umidità così facile a regnare sulle navi. Aggiungasi che generalmente questi individui hanno una costituzione non molto robusta.

6° Pei viaggi di lungo-corso verso le regioni equatoriali o inter-tropicali, oppure verso i poli, sarà utilissimo che gli equipaggi si compongano — nel primo caso di individui tratti da paesi meridionali, — e nel secondo da paesi settentrionali, per essere gli uni più avvezzi a superare l'influenza del caldo, gli altri quella del freddo. — Comprendiamo però la grande difficoltà che in pratica, trattandosi della marina mercantile, vi ha per mettere ad effetto questa misura, che noi però consigliamo sotto ogni rapporto siccome utilissima.

7° Si preferiscano individui di statura media, come quelli che riuniscono meglio la sveltezza alla forza.

8° Potendolo, sarà bene che gl'individui componenti l'equipaggio sieno tutti del medesimo paese, o parlino almeno la medesima lingua. Vi ha il vantaggio in questo caso di averli meglio disposti alle fatiche del viaggio, di sentirli confortati a vicenda nel pensiero di abbandonare la patria, di avere gente cogli stessi costumi ed abitudini; compenso questo grandissimo, che solo puossi valutare convenientemente nei viaggi di lungo-corso e nelle gravi fortune di mare, e quando si approda in lidi remoti.

9° Sia rifiutato qualunque individuo che presenti traccie di malattia o palese o secreta : e perciò si faccia prima visitare attentamente da persona dell'arte, onde constatare se gode d'una perfetta salute.

10° Si ponga una grande attenzione al carattere ed abitudini morali dei marinai. E però si respingano i litigiosi, gl'infingardi, i facinorosi, gl'intolleranti, gl'iracondi, gl'insubordinati, siccome quelli che non potranno mai essere buoni marinai.

11° La condotta morale non vuol essere dimenticata. Gli scostumati, i perversi, i ladri, gli ubbriaconi, i giuocatori, i truffatori, i divorati dalla miseria non possono fornire in nessun caso dei buoni marinai.

12° Il numero delle persone componenti l'equipaggio sia sufficiente e *proporzionato* sempre al bisogno e alla portata del naviglio. Ciò raccomandiamo vivamente, ammaestrati dalla esperienza, che ci ha mostrati più d'una volta quali e quanti pericoli e inconvenienti porti seco la insufficienza dell'equipaggio di una nave. Il servigio, le malattie, le fortune di mare esigono che su questo particolare non si transigga in alcuna maniera. È incredibile, e direm quasi favoloso, il vedere con quale scarso e insufficiente numero di persone certi armatori e capitani ardiscano affrontare i pericoli di una lunga navigazione; ciò che dovrebbe essere severamente punito, perchè se non è una riprovevole cupidità che spinga a questo, è per lo meno sempre una colpevole temerità.

§ 225. Queste norme generali regolatrici della *scelta* dei mozzi e marinai che noi presentiamo ai capitani e armatori di navi mercantili, sono basate sopra principii igienici i più inconcussi. Ove essi si attengano alle medesime, non vi ha dubbio che i loro equipaggi si comporranno di gente sana, robusta, ben disposta, capace di resistere alle fatiche dei viaggi e sulla quale potranno sempre contare in ogni bisogno.

§ 224. Ma per assicurare i vantaggi di una buona scelta e ottenere nel tempo stesso un servizio attivo e ben regolato, abbisognano altre due condizioni indispensabili, e sono:

1° osservanza costante per parte dei marinai di tutte le regole igieniche, che valgono a conservare la sanità e premunirli contro i pericoli delle malattie d'ogni specie;

2° indefessa sorveglianza per parte dei capitani acciò la igiene personale del marinaio venga scrupolosamente mantenuta giusta le norme che andremo tracciando nei capitoli seguenti.

CAPITOLO II.

Regole e misure igieniche relative agli ABITI e BIANCHERIE per uso personale degli equipaggi.

§ 225. La conservazione della salute di un individuo dipende in gran parte dalle guarentigie che si danno al corpo, sì col tenerlo mondo e pulito, sì col difenderlo, per mezzo di vesti od abiti appropriati al bisogno, da tutte le intemperie dell'atmosfera e offese degli agenti esterni. Questo, che è canone generale d'igiene, si verifica viemaggiormente nella vita del marinaio, come quello che più di ogni altro rimane esposto ai pericoli delle esterne impressioni ed intemperie atmosferiche. Egli ha quindi bisogno di abiti *sufficienti* per coprirsi e difendersi dalle vicende atmosferiche in tutte le stagioni e in tutti i climi che egli affronta ne' suoi viaggi, e di biancherie personali che assicurino la pulitezza del suo corpo e possano asciugarlo quand'egli è bagnato.

§ 226. Su questi articoli di prima necessità non debbono i capitani transigere mai; e senza essersi prima assicurati che ogni individuo del loro equipaggio abbia una provigione sufficiente d'abiti per ogni stagione e di biancherie, ossia camicie, da poter cambiare ad ogni occorrenza, non debbono accettarne l'ingaggio. Ed in ciò tanto più insistiamo, inquantochè vediamo per prova, che anche presso le marinerie mercantili delle nazioni le più incivilite non si va molto guardinghi dai capitani ed armatori su questo interessante argomento d'igiene, giacchè si accolgono a bordo dei marinai che mancano perfino delle vesti le più necessarie, o ne indossano delle lacere e sudicie per modo che fanno schifo a guardarli.

Eppure se i capitani ed armatori vogliono curare gl'interessi loro, debbono essere esigenti su questo punto che riguarda la igiene personale degli individui dei loro equipaggi, perchè di questo modo soltanto potranno assicurarne efficacemente la salute, ciò che torna a loro vantaggio massime durante i lunghi viaggi.

ART. I.

Quantità e qualità degli abiti e biancherie di cui devono essere proveduti gli equipaggi delle navi mercantili.

§ 227. Il caldo ed il freddo essendo le due varietà di temperatura contro le quali ognuno si premunisce, sia nelle stagioni in cui predominano (estate ed inverno), sia nelle altre ancora, ma più poi, rispetto ai marinai, quando si passa da un clima all'altro, ben vede ognuno, che volendosi premunire contro tutte queste anomalie e varietà, devono i marinai essere provisti di abiti di tela, di lino o di cotone e di lana più o meno consistenti, per ripararsi coi primi dal caldo e coi secondi dal freddo. La leggerezza delle tele o di lino o di canapa o di cotone essendo richiesta dalla stagione o dal clima in cui si naviga, è evidente, che per l'inverno o là dove domina un clima freddo vi vorrà la più o meno compatta tessitura del pannilano nonchè i tessuti a maglia essi pure di lana per cuoprire e difendere la pelle dalla rigidezza della temperatura.

§ 228. Noi vorremmo poter stabilire con buon fondamento il *maximum* ed il *minimum* degli abiti di cui dev'essere proveduto il marinaio; ma sentiamo di non poterlo fare in un modo *assoluto* e *generale*. Tuttavia partendo dal principio, ch'egli non deve averne nè troppi, per non imbarazzare od occupare un soverchio spazio; nè pochi ed insufficienti, per non esporsi al pericolo di soffrire; e pigliando d'altronde esempio da ciò che troviamo su questo particolare fissato nei regolamenti di altre marinerie mercantili, noi crediamo che la salute del marino possa su questo particolare essere bastevolmente guarentita, quando porti seco sulla nave un bagaglio composto degli articoli seguenti:

Camicie di tela (o di lino, o di canapa, o di cotone). N.° 4.

Camiciuole di lana (o flanella, o tessuto a maglia). » 2.

Mutande di tela o cotone . . . . » 2.

Calzoni di tela (o cotone o canapa) per l'estate . » 3.

   »   di pannilana per l'inverno . . . . . . » 2.

Panciotti (uno per l'inverno e l'altro per l'estate). » 2.

Cappotti (o paletot). . . . . » 2.

Fazzoletti da naso . . . . » 3.

Calze di lana . . . . Paia 3.

Scarpe. . . . . » 2.

Un pettine da testa ed una spazzola da denti.

Una cintura di lana.

Un *cabano* o soprabito di lana da indossare durante la notte (massime quando piove) facendo la guardia.

Con questa provigione d'abiti è certo che il marinaio ha di che guarentirsi dalle varie intemperie e anomalie del clima e della stagione, massime dovendo affrontare i pericoli e le eventualità di una lunga navigazione.

§ 229. Noi consigliamo poi di preferenza l'uso delle *cinture di lana* alle *bretelle* per sostenere i calzoni, perchè i movimenti della persona riescono così più liberi. Alcuni però usano di attaccare i calzoni a dei bottoni fissati lateralmente alla camicia, ed altri invece li sostengono con cinture di cuoio. Tutti questi usi possono avere la preferenza, secondo le abitudini prese dagli uni e dagli altri individui. Ma per quanto riguarda le *cinture di cuoio*, si dee aver cura che esse non istringano troppo il ventre, giacchè potrebbero facilitare il formarsi delle ernie, massime quando si fosse obbligati a fare degli sforzi o fatiche soverchie.

§ 230. Il *cappello* o di tela o cuoio cerato, leggiero, impermeabile all'acqua (*sud-est*), oppure di paglia o coperto di tela bianca è sufficiente per guarentire il capo nel primo caso dal freddo e dalla pioggia, nel secondo dagli ardori del sole estivo od equatoriale. Non troviamo però egualmente igienico l'uso dei *berretti* di pelle e di pelliccie fitte e pesanti, che possono essere, ed anzi sono spesso causa di congestioni al capo, col tenere concentrato il calore sovr'esso, massime durante il tempo del lavoro e della maggiore fatica.

§ 231. Noi abbiamo messo a carico del marinaio la provista del *cabano* o *tabarro a cappuccio*, necessario ad indossarsi di notte facendo la guardia e massime quando spira il vento freddo, o sia il tempo piovoso, umido e freddo il clima o la stagione (§ 228). Comprendiamo però che questa provista potrebbe assai meglio essere fatta dal capitano od armatore della nave, come si usa presso varie marinerie mercantili, costituendo questi oggetti una parte integrale dell'arredo mobiliare della nave. Ciò però non fa per noi differenza, purchè il marinaio ne sia proveduto quando occorre o in un modo o nell'altro.

§ 232. Parimenti sarà bene, che quando s'intraprendono viaggi di lungo-corso, massime verso climi freddi, v'abbiano a bordo e *pelliccie* e *guanti di lana* ed altre coperte più o meno adattate a riparare dal freddo i marinai, specialmente di notte quando debbono vegliare alla guardia del bastimento, o per chi dee starsi vigile ed immobile al timone. E così gli abiti di *tela cerata* potranno giovare sommamente nei tempi piovosi, impedendo che si bagnino e s'inzuppino d'acqua le vesti dei marinai.

§ 233. La *qualità* degli abiti è varia necessariamente, perchè varia la necessità loro a misura che variano le stagioni ed i climi. E però, come già abbiamo veduto (§ 228), abbisognano abiti di lana per l'inverno e di tele diverse per l'estate.

La grossezza o spessezza dei tessuti loro essendo maggiore o minore, o potendosi alleggerirne la quantità, o mutarne la qualità a piacimento, è evidente che anche per le altre due stagioni e pei climi medii possono i marinai facilmente proporzionare alle esigenze di questi il numero od il peso dei loro abiti.

§ 234. In quanto al *colore* non tutti sono d'accordo gli scrittori d'igiene navale su quello che debba essere preferito siccome il più salutare. Sebbene la più parte convengano che il *bianco* sia più confacente alla estiva stagione, pure altri vorrebbero che si preferisse un colore o *turchino* o *scuro*, come quello che non s'insudicia tanto facilmente: ed è perciò che le camicie di tela turchina o rigata-scura o d'altro consimile colore sono da molti marinai preferite alle bianche sia pure durante l'estiva stagione.

Noi non diremo che si debba dare la preferenza più all'uno che all'altro colore, od indossare anche in tempo estivo la flanella o la camicia di lana, siccome usasi da alcuni allo scopo che venga assorbito il sudore e si mantenga alla pelle un calore più uniforme, ciò dipendendo dalle varie *abitudini* individuali e dagli *usi* delle diverse marinerie. Solamente raccomandiamo la massima *pulitezza* nelle vesti qualunque esse sieno, il cambiamento loro quando sono insudiciate o bagnate, e che vengano proporzionate sempre alla stagione ed al clima.

ART. II.

Regole igieniche relative alla cura *che devesi avere dal marinaio agli abiti e biancherie per uso personale.*

§ 235. 1° Quando il marinaio abbia pronto il suo fardello per il viaggio, egli deve, prima di portarlo a bordo, sottoporlo alla visita del capitano o di chi per esso, acciò venga accertato se contenga tutto l'occorrente tanto per *quantità* che per *qualità*.

2° Gli abiti e le camicie d'ogni specie devono essere tenute costantemente asciutte e nella massima nettezza.

3° Ogni settimana il marinaio dovrà cangiare la camicia e le mutande. Il cambiamento della camiciuola di flanella o di lana si potrà fare ogni quindici giorni, eccettuati i casi di straordinario lavoro o fatica, per cui la fosse bagnata di sudore o molto insudiciata, essendo allora di assoluta necessità il cambiarla subito. In tal caso si dovrà deporre nella cassa destinata alla biancheria sporca, e nei giorni di bel tempo sarà sciorinata all'aria libera anche prima di essere lavata.

4° La lavatura delle biancherie e vesti sporche si farà il più frequente che sarà possibile, ben s'intende compatibilmente colla stagione, col tempo e colle esigenze del servizio.

5° La sciorinatura e asciugamento delle vesti e biancherie lavate si dovranno far sempre sopra-coperta e non mai nella camera di *basso-a-prora*, a cagione della molta umidità che ne emanerebbe, sorgente certa di pericoli e danni gravissimi alla salute degli individui.

Parimenti non si dovrà mai nella camera pulire, spazzolare abiti, vestimenti, sbattere biancherie od altre coperture, specialmente quelle dei letti, ma ciò tutto fare sopra-coperta all'aria libera, facendo per modo, che nè la polvere, nè altre immondizie possano penetrare nella camera destinata al riposo.

6° Smontando la guardia di notte ed avendo le vesti umide o bagnate sarà assolutamente proibito che sieno lasciate asciugare sulla persona, e tanto meno di coricarsi indossando le vesti medesime, le quali dovranno perciò essere deposte e cambiate.

7° Montando la guardia di notte, massime in stagione o in climi umidi, umido-freddi od anche umido-caldi, la cui influenza riesce tanto dannosa alla salute, si ordinerà d'indossare camicie di lana, e così anche i pantaloni e l'abito di lana. Ciò si richiede principalmente nei paesi e climi tropicali ed equatoriali, nei quali, massime di notte, la umidità dell'atmosfera è grande, e dove, trascurando queste cautele igieniche, si corre facilmente rischio di andar soggetti a diarree e dissenterie più o meno gravi e in que' paraggi frequentissime.

8° Si dee cambiare di abiti gradatamente nel passaggio da una stagione all'altra o dall'uno all'altro clima, ma non mai bruscamente; e rimetterle poi all'occorrenza giusta le anomalie e differenze di stagione e di temperatura.

9° La biancheria sporea si deporrà tutta in una cassa comune mantenuta di continuo sopra-coperta, da cui non verrà estratta che per essere lavata.

10° Tutte le vestimenta non suscettibili di lavatura si esporranno all'aria libera sopra-coperta, tanto per pulirle se sporche, quanto per farle asciugare se umide o bagnate.

11° Alcuni usano di lavare le biancherie nell'acqua di mare, e di sciacquarle poi nell'acqua dolce. Però ove si rifletta che l'acqua marina impregna le vesti di una umidità così tenace e vischiosa, che è molto difficile il toglierla (il che rende poi le biancherie causa d'irritazioni alla pelle, atteso le particelle saline che si trovano nelle medesime incorporate colla umidità), si avrà ragione di non raccomandare un metodo che può riuscire assai dannoso alla salute.

§ 236. Ecco quello che noi proponiamo, siccome pronto, facile ed economico, e la cui riuscita non può venir messa in dubbio, essendo adoperato da molti anni presso alcune marinerie sì da guerra che mercantili.

Si scoperchi uno dei fondi di una botte o barile: a luogo del coperchio vi si stendi sopra una stamigna od un pezzo di grossa tela: sopra di questa si metta uno strato della *ce-*

nere che si ottiene dalla cucina di bordo della spessezza non maggiore di due o tre pollici. Facciasi quindi bollire dell'acqua di mare, e quando è bollente si versi sopra la cenere. L'acqua colerà per la stamigna o per la tela raccogliendosi per entro la botte od il barile. Si lasci il tutto in riposo per due o tre ore, indi si cavi dal recipiente il liquido passato dalla tela, ciò che si potrà subito ottenere mercè un foro praticato nel fianco della botte all'altezza di cinque o sei pollici dal fondo inferiore, e si getti via il sedimento che vi si potrà trovare. Il liquido cavato potrassi rendere assai più efficace alla lavatura aggiungendovi una qualche libra di *potassa* del commercio. Ciò fatto si adoperi il liquido stesso per lavare le biancherie, le quali, fossero pure quanto mai vuolsi insudiciate d'olio, di grasso o di altri untumi, verranno con esso completamente deterse e purgate.

ART. III.

Regole igieniche relative al letto dei marinai delle navi mercantili.

§ 237. Delle due specie di *letto* che generalmente usano i marinai, il *rancio* cioè e la *branda* (non parlando della *cuccietta* per molti lati condannabilissima), il primo ci sembra preferibile per molte ragioni. Cionullameno anche la branda è conveniente, siccome infatti la si trova in uso presso varie marinerie.

Comunque poi si scelga o l'uno o l'altra, egli è necessario che ogni individuo dell'equipaggio abbia il suo proprio letto; e si dovrà quindi dai capitani proibire assolutamente che alcuno dorma in quello di un altro.

§ 238. Ciascun marinaio deve avere un *materasso*. — In poche marinerie si usa il *pagliariccio;* il quale, quando si adotti, richiede per la pulitezza e la igiene che si cambi la paglia ad ogni viaggio, osservando che questa non sia nè troppo fresca, nè umida, nè bagnata od esalante comunque odore cattivo.

§ 239. Il materasso si usa riempiere comunemente di *lana;* ma è molto più igienico l'uso del *crine*, siccome costumano, fra le altre nazioni, gli Olandesi, le cui navi mercantili possono servire di modello per la grande loro pulitezza (vedi la parte 1ª). Si sa che la lana più facilmente del crine s'impregna di miasmi e d'umido, e contrae un cattivo odore, proveniente dall'assorbimento del sudore.

È a preferirsi che il materasso sia fatto *a sacco*, cioè non trapuntato, per essere di questo modo più facile lo smuoverne e vuotarne il contenuto, e poterlo quindi lavare.

Noi non consigliamo i materassi d'*amianto* usati nei tempi andati, atteso il costo loro troppo elevato; ma essi sarebbero i più convenienti, attesa la loro incombustibilità e il non essere soggetti alla umidità.

§ 240. Risponde assai male ai bisogni igienici l'uso che esiste presso alcune marinerie mercantili di riempiere i materassi d'*erbe marine*, di *alghe* od altre consimili piante; perchè queste non solo assorbono più o meno prontamente l'umidità, ma quando sono bagnate emanano tali vapori contenenti più o meno dei principii salini, che non possono che riuscire grandemente nocivi alla salute.

§ 241. Del resto, i materassi sieno di lana o di crine o di altra materia qualsiasi vogliono essere tenuti nella maggiore pulitezza. E però i capitani dovranno aver cura, che ogni marinaio (permettendolo il tempo) porti tutti i giorni sopracoperta il suo materasso, lo scuota all'aria libera, e ve lo lasci esposto per qualche ora dispiegandolo all'aria libera.

§ 242. Un altro oggetto necessario per il letto degli equipaggi è la *coperta di lana* che ogni marinaio dovrebbe avere, e di tale grandezza da potervi ravviluppare l'intiero corpo.

Ma anche questa vuol essere tenuta lungi dall'umido, portata sopra-coperta ogni giorno ed ivi sbattuta e lasciatavi per qualche ora dispiegata all'aria libera.

§ 243. Tanto il materasso quanto la coperta vogliono essere di tempo in tempo lavati; e quest'ultima sarà preferibile se di lana *tessuta* anzichè di lana *imbottita*, perchè nel primo caso si potrà lavare, ciò che non lo si potrebbe od almeno molto difficilmente nel secondo.

§ 244. Queste precauzioni igieniche sono di una immensa utilità, ed è solamente col fatto pratico che se ne può apprezzare convenientemente tutta la loro importanza. Infatti presso alcune nazioni la marineria mercantile già le adottò per legge e inviolate le mantiene. Hannovi ad esempio delle navi mercantili austriache sulle quali ogni marinaio ha per proprio uso due brande che cambia mensilmente, onde poterle alternativamente lavare. — Alcuni bastimenti mercantili inglesi sono per modo regolati sotto questo rapporto igienico, che ciascun marinaio deve lavare il suo letto o branda ogni settimana, e non più tardi di ogni mese la coperta di lana.

A chi non fu uso mai a conoscere ed applicare ai vari bisogni e abitudini della vita le più necessarie ed utili cautele igieniche, sembrerà forse strano che si ardisca pretendere tanto dai marinai, e ciò specialmente in quei paesi ove la igiene navale si trova quasi affatto negletta, o non fu in vigore mai. Ma gli apprezzatori intelligenti di queste materie non potranno a meno di unirsi con noi, e di raccomandare ai capitani la piena osservanza di queste regole igieniche.

§ 245. Conchiudiamo questo articolo colle seguenti generali avvertenze.

1° Nessun marinaio si corichi mai colle vesti umide o bagnate, o sovra letto umido o bagnato.

2° Nè i materassi, nè i guanciali si facciano mai col riempiere sacchi o sacchetti di stracci o cenci, oppure di

biancherie sudicie, ciò che può dar luogo a fetide emanazioni ed allo sviluppo di malattie trasmissibili.

3° Ogni marinaio dorma da solo. Il sonno in tal caso riesce
ristorante, e non si darà luogo a comunicazioni di malattie contagiose.

4° Il marinaio non si corichi mai sul rancio o sulla branda
a corpo nudo, anche quando regnino i calori estivi,
perchè il freddo notturno può essergli causa di lunghe e
gravi malattie.

CAPITOLO III.

Regole e misure igieniche relative alla pulitezza della PERSONA.

§ 246. Fu detto a ragione che *la nettezza è al corpo ciò
che la educazione è all'animo.* E per vero; non si ottiene,
nè si conserva il ben essere del corpo, cioè la salute, se non
lo si cura e lo si tien mondo in ogni sua parte; come non
si toglie l'animo dal suo abbrutimento, senza l'educazione
morale e religiosa.

Vero è, che una specie d'instinto, o a meglio dire un
sentimento di bisogno, spinge l'uomo a mantenere netto e
pulito il suo corpo, chè altrimenti infermerebbe. Ma, o sia
per male abitudini contratte, o per negligenza, o infingardag-
gine, o per le incessanti fatiche cui costringe la durissima
vita in sulle navi, egli è un fatto costante, che questo bisogno
della nettezza personale viene a bordo sentito assai poco dalle
persone componenti gli equipaggi specialmente delle navi
mercantili. Ond'è, che se v'hanno uomini cui più facilmente
accada d'insudiciare il loro corpo sotto il peso di gravi ed
incessanti fatiche, questi sono per certo i marinai. Di qui
tanto più urgente ravvisiamo la necessità di aver cura della
nettezza personale e di raccomandarla caldamente ai capitani.

§ 247. Ma se vi ha cosa la più negletta sotto questo rapporto, si è appunto la pulitezza del corpo nei marinai, e specialmente in quelli della marina mercantile sarda. La quale, al confronto di altre marinerie estere, dovette forse pagare ne' suoi viaggi alle Antille tanto numero di vittime alla febbre-gialla che le altre non l'ebbero od almeno assai minore, perchè appunto si fu sempre, ed è pur tuttavia, duole il confessarlo, dalla medesima trascurata troppo la igiene navale e quella soprattutto della persona.

§ 248. Convinti impertanto della necessità d'introdurre da questo lato le più utili ed urgenti riforme, come quelle dalle quali dipende in gran parte il miglioramento della marina mercantile italiana, e specialmente della sarda, noi formoliamo in pochi e succinti precetti o avvertimenti igienici tutto che risguardi l'igiene personale del marinaio, e gliene raccomandiamo vivamente la osservanza; pregando i capitani marittimi a volerlo assolutamente pretendere, e a non transigere mai su questo punto coll'equipaggio. Essi devono persuaderlo, che la pulitezza della persona non è già una superfluità, ma una necessità indispensabile al ben essere dell'individuo, massime nei lunghi viaggi e navigando in climi malsani. D'altronde l'uomo sudicio e trasandato nella mondezza del proprio corpo non nuoce soltanto a sè, ma ben anco riesce di nocumento, e soventi gravissimo, a tutti quelli che convivono con essolui, e ciò maggiormente a bordo delle navi mercantili, dove l'angustia dello spazio e il contatto maggiore dei conviventi rendono assai più prontamente pericolosa questa abituale sporcizie dell'individuo.

§ 249. Ad ovviare a questi inconvenienti, crediamo utile raccomandare le seguenti avvertenze igieniche.

1° Ogni mattina il marinaio, appena salito sopra-coperta e prima della colazione, si laverà la faccia, mani e collo o con acqua semplice od unitamente al sapone.

2° Ciascun marinaio dovrà avere un pettine (§ 228), non tanto per pulire il capo dalla polvere e dagli insetti parassiti (*pidocchi*), che rapidamente si moltiplicano col sudiciume dei capelli, quanto per prevenire con questa giornaliera pulitezza tutte le conseguenze che potrebbero derivare dalla trascuranza di una tale misura.

3° Con alquanto d'acqua ed aceto si sciacquerà ripetutamente la bocca, ed avrà cura che i denti e le gengive sieno costantemente puliti; ciò che gli procurerà il vantaggio di evitare le malattie diverse dei denti e delle gengive, — di non avere l'alito fetente, — di essere meno esposto al pericolo dello scorbuto, che spesso torna sì grave ad intieri equipaggi, — e di conservare in buono stato le funzioni digestive.

4° Alla sera prima della cena e dopo il lavoro, e soprattutto quando si caricano e discaricano certe mercanzie (§ 82), si laverà ognuno dei marinai e gambe e piedi, e cambierà di camicia per passare la notte, giacchè è contro la pulitezza non solo, ma riuscirebbe (massime in certi climi) oltremodo nocivo alla salute dell'individuo il coricarsi con abiti impregnati di sudore, di polvere o insudiciati comunque (§ 235).

5° Nei paesi e climi caldi, o durante i calori estivi ogni marinaio si cambierà settimanalmente due volte la camicia e biancheria personale; e per tale oggetto si accorderà dai capitani il tempo necessario per farne la lavatura (§ 236).

6° Nei climi e paesi caldi, o durante i calori estivi saranno giovevoli a mantenere la pulitezza e la salute del corpo i *bagni* in mare, oppure fatti in tinozze tenute sopracoperta. A questo proposito avvertiamo, che ove si manifesti alla pelle un qualche prurito insolito dopo aver preso alcuni bagni di mare, o faccia qua e colà eruzione un qualche punto rosso, specialmente sul collo, sul petto e dorso, non si metta grande attenzione a questi fenomeni, chè sono per lo più l'effetto diretto dei sali contenuti nell'acqua marina, e perchè scompaiono sotto una leggiera pressione senz'altro fare, o sospendendo appena per qualche giorni il bagno.

7° Il bagno deve prendersi nelle ore della giornata in cui la temperatura dell'acqua si mantiene più stabile; quindi nè prima, nè appena alzato il sole, o quando questo in mar declina od è già tramontato. Non si dovrà immergere il corpo nell'acqua appena dopo il pasto. Meglio giova il nuoto che non il riposo, ossia *bagno in vasca*. Conviene ritirarsi dall'acqua dopo una mezz'ora o tre quarti d'ora al più, cioè quando si cominciano a provarsi dei brividi od un leggiero senso di freddo in tutto il corpo.

8° Il radersi la barba e farsi tosare di quando in quando i capelli entrano pure nei consigli igienici i più salutari. Ma si dovrà però su questo particolare avere riguardo alla stagione ed al clima, giacchè lo spogliare il capo e la faccia di queste naturali difese contro il freddo e le intemperie, può esporre l'individuo a malattie d'occhi, di capo, di gola e di denti più o meno molesti e dolorosi.

§ 250. La osservanza di queste norme igieniche personali guarentirà, siamo certi, la salute del marinaio da molti pericoli e da malattie diverse. Se i capitani saranno fermi nel volerle far praticare, gli è certo che i marinai si abitueranno poco a poco alle medesime, come oggi sono abituati alla negligenza e trascuratezza loro. Stabilita in essi la buona abitudine, non potranno più abbandonarla; e ritornando in seno alle loro famiglie vi recheranno il frutto di queste buone pratiche, che per la forza prepotente dell'esempio si trasfonderanno ne' figli, e gioveranno così a migliorare le condizioni igieniche anche delle loro case, nelle quali in oggi troviamo tanti elementi produttori di malattie, avvece di rinvenirvi le guarentigie della salute.

§ 251. Egli è da questo lato che deve incominciare la riforma igienica della marina mercantile italiana, e specialmente sarda. Bisogna che si mutino essenzialmente gli *usi*, le *abitudini* più o meno viziose e i *pregiudizi* tanti popolari, che si perpetuarono da secoli fin qui per sola ignoranza tradizionale da una all'altra generazione. Senza questa trasformazione, per così dire, del popolo marittimo, l'igiene navale non potrà sperare avanzamenti molto pronunciati e radicali, nè migliorie veramente utili e durature.

CAPITOLO IV.

Regole e misure igieniche relative al LAVORO ed al RIPOSO del marinaio a bordo delle navi mercantili.

§ 252. Noi avvertimmo più volte in questo *manuale* alla vita faticosa che si vive a bordo delle navi specialmente mercantili; e certamente il marinaio dee sottostare a lavori e fatiche varie ed alcune volte veramente eccessive, massime quando minacciano gravi pericoli.

Egli è quindi sommamente necessario, che ad evitare gli effetti nocivi di un *lavoro* o di una fatica soverchia, vengano le occupazioni ordinarie a bordo delle navi distribuite per modo, che, senza mancare ai doveri ed alle esigenze del servizio, abbiano però i marinai le ore convenienti di *riposo*, sia per mangiare che per dormire, regolando le une e le altre sulle norme di una ben intesa igiene. Noi a questo proposito non possiamo che esporre brevi precetti generali; ma siamo tanto convinti della loro giustezza, che qualora i capitani si mettano al proposito di farli scrupolosamente eseguire dai loro equipaggi, non possiamo dubitare che non ne ricavino i più grandi vantaggi per la loro salute,

ART. I.

Regole igieniche relative alla distribuzione del lavoro.

§ 253. Ecco alcune norme igieniche in proposito a questo importante tema.

1° Il *lavoro* e le fatiche dovranno essere proporzionate il più possibilmente all'*età* ed alla *forza* dell'individuo, nonchè alla *stagione* ed al *clima* in cui veleggia la nave. Voler pretendere dai mozzi quello, che si può appena ottenere dai marinai, è lo stesso che esigere da un fanciullo uno sforzo che solo può fare un uomo adulto: — e questa è crudeltà.

2° Il lavoro e le fatiche cui dee soggiacere il marinaio portano di necessità il diritto che egli ha di alcune ore di *riposo*. Se delle ventiquattr'ore del giorno egli ne impiega sedici nel lavorare e faticare, pare che meno di otto di riposo non se gliene possano concedere, — e ciò s'intende nelle circostanze normali. Le fatiche troppo continuate ed a spese del necessario riposo, snervano anche la più robusta costituzione e fanno ammalare.

3° Quando il lavoro richiedesse la continua esposizione al sole, si dovrà interrompere dal mezzogiorno alle ore quattro pomeridiane durante l'estate, o tuttavolta la nave si trovi in climi e paesi equatoriali e tropicali, e specialmente in porti ove regni una qualche malattia epidemica o contagiosa (vedi la parte 7ª).

4° Dopo faticose manovre, per le quali il corpo si riscalda e abbondante cola il sudore, il marinaio non si fermi a riposare sopra-coperta esposto alle correnti d'aria fresca od umida, e ciò specialmente sull'imbrunire, ma si ritiri tosto sotto-coperta. E di questa avvertenza dovranno i capitani essere vigilanti per non permetterne la infrazione, il che potrebbe essere causa di gravi sconcerti nella salute degli equipaggi.

5° A corpo sudante e affaticato dal lavoro non si permetta al marinaio di bevere acqua fredda a volontà, perchè ciò potrebbe dar luogo a coliche più o meno dolorose e gravi. Il continuare poi nella bevanda acquosa può portare anche delle diarree ostinate, nonchè delle gravissime malattie di petto. L'acqua bevuta sola poi non è confacente alla salute, nè smorza così bene la sete, quanto lo faccia l'acqua mista all'aceto, oppure ad una leggiera porzione d'acquavite, formando una grata bevanda, che assai meglio ristora (§ 147).

6° La guardia sopra-coperta deve essere fatta di modo, che il marinaio possa essere guarentito il più possibilmente, e quanto lo permette il servizio, dalle nocive influenze del clima e della stagione e dai rapidi cambiamenti di temperatura. E però trattandosi di dover vegliare sopra-coperta o al timone in tempo di notti fredde ed umide o freddo-umide si obbligherà il marinaio a cuoprirsi assai bene di vesti od abiti di lana, per guarentirsi il meglio che può da queste vicissitudini atmosferiche.

7° Smontando la guardia in stagione molto fredda, il marinaio non entrerà d'un tratto nella camera di *basso-a-prora*, e molto meno poi si accosterà al fuoco. Così viceversa quando si tratti di dover montare la guardia sopra-coperta ed in stagione assai fredda, non affronterà così d'un tratto il freddo gelato e il vento gagliardo uscendo dal caldo per salire sul ponte. Questi rapidi mutamenti da un ambiente caldo all'aria esterna fredda o freddo-umida possono essere facile cagione di molte e gravissime malattie di petto e persino della tisi stessa polmonare, che bene spesso ha la sua origine appunto in queste frequenti imprudenze.

8° Poichè si sa di quanto danno sia alla salute d'individui abituati al lavoro ed alle fatiche una *inerzia* ed un *ozio* assai prolungato, sarà bene che i capitani si prevalgano delle lunghe calme per obbligare i loro equipaggi a fare la pulizia del corpo e quella della nave e degli attrezzi necessari alla navigazione. A questo modo si eviteranno le conseguenze dell'ozio, che sono sempre nocevoli alla salute non solo fisica, ma anche, e non meno, al morale stesso degli individui.

ART. II.

Regole igieniche relative alla distribuzione del riposo.

§ 254. Anche il *riposo* dev'essere, nel tempo ordinario, distribuito convenevolmente. Noi daremo a questo proposito alcune norme generali.

1° Dopo le fatiche e il *lavoro* di bordo essendo indispensabile il *riposo*, o per ristorarsi col cibo o per dormire, si dovrà in quest'ultimo caso proibire assolutamente ai marinai di sdraiarsi sul ponte ed ivi prender sonno specialmente di notte, perchè ciò potrebbe dar luogo a gravi malattie. Nei climi anche i più caldi e nei paesi stessi equatoriali e intertropicali si hanno notti così fredde ed umide, che guai a quell'imprudente che si abbandonasse al sonno a cielo scoperto!

2° Non si dovrà mai permettere, come già avvertimmo (§ 253), di dormire a corpo scoperto, o nudo, o quasi nudo, perchè potrebbesi contrarre molto facilmente la febbre intermittente, massime quando ritirandosi la marea lascia sulla spiaggia della melma, dalla quale (essendo in gran parte composta di materie organiche in putrefazione), si evapora una quantità più o meno grande di miasmi, fecondi apportatori di febbri talvolta gravissime e perfino mortali.

3° Per la stessa ragione dev'essere vietato ai marinai di dormire colle boccaporte aperte durante la notte e quando essi sono quasi nudi o non abbastanza coperti sulle loro brande. L'influenza dell'umidità e dei miasmi si farebbe allora maggiormente sentire, atteso la maggiore attività dell'assorbimento della cute per la quiete in cui si trovano le altre funzioni animali.

4° Quando pel freddo del clima o della stagione la necessità vuole che si tenga nella camera di *basso-a-prora* del fuoco per riscaldarsi, abbiasi la più gran cura che, ritirandosi i marinai per prendere riposo, non vi rimangano troppo a lungo esposti e vicini sia coi piedi oppure col capo. Non sono rari i casi di gravi febbri-catarrali, d'infiammazioni mortali, e della stessa apoplessia dipendenti da tale causa.

5° Il lume che si adopera nelle stanze di riposo non sia mantenuto colla combustione dell'*olio di ravizzone*, di cui oggi si fa grande commercio ed uso presso alcune marinerie mercantili; perocchè quest'olio predispone grandemente alle malattie di gola, di petto e degli occhi. Ove non si abbia disponibile per ardere che olio di cattiva qualità (ciò che in ispazio così angusto riuscirebbe sempre molto nocivo alla salute dell'equipaggio), si usi almeno la precauzione di bagnare innanzi tutto i lucignoli con una soluzione molto satura nell'acqua di sale di cucina (*cloruro di sodio*) e di collocare al di sopra della fiamma del lucignolo stesso una piccola spugna o del cotone imbevuto d'acqua dolce, onde possa venir assorbito il denso e fetido fumo, che si sprigiona da questo modo di combustione.

6° La *inazione* od *inerzia* del corpo essendo pure nocevole alla salute, sì quando la è oltre misura protratta, e sì quando si abbisognerebbe invece del maggior movimento della persona, egli è perciò che noi indichiamo qui le circostanze principali in cui se ne può sentire più o meno detrimento.

A) Essendo il corpo esposto forzatamente all'azione del freddo, del caldo, o dell'umido, o della pioggia è meglio muoversi che rimanere inerte o su due piedi. Non potendo muoversi, si abbia almeno l'avvertenza di proteggere il capo dall'azione di tutte queste cause.

B) Dovendo rimanere più o men tempo colle gambe nell'acqua, meglio è, potendolo fare, muoversi che rimanere immobili. La lunga esposizione dei piedi nudi nell'acqua fredda è cagione frequentissima di reumatismi gravi e di mali di gola e di denti.

c) Dovendo esporsi all'azione del freddo notturno, massime se intenso, meglio è muoversi che rimanere fermi su due piedi. L'inerzia allora paralizza le forze per modo, che ci obbliga a dormire. Chi si abbandona a questo sonno ingannatore, può correre perfino il rischio di non svegliarsi più.

D) Per evitare questi pericoli sarà bene che le guardie di notte sieno di breve durata e, che il marinaio, oltre di essere ben coperto di lana e con cappotto a cappuccio (§ 23), abbia i piedi ravvolti in pezzuole spalmate di grascia od inzuppate d'olio entro le scarpe, e che si obblighi a passeggiare. L'uso del fuoco per chi sta sopra-coperta non può compensare mai il vantaggio del movimento personale.

E) Si facciano anche il più breve possibile le guardie di notte quando soffiano venti gagliardi ed impetuosi. Sono concordi gli uomini di mare nel dire, che meglio si sopporta un freddo di venti gradi sotto lo zero in tempo calmo, che non di cinque col vento.

7° Viaggiando nei paesi inter-tropicali o verso le coste occidentali d'Africa è facile che gli equipaggi soggiacciano a diarree, dissenterie o a febbri intermittenti diverse alcune delle quali gravissime; malattie tutte provocate in gran parte dall'eccessivo calore della stagione o del clima, oppure dal caldo-umido. Si potranno dai marinai schivare questi pericoli, qualora avranno la precauzione:

A) di tenersi ben riparati (e soprattutto il ventre) durante le guardie di notte e sul nascere e tramontare del sole, e ciò mediante pantaloni di lana, camiciuole di lana e tabarro esso pure di lana;

ʙ) di usare parsimonia nelle bevande acquose, e di sostituirvi piuttosto la mescolanza coll'acqua del rhum o dell'acquavite (§ 146), non che di deporre subito, dopo smontata la guardia, le vesti od abiti impregnati più o meno di umidità, ritirandosi a riposare in luogo asciutto sotto-coperta (§ 254).

CAPITOLO V.

Alcune regole e misure igieniche generali relative agli equipaggi.

ART. I.

Avvertenze igieniche relative all' alimentazione del marinaio sulle navi mercantili.

§ 255. Poco gioverebbero alla salute del marinaio i pre-cetti e le regole igieniche esposte fin qui relativamente alla sua persona, quando egli non serbasse nè regola, nè tempo, nè misura rispetto alla sua *alimentazione.*

Il metodo di vitto vuol essere perciò regolato e per la *quantità,* e *qualità,* e *ore di distribuzione* dietro norme igie-niche precise, massime quando si tratti di una lunga navi-gazione in paesi e climi diversi, dove i disordini o gli eccessi del mangiare e del bere possono produrre effetti maggiormente nocevoli e pericolosi.

E ciò tanto più, in quantochè nelle lunghe navigazioni dovendo affrontare climi diversi e latitudini opposte, ben si comprende la necessità di dovere in tali casi modellare alle esigenze del clima e della regione il genere del vitto e delle bevande.

§ 256. E per quantunque nella 5ª parte di questo manuale si abbia tenuto discorso degli *alimenti* e delle *bevande*,
tanto sotto il rapporto della *quantità* come della *qualità*,
pure crediamo conveniente far qui sentire tutta l'importanza di dover modificare o variare ben anco più o meno
nei lunghi viaggi il modo o genere di alimentazione ordinaria dell'equipaggio.

La marina militare francese distingue infatti la navigazione
nei mari del Nord da quella nei mari del Sud, e più ancora
l'altra sulla costa occidentale d'Africa, e proporziona perciò e modifica non poco la *qualità* e *quantità* dell'alimentazione alle circostanze particolari di questi diversi climi.

§ 257. Egli è sotto questo rapporto che noi crediamo,
che anche la marina mercantile sarda debba accomodarsi
alle medesime esigenze, se le sta a cuore la salute dei
propri equipaggi. E però noi proponiamo:

1° che navigando in paesi o climi intertropicali, equatoriali
e simili, debbano i marinai avere in aggiunta alla loro
razione ordinaria una leggiera porzione di acquavite o di
rhum, o di aceto onde mescolarla all'acqua per renderla
non solo più gustosa, ma il più che giova corroborante
(§ 160); giacchè il berla sola e ripetutamente suole in quei
climi arrecare diarrea e sconcerti diversi nelle funzioni
della digestione, o determinare traspirazioni e sudori così
copiosi, che snervano gl'individui senza calmarne la sete
e l'arsura;

2° alla mattina la colazione dovrebb'essere piuttosto fatta
con caffè, prescegliendo gli alimenti vegetabili agli animali;

3° per il pasto e per la cena si sceglierà dare una porzione
di vino; e fra gli alimenti diversi dei quali tenemmo
parola nella parte 5ª, vorremmo che in ogni giornaliera
distribuzione, od almeno il più frequentemente che sarà
possibile, si desse ai marinai una porzione di pesce fresco,
o meglio ancora di patate, le quali, oltre di essere un

buon alimento, sembra essere anche, siccome avvertimmo (§ 205), un possente mezzo preservativo contro lo scorbuto.

ART. II.

Avvertenze igieniche relative all' uso del tabacco.

§ 258. Come accessorio a qualunque genere di alimentazione, può considerarsi nella vita del marinaio il *tabacco*, chè per lui costituisce una vera necessità. Il privarnelo adunque sarebbe fargli più male che bene, quantunque sotto il lato igienico noi siamo persuasi, che a lungo debba riuscire di danno alla salute, tanto più che i marinai per la qualità dell' arte loro e della vita che conducono, essendo tanto disposti allo scorbuto, col fumare e masticare tabacco ne accrescono forse non poco la disposizione e la tendenza.

Tuttavia, poichè l' uso invalse tanto, e l' abitudine del fumare creò quasi un nuovo bisogno nell' uomo di mare, si accordi pure questa libertà all' adulto, ma si proibisca assolutamente dai capitani ai fanciulli ed a quelli che mostransi attaccati da malattia di petto anche leggiera, perchè a questi il fumo del tabacco riuscirà certamente nocevole, massime abusandone.

259. Avvertiamo inoltre che alle Colonie si smerciano certi sigari a basso prezzo, i quali per la cóncia subíta e per la qualità molto scadente del tabacco di cui sono composti, oltre di essere cattivi a fumarsi, riescono grandemente dannosi alla salute. D' altronde non bisogna dimenticare mai che nel tabacco si contiene un veleno potentissimo; che tanto l' abuso del masticarlo, quanto quello del fumarlo portano irritazioni varie allo stomaco, non rade volte il vomito massime inghiottendo la saliva, e bene spesso delle ulceri alle gengive ed alle labbra, nonchè annerimento e guasto dei denti ed alito fetentissimo.

ART. III.

Avvertenze igieniche relative all' adunamento di molta gente a bordo delle navi mercantili.

§ 260. Ognuno sa quanto sia pericoloso il riunire molti individui in angusto spazio, dove l'aria ristretta dell'ambiente non tarda a viziarsi per la loro respirazione e traspirazione, senza poter essere rinnovata in proporzione del consumo che ne va facendo la respirazione stessa e delle modificazioni che vi determina (§ 44). Or bene, questo pericolo è molto più grande, a parità di circostanze, nell'interno di una nave mercantile, dove la speculazione sacrificando assai spesso alle merci lo spazio destinato ai passeggieri ed all'equipaggio, tanta è l'angustia del luogo che a questi rimane da occupare, che non vi si può quasi respirare. Basta infatti che uno si affacci per entrare in quegli antri o covili, che ne è a forza respinto per la sporcizie de' luoghi, e per l'odor fetido e nauseoso che ne emana, e prova tale un serramento di respiro da non poter reggere a quella mefitica atmosfera.

§ 261. Questi effetti sono la naturale conseguenza dell'*adunamento* di tanta gente senza veruna proporzione alla angustia dello spazio. Suppongasi che ciò avvenga sopra di una nave destinata ad un lungo viaggio, e che si sia costretti per ragione del tempo di rimanere rinchiusi sotto-coperta, egli è certo che può facilmente accadere, che la maggior parte o ammali o muoia nella traversata. Raccontasi a questo proposito da persone degne di tutta fede, che un capitano Olandese trasportando ducento uomini alla Nuova-Scozia, non avendo permesso loro che montassero sopra-coperta, ove avrebbero potuto sotto a delle tende ripararsi dalle intemperie della stagione, ne perdette più della metà per malattie derivate appunto dall'angustia dello spazio in cui erano rinchiusi, perchè l'aria profondamente viziata non avea tardato ad offendere la respirazione loro fino al punto di essere la sola cagione della morte avvenuta.

§ 262. È indispensabile adunque per la salute tanto degli equipaggi quanto dei passeggieri, che il numero degli individui accolti a bordo delle navi venga proporzionato non solo, come già avvertimmo in altro luogo (§ 45), alla *capacità* del naviglio, ma che lo spazio ad essi destinato sotto-coperta sia *sufficientemente atto* a contenerli, e disposto per guisa che sia libera la introduzione e circolazione dell'aria esterna nel medesimo.

Rammentiamo a questo proposito, che sulle navi austriache destinate al trasporto di passeggieri, si calcola lo spazio di tre tonellate per ogni quattro uomini, e la tonellata viene calcolata per essi eguale a 42 piedi cubici (§ 12). Oltredichè è prescritto in esse navi, che tra una branda e l'altra corra una distanza di diciotto pollici fra i due punti di sospensione, limitata però a sedici sulle navi inglesi. Anche in Francia venne emanata or non ha molto una legge, colla quale si è proveduto ai gravi abusi che si lamentavano a questo proposito (§§ 3. 5).

§ 263. Le quali misure non verranno, speriamo, imputate di soverchio rigore, qualora si voglia considerare il grande abuso che è tuttora vigente in alcuni paesi marittimi su questo particolare, e al numero non lieve di grandi sventure accadute appunto per questo abuso medesimo, di cui la storia navale raccolse anche recentemente non poche lacrimevoli casi. Rammentiamo poi, che indipendentemente dalla perdita che si può fare di vari individui per non poter reggere alla nociva influenza del piccolo spazio da essi occupato nella nave, vi ha poi sempre il pericolo più o men prossimo delle malattie che si sviluppano in tali casi facilissimamente a bordo, fra le quali soprattutto è lo scorbuto. Tutte queste conseguenze poi sono verificabili principalmente nei lunghi viaggi o nelle difficili e lunghe traversate, per cui sono vincolate più o men sempre a queste circostanze.

ART. IV.

Avvertenze igieniche relative alla navigazione in climi diversi.

§ 264. Quantunque in questo ed in altri capitoli precedenti si sieno dati vari avvertimenti igienici relativi alla *navigazione* o *stazione in climi diversi* e in latitudini opposte, pure noi crediamo di doverne qui fare un cenno più speciale e diretto, essendo un tale argomento troppo strettamente vincolato colla igiene del marinaio, che è costretto ad affrontarne la influenza.

Il più o men rapido passaggio e il frequente variare da un clima freddo ad un caldo o viceversa; e molto più se al freddo od al caldo si aggiunga il pernicioso elemento della *umidità*, è causa di varie e più o men gravi malattie. Queste però sono più facili a svilupparsi nel passare dai climi caldi ai freddi, che non da questi a quelli, sebbene si sappia che l'uomo abita tutti i climi nessuno eccettuato.

§ 265. Le malattie più temibili in questi passaggi e variazioni, sono generalmente parlando:

1° le affezioni di petto; — tali che i catarri, tossi, punture, infiammazioni acute o lente, e tisi e sputi di sangue;

2° le affezioni del basso ventre; — e fra queste i mali di stomaco, diarree, dissenterie, lente infiammazioni di fegato e idropisie di ventre;

3° le febbri continue, gastriche e intermittenti a vario tipo, siccome sono le terzane, cotidiane, quartane ecc., massime quando alle variazioni di temperatura si aggiunga per di più il miasma-umido.

§ 266. Contro queste pericolose eventualità dee il marinaio essere protetto da provedimenti igienici dettati con senno ed osservati con tutta esattezza. E però mentre abitando o fermandosi in climi caldi e secchi gli gioveranno le vesti di tela, e un vitto leggiero, e bevande fresche acquose, e gli nuocerebbero invece le vesti di lana e i cibi stimolanti, specialmente le carni salate e le bevande alcooliche; quest'ultime per contrario gli abbisogneranno navigando in climi freddi e secchi, contro i quali è necessario opporre quella resistenza e vigore, che solamente puonnosi ottenere da un'alimentazione corroborante o stimolante a vario grado.

§ 267. La influenza nociva del *freddo* eccessivo si doma e si vince col vitto carneo, colle bevande calde, col rhum, coll'acquavite e col movimento della persona, coll'essere ben coperto di lana sulla pelle, e con tutte le precauzioni già indicate altrove.

§ 268. Ma più difficile si è il vincere la maligna influenza del *clima caldo-umido* o *freddo-umido*, cui i marinai si trovano esposti navigando o fermandosi in paesi equatoriali o tropicali. Perchè l'umidità penetrando nel nostro corpo congiuntamente al caldo od al freddo esterno, snerva, infiacchisce le nostre forze, e genera affezioni morbose di vario genere ma sempre gravi.

§ 269. Per prevenire o provvedere almeno agli effetti morbosi dipendenti da queste influenze, si dovrà prescrivere al marinaio innanzi tutto l'obbligo di coprirsi sempre di lana tanto che l'umidità sia unita al caldo, quanto se al freddo, e ciò specialmente di notte e durante i crepuscoli. In climi *caldo-umidi* le bevande acquose sarà bene temperarle col rhum, o coll'acquavite, oppure coll'aceto; ma quando si sia in paesi *umido-freddi* il bisogno delle bevande alcooliche sarà in allora maggiore e non si dovrà privarne mai il marinaio.

§ 270. Si potrebbe anche somministrargli una bevanda composta di una libbra d'acqua, mezza libbra di acquavite, due oncie di aceto e un'oncia di miele; oppure permettergli l'uso dello *sbiete* così detto, bevanda usitatissima dai Russi, la quale è composta di cinque parti di acquavite di grano e quindici di buona birra, sulle quali si versa poi tanto aceto di buona qualità quanto basti a dare alla miscela un sapore acidulo. Ciò fatto, vi si aggiunge circa un'oncia di zenzero grossamente contuso ed altrettanto pepe intiero. Mescolato il tutto, si fa bollire a lento fuoco per mezz'ora circa in un recipiente di terra ben coperto, aggiungendovi o zucchero fino, o miele depurato per dargli un gusto dolcigno. Questa bevanda, che è molto lodata dalla gente di mare, vuol essere preparata il più spesso possibile, giacchè col tempo perde assai della sua attività. Nei climi freddo-umidi e massime quando la temperatura è molto bassa, se ne può dare un bicchiere a colazione che farà molto bene; ma per renderla più attiva sarà utile riscaldarla ogni volta alcun po'.

§ 271. Nei paesi e climi *equatoriali* o *tropicali*, sotto l'azione diretta dei raggi solari, si abbia cura che ogni due giorni almeno i marinai facciano uso di bagni o mediante delle vele tese lungo il bordo, o in tini disposti sopra-coperta. Rammentisi però quanto abbiamo detto al § 249, di non farli cioè prendere nè sotto la diretta sferza del sole, nè a corpo sudante, nè subito dopo il pasto.

§ 272. Nel caricare la nave in quelle stazioni o paraggi si faccia di modo, che i marinai non sieno troppo esposti all'azione diretta del sole o della pioggia; potendolo, sarà meglio valersi per questi servizi dei naturali del paese.

§ 273. Si abbia anche cura che la nave sia provista di *tele* da stendere al di sopra della coperta a guisa di *tende*, perchè, oltre d'impedire con questo mezzo il soverchio riscaldamento della nave, si provede ad un tempo alla salute dell'equipaggio. Rammentiamo a questo proposito, che il celebre Cook ne' suoi lunghi viaggi sotto la Zona-Torrida conservò, fra gli altri, anche con questo mezzo tutta la sua gente nel più perfetto stato di salute.

§ 274. Tutto ciò riguarda la salute fisica del marinaio, che, per queste cautele igieniche, speriamo possa essere bastevolmente tutelata dalle esterne influenze morbose.

Ma noi però non vogliamo dimenticata la salute sua *morale*; giacchè l'uomo essendo un essere composto di fisico e di morale, male potrebbesi provedere all'uno se totalmente si negligentasse l'altro.

L'influenza morale dell'abbandono della patria e degli oggetti più cari che in essa si lasciano, si spiega maggiore sull'animo di colui, che si trova in climi e paesi molto lontani da' suoi. È allora che i pericoli delle lunghe navigazioni compariscono molto maggiori.

Egli è quindi necessario che venga mantenuta a bordo l'*allegria* e sia possibilmente allontanata ogni *tristezza*. Ed è perciò che le occupazioni e il lavoro in tempo di calma serviranno moltissimo a distrarre lo spirito dai tristi pensieri (§ 253); e quando non v'abbiano occupazioni di bordo, i giuochi ginnastici, le danze ed altre distrazioni suppliscano all'uopo.

§ 275. Ma la influenza maggiore su questo particolare verrà esercitata dal capitano. Ad esso spetta principalmente di tenere rilevato ed allegro il morale dell'equipaggio, senza nulla detrarre a quello spirito di subordinazione e di disciplina, che egli dee mantenervi costante.

L'equità, la giustizia, la imparzialità debbono in lui prevalere costantemente trattandosi di servizio, di disciplina e di subordinazione. La bontà e la dolcezza dei modi gli accaparreranno il cuore de' suoi equipaggi. La durezza tirannica rende odioso chi la esercita; incute il timore, ma non la stima; toglie il coraggio avvece di accrescerlo. Nei pericoli di mare si ha la prova della stima e dell'affetto che gode un capitano di mare; fuori del pericolo l'obbedienza non verrà meno, quando chi ha diritto di pretenderla seppe ad un tempo farsi amare e stimare.

PARTE QUINTA

Dare un' idea il più possibilmente chiara delle **MALATTIE** che si manifestano più ordinariamente negli equipaggi della Marina mercantile, distinguendole:

A) In quelle che dipendono più o meno dal continuo soggiorno sulle navi.

B) In quelle che provengono da abusi di vitto, da intemperanze varie, e da negligenze di cautele igieniche a bordo delle navi stesse.

C) In quelle che emanano dalla influenza più o meno diretta dei climi diversi cui si espongono gli equipaggi nei lunghi viaggi e nelle stazioni nei diversi porti; — col dare delle une e delle altre i sintomi più caratteristici, e coll' indicare i mezzi curativi più pronti e più facili per dissiparle.

Cassetta dei medicamenti e modo di usarne.

MEDICINA NAVALE

AVVERTENZA PRELIMINARE (1)

Chi ha ben ponderato in ogni sua Parte il *programma di concorso*, facilmente si sarà accorto, che questa, relativa alle *malattie proprie della gente di mare*, era la più difficile e la più intricata. Messi nella necessità di dover parlare di materie molto difficili ed oscure in sè a persone che non sono dell'arte, noi dovevamo lottare ad ogni momento contro altre difficoltà non meno grandi, quali erano la *esattezza* e la *chiarezza* del linguaggio. Se il nostro libro, qualunque egli siasi, avesse dovuto andare fra le mani dei medici, certo è che queste difficoltà sarebbero state molto minori; ma essendo destinato esclusivamente ad uso degli uomini e capitani di mare, è evidente, che la soluzione del problema dovea riu-

(1) Per quanto nulla abbia a che fare questa *avvertenza* collo scopo del *manuale*, dovendo essa servire soltanto a dilucidazione della Commissione giudicatrice del premio, pure credemmo opportuno che la venisse essa pure stampata, potendo servire, a parer nostro, di una certa *guida* in questa difficile parte del *programma*, acciò meno difficile potesse riuscire l'applicazione di quei precetti curativi, che vi sono suggeriti. La difficoltà dell'argomento che ci stava fra le mani, l'importanza sua grandissima e la mancanza assoluta nei capitani d'ogni studio speciale di medicina, speriamo sieno ragioni che valgano a farci scusati di questa breve digressione presso il benevolo Lettore.

scire anche più complicata e difficilissima. Nè qui stava tutto
ancora il cumulo delle difficoltà; chè anche la *forma* e la
distribuzione delle materie da trattarsi in questa 5ª parte
ci parevano di non poca importanza.

E per vero; noi abbiamo titubato lunga pezza prima di
scegliere più l'una che l'altra. Dovevamo noi fare un *trat-*
tatello delle malattie proprie, o più comuni ai marinai?
dovevamo dare alla materia la forma del *dialogo?* dove-
vano le nostre essere delle *lezioni,* o meglio delle *avvertenze*
pratiche? Ecco i dubbi e le perplessità in cui rimanemmo
per qualche tempo, senza poterci appigliare ad un partito.
Imperocchè ci pareva, che attenendoci all'una o all'altra
delle qui indicate forme, avremmo battuto necessariamente
o nello scoglio dell'oscurità, o in quello della prolissità
e della soverchia complicazione; — ciò che ci avrebbe pur
sempre impedito di raggiungere lo scopo nostro, ch'era
pur quello del *programma.* Finalmente, dopo essere stati
molto tempo in forse sulla scelta del *metodo* a eseguirsi,
abbiamo trovato, od almeno ci parve, che il più facile ad
essere messo in pratica e il più presto intelligibile dalle persone alle quali è destinato questo libro, quello si fosse di
un *piccolo dizionario medico,* preceduto da alcune *nozioni*
generali intorno alle malattie, da servire di norma per meglio
comprendere le loro diverse specialità.

L' *ordine alfabetico* essendo il più semplice e di più facile
apprendimento, ben vede ognuno, che sotto questo rapporto
ogni difficoltà completamente scompariva. Chi è infatti che
non sappia cercare un nome in un *dizionario* distribuito
alfabeticamente? Ciò nullameno taluno avrebbe potuto opporci
l'ostacolo, che talvolta potrebbe incontrarsi, quando non co-
noscendosi subito la forma della malattia, nè sapendosi qual
nome abbia a darsi alla medesima, di riuscire assai mala-
gevole, o di pendere incerti sulla denominazione sua regi-
strata nel *dizionario* per consultarlo al bisogno.

Ma per evitare un tale ostacolo, noi premettiamo al piccolo *dizionario* un *indice*, esso pure *alfabetico*, di tutti i nomi delle varie malattie, e a lato di questi nomi poniamo l'indicazione differenziale — *malattia esterna* — oppure, *malattia interna*; — differenza questa, che è certamente alla portata delle persone anche le più estranee all'arte, e che può subito essere rilevata da chicchessia. Ora, poichè ogni malattia che potrà occorrere a bordo non potrà essere che, o *esterna*, cioè visibile, oppure *interna*, sfuggente perciò all'occhio, perchè avente sede nei visceri interni, — è chiaro, che ogni nome di malattia spiegato nel *dizionario*, portante questo carattere differenziale di *esterna* od *interna*, basterà per impedire uno scambio od un errore, e molto più poi, quando si tratterà di malattie affatto circoscritte ad una parte qualunque che cada sott'occhio.

Seguendo un tal metodo ci siamo è vero dovuti allontanare alcun poco dall'ordine che ci prescriveva il *programma*, il quale distingueva le malattie particolari alla gente di mare in una *triplice categoria*. Ma siccome noi riteniamo, che lo scopo essenziale del *programma* medesimo quello si fosse di dover *dare un'idea il più possibilmente chiara delle varie malattie proprie dei marinai*, senza imporci in modo assoluto più una forma che l'altra di trattazione; così è, che nel mentre abbiamo soddisfatto, per quanto il consentivano le tenui nostre forze, allo scopo medesimo, ci siamo ad un tempo creduti liberi di attenerci a quella forma o metodo, che ci pareva essere la più acconcia all'uopo. Saremo per questo tacciati di presunzione? vorrà la Commissione giudicatrice condannarci per ciò? — noi nol vogliamo credere!......

CAPITOLO I.

Alcune NOZIONI GENERALI intorno alle malattie più frequenti nella gente di mare.

ART. I.

Cause in genere delle malattie.

§ 276. Sono, o possono essere *cause* di malattie diverse nella gente di mare, tutte le seguenti, — senza dire di molte altre che sono di minor conto:

1° l'aria umido-fredda, od umido-calda, e tutte le rapide variazioni di temperatura cui puossi esporre l'individuo, massime se riscaldato;

2° l'aria viziata più o meno dalla respirazione di più persone in luoghi angusti, senza essere rinnovata da quando a quando, o dalla mescolanza alla medesima di vapori mefitici, — siccome avviene se dalla sentina, che non sia stata espurgata, penetrino nella stiva degli effluvi malefici;

3° la mancanza di pulitezza nella persona, la negligenza nel mutar gli abiti bagnati o umidi, e in generale la trascuratezza nel guardarsi dalle influenze esterne atmosferiche;

4° la insufficienza del pari che la eccessiva quantità del cibo e della bevanda, ma assai maggiormente la cattiva loro qualità;

5° la nave mal costrutta, mal ventilata, mal tenuta in fatto di pulizia;

6° le fatiche eccessive e la insufficienza del sonno e del riposo;

7° il contatto con persone infette, o il toccare sostanze impregnate di materia contagiosa;

8° le cadute, le percosse, ed altre cause esterne violenti o volontarie od accidentali.

ART. II.

Sintomi in genere delle malattie.

§ **277.** Tutti i *sintomi* di malessere, o di salute alterata, che un individuo può presentare, sono *segni* o *indizi* riferibili più o meno ad una data affezione morbosa, nata in esso per qualsiasi causa, e che per essi si dee appunto conoscere.

I sintomi si ricavano da ogni deviazione dallo stato normale, che puonno presentare tanto gli organi che le funzioni animali.

Parlando della gente di mare, che per solito è robusta ed avvezza ad una vita faticosa, allorchè alcuno del bordo patirà stanchezza e prostrazione di forze per ogni più leggera fatica, o si lagnerà d'inappetenza e disgusto pel tabacco, ancorchè altri sintomi non vi fossero, sarà sempre prudenza il sospettare che egli covi una qualche malattia.

Non potendo noi entrare qui in lunghi dettagli relativamente al valore, varietà e differenze dei sintomi morbosi, perchè non sarebbero intesi da quegli cui è destinato il nostro libro noi ci limiteremo a dire delle fonti principali cui dovranno ricorrere i capitani per avere dai sintomi i sufficienti lumi, onde regolarsi nel caso. Si dovrà dunque:

1° esaminare lo stato *esterno* dell'individuo, e vedere se la pelle abbia mutato il suo colore naturale, apparendo o gialla, o fosca, o nera, o macchiata; se la sia più calda o meno di quello che è ordinariamente; se la sia molle, pastosa, umida, oppure aspra e secca come pergamena;

2° interrogare se v'abbia dolore al capo, e alle tempia specialmente; se vi sia tolleranza della luce, e se l'occhio si mostri lucido, scintillante, rosso, od invece sia iniettato di sangue; se vi abbia rumore o tintinnío nelle orecchie, o sordità più o meno; — segni tutti di alterata funzione negli organi dei sensi;

3° se vi abbia bocca amara con gusto alterato; sete più o meno viva; lingua coperta da uno strato biancastro, secca, rossa ai bordi; se le funzioni dello stomaco e degli intestini si facciano regolarmente, oppure vi abbiano nausee, sforzi di vomito, o vomito spiegato, e di quali materie esso sia; se vi sia bruciore di stomaco o dolore spiegato; se v'abbia stitichezza oppure diarrea, o dissenteria, con dolori di ventre o no; e se questo sia teso, gonfio, oppure molle e trattabile; — segni tutti di alterata funzione dello stomaco ed intestini;

4° interrogare, se il respiro è breve, stentato, oppure libero e facile; se vi abbia tosse, e se questa sia secca, oppure umida, cioè con espettorazione; se sia frequente, forte, e se la espettorazione sia difficile oppure facile; — sintomi indicanti, che il male sta nei visceri della respirazione;

5° esaminare lo stato dei polsi alle tempia e alle mani principalmente, partendo dal dato, che in un uomo adulto dai 25 ai 50 anni, sano e robusto, il polso dà da 60 a 70 battute per minuto, che le battute sono regolari, eguali cioè l'una all'altra, e che in istato di malattia invece, e specialmente di febbre, il numero delle battute aumenta e va sino alle 100 e più per minuto, ma ordinariamente alle 80 e 90, e sono più o meno ristrette, irregolari e piccole; — ed allora si rileverà facilmente la differenza, che è tutta riferibile allo stato di malattia.

ART. III.

Corso e andamento in genere delle malattie.

§ 278. Il *corso* delle malattie o è rapido, e si chiama *acuto*; oppure è lento più o meno, e si dice *cronico*: ciò dipende dalla varia loro natura e dalle cause che l'hanno prodotte. V'hanno malattie che in un giorno, due, tre, in una settimana o due compiono il loro corso; altre che durano anche più tempo, senza per questo essere meno acute; ciò dipende anche dalla prontezza con cui si curano, e dalla efficacia del metodo curativo adoperato. Una malattia può durar meno e sciogliersi più presto, quando la sia curata in tempo utile e convenientemente.

La terminazione delle malattie può essere nella *guarigione*, o nella *morte*. Questi sono i due termini estremi opposti; ma tra l'uno e l'altro vi ha l'*andamento cronico*, che una malattia, la quale in origine era acuta, o per la sua gravezza, o per circostanze dipendenti dall'infermo, o pel ritardo dei mezzi curativi, può assumere, — ed allora la probabilità della guarigione va diminuendo d'assai.

ART. IV.

Cura in genere delle malattie.

§ 279. La prima indicazione cui deve soddisfare qualunque *cura* che si voglia fare di una malattia qualsiasi, si è quella di allontanare la causa che l'ha fatta nascere; — quindi la molta sollecitudine che sempre si deve mettere nell'apprestare i rimedi convenienti, sia anche poca la probabilità dell'esito favorevole della malattia.

Bisogna in generale curare prontamente il *poco* male per evitare il *molto*.

Del resto, i *rimedi* che si daranno nei diversi casi, bisogna sempre che sieno modificati in ragione dei *climi* diversi e delle *malattie* che d'ordinario sono in essi climi dominanti.

§ 280. La *dose* dei rimedi vuol essere proporzionata sempre all'*età* dell'infermo, alla sua *robustezza*, alla sua *costituzione* ed alla *forza* della malattia. Ciò che giova all'uomo adulto può riuscire nocevole all'adolescente.

§ 281. Dev' essere vietato assolutamente ai marinai di portar seco a bordo medicine, o *rimedi secreti*, così detti, di qualunque specie essi sieno; rimedi spacciati per lo più dal ciarlatanismo e dall' impostura, che una buona polizia sanitaria dovrebbe proscrivere assolutamente e punire con tutto il rigore. Il solo medico dell' equipaggio, durante un viaggio ed una più o men lunga navigazione, non dev' essere che il solo capitano, — ben s' intende quando non vi abbia a bordo alcun servizio sanitario organizzato. Ma i soccorsi medici da darsi in questo caso non possono essere che provisori, vale a dire sino a tanto che non si sia approdato al luogo di destinazione, o a qualche porto intermedio per isbarcare i malati, acciò vengano consegnati il più presto possibile agli uomini dell' arte.

§ 282. Ogni capitano di nave non può non comprendere di per sè la grande responsabilità che pesa sovra di lui, tuttavolta gli accada di avere degli ammalati a bordo durante il viaggio e la traversata. Egli sarà mai sempre premuroso nello apprestare i rimedi che gli verranno indicati da questa *guida medica;* nè si fiderà di alcuno, ma preparerà egli stesso il rimedio suggerito e lo amministrerà.

§ 283. La *cassa dei medicamenti* sarà tenuta costantemente in luogo asciutto, pulito e sicuro, e chiusa sempre a chiave, che non verrà mai consegnata ad alcuno.

§ 284. Si abbia l' attenzione di collocare gli ammalati in luogo ove sia facile il rinnovamento dell' aria. Occorrendo, sarà bene praticare disinfettazioni col *cloro* (parte 6ª) durante la malattia, massime alla mattina, e si dovrà curare sommamente la pulitezza, allontanando qualsiasi causa di esalazione miasmatica o mefitica.

§ 285. I *convalescenti* di malattie gravi dovranno essere sorvegliati per qualche giorno, onde non trasordinino in abusi di nessuna sorta. Si daranno loro dei cibi di facile digestione (§ 166), e non si permetterà che si abbandonino alle ordinarie fatiche, se non quando saranno in istato di poterle sopportare.

§ 286. Quando accada che taluno muoia a bordo durante il viaggio, bisognerà aspettare per lo meno dodici ore (trattandosi di morte avvenuta dopo un corso più o meno lungo e regolare di malattia) prima di gettarne in mare il cadavere. Che se fosse il caso di morte improvvisa, o per fulmine, o per assideramento, o per apoplessia, o commozione di cervello dipendente da caduta, si aspetterà almeno 24 ore prima di farne la sommersione. Ma quando si fosse in climi o stagione calda, e che il cadavere desse già indizio di putrefazione; oppure che la malattia fosse contagiosa, come ad esempio la febbre-gialla, la peste, ecc., allora dopo tre o quattr'ore, od anche meno, si potrà gittarvelo. Prima però lo si trasporterà dalla sua branda sopra il ponte, tenendolo sempre avvoltolato in una coperta; quindi attacatogli un forte peso ai piedi, lo si farà cadere in mare.

Quanto poi alle robe ed effetti personali appartenenti al decesso, saranno sciorinati, esposti all'aria libera e lavati, quando si tratti di malattie ordinarie. Se siavi invece sospetto, o vi abbia certezza di malattia contagiosa, allora o si distruggono, o si affondano col cadavere stesso tutti quelli, che sono i più atti alla trasmissione del contagio (§ 63); gli altri bisognerà sottoporli alla disinfezione ed agli espurghi necessari, come verrà indicato nella parte 6ª.

CAPITOLO II.

INDICE ALFABETICO

per poter usare facilmente

DEL DIZIONARIO MEDICO-CHIRURGICO (1).

—

Nota Bene. I numeri che qui si trovano a fianco dei vari titoli delle malattie, corrispondono a quelli degli articoli del *dizionario*, che segue subito questo capitolo a pagine 165.

Malattie esterne

Malattie interne

B

B

19 Blennorragia — (vedi scolazione).

21 Dottone, o bitorzolo.

23 Bubbone.

20 Borborigmi o borborimmi.

22 Bronchite — (vedi ca-
tarro).

C

C

24 Caduta (asfissia per)

26 Cancrena.

27   „   da freddo.

29 Carbonchio.

30 Carnosità.

45 Contusione.

25 Calentura.

28 Capogiro, o vertigine.

31 Catarro, o bronchite.

32   „   intestinale —
(vedi dissenteria).

33 Cholera-morbus.

34 Colica.

35   „   di Madrid.

36   „   del rame.

37   „   flatulenta.

38   „   metallica.

39   „   vegetabile.

40 Colpo di sole.

41 Colpo di sangue.

42 Commozione di cervello.

43 Congestione di sangue.

44 Contagiose (malattie).

46 Corpi estrani penetrati
nel corpo umano.

47 Costipazione del ventre
o stitichezza.

Malattie esterne	*Malattie interne*
D	**D**
49 Denti (male dei)	48 Debolezza di stomaco.
55 Distorsione.	50 Diarrea.
	51 Difficoltà di orinare.
	52 Dissenteria.
E	**E**
55 Ecchimosi.	54 Ebrezza (ebrietà).
56 Edema.	57 Effimera (febbre).
60 Emorragia.	58 Ematemesi, o vomito di
61 Emorroidi.	sangue.
65 Enfiagione.	59 Emicrania.
68 Epistassi, o emorragia	62 Emotisi, o sputo di sangue.
del naso.	63 Encefalite, o infiamma-
69 Ernia.	zione del cervello.
70 Escoriazione.	64 Endemiche (malattie) ,
71 Escrescenza.	66 Enterite.
	67 Epatite o infiammazione
	di fegato.
F	**F**
72 Fatamorgana.	73 Febbre in generale.
80 Ferite.	74 „ (differenze della)
81 Fimosi.	75 Febbre biliosa o gastrica.
82 Flemmone.	76 „ gialla.
83 Frattura.	77 „ infiammatoria, o
84 Fuoco selvatico.	sinoca.
85 Furuncolo.	78 Febbre intermittente e
	sue differenze.
	79 Febbre maligna, o tifo.

Malattie esterne	*Malattie interne*
G	**G**
88 Gengive (malattie delle)	86 Gastricismo.
89 Gonorrea.	87 Gastrite, o infiammazione dello stomaco.
I	**I**
91 Incontinenza d' orina.	90 Idrofobia.
93 Indormentimento delle membra.	92 Indigestione.
	94 Infezione.
95 Infiammazione della bocca — (vedi angina).	96 Infiammazione de' bronchi — (vedi bronchite).
97 Infiammazione degli occhi — (vedi ottalmia).	98 Infiammazione de' polmoni, o polmonia.
	99 Ingorgo sanguigno — (vedi congestione di sangue).
	100 Intermittenti — (vedi febbri intermittenti).
	101 Ipocondriasi.
	102 Itterizia.
L	**L**
103 Lombaggine.	104 Lumache (avvelenamento da . . . . . .).
105 Lussazioni, o slogature.	
M	**M**
111 Male d' avventura — (vedi panereccio).	106 Malattie acute.
112 Male della Barbada.	107 » croniche.
	108 » dei marinai.

Malattie esterne

115 Male dei denti — (vedi odontalgia).

117 Male di gola — (vedi angina).

118 " della mascella — (vedi trismo).

121 Male dei reni — (vedi reumatismo).

125 Male rosso di Cajenna.

134 Morsicatura d'animali.

Malattie interne

109 Male benedetto.

110 " caduco.

113 " del Chicot.

114 " di Crimea.

116 " francese, o mal venereo.

119 Male del miserere, ossia volvolo.

120 Male del paese — (vedi nostalgia).

122 Male di mare.

123 " di Napoli.

124 " di Rosa, ossia male delle Asturie.

126 Male di S. Antonio — (vedi zoster).

127 Male di S. Lazzaro.

128 " di S. Rocco.

129 " di stomaco — (vedi debolezza di stomaco).

130 Male di terra — (vedi mal caduco).

131 Male di testa — (vedi emicrania).

132 Maligna febbre — (vedi febbre maligna).

133 Maligna pustola — (vedi pustola maligna).

N

135 Naso (malattie del....)

N

136 Nostalgia.

Malattie esterne   *Malattie interne*

O   **O**

137 Occhio (infiammazione dell'.....), ossia ottalmia.

138 Odontalgia, o mal dei denti.

139 Orecchio (dolore dell'....) o ottalgia.

140 Orticaria.

141 Orzaiuolo.

P   **P**

142 Panereccio, o patereccio.

143 Paralisi.

144 Parotide (infiammazione della), ossia orecchioni.

145 Peste.

146 Petecchiale — (vedi tifo, o febbre maligna).

149 Piscio di sangue.

147 Petto (infiammazione del) — o polmonia.

151 Punture d'insetti.

148 Piombo (colica di....) — vedi colica metallica.

152 Pus o marcia.

153 Pustula maligna.

154   »   sifilitica.

150 Punta di petto.

Q   **Q**

155 Quartana febbre — (vedi febbri intermittenti).

R   **R**

158 Ragadi.

156 Rabbia — (vedi idrofobia).

159 Ravaglione.

157 Rafania.

163 Risipola.

Malattie esterne	*Malattie interne*
164 Rogna.	160 Reni (dolori dei. . . .) — vedi lombaggine.
165 Rosolia.	161 Reumatismo, o febbre reumatica.
	162 Riscaldamento.

S

166 Sciatica.	168 Scorbuto.
167 Scolazione, o blennor-ragia.	171 Sinoca — (vedi febbre infiammatoria).
169 Scottature.	172 Sinoco — (vedi tifo).
170 Sifilide.	
173 Slogature — (vedi lussazioni).	

T

174 Tarantola (morsicatura della . . . . .) — vedi puntura d' insetti.	176 Tetano
175 Testicoli (infiammazione dei . . . . .)	177 Trismo.

U

178 Ulceri veneree.

V

179 Vaiuolo.
180 Vermi.

Z

181 Zoster, o zona.

CAPITOLO III.

DIZIONARIO MEDICO-CHIRURGICO

DELLE MALATTIE

CHE SONO LE PIÙ FREQUENTI NEGLI EQUIPAGGI

—

A

1. — *Afte.*

§ 287. Chiamasi con questo nome la eruzione di piccolissime pustole, che presto si rompono e si convertono in ulceri. Esse nascono nell'interno della bocca, e vi sono sparse qua e là in numero più o meno grande.

Questa malattia si osserva principalmente nei paesi umidi e freddi, come sarebbe in Londra, nella Zelanda ecc. Se attacca di preferenza i bambini, non risparmia però gli uomini adulti, specialmente quelli di temperamento sanguigno e dediti a molta fatica, siccome sono appunto i marinai.

§ 288. **Cause.** Questa malattia è per l'ordinario la conseguenza di altre, specialmente di quelle dello stomaco e del bassoventre. Può però manifestarsi da sola, ed in allora si congiunge, od è un esito della infiammazione della bocca, colla quale spesso si confonde (vedi n.° 4).

§ 289. **Sintomi.** I fenomeni che presenta sono quasi in comune con quelli della infiammazione della bocca (§ 300), coll'aggiunta delle ulceri sotto forma di piccole piastre rotonde, o più spesso ancora irregolari, di colore cinerino, oppure bianco, o giallastro, circondate da un cerchio rosso.

§ 290. **Cura.** Gargarismi raddolcenti, mucilaginosi, fatti prima col miele-rosato puro, poscia acidulati con acido acetico o solforico, oppure mescolando col miele stesso del borace in polvere.

2. — *Allogliatura.*

§ 291. È la malattia prodotta dallo aver mangiato pane fatto con farina di frumento frammisto a farina di *loglio.* Nella parte 3ª, parlando del pane (§ 110), abbiamo accennato come possa esser fatto colla miscela di varie farine, ed esponemmo in proposito i vari caratteri fisici che in allora presenta. Il pane fatto colla farina di loglio è nerastro, pesante, ha odore di muffa ed il sapore è acido; — in chi ne usa non tardano a manifestarsi i seguenti sintomi.

§ 292. **Sintomi.** Vertigini, o capogiri, tremore di tutta la persona ed una specie di ubriachezza. Talvolta sviluppasi un forte dolore fisso alla fronte, susurro nelle orecchie, lingua tremola, difficoltà di parlare e di deglutire, vomiti con grandi sforzi, molta voglia e frequente di orinare, sudori freddi, prostrazione grandissima di forze.

§ 293. **Cura.** Acqua acetata, aranciata, limonata, o miele acidulato. Se vi ha molta prostrazione di forze, si darà dell'acqua mista ad una piccola porzione di acquavite. Se il pane fu mangiato da poco ed in quantità piuttosto forte, verrà amministrato un vomitivo.

3. — *Aneurisma.*

§ 294. Si chiamano con questo nome certi tumori sanguigni formatisi per la rottura o dilatazione di qualche membrana delle arterie, ossia di quei vasi che conducono il sangue dal cuore a tutte le parti del corpo.

Nel caso nostro ci limitiamo a far cenno solamente di alcuni degli aneurismi *esterni,* per la sola ragione che non vengano confusi con altri tumori diversi, ad oggetto di evitare le gravi conseguenze che ne verrebbero, ove, ingannato il capitano, volesse tagliarli per dar sortita alla marcia.

§ 295. **Cause.** Gli aneurismi sono la conseguenza per lo più o di violenti sforzi, o di cadute, o di contusioni, o, di ferite riportate dalle arterie, le quali perciò o si rompono, o si sfiancano, o si dilatano nelle loro pareti interne, le quali non sostenendo più l'urto del sangue che le percorre, questo s'insinua fra le loro tonache interne e le esterne, e genera così un tumore, che va crescendo gradatamente. Noi ci limitiamo qui di far cenno dell'aneurisma che può avvenire alla piegatura del gomito, là dove si pratica il salasso, e al cavo del ginocchio, ed anche alla parte superiore-anteriore della coscia, perchè le arterie che vi scorrono sono più facilmente soggette alle ferite, nonchè alle conseguenze delle percosse e degli sforzi violenti.

§ 296. **Sintomi.** Il tumore aneurismatico è generalmente di forma rotonda od ovale, situato per lo più sul tragitto di una qualche cospicua arteria; è compressibile, ma resistente; cessata la pressione torna del volume e consistenza che aveva prima; presenta pulsazioni varie, che si fanno egualmente sentire in tutti i punti della sua superficie accessibili al tatto. Se si preme l'arteria superiormente al tumore, questo si rammollisce, cessa di pulsare; ma se invece si comprime al di sotto del tumore, le pulsazioni allora diventano più forti e la pelle conserva il suo colore naturale. Il tumore è indolente; alcuna volta però è sede di atroci dolori.

§ 297. **Cura.** La cura non può assolutamente farsi che da persone dell'arte. Perciò basterà l'averlo potuto riconoscere per non confonderlo con altri tumori; e il capitano aspetterà di avere approdato, onde affidare cui tocca una cura di questo genere. Soltanto si abbia riguardo che il malato non istrapazzi, nè faccia sforzi continuati ecc.

4. — *Angina.*

§ 298. Questa malattia è l'infiammazione dell'interno della bocca, e specialmente di quella parte che resta sul fondo delle fauci. Attacca tutte le età; spesso regna epidemica in primavera, segnatamente quando il calore cresce in modo rapido: — non risparmia alcun temperamento, ma è più frequente nell'età giovanile.

§ 299. **Cause.** La sua causa occasionale più frequente è l'azione del freddo a corpo sudante, o riscaldato. Ma ben di spesso la producono anche i liquidi bevuti o freddissimi, o caldissimi, quando soprattutto sieno di natura acida, o alcoolica, od alcalina-irritante. L'aria stessa mista a vapori irritanti la produce. Talvolta è il seguito di altre malattie, specialmente di stomaco o di petto, o conseguenza di cause anche meno conosciute.

§ 300. **Sintomi.** Difficoltà d'inghiottire in sul principio della malattia; voce nasale; riflusso delle bevande pel naso; rossore, secchezza ed aspetto lucente di tutto l'interno della bocca; gonfiore quasi uniforme nelle sue parti anteriori; maggiore e crescente poi verso il fondo delle fauci, specialmente all'ugola, che, ingrossata, tocca colla sua punta la base della lingua: tutto il palato molle si vede pur gonfio. Vi hanno nausee, e crescendo la malattia trasuda un certo muco grigiastro-filante, che, sotto forma talvolta di concrezioni bianche a mo' di butirro, copre tutta la superficie infiammata e coperta spesso di afte (§ 288). L'infermo è costretto a tenere la bocca aperta durante il sonno, ed allora il prosciugamento delle fauci si fa maggiore; per cui allo svegliarsi esso fa sforzi penosissimi per poter sputare, in conseguenza dei quali rigetta talvolta delle pallottoline dure, qualche volta frammiste a grumi di sangue nerastro. Un calore febbrile accompagna ben di spesso questa infiammazione quando la è grave.

§ 301. **Corso.** Il suo corso per lo più è rapido, e la durata breve, e termina ordinariamente in pochi giorni colla risoluzione; può però assumere anche l'andamento *cronico*, o *lento*, ed è alloraquando i sintomi non si manifestano tutti in una volta e con molta forza, ma poco a poco, e che si forma qualche ascesso o al palato molle, od alle tonsille.

§ 302. **Cura.** Il malato devesi astenere il più che sia possibile dagli sforzi d'inghiottire o di vomito; starsi in silenzio; tenere alta la testa, e il corpo in riposo; prendere bevande mucilaginose e gargarismi consimili; fomenti o cataplasmi ammollienti al collo, o spugne inzuppate d'acqua tiepida. Giova assai il salasso quando la è grave; essendo leggiera, possono bastare i pediluvi irritanti fatti con l'acqua calda e senape; le bevande raddolcienti, cioè, l'acqua d'orzo, gl'infusi di fior di viola, di malva e simili: talvolta giovano assai bene alcune sanguisughe applicate agli angoli della mascella inferiore, e così pure i blandi lassativi e i purgativi leggieri, qual è il decotto di tamarindi.

5. — *Apoplessia, o colpo apopletico.*

§ 303. Chiamasi con questo nome la perdita, od anche la sospensione più o meno improvvisa del senso e del moto volontario, nonchè delle funzioni intellettuali, con pericolo più o meno grande e prossimo della vita.

Questa malattia attacca principalmente gli uomini di temperamento sanguigno, di bassa statura, di collo corto, e molto più se dediti al bere smodato ed alla crapula. I marinai, quantunque sotto il rapporto dell'età e del genere di vita che conducono non si possano credere disposti molto a questa malattia, pure possono soggiacervi per altre cause accidentali.

§ 304. **Cause.** Lo stare per lungo tempo esposti al sole col capo scoperto, i colpi sulla testa, gli abusi del mangiare e del bere, e molto più se queste cause operano sotto l'influenza dei climi tropicali, o durante il calore estivo.

§ 305. **Sintomi.** Talvolta precedono come forieri alcuni sintomi, quali ad esempio il dolore di testa, lo sbalordimento, la sonnolenza, il susurro nelle orecchie, una debolezza o prostrazione generale, formicolío nelle mani e nei piedi, difficoltà di parlare, e tale un torpore nelle facoltà intellettuali, per cui sembra che l'ammalato abbia perduta la memoria. A questi sintomi forieri dello scoppio apopletico se non si provede in tempo, succedono poi la perdita della conoscenza, della parola, del senso e del moto delle membra; ovvero dell'uno soltanto, o dell'altro, con una respirazione stentata, affannosa, spesso accompagnata da rantolo, con distorsione o stiramento in giù dell'uno o dell'altro angolo della bocca, o dell'una o dell'altra palpebra superiore abbassata ed immobile. La faccia ora è pallida, or rossa o livida; l'occhio è insensibile alla luce; le feci e le orine escono senza che il malato se ne accorga. — In certi casi però l'apoplessia scoppia improvvisamente senza alcun foriero indizio.

§ 306. **Cura.** Bisogna trasportare subito il malato in luogo fresco e ben ventilato, spogliarlo e disporlo per modo, che il movimento della nave non si comunichi alla *branda* sulla quale è adagiato, mantenendone sempre alta e scoperta la testa. Si passi prontamente al salasso generoso e ripetuto; si applichino dieci sanguisughe dietro tutti e due gli orecchi, e staccate che sieno, si lasci gocciare il sangue. Si applichino pannilini inzuppati d'acqua fresca sul capo; si mettano vescicanti alle braccia, e sinapismi ai piedi, e gli si diano in dosi ripetute dei purganti piuttosto forti. — Quando l'apoplessia fosse prodotta da fortissima indigestione, si procurerà allora di sbarazzare lo stomaco coll'emetico. Ritornata la conoscenza e la favella a seguito della cura, e rimanendo superstiti o paralisi, o debolezza di membra, o di mente, il capitano procurerà di sbarcare quanto più presto il può il malato, perchè sia affidato alla cura degli uomini dell'arte.

6. — *Apostema della bocca.*

§ 307. Chiamasi volgarmente con questo nome una specie di tumoretto o ascesso, che si sviluppa nelle gengive, o per causa di dente guasto dalla carie, o per infiammazione gengivale comunque nata.

È malattia di niuna conseguenza, che presto si toglie con qualche gargarismo ammolliente, e con frequenti lavature semplici della bocca.

7. — *Ardore di stomaco.*

§ 308. Questa malattia, o meglio sintomo di malattia, venne anche volgarmente chiamata *ferro caldo, pirosi,* o *soda,* a seconda dei paesi; perchè il dolore bruciante che si sente alla bocca dello stomaco è talvolta così vivo, da somigliarlo a quello che vi produrrebbe l'applicazione d'un ferro caldo.

§ 309. **Cause.** Un pasto copioso di cibi indigesti, specialmente di carni affumicate, di pesci salati, di grassi animali diversi, può esserne la prima causa. Aggiuntavi poi l'opera delle bevande alcooliche fermentate ed irritanti, la malattia insorge tanto più facilmente e grave. Gli Svedesi, i Norvegi ed altri popoli del Nord, che usano tanto di carne e pesci salati, vi vanno molto soggetti. Però possono anche produrla i cibi di latte e le sostanze farinose, massime se ve n'abbia abuso, siccome la determinano l'azione del freddo alle estremità inferiori, le gagliarde emozioni dell'animo e le varie irritazioni dello stomaco.

§ 310. **Sintomi.** Questa malattia, indizio spesso di estesa e grave affezione delle vie dello stomaco, attacca più particolarmente nel mattino e avanti il mezzodì, cioè quando lo stomaco è vuoto. Il dolore che si sente alla fossetta dello stomaco è congiunto ad un senso tale di costrizione dello stomaco stesso, quasi che fosse tratto verso il dorso. Il dolore cresce volendo tenersi dritti, motivo per cui, durante gli accessi, il corpo del malato pende all'innanzi. Il dolore è per lo più gagliardissimo durante qualche tempo, ed è susseguito dalla eruttazione di molta acqua chiara e acida.

§ 311. **Cura.** Cercando di vincere la malattia organica dello stomaco, la pirosi che ne è sintomo, o conseguenza, si guarisce essa pure. Ad ogni modo bisogna sempre cambiare il genere di alimento che ha potuto provocarla. Le carni fresche, i latticini, le bevande acquose si sostituiscano al regime alimentare solito, e si dia della magnesia sola od unita a qualche grano d'oppio.

8. — *Ardore di orina.*

§ 312. Allorchè orinando si prova all'orificio dell'uretra, o lungo il canale stesso dell'uretra, un cociore bruciante nel passare dell'orina che si emette, si dice che v'ha *ardore d'orina.*

Questa affezione morbosa è per lo più segno o d'irritazione esistente nell'uretra, o nella vescica, ed è perciò che bisogna aver sempre di mira questa irritazione, e non solamente il sintomo che l'accompagna.

§ 313. **Cause.** Un riscaldamento qualunque, una corsa prolungata, l'abuso del coito, delle bevande alcooliche e di cibi riscaldanti, una scolazione od altre malattie veneree, possono produrre una tale malattia.

§ 314. **Cura.** La cura principale vuol essere diretta a vincere l'irritazione vescicale, o uretrale. I bagni tiepidi, ammollienti, generali e parziali; le sanguisughe al perineo (spazio compreso tra l'ano e la borsa dei testicoli, o scroto); le bevande acquose, emolcenti e i purgativi oleosi, sono tutti mezzi utili in questo caso, e che si possono facilmente impiegare.

9. — Artrite.

§ 315. Si chiama con questo nome la infiammazione delle articolazioni, o giunture, tanto acuta quanto lenta. In quest'ultimo caso viene da molti confusa colla *gotta* o *podagra*.

§ 316. **Cause.** L'umidità e le intemperie diverse alla cui influenza più o meno continuata si esponga l'uomo, sono le cause più ordinarie che la fanno nascere. Il marinaio essendo esposto a molte occasioni di umidità e di intemperie, non è raro il caso ch'egli ne sia facilmente preso, massime quando si esponga di notte, dormendo, in paesi o luoghi umidi.

§ 317. **Sintomi.** Le giunture si trovano gonfiate più o meno, e dolentissime per guisa da non poter muovere membro senza un forte spasimare. Talvolta la infiammazione appigliasi di preferenza alle articolazioni delle membra superiori, altra volta a quelle delle inferiori, o più alle une giunture che alle altre. Il gonfiore, quando la malattia è recente ed acuta, è accompagnato anche per lo più dal rossore o calore più o meno forte delle parti malate; talvolta poi sono prese tutte le giunture, ed allora la malattia è più grave. La febbre accompagna ordinariamente questa infiammazione quando è nel massimo della sua acutezza. Quand'anche non siavi febbre, non cessa però di essere sempre una malattia dolorosa.

§ 318. **Corso.** Il suo corso può essere acuto, più o men rapido, o lento. Nel primo caso curata subito, può cessare e sciogliesi in pochi giorni; nel secondo può durare delle settimane. Soggiace ad esacerbazioni e remissioni, che molte volte si fanno a periodi regolari, cioè in date ore.

§ 319. **Cura.** Se vi ha febbre, si ricorra al salasso abbondante e ripetuto; giovano più o meno, ma però sempre, il tartaro emetico, il nitro e i purganti; così anche l'olio d'ulivo, e il solfato di chinino. Nell'artrite *parziale* si possono applicare alle giunture infiammate delle sanguisughe in buon numero e quindi dei cataplasmi ammollienti. Giova poi sempre il far sudare gl'infermi, dando loro degli infusi di the, di tiglio ec.

10. — *Ascesso.*

§ 320. Chiamasi con questo nome generico qualunque raccolta di pus, o di marcia, che si sia fatta entro una qualche cavità accidentale, o in certo spazio formatosi entro i tessuti viventi a spese e discapito loro.

Siccome questi *ascessi*, o raccolte (che gli antichi chiamavano anche *aposteme*) prendono poi diversi nomi dai luoghi, o tessuti animali che attaccano, o dentro i quali si formano, così ci riserbiamo di dirne le singole cause ed effetti e cura quando ci occorrerà di dover parlare delle loro particolarità e differenze.

11. — *Asfissia.*

§ 321. Con questo vocabolo si usò da molti e per molto tempo di esprimere la morte apparente in generale, prodotta da qualunque siasi causa: ora però si usa per significare quella fra le *morti apparenti*, che è prodotta dalla sospesa azione del polmone, o per meglio dire dalla sospesa respirazione.

§ 322. **Cause.** Varie possono essere le cause che sono capaci di soffocare, o togliere, o sospendere comunque il respiro e la circolazione. Noi però non indicheremo qui che quelle, le quali possono offendere i marinai a bordo delle navi mercantili più facilmente delle altre. E queste sono:

1° il freddo eccessivo;

2° il fulmine;

3° l'acqua, o sommersione;

4° l'aria non rinnovata nella stiva;

5° il mefitismo, o viziamento dell'aria per la mescolanza di gaz, o vapori mefitici con la medesima.

§ 323. **Sintomi.** Tutte queste asfissie, o morti apparenti, abbenchè sieno prodotte da cause diverse, e sieno perciò riconoscibili in pratica per segni e caratteri propri, pure hanno anche dei caratteri comuni fra loro; il che fa sì, che anche i mezzi curativi utili alle une, sieno indicatissimi egualmente per le altre.

Si riconosce subito un asfissiato in genere ai segni seguenti: respirazione sospesa, o stentata molto; giramenti del capo; indebolimento prima, poi perdita del senso e del moto; polso debole e sfuggente, quindi nullo; pelle più o meno livida. Ai quali segni aggiungendosi poi il raffreddamento del corpo e lo irrigidire delle membra, ben vede ognuno, che la morte *apparente* confina in simili casi moltissimo colla morte *reale*.

§ 324. **Cura.** Dato adunque un caso di asfissia qualunque, si dovrà per regola generale:

1° allontanare immediatamente l'individuo dal luogo, o dalla causa qualunque che lo abbia ridotto in tale stato, portando l'asfissiato all'aria libera, slacciandolo e dispogliandolo, secondo i casi, da tutti gl'impedimenti, o vesti che possano impedire il libero movimento del sangue e il respiro, e facendo in modo che abbia la testa alquanto sollevata;

2° favorire con manovre metodicamente fatte sul bassoventre e sul petto il ritorno della respirazione, comprimendo cioè moderatamente con una mano il petto e coll'altra il ventre alternativamente, e introducendo poco a poco dell'aria nella bocca dell'asfissiato, o per mezzo di aspirazioni, o con un qualche soffietto;

3° fare delle fregagioni sulla pelle con pannilini, o con una spazzola;

4° titillare l'interno del naso, o il fondo della bocca e delle fauci con la barba di una penna da scrivere, e sottoporre di quando in quando alle narici dell'asfissiato il vaso dell'ammoniaca liquida;

5° appena ritorna in sè l'asfissiato, dargli qualche cucchiaiata di vino caldo;

6° applicare clisteri d'acqua di mare tiepida, o di decotto di foglie di tabacco, quando nulla si potesse ancora far penetrare nello stomaco;

7° levargli sangue nel caso che l'asfissiato si conservi livido in volto, ed aspettare invece che siasi alquanto riscaldato, quando si mostri pallido e quasi senza polsi.

Se in onta a tutti questi tentativi il freddo del corpo non iscema ed anzi va crescendo, e la rigidità delle membra si fa maggiore, non vi ha allora più speranza di vita; la morte *apparente* si è fatta *reale*. In un gran numero di casi però i mezzi suddescritti giovano e salvano l'individuo e sempre si deve partire dal supposto di poterlo ridonare alla vita.

Diciamo ora brevemente dei singoli generi di asfissia cui possono andare più facilmente soggetti gli uomini di mare.

12. — *Asfissia per aria non rinnovata, o viziata dalla respirazione di molti individui ecc.*

§ 325. **Cause**. Lo stare chiusi in luoghi angusti per molto tempo, senza rinnovare di tempo in tempo l'aria; od il raccogliersi in luoghi dove vi abbiano più persone che respirano, senza aver mezzo di rinnovare l'aria dell'ambiente, espone facilmente a questo genere d'asfissia ed anche alla morte. I marinai, e più specialmente i passeggieri nei lunghi viaggi e durante le gravi fortune di mare possono trovarsi con tutta facilità esposti a questo pericolo, allorchè stivati in camere ristrettissime, non avessero il vantaggio di poter rinnovare l'aria viziata dalla loro respirazione.

§ 326. **Sintomi.** Prima che l'individuo perda la conoscenza prova un forte peso alla testa, senso di compressione alle tempia, giramenti di testa, offuscamento di vista, propensione al sonno, susurro d'orecchi; poi succedono nausee e talvolta il vomito; i battiti del cuore rallentano, e il respiro si fa più difficile e lento. Intanto la vista e i sensi tutti illanguidiscono, le forze muscolari si estinguono; sopraggiunge il sopore, quindi la cessazione del respiro e del polso. Allora la faccia si colorisce in roseo, od in rosso, od in un violaceo più o meno intenso, e le orecchie ed il naso soprattutto prendono questa tinta, e così diverse altre parti del corpo; il calore non è però diminuito, le membra sono flessibili come in istato naturale, e talvolta vi ha l'involontaria uscita delle feci e delle orine.

§ 327. **Cura.** Bisogna, 1° slacciare subito l'asfissiato da ogni legame che avesse attorno al collo e degli abiti troppo stretti, portandolo all'aria fresca ed aperta;

2° gittargli addosso con forza dell'acqua fredda; però se la stagione fosse fredda, usare di questo mezzo più moderatamente;

3° versargli in bocca poco a poco e con grande precauzione, mediante qualche tubo, o come si può meglio, un miscuglio fatto con tre parti di acqua ed una di aceto;

4° applicargli dei clisteri fatti con due parti d'acqua appena tiepida ed una di aceto, oppure di acqua calda contenente sciolto del sale di cucina;

5° stropicciargli e lavargli le tempia, poi la faccia ed anche il corpo tutto con aceto molto forte;

6° irritargli il naso col fargli fiutare l'ammoniaca, o il palato colle barbe d'una penna da scrivere bagnata appena nella stessa ammoniaca o nell'aceto;

7° essendo molto rosso in faccia od anche livido, e mantenendosi tale in onta della cura tentata, sarà molto utile di cacciargli sangue;

8° fargli delle frizioni secche con flanella o spazzola su tutto il corpo, stropicciandogli soprattutto le palme delle mani e la pianta dei piedi.

Quando questi mezzi riescano, se ne ha l'indizio da un certo sibilo che si fa sentire dalle narici, da un debole singhiozzo che comincia a mostrarsi nell'asfissiato, oppure dal vomito di una sostanza densa e sierosa, che ne rende via via sempre più libero il respiro. Allora si ha la speranza di salvarlo; e in questo scopo, a brevi intervalli gli si farà prendere dell'aceto diluito coll'acqua, dell'infuso di the caldo ed anche un qualche sorso di vino. Quindi si farà in modo che possa · rimanere tranquillo e godere del benefizio del sonno, che non tarda generalmente a guadagnarlo; ciò che riesce pur sempre d'un grande vantaggio.

13. — *Asfissia per carbone.*

§ 328. Il carbone che si accende sprigiona dei vapori così malefici, che respirati per un po' di tempo, fanno cadere asfitico, od anche morto l'imprendente che si espone alla loro azione.

Questa morte apparente è accompagnata dagli stessi sintomi e si ripara nella stessa maniera di quella prodotta dall'aria non rinnovata, alla cui descrizione rimettiamo il capitano (n.° 12). Solo si vorrà insistere nell'uso del salasso perchè è utilissimo, e non si dimenticherà, che primo rimedio è l'aria libera cui devesi esporre l'asfissiato.

14. — *Asfissia per freddo eccessivo.*

§ 329. Per freddo eccessivo il corpo dell'uomo diventa assiderato o tutto od in parte soltanto. Ciò avviene quando si trovi in climi situati a grandi latitudini, come quando si passa il Capo-Horn ecc. È raro però il caso, che un marinaio.

possa cadere in tale assideramento pel freddo dell'atmosfera e del clima da rimanerne asfissiato e da morire: più facile si è la congelazione parziale delle membra (mani — piedi — naso — orecchi) a seconda dei vari lavori cui egli trovasi addetto.

§ 330. **Sintomi.** Un senso di oppressione con brividi forti di freddo, che percorrono rapidamente il corpo intiero; poi peso alla testa e tendenza crescente al sonno, che si dovrà dall'individuo con ogni suo sforzo allontanare, perchè potrebbe riuscirgli funesto; vengono poi i giramenti di capo, lo stordimento, quindi il sopore in cui cade l'individuo. Egli è durante questo sopore, che il corpo va perdendo il suo calore naturale, diventa pallido e livido, la respirazione s'indebolisce e cessa, s'irrigidiscono le membra, e la morte chiude bene spesso questa scena.

Nella congelazione parziale poi i fenomeni sono limitati alla parte colpita; la pelle vi si fa violacea, pare che gonfi, si fa dolente, quindi passa alla cangrena (n.° 27).

§ 331. **Cura.** Avvertenza generale e importantissima sì è, di non esporre mai l'assiderato all'azione immediata del calore o del fuoco; il calorico che esso ha perduto bisogna ritornarglielo gradatamente, senza di che andrebbe incontro a gravi inconvenienti, e perfino la morte apparente potrebbesi rendere reale. Perciò sarà per un certo tempo lasciato sopra-coperta, proteggendolo però dall'azione del vento; quindi si faranno sul suo corpo moderate fregagioni con neve o ghiaccio pestato, coprendogliene anche il corpo se occorra; e se manchi la neve o il ghiaccio, si ravvolgerà in una coperta inzuppata d'acqua ben fredda. La temperatura dell'acqua e quella dell'ambiente, o luogo in cui si trova l'infermo, si alzerà grado a grado fino a che possa essere impiegata l'acqua tiepida; pel capo e la faccia però si userà sempre la fredda. Quando il calore sarà alquanto ritornato all'individuo, si comincieranno ad usare le fregagioni col vino e l'acquavite, indi a titillare le fauci colle barbe di una penna, o fregargli la lingua con un po' d'ammoniaca, fino a che l'infermo si trovi riscaldato compiutamente. Bisogna però avvertire, che, sia applicando esternamente il calorico con tutte queste manovre e fregagioni, sia introducendo per la bocca sostanze riscaldanti, può darsi il caso di oltrepassare facilmente il segno, per cui succeda che l'infermo si mostri poi rosso in faccia, delirante e febbricitante; allora sarà il caso di sostituire le bevande acquose, e cacciargli anche sangue dal braccio se occorre, ripetendo il salasso dopo quattro o sei ore.

15. — *Asfissia per fulmine.*

§ 332. L'asfissia, od anche la morte reale per fulminazione può facilmente avvenire a bordo delle navi mercantili non munite di parafulmini; precauzione questa salutare, che non dovrebbe essere mai negletta dalla marina commerciale, onde impedire cotali disgrazie (vedi la parte 6ª).

§ 333. **Sintomi.** Talvolta il fulmine colpisce per modo l'individuo, che questi rimane ucciso nel luogo stesso in cui si trova. Quando ciò non avvenga, si hanno lo **stordimento**, convulsioni varie e la paralisi o in uno o in altro membro. Talvolta la folgore strisciando sul corpo vi lascia delle bruciature, o macchie nerastre, secche. In qualche caso l'individuo resta perfino carbonizzato.

§ 334. **Cura.** Ogni volta che il fulminato non rimanga estinto, bisognerà trasportarlo in luogo molto ventilato; spruzzarlo d'acqua fresca in volto; slacciarlo da ogni impedimento di vesti, e fargli fregagioni per la persona, e titillamenti alle fauci, come abbiamo indicato parlando della cura dell'asfissia in generale (§ 324). Bisogna, quando sia ritornato in sè, dargli da bere caldo, e lasciarlo poi in riposo. In quanto alle ustioni locali lasciate dal fulmine si curano come le altre bruciature (n.º 169).

§ 335. **Avvertenze.** Bisogna raccomandare all'equipaggio di stare lontano più che può dagli alberi della nave quando romoreggia il tuono, nè toccar metalli, nè mettersi con essi in diretta comunicazione; molto meno si debbono poi toccare i conduttori del parafulmine, ben s'intende in tempo di burrasca, quando per buona ventura la nave ne fosse provista.

16. — *Asfissia per sommersione.*

§ 336. Una delle più frequenti cause di morte o apparente, o reale nella gente di mare, è quella per *sommersione o annegamento nell' acqua.* Che un marinaio sappia o non sappia nuotare, si danno casi non infrequenti in cui l'abilità del nuotatore rimane vinta dalla forza delle onde. Ma ben spesso la ignoranza del nuotatore è causa della morte per sommersione; il perchè bisogna che fra le qualità del marinaio vi abbia pur quella del saper nuotare, che tanto è necessaria in alcuni casi.

§ 337. **Sintomi.** Faccia or pallida ed or livida più o meno secondo i casi; spuma dalle narici o dalla bocca, in cui talvolta si trova anche dell'acqua. La lingua è gonfia, più o meno strettamente serrata fra i denti; le mani chiuse a pugno.

§ 338. **Cura.** Appena preso il sommerso e messo nella *lancia,* lo si adagierà sulla paglia o sopra un materazzo, facendolo giacere sul fianco destro, tenendogli il capo alquanto sollevato. Si evitino tutte le scosse, e nel trasportarlo a bordo gli si tenga sempre sollevata la testa; poi lo si spogli e si metta in un letto moderatamente riscaldato, facendolo sempre adagiare sul fianco destro. Indi gli si alzi alquanto la testa, la s'inchini sul petto per fargli uscire l'acqua o la spuma se ve n'abbia nella bocca, che, colle dita introdottevi dentro, si dovrà nettare da quelle materie estranee che vi potessero essere penetrate. Si accendano dei zolfanelli e si accostino alle narici, cercando così d'irritare, ma non bruciare, l'interno loro; oppure si tenti di far fiutare l'ammoniaca. Intanto che uno o due individui cureranno di far respirare il sommerso usando di queste pratiche, un altro cercherà con fregagioni fatte sul corpo, o secche, o per mezzo di flanella calda, o di spazzole, di riscaldarlo gradatamente; frizioni che potranno essere susseguite poi da quelle di ammoniaca, o d'acquavite. Ma le parti che vorranno essere fregate e titillate a preferenza, sono la palma della mano e le piante dei piedi; nè riescendo questi titillamenti si applicheranno forti senapismi non solo ai piedi, ma anche alle gambe. Si cercherà poi d'introdurre aria nella bocca del sommerso, o soffiandola da bocca a bocca, o per mezzo della cánula di una pipa. Si metta qualche clistere di decotto di tabacco, o d'acqua calda contenente del sale da cucina, sciolto in ragione di quattro oncie, oppure con acqua in cui sia stato sciolto del sapone comune.

Continuando a non dare segni di vita, si può abbruciargli dei pezzi di carta o di tela sulla bocca dello stomaco, all'interno delle coscie e delle braccia, od applicargli alle ascelle, alle inguini e sul cuore dei pannilini inzuppati di vino caldo o d'acquavite.

Dando qualche segno di vita, e potendo inghiottire un po' di liquido, gli gioverà assai una qualche cucchiaiata di rhum o di acquavite, avendo però l'avvertenza di non forzarlo a ciò, altrimenti potrebbe rimanere vittima dello sforzo.

Se il sommerso, nonostante queste cure, rimane privo di conoscenza, e lo si vede rosso o violetto in faccia, con occhi scintillanti e membra calde e flessibili, gli si cacci subito sangue dal braccio, che si ripeterà dopo un'ora circa: — ma bisogna astenersene qualora il corpo sia rigido e freddo. Ritornato poco a poco in sè l'individuo, continuando sempre a riscaldarlo gradatamente, dandogli anche a bere brodi caldi, o infuso di the, si dovrà lasciare tranquillo, giacchè non tarda a coglierlo un sonno placido, che seco generalmente porta la calma e l'equilibrio della circolazione.

Non si deve però perdere mai la pazienza in questo trattamento curativo dei sommersi; vi hanno dei casi in cui si dovettero impiegare molte e molte ore di assidue cure per ritornare alla vita degli annegati : — i capitani non vogliano mai in queste tristi emergenze dimenticare una tale circostanza !...

17. — *Asfissia per vapori, od aria mefitica.*

§ 339. Nel vuotare la sentina, inspirandone l'aria corrotta, nell'aprire i barili o le casse d'acqua rimaste chiuse per molto tempo, oppure nel respirare l'aria della stiva viziata dalla putrefazione o di viveri, o di sostanze organiche facienti parte del carico, può avvenire facilmente nei marinai una tale asfissia, non certo meno temibile e pericolosa delle altre, delle quali abbiamo più sopra parlato.

§ 340. **Cura.** I mezzi da mettersi in opera contro un tal genere di asfissia, non diversificano punto da quelli che indicammo ai §§ 324, 327 e 338, ai quali rimandiamo il lettore.

§ 341. Un altro modo di asfissia è quello che ha luogo a seguito di gravi *cadute :* ma di questo diremo specialmente al § 349.

18. — *Avvelenamento.*

§ 342. Chiamasi con questo nome l'effetto prodotto nell'uomo sano della ingestione di sostanze o materie non omogenee all'umano organismo, o velenose più o meno, e direttamente nocive alla salute, oppure anche per causa di morsicature di animali viventi (n.° 134).

Tratteremo ai relativi articoli di alcuni di questi avvelenamenti, che qualche volta si osservano negli uomini di mare; e diremo allora delle cause, dei sintomi e del loro metodo curativo, diverso sempre a seconda dei diversi casi.

B

19. — *Blenorragia.*

Vedi — Scolazione, o scolamento venereo (n.° 167).

20. — *Borborigmi o borborimmi* (flatulenze).

§ 343. Così si chiamano quei rumori sordi delle budella, alloraquando scorre dell'aria con forza entro le medesime. Non esistono borborigmi tutte le volte che la digestione si eseguisce bene, giacchè nello stato di salute l'aria o i gaz che si formano nello stomaco e negli intestini circolano ed escono regolarmente senza rumore di sorta alcuna.

Il borborigmo pertanto è un sintomo anzichè una vera malattia; nè merita molta attenzione, se forse non la merita la guasta o mal compiuta digestione da cui esso dipende.

21. — *Bottone, o bitorzolo.*

§ 344. Chiamasi volgarmente con questo nome il *tubercolo*, la *pustola*, od altra malattia cutanea di questo genere; ma la chirurgia ha sbandito dal suo vocabolario un tal nome. Vi è però il così detto *bottone* o *bitorzolo di Aleppo*; tubercolo cutaneo che si crede quasi endemico di quella città. Taluni lo hanno distinto in *maschio* ed in *femmina*, accomodandosi così ai pregiudizi del volgo. È una specie di erpete crostoso, che può contrarsi dalla gente di mare, quando vi abbia molto sudiciume alla pelle e qualche affezione cutanea preesistente. Contro di esso bisogna usare un particolar modo di cura, che qui non occorre ricordare, non essendo malattia da doversi assolutamente curare a bordo, non presentando gravezza alcuna.

22. — *Bronchite* (mal di gola, tosse).

Vedi — Catarro (n.° 31).

25. — *Bubbone.*

§ 345. Questo tumore che viene alle inguini (piegatura delle coscie), era detto anche per lo passato *ciccione, gavicciuolo, timone.* Se ne stabiliscono in chirurgia varie specie ; ma quelle che possono formare oggetto di cura speciale nella gente di mare sono due: il bubbone, cioè, *pestilenziale* ed il bubbone *venereo.*

Quanto al primo, siccome egli è uno dei sintomi principali della *peste* che chiamasi appunto *bubbonica,* così ci riserbiamo parlarne quando si faremo a descrivere questa malattia (n.° 145). Qui parleremo soltanto del *bubbone venereo* o *sifilitico,* proveniente cioè da coito impuro.

§ 346. **Sintomi.** Il bubbone venereo ha ordinariamente la sua sede agli inguini, ma può anche manifestarsi in altre parti dove esistono pure delle ghiandole, come sarebbe sotto le ascelle, nel collo ecc.; però dall'essere la sua sede generalmente inguinale, viene dal volgo denominato *puledro,* perchè, quando è assai voluminoso, l'infermo è obbligato a camminare disgiungendo le gambe, come appunto fanno i cavalli giovani, il cui andamento pare incerto.

Il bubbone può manifestarsi subito dopo un coito impuro, cioè dal terzo al sesto giorno, anche senz'altra malattia venerea precedente, ed allora si chiama *primitivo;* o può tener dietro ad ulceri (n.° 178), o scolazione del membro virile (n.° 167), ed in allora si chiama *consecutivo.*

Questo tumore è per l'ordinario oblungo, collocato obliquamente secondo la direzione dell'inguine, di figura arrotondata : — possono però svilupparsi anche al pube e lungo la piegatura della coscia.

La sua comparsa è preceduta da un senso di molestia e di tensione alla regione inguinale, che suolsi attribuire ordinariamente a sforzi, o fatiche sostenute. Palpato il tumore è duro, dolente, più o meno rosso alla superficie, e sede di dolori pulsanti e progressivamente più violenti. Dopo un po' di tempo si stabilisce nel suo centro la suppurazione, che procede più o meno rapida nel suo sviluppo, a seconda del grado della infiammazione che l'accompagna.

§ 347. **Corso.** Il suo andamento o è rapido, o lento; o si risolve, o termina in suppurazione, e ciò anche a seconda della infiammazione più o meno acuta o lenta che lo accompagna. Può in alcuni casi però, specialmente se non curato, terminare in cancro, o cancrena (n.° 26). Curato a tempo guarisce radicalmente e presto.

§ 348. **Cura.** Quando la infiammazione è vivá, che il tumore è duro e doloroso, si comincierà dall'applicarvi intorno delle sanguisughe (12 o 16), e si lascerà scolare il sangue quando saranno staccate; indi si applicherà del ghiaccio continuamente per 48 ore circa, e non avendosi ghiaccio, dei pannilini inzuppati d'acqua fredda. Si farà stare il malato in riposo e a dieta severa. Esistendovi ulceri, o scolo al membro, si faranno bagni anch'essi ammollienti al membro stesso e continuamente ripetuti. Internamente gli si daranno bevande diluenti, come decotto di violetta, tisane d'orzo, di gomma arabica, o dolcificate, o acidulate. Infine si useranno anche i cataplasmi ammollienti di semi di lino alla parte, rinnovati il più spesso possibile.

Con questi mezzi il bubbone molte volte non passa in suppurazione, scema di volume e si scioglie. Ma in alcuni casi invece cresce, si rammollisce nel centro, e poi si apre da sè, e ne esce la marcia. Talvolta, a far cessare il dolore troppo vivo e pulsante del tumore, essendo già in corso la suppurazione, gli si dà un piccolo taglio alla sommità, dove la pelle è più tesa e sottile, e ne esce egualmente la marcia, il che reca grande sollievo all'infermo. Evvi pure chi vi applica un pezzetto di *potassa caustica* nel centro, la quale poco a poco distrugge la pelle della sommità del bubbone, per cui poi esce la marcia in esso contenuta: ma questo metodo non lo consigliamo ai capitani per la difficoltà di scegliere il momento opportuno di applicarlo, e pel tempo opportuno che devesi lasciare sulla pelle il caustico.

Il bubbone apertosi da sè, o col ferro, o col caustico, convertesi poi in una ulcera o piaga più o meno estesa, la quale si medica con filacciche asciutte; e quando v'abbia ne' suoi dintorni ancora della infiammazione, si continua ad applicarvi addosso i cataplasmi ammollienti, coprendola prima con alquante filacciche.

Se con tutto questo il bubbone si rende indolente, o la piaga bubbonica si mostra di un aspetto quasi fosse coperta di lardo e fungosa, si dovrà nel primo caso applicare l'empiastro mercuriale, giacchè sarebbe indizio d'infezione generale, e nel secondo toccare di quando in quando la piaga stessa colla *pietra infernale*, onde sollecitarne la cicatrizzazione, ravvivandone la superficie. Se poi la malattia, ad onta della cura locale, non cede, od anzi peggiora, si dovrà al primo approdare in qualche porto prendere consiglio dagli uomini dell'arte, per evitare le gravi conseguenze che dipendono della infezione generale venerea.

C

24. — *Caduta* (*Asfissia per....*).

§ 549. Può succedere che taluno cadendo dall'alto e battendo a terra o col petto, o colle piante dei piedi, risenta tale scossa di contracolpo da rimanere momentaneamente privo di sensi e senza respiro. Questa sospensione di sensi e di respirazione costituisce l'*asfissia per caduta*.

§ 350. **Cura.** L'individuo si deve subito spogliare da ogni impaccio di vesti, di cravatte, di cinture ecc.; collocarlo a letto, tenendogli la testa alquanto sollevata; gli si spruzzerà dell'acqua fredda in faccia, e se si vede che vada raffreddandosi, gli si applicheranno dei fomenti caldi d'acqua di camomilla e aceto, e gli si fregheranno le gambe e le braccia. Se questo non basta, gli si metta un largo cataplasma sul petto con della senapa. Se dopo tutto questo ritorna in sè, gli si dia a bere qualche cucchiaiata di vino caldo; ma se per il contracolpo, o commozione sofferta gli venga emorragia dal naso (§ 68) o dalla bocca (§§ 58, 62), gli si cavi subito sangue dal braccio e si ripeta anche più volte. Vuolsi il massimo riposo a compiere bene questa cura.

25. — *Calentura.*

§ 351. Questo vocabolo, derivante dalla lingua castigliana, significa *febbre*; e in oggi si adopera per significare una specie di febbre cerebrale, non troppo bene ancora conosciuta dai medici stessi, ma che si trova descritta principalmente dai navigatori spagnuoli. Questa malattia invade generalmente i marinai che viaggiano in paesi caldi, e specialmente colpisce i più giovani e robusti.

§ 352. **Cause.** Il calore del clima, specialmente viaggiando sotto la Linea; ma può farla nascere anche un'aria calda, densa ed umida trovandosi a terra.

§ 353. **Sintomi.** Gli individui presi dalla calentura si trovano in uno stato di delirio furioso; hanno gli occhi stravolti, la faccia rossa, la guardatura feroce; maltrattano, ingiuriano e cercano di fare violenze alle persone che gli assistono, tentando anche d'inveire contro sè stessi. Il carattere prevalente però di questa malattia, o delirio furioso, consiste nel desiderio di precipitarsi in mare. Gli ammalati hanno allucinazioni e illusioni dei sensi; guardando il verde dell'acqua marina, credono di essere circondati da praterie e da giardini, e ingannati da questa illusione, discendono talvolta dalle loro brande, e, se non sono trattenuti, si precipitano in mare. Questa frenesia li colpisce improvvisamente e soprattutto dopo una giornata ardente, o dopo essersi per molte ore esposti agli ardori di un sole cocente. I polsi sono forti, pieni, vibrati.

§ 354. **Corso.** La comparsa di questa malattia si fa per lo più subitanea, e particolarmente nella notte, o sul fare del giorno. È di corso continuo e di durata breve, ma per lo più di esito funesto.

§ 355. **Cura.** Salasso generoso dal braccio e ripetuto più volte; sanguisughe dietro gli orrecchi (20 o 25); bagni freddi alla testa; emetici; bevande rinfrescanti e purgativi. Questi sono i rimedi che si possono adoperare con speranza di buon successo.

26. — *Cancrena.*

§ 356. Quando in una parte qualunque del corpo si estingue o cessa la vita, si dice che la parte è caduta in *cancrena*, o è *mortificata*. E infatti la parte stessa si trova colpita da una specie di putrefazione, che è appunto una conseguenza della cancrena medesima.

§ 357. **Cause.** Molte possono essere le cause esterne o interne, che sono capaci di produrre la cancrena; vi hanno cioè delle cause meccaniche e chimiche, che, disorganizzando le parti viventi, o paralizzandole, fanno cadere in cancrena le parti stesse. Tutte poi le cause per le quali viene sospeso od interrotto il corso del sangue, o l'influenza dei nervi in una data parte, sono capaci di mortificare, o produrre la cancrena delle varie parti.

§ 358. **Sintomi.** Sensibilità della parte prima cessata; abolito pure il movimento; perduto il calore naturale; la tinta o il colore della parte sono mutati, essendo divenuti o lividi o cinerei; anche la consistenza della parte o tessuto è cambiata, facendosi più molle, pultacea, con isviluppo di gaz fetidi, massime quando vi abbiano piaghe o ferite. Questi segni però si applicano solamente al caso delle *cancrene locali esterne*, che generalmente non producono disordine nelle funzioni generali del corpo, quando siano molto limitate. Ma quando la cancrena si sviluppi *internamente*, o che dall'esterno si propaghi ai tessuti profondi, allora anche le funzioni generali della vita ne vengono più o meno compromesse; e si hanno allora — polsi piccoli, frequenti e deboli; oppressione di respiro; sete; nausee; sforzi di vomito; escrezioni fetide; pelle giallastra, specialmente al bianco dell'occhio; sudori freddi, vischiosi; orine nerastre; sussulti di tendini; svenimenti; abbattimento fisico e morale, o delirio; — sintomi tutti variabili però a norma dell'età, dei casi diversi e delle diverse parti attaccate dalla cancrena.

§ 359. **Corso.** La cancrena è generalmente di prognostico fatale, perchè non solo cagiona sempre la perdita dei tessuti, o delle parti nelle quali si svolge, ma bene spesso induce anche la morte. Trattandosi di cancrene *locali* esterne, si giudica essere desse limitate, o prossime a limitarsi alloraquando si vede farsi intorno alla parte, o membro cancrenato, un cerchio rosso, infiammato, più o meno largo, mediocremente doloroso e teso, accompagnato da calore, e che poco dopo dà luogo ad una suppurazione biancastra-sporca, rialzandosi intanto il polso e con esso le forze del malato.

All'incontro, allorchè invece del cerchio rosso-infiammato, si veggono formarsi delle vescicole brunastre; o che il membro, o parte cancrenata si vegga circondata da zone più o meno larghe di colore livido, o giallastro, che è fatta sede di dolori forti e di calore cocente; è segno che la cancrena non si va limitando, ma che tende invece ad allargarsi. Quando è limitata, o cessò dal progredire, si vede allora cadere la parte mortificata, che si chiama *escara cancrenosa*. Caduta questa, rimane una piaga semplice, più o meno rossa, che si medica coi metodi ordinari, indicati altrove (n.º 80).

§ 360. **Cura.** Questa va modellata alla varia natura delle cause o interne o esterne che fecero nascere la cancrena. Trattandosi di *cancrene locali esterne*, giova talvolta il comprimere moderatamente tutt'attorno la parte già gonfia, e applicarle addosso fomentazioni alquanto aromatiche ed astringenti, come sono l'acqua vegeto-minerale, o l'alcool canforato. Le piaghe cancrenose si possono coprire anche di polvere di china, o di legna fracide, o di carbone, o di licopodio; ma le fomentazioni aromatiche, spiritose e amare gioveranno pur sempre.

27. — *Cancrena da freddo.*

§ 361. Si sa che il freddo eccessivo, come può uccidere un individuo, così può anche mortificare, o far cadere in cancrena o l'uno o l'altro membro (§ 254). La storia della famosa campagna di Russia nel 1812, sostenuta dalla Grande Armata di Napoleone I, è piena di luttuosi esempi di questo genere di morte. È degno però di essere notato, che il più forte numero di esempi di morte e di cancrena parziale non si osservò già durante il maggior grado di freddo, quando, cioè, i soldati bivaccavano sulla neve, con una temperatura che segnava dai 15° ai 20° di Reaumur sotto lo zero; ma bensì quando cominciò a farsi il disgelo, e che il termometro segnava già 3 o 4 gradi sopra lo zero.

§ 362. **Sintomi.** Se la forza del freddo non è molta, si vede la pelle assumere poco a poco un colore rosso-scuro, farsi

sede di dolore cocente, come d'intormentimento, e farsi difficili allora i movimenti della parte. Se la forza del freddo è
maggiore, nascono sulla parte stessa delle vescichette, che
chiamansi *flitteni*, ed allora i movimenti riescono anche più
difficili.

Se poi il freddo cresce, maggiormente, allora anche pungendo
quelle vescichette, si vedono sulla pelle delle macchie o
grigie o livide, siccome quando avvengono certe scottature.

Finalmente col medesimo grado di freddo la pelle è gelata
in tutta la sua grossezza, prende un colore terreo, è pallida
o scolorata, oppure incomincia a farsi grigia o nerastra;
pungendola, o stuzzicandola, non dà più indizio alcuno di
sensibilità (n.° 14).

§ 363. **Cura**. Se le parti congelate si accostano al fuoco,
o a molto calore, la cancrena o la morte ne possono essere
la più facile conseguenza. Bisogna richiamare la vita nelle
medesime, introducendovi grado grado il calore perduto. Si
comincia perciò dallo immergere la parte in un liquido
freddo, poi a fregarla con neve o ghiaccio, o con acqua
vegeto-minerale, quindi con acque aromatiche e spiritose, la
cui temperatura si deve progressivamente innalzare fino che
si arrivi all'acqua calda ed al fuoco (§ 331).

28. — *Capogiro, o vertigine.*

§ 364. Chiamasi con questo nome quella sensazione particolare, per cui gli oggetti sembrano girare intorno a noi,
o che noi stessi siamo trascinati in una specie di moto di
rotazione.

È un segno o sintomo per lo più di malattia del cervello,
e specialmente quando si fa afflusso di sangue al capo. Si
associa ordinariamente al capogiro un senso di svenimento
o di palpitazione.

Questo sintomo non esige una cura particolare, perchè
essendo l'effetto di qualche congestione sanguigna alla testa

o d' infiammazione, egli è contro queste che bisogna rivolgere il principale trattamento curativo (n.¹ 41 e 63).

29. — *Carbonchio.*

§ 365. Chiamasi con questo nome un tumore infiammatorio, per solito durissimo e dolorosissimo, il cui centro si vede occupato da un punto nero, mentre la sua circonferenza comparisce di un rosso-lucente.

§ 366. **Cause.** Questa malattia si contrae per lo più toccando bestie infette dal carbonchio, o mangiandone le carni, o svolgendo e maneggiando pelli o materie che abbiano appartenuto ad animali morti per il carbonchio (§ 65). Quando sia di provenienza per carni mangiate, allora la malattia può anche riuscire rapidamente fatale.

Quando il carbonchio si limita alle parti esterne, lo si riconosce ai seguenti

§ 367. **Sintomi.** Tumore poco sporgente, poco profondo, ma durissimo, dolorosissimo, di colore rosso-carico, rilucente alla circonferenza, sempre livido o nero al suo centro. Quasi sempre egli è preceduto, od accompagnato da una o più pustole, che subito anneriscono, o da piccole vescichette livide, che si lacerano prestamente, versando fuori un umore rossastro, assai corrosivo, e che determina un certo calore ed un prudore insoffribile alla parte su cui viene a contatto.

Sono caratteristici poi i dolori o trafitture che sentono gl'infermi nel cerchio rosso che circonda il carbonchio. Indi succede la febbre per lo più gagliardissima, con pelle arida, occhi immobili, sguardo inquieto; talvolta vi ha sete, e tal altra no; sonovi angosce, stirature alla regione del cuore e palpitazioni. Se il carbonchio siasi sviluppato sulla faccia, gli accidenti morbosi si svolgono rapidissimi e quasi sempre fatali, quali sono il rossore e l'enfiagione del volto, la soffocazione, il singhiozzo, il delirio, le convulsioni ed il sopore.

Il carbonchio invece che è l'effetto di carni carbonchiose mangiate, è quasi sempre preceduto da un certo abbattimento e prostrazione di forze, da ambascia talvolta o da spavento.

§ 368. **Corso**. Di tutti i tumori esterni il carbonchio è forse il più temibile, perchè percorre rapidamente i suoi periodi d'incremento, dando luogo ad accidenti gravissimi. Se si abbandona a sè, va a finire colla morte in 18 o 20 ore.

§ 369. **Cura**. La cura vuol essere o interna, o esterna, o l'una e l'altra insieme, secondo i casi e le circostanze. Se la malattia si presenta con gran febbre e infiammazione viva, si farà prendere al malato due o tre grani di tartaro emetico in cinque o sei oncie d'acqua pura, fino a che abbia potuto vomitare due o tre volte. Gli si darà quindi un brodo leggiero, e dopo una tisana rinfrescante od acqua pura. Al terzo giorno qualche clistere evacuante; e quando le forze sieno molto abbattute, bisognerà dare delle bevande aromatiche o vinose, o qualche cordiale. — Il salasso (a meno che non v'abbia polso forte, pieno e vibrato) reca piuttosto danno che vantaggio; gli emetici giovano assai meglio, anche ripetuti. L'ammoniaca è usata da alcuni internamente con grande vantaggio sciolta nell'acqua semplice.

Il carbonchio limitato ad una parte, senza cioè partecipazione delle funzioni generali, vuol essere trattato localmente e prontamente. Appena si abbia un indizio di questa malattia, o col fuoco, o con un ferro rovente si deve bruciare, cauterizzare, distruggere la pustola carbonchiosa alla sua sommità, dove si vede il suo centro nero. Non volendo usare il fuoco, si potrà bagnare la sommità stessa coll'ammoniaca liquida pura; nell'un caso e nell'altro si otterrà una piaga, la quale si coprirà con filacciche spalmate di unguento stirace, procurando però di lavare ad ogni medicatura (che si ripeterà almeno ogni 24 ore) la parte offesa con acqua clorurata, o coll'ammoniaca diluita coll'acqua.

Questi infermi, sia durante la malattia (il cui corso è di 8, 10 o 12 giorni), sia quando finisce in bene, e durante la convalescenza, meritano i più grandi riguardi ed assistenza. Una precauzione deve essere poi inculcata dai capitani ai loro equipaggi, e si è quella di maneggiare sempre coi più grandi riguardi le pelli degli animali, che servono a far cuoia; perchè si è per lo più in questa circostanza che contraggono il carbonchio, essendo facile che fra que' pellami ve n'abbiano di quelli, che appartennero ad animali morti a seguito di questa malattia (§ 67).

§ 370. **Avvertenza.** Abbenchè sia abbastanza comprovato da ripetuti esperimenti, che questa malattia non si comunica da individuo ad individuo, pure sarà conveniente che il malato sia tenuto in luogo ove altri non dorma, e che sia mantenuta nella stanza una libera circolazione d'aria, nonchè la maggiore pulitezza.

30. — Carnosità.

§ 371. Chiamasi ordinariamente con questo nome ogni qualsiasi escrescenza o vegetazione, che a guisa di *polipo* o *pedicello* si elevi sulla superficie esterna della cute, formando dei piccoli tubercoli più o meno rotondi e rilevati.

Però più comunemente si ritiene questo nome, per esprimere il ristringimento più o men forte e doloroso del canale dell'uretra, che si forma non rare volte in conseguenza di scolazione venerea trascurata; ristringimento che si suppone, o si crede appunto originato da carnosità, o vegetazioni formatesi nell'interno del canale stesso, per cui ne viene otturato quasi il lume, ed impediscono quindi la maggior dilatazione del medesimo, e per conseguenza il libero passaggio delle orine.

Questa affezione morbosa essendo una conseguenza o accompagnamento della scolazione venerea, noi rimettiamo il lettore all'articolo in cui si tratta di questa malattia (n.° 167).

34. — Catarro.

§ 372. Chiamasi *catarro* lo scolo più o meno abbondante di mucosità, che avviene in conseguenza d'irritazione o acuta o cronica di certe superficie mucose del corpo nostro, come sono ad esempio la bocca, il naso, gli occhi, gli orecchi, trattandosi di parti esterne, — e gli organi del respiro, trachea, bronchi, polmoni, lo stomaco, gl'intestini, la vescica, trattandosi di visceri o parti interne.

I marinai per la qualità della loro professione essendo piuttosto soggetti al *catarro polmonare* e *intestinale*, che non ad altre specie, noi tratteremo qui più particolarmente di queste due.

Il *catarro polmonare* chiamasi anche *bronchite* (n.° 22), perchè la sua vera causa è una irritazione, o una infiammazione della superficie interna del canale dell'aria, ossia dei bronchi (n.° 96). Questo *catarro* è di sua natura o acuto o cronico. Rispetto al suo corso e andamento, può assumere forme e gradi svariatissimi a seconda della sua gravezza.

§ 373. **Cause.** Le cause ordinarie tanto del catarro acuto quánto del cronico, e in generale delle infiammazioni di petto, si riducono alle seguenti; — variazioni atmosferiche di temperatura; caldo e freddo cui si espone il corpo, massime se si passi da uno stato all'altro bruscamente; umido e freddo, che producono lo stesso, o per mala copertura del corpo, o per negligenza di cure alla propria persona, quando cioè essendo sudati si esponga al freddo, od avendo gli abiti bagnati non si levino per indossarne al più presto altri asciutti.

§ 374. **Sintomi.** Tosse qualche volta dolorosa, più o meno frequente, molesta, forte, accompagnata da espettorazione più o meno abbondante di mucosità grigiastre. Vi hanno brividi febbrili che si manifestano tosto dopo la infreddatura, e poco appresso non tarda la febbre a svolgersi con apparenze piuttosto infiammatorie. Se questa non procede più oltre, la malattia allora si tiene in questo grado di mitezza, e non tarda molto a scemare ed a sciogliersi. Ma procedendo la febbre, e aggravandosi la malattia, allora si cambia in una infiammazione di petto, della quale tratteremo al n.° 98. La tosse è però sempre il sintomo più importante e molesto; perchè questa si produce comunemente sotto forma di assalti, accompagnati e seguiti da accessi particolari, durante i quali il malato soffre in tutto il petto (ma più particolarmente nella direzione della trachea) dei dolori acerbissimi e di una specie di laceramento e d'un certo senso di calore che lo affanna. Quando questo complesso di sintomi è forte al segno di provocare la febbre, questa allora si chiama *febbre catarrale* (§ 472).

§ 375. **Corso.** Generalmente è una malattia poco pericolosa, massime nello stadio acuto, e finisce presto, purchè si curino i primi suoi sintomi. Quando però il catarro è accompagnato da dolore puntorio a qualche lato del petto, e molto più se permanente e fisso, allora la malattia assume l'andamento e i caratteri dell'infiammazione acuta di petto (n.° 150).

§ 376. **Cura.** Essendo leggiera la malattia, possono bastare gl'infusi tiepidi e sudoriferi di fiori di tiglio, di viole, di camomilla, astenendosi l'infermo assolutamente dal vino e da ogni bevanda fermentata. I decotti d'orzo dolcificati collo zucchero o col miele, e un qualche purgante blando aiutano a far risolvere la malattia.

Se il catarro è più grave, acuto, e v'abbia febbre infiammatoria, allora si deve ricorrere al salasso, e ripeterlo ben anco se occorre più volte: quindi si ricorrerà alle bevande dolcificanti, quali sono le soluzioni di gomma, agli emetici anche ripetuti e ai purgativi, massime dati non in principio, ma in seguito del male. Il riposo, la dieta e l'allontanamento dell'individuo dalle brusche impressioni dell'aria, sono precauzioni da aversi costantemente finchè dura la malattia.

52. — *Catarro intestinale*.

Vedi — Dissenteria (n.° 52).

53. — *Cholera-Morbus*.

§ 377. **Sintomi precursori.** — Debolezza, tremore ed abbattimento delle membra, perdita d'appetito, inquietudine, affanno, veglia, palpitazione di cuore, moleste alternative di caldo e freddo, sudori freddi. Contemporaneamente, o poco dopo, nasce un continuo borborigmo nel bassoventre, con gonfiezza del medesimo, forte nausea, stringimento alle fauci, sensazioni di sazietà e pienezza di stomaco.

Sintomi d'invasione e sviluppo. — Il cholera si manifesta per ripetute scariche alvine con abbondante perdita di umori, che cagionano bruciore all'ano, ed insieme per ripetuti vomiti di simili materie, per lo più senza odore, bianchiccie, miste a sostanza glutinosa o globosa, quasi mai sparse di bile, o con pochissima affatto. Quanto più abbondanti sono le perdite di questi umori e per l'ano e per la bocca, tanto più presto si deprimono le forze, più difficile e più raro si fa il respiro. Alternano nel bassoventre i dolori e il bruciore; cresce lo spasmo e gli sforzi di vomito; le orine si fanno molto scarse, o sono del tutto soppresse. Inestinguibile è la sete; vivissimo il desiderio di acqua fredda; la bocca è secca, la lingua or livida or bianca, balbuziente; tosto le estremità cominciano a divenir fredde. Da prima vi sono dei dolori acuti, poi succedono convulsioni e spasimi fortissimi (*crampi*), particolarmente alle dita delle mani e dei piedi e alle canne delle gambe, che poi si estendono al ventre, ai lombi ed alla parte inferiore del petto. Il polso si fa debole, talvolta appena percettibile; gli occhi diventano rossi, vitrei, incavati nelle orbite e circondati da spaventosa lividezza nelle palpebre; la fisonomia è smunta e quasi cadaverica.

§ 378. **Corso.** Questa malattia fa un corso rapidissimo, giacchè bene spesso la vita del paziente ha fine entro 24, 30, 36, 48 ore circa. Raramente oltrepassa i due giorni; ma se li oltrepassa, si può allora sperare nella guarigione, che, quando succede, è pronta.

Quando il freddo del corpo si spinge fino alla **rigidezza**, questa si estende alla fossetta dello stomaco ed alla lingua; succedono sudori freddi, rugosa e violacea si fa la pelle delle dita tanto delle mani quanto dei piedi; scemano improvvisamente i dolori, ed i moti spasmodici conducono ad uno stato di paralisi.

§ 379. **Cura.** Al primo manifestarsi della diarrea e del vomito, ossia dei primi sintomi d'invasione di questa malattia, si amministrerà all'infermo qualche bevanda calda, aromatica, esilarante, come the od infuso di camomilla, cui si unirà del laudano liquido, massime se i dolori del ventre saranno intensi; e si faranno subito fregagioni o strofinazioni secche con pannilini caldi, o spazzole alquanto ruvide, massime lungo le braccia e le gambe, per mezzo dei più robusti e coraggiosi dell'equipaggio.

Queste fregagioni si continueranno alternandole colle bevande calde di the, camomilla, fiori di tiglio e simili, fino a che si vegga che il calore ritorni poco a poco alla pelle. Si usano anche con vantaggio — l'applicazione di bottiglie piene d'acqua calda, o di mattoni riscaldati alle estremità, le fomentazioni e i cataplasmi caldi, oppure i senapismi al ventre, o alla bocca dello stomaco, o lungo la schiena.

Si dia a bevere generosamente dell'infuso di the o di camomilla; si lasci in riposo l'infermo; la sete, che è tanta in questa malattia, si estingue più facilmente colle bevande fredde che non colle calde, e col far prendere ghiaccio per bocca agli infermi, se lo si può. In generale poi giovano anche le decozioni di riso, e le soluzioni di gomma arabica ad arrestare la forte diarrea.

§ 380. **Avvertenze.** In quanto alle avvertenze igieniche da osservarsi nel caso di ancoraggio di un bastimento in luogo in cui regni epidemica questa malattia, o prima di approdare, o dopo approdato; e per evitare i pericoli che la medesima si sviluppi a bordo; — noi raccomandiamo ai capitani di avere sott'occhio sempre le principali che qui riepiloghiamo.

1° L'equipaggio in qualunque clima si trovi, e qualunque siasi la stagione, dal cadere del sole al suo apparire sull'orizzonte, indosserà robe d'inverno, tanto vegliando, quanto dormendo; eviterà di esporsi a correnti d'aria fredda e umida, di tenere i piedi bagnati e le vesti umide in dosso, che subito spoglierà, procurando che il ventre ed i piedi sieno sempre il più possibile mantenuti caldi.

2° Il marinaio dev'essere, in circostanza di epidemia di cholera, non aggravato di fatiche, e vigilato continuamente, perchè si tenga sobrio nel vitto, nè si ubriachi. Il suo cibo sarà sufficiente, ma non smodato. I cibi solidi convengono meglio dei liquidi; il vitto animale meglio del vegetabile.

3° Si darà ai marinai ogni due giorni una piccola porzione d'acquavite, aumentando anche alcun poco la razione giornaliera del vino.

4° Vi dovrà essere sempre una provigione sufficiente di acqua potabile a bordo, evitando di attingerla, se si può, nei luoghi, o nel luogo in cui domina l'epidemia.

5° La più grande pulitezza vorrà essere mantenuta, tanto riguardo alle persone dell'equipaggio, quanto nell'interno del bastimento, ordinando perciò la evacuazione frequente delle acque della sentina e la continua sua ventilazione, mutando anche ancoraggio se mai si trovasse in luogo in cui vi fossero emanazioni putride, o sprigionamento di fetide evaporazioni.

6° L'uso dei purgativi anche blandi e di vomitivi nell'idea di preservarsi, o prevenire questa malattia, vuol essere evitato, perchè potrebbe anzi facilitarne grandemente lo sviluppo.

7° La quantità di spazio necessaria alla respirazione di ogni individuo che si trova a bordo, dev'essere costantemente mantenuta, quand'anche si dovesse gittare in mare una certa porzione del carico; giacchè in tempo di epidemia le perniciose conseguenze dell'angustia delle camere si fanno maggiormente sentire.

8° Il capitano dovrà informarsi ogni giorno se alcuno del suo equipaggio sia stato preso da diarrea, onde subito provedere all'uopo. Del resto infonda nel medesimo il maggiore coraggio, e procuri ogni mezzo di utile passatempo e distrazione, perchè giovano grandemente (1).

34. — *Colica.*

§ 381. Chiamasi volgarmente con questo nome qualunque dolore gagliardo, esacerbantesi tratto tratto e mobile, che si manifesta nel ventre. E poichè svariatissime sono, od almeno possono essere le cause capaci di produrre questi dolori ventrali, egli è perciò che nei libri di medicina si trova una

---

(1) Al § 25 abbiamo ricordato, come la Direzione generale della Sanità marittima negli Stati Sardi abbia redatto e publicato nel 1853 alcune *avvertenze* destinate ai capitani, che fossero per approdare in luoghi ove regni questa malattia. In quelle *avvertenze* riepilogandosi quanto meglio può giovare in proposito, tanto per preservarsi dal cholera, quanto per curarlo, non dubitiamo che i capitani, cui sta veramente a cuore la salute e la vita dei loro equipaggi, vorranno provedersele, tanto più essendo distribuite gratuitamente dalla Direzione medesima.

serie di *coliche diverse*, denominate appunto dalla natura diversa delle cause che le hanno prodotte.

Noi però ci limiteremo qui a parlare di quelle sole specie di colica, cui possono andare soggetti i marinai in alcune circostanze particolari. Sono esse principalmente:

1° la *colica di Madrid*;
2° la *colica metallica* del rame;
3° la *colica flatulenta*;
4° la *colica metallica* del piombo;
5° la *colica vegetale*.

35. — *Colica di Madrid.*

§ 382. Questa è una varietà della colica *vegetale* (n.° 39). La si attribuisce più particolarmente alla brusca impressione dell'aria fredda della sera; ma alcuni la derivano pure dall'uso di vini fatti con uve acerbe, che raccolgono nei dintorni di Madrid in Ispagna. Diversifica dalla còlica vegetabile in ciò solo, che mentre in quella il ventre si trova molto disteso e gonfio, in questa al contrario si trova abbassato e depresso. Del resto si cura come quella (§ 397).

36. — *Colica del rame.*

§ 383. **Sintomi**. O lavorando il rame, o mangiando alimenti, o bevendo liquidi che siano stati più o men tempo in recipienti di rame non stagnati o male, si manifesta un'altra specie di colica, che è caratterizzata da sintomi a un dipresso eguali a quelli della *colica del piombo*. Solamente vi ha la differenza, che mentre in quest'ultima si ha la stichezza per sintomo dominante; in quella invece abbiamo la diarrea, che predomina più o meno su tutti gli altri per la sua insistenza (§ 391).

§ 384. **Cura**. Si cura però cogli stessi rimedi (§ 393); solo che i purganti in quest'ultima non sono di assoluta necessità come nella colica prodotta dal piombo, e si possono quindi anche risparmiare.

La dieta, il riposo e l'astinenza da ogni causa che possa esacerbare lo stato doloroso del ventre, sono mezzi negativi di cura, che si dovranno raccomandare in tutti questi casi.

37. — *Colica flatulenta.*

§ 385. Chiamasi con questo nome il dolore più o meno spasmodico del bassoventre, prodotto dal distendimento degli intestini per mezzo di aria o gaz in esso raccolti.

§ 386. **Cause.** L'uso di cibi e bevande fermentabili, di legumi o grani involti da pellicola coriacea, le impressioni brusche del freddo a corpo riscaldato, le violenti emozioni morali, non che la soppressione dello scolo emorroidale in alcuni casi, sono, o possono almeno essere le cause capaci di svolgere questa colica.

§ 387. **Sintomi.** Il ventre è disteso, voluminoso come un tamburo, percosso o pigiato qua e colà si sente la presenza dell'aria, per mezzo di rumori o borborigmi diversi (§ 343). Se la distensione è enorme, i clisteri non si introducono più, e vi ha allora soppressione di orine. Se vi ha anche distensione dello stomaco riunita, ciò che bene spesso accade, la malattia è più grave. Allora si emettono **rutti** continui e flati che però sollevano sempre l'infermo, e talvolta quasi per incanto lo liberano dal suo male. Ma quando vi abbia distensione di stomaco e d'intestini, nè si possa ottenere emissione di gaz o per di sopra o per di sotto, v'ha per lo più il dolore congiunto ad alcuni fenomeni del cholera, per cui nel passato la si credeva essere una varietà di questa malattia.

§ 388. **Cura.** Uno stoltissimo empirismo oppose per gran tempo a queste coliche flatulente i rimedi i più ridicoli e sordidi che mai si potessero ideare. Per darne una idea, basta ricordare che si davano gli escrementi di diversi animali, come di lupo, di cane, di vacca, di pollo, di porco e simili. Nei tempi nostri si è trovato invece, che qualunque fosse la causa produttrice di questa colica, giovano molto bene le infusioni aromatiche di camomilla, di anice, di coriandolo, di menta, di salvia e simili; raccomandando ad un tempo la sobrietà, l'esercizio e la distrazione. Giovano pure le fregagioni secche od aromatiche fatte sul ventre, le bevande freddissime, ghiacciate, i clisteri simili o con olio, o qualche grano d'oppio sciolto nell'acqua di menta, quando i dolori siano acerbissimi, evitando però sempre l'uso di alimenti, o bevande flatulenti, quali sono tutte le bevande fermentate ecc. (§ 137 e seg.).

38. — *Colica metallica.*

§ 389. Questa colica viene cagionata ordinariamente dall'assorbimento di particelle metalliche di piombo (e in tal caso si chiama anche *colica saturnina*) o di rame.

§ 390. **Cause.** Vi sono più degli altri esposti gli operai che lavorano nelle fabbriche dei vari preparati, od utensili sì dell'uno che dell'altro metallo; ma può nascere anche in tutti quelli, che mangiano o bevono sostanze, le quali abbiano più o men tempo soggiornato, o che furono preparate in recipienti di piombo, o di rame male stagnati. E sotto quest'ultimo rapporto anche i marinai, allorchè accada loro di mangiare o bere sostanze per tal modo preparate, possono benissimo andarvi soggetti (n.º 36).

§ 391. **Sintomi propri della colica prodotta dal piombo.** Dolori oscuri, passeggieri di ventre, che poi vanno man mano crescendo; vi ha dapprima scarsità di evacuazioni, con durezza di materie espulse; poi si ha costipazione decisa. Questi, si può dire, sono i segni prodromi della malattia; la quale crescendo dà dolori acutissimi di ventre, che costringono l'infermo a gridare e ad assumere attitudini stranissime nella speranza di trovarne una meno dolorosa. Di notte i dolori si esacerbano fortemente, per cui vi ha insonnia continua; i dolori assalgono ad accessi irregolari, e negli intervalli rimane una costrizione dolorosa, maggiormente sensibile all'ombellico e alla spina dorsale. Intanto il ventre è duro, poco o nulla sensibile alla moderata pressione, un po' depresso verso l'ombellico, e i testicoli sono retratti all'insù specialmente durante gli spasmi; vi ha stitichezza costante, ed è questo il carattere maggiore di questa colica (§ 383). Vi hanno poi nausee, vomiti di materie biliose, quasi sempre verdi, fetente alito, pallida e giallastra la faccia, con espressione di patimento, talvolta anche crampi agli arti inferiori o superiori, polsi duri e piccoli, scarsità di orine e talvolta ritenzione; non rare volte convulsioni e delirio.

§ 392. **Corso e durata.** Può questa colica assalire improvvisamente, e manifestarsi allo stato acuto, nel qual caso dura parecchi giorni, e molto più se non è subito curata; e può anche assumere uno stato cronico, durare settimane e mesi, nel qual caso nascono allora varie complicazioni morbose, che non è qui nostro scopo di esaminare.

§ 393. **Cura.** Si fanno sciogliere quattro grani di tartaro emetico in otto oncie d'acqua semplice, o di fiori di cedro, e si amministra di questa soluzione un cucchiaio ogni dieci minuti; indi si amministrano clisteri fatti con infuso di camomilla e un'oncia o due di sal-canale. Per calmare i dolori si potrà dare una soluzione di qualche grano d'oppio nell'acqua, oppure una mezz'oncia di teriaca. In generale bisogna prima far vomitare l'infermo, poscia purgarlo o per bocca o con clisteri, per togliere la stitichezza, che è il sintomo principale di questa malattia. I dolori sieno pure forti si vincono coi calmanti.

39. — *Colica vegetale.*

§ 394. **Cause.** Mangiando frutti acerbi, immaturi, oppure bevendo vini nuovi, e non abbastanza o mal fermentati, si può facilmente essere sorpresi da questa colica.

§ 395. **Sintomi.** Il dolore si manifesta subitaneo in molti punti del bassoventre, poi si estende alle spalle, alle mammelle, in tutto il petto, nonchè alle membra superiori ed inferiori; vi ha costipazione invincibile del bassoventre, e grande gonfiezza e distensione del medesimo. Si osservano nausee, lingua verdastra, alito fetente, vomiti di materie verdi, nonchè agitazione continua. Talvolta, massime se non curata subito, vi ha anche paralisi imperfetta delle mani e dei piedi, e qualche rara volta perfino la cecità.

§ 396. **Corso.** Questa colica in qualche caso si vede terminare felicemente, ancorchè abbandonata a sè, per mezzo di evacuazioni spontanee; ma generalmente i dolori del ventre non cessano se non allora che cominciano a cessare i dolori alle estremità superiori ed inferiori. In alcuni casi poi, persistendo alla lunga i dolori ventrali e alternandosi con quelli delle estremità, i malati esausti dal lungo patire finiscono i loro giorni.

§ 397. **Cura.** Un qualche emetico a principio, poscia i purganti blandi e specialmente oleosi, anche ripetuti, costituiscono generalmente i rimedi di questa malattia. Ma se vi abbia grande prostrazione di forze, pallore generale, convulsioni e piccolezza di polso, si potrà dare qualche cordiale, come sarebbe vino caldo, brodo, od un qualche sorso di acquavite. Se v'ha paralisi degli arti, o membra inferiori, e che non si dissipi da sè, o sotto l'azione dei rimedi or indicati, gioverà far prendere qualche bagno caldo. In generale poi si dovrà prescrivere l'astinenza dalle frutta acerbe e dai vini nuovi, e procurare di evitare per quanto si può le vicissitudini atmosferiche, perchè possono d' assai aggravarla.

40. — *Colpo di sole.*

§ 398. Si chiama con questo nome l' *insolazione* o *solleg-giamento*, vale a dire l'effetto che produce la continuata azione del raggi del sole sul cervello principalmente (n.° 41), nel quale produce ordinariamente o congestioni di sangue, che danno luogo poi all'emicrania (n.° 59), o a dolori di testa più o meno forti, e talvolta anche alla stessa infiammazione del cervello (n.° 63) e perfino alla apoplessia (n.° 5).

41. — *Colpo di sangue.*

§ 399. Chiamasi *colpo di sangue* il soverchio afflusso o l'impedito ritorno del sangue dai vasi del cervello, per cui succede la congestione del sangue medesimo, per effetto o del sole ai cui raggi diretti siasi esposto l'individuo (n.° 40), o per altra consimile di sangue.

§ 400. **Cause.** Sforzi violenti, cravatte troppo strette intorno al collo, colpo di sole, violenti accessi di collera, abuso di bevande spiritose, l'ubriachezza, sono le cause ordinarie di questa malattia.

§ 401. **Sintomi.** Gl'individui presi da un colpo di sangue al capo, o che sono disposti a questa affezione morbosa, patiscono generalmente di giramenti di testa. Quando poi essa scoppia, perdono qualunque conoscenza, e si sospende in essi ogni movimento volontario; hanno la faccia accesa, quasi sempre rossa, con polsi pieni, forti, moderatamente frequenti; dopo cinque o sei ore ricuperano la conoscenza od anche più presto. La respirazione ordinariamente è libera, di raro con rantolo. Rinvenuto in sè l'ammalato, comincia a lagnarsi di dolore di testa, di oscurità di vista, di ambascia nell'articolare le parole, di debolezza e formicolio nelle membra, che qualche volta sono prese da paralisi parziale. Ma tutti questi fenomeni sogliono presto dissiparsi dopo cinque o sei giorni.

Questa malattia si distingue dall'apoplessia e dalle altre affezioni cerebrali, per la prestezza con che i suoi sintomi svaniscono, e per non produrre essa la paralisi prolungata (§ 305).

§ 402. **Cura.** Vitto leggiero, rinfrescante, salasso praticato dal braccio, o sanguisughe dietro gli orecchi, emetici e purgativi più o meno ripetuti, dieta, riposo costituiscono la somma dei mezzi curativi, che si debbono impiegare nel trattamento di questa infermità a seconda della sua gravezza.

42. — *Commozione del cervello.*

§ 403. Chiamasi *commozione* o *scotimento* del cervello l'effetto che indirettamente producono nel medesimo i colpi, o percosse riportate al cranio, e i contraccolpi che si ricevono per le cadute o sui due piedi, o sui ginocchi, o sulle natiche avvenute da diverse altezze.

§ 404. **Sintomi.** La commozione del cervello quando è leggiera non produce che stordimento, stupore ed una certa debolezza muscolare; l'infermo vede delle striscie lucide, ma per consueto non perde la conoscenza, oppure gli ritornano presto i suoi sensi; subentrano poi il dolore del capo, e un certo indebolimento nelle funzioni del cervello, che presto si dissipa. Quando è grave, il paziente vede prima le striscie lucide, poi perde la conoscenza, vacilla e cade; talvolta viene colpito da piccoli moti convulsivi; tal altra esce sangue dal naso, dalla bocca, oppure dagli occhi e dagli orecchi. Questi indizi fanno sospettare che siasi fatto versamento di sangue nell'interno del cranio, nel qual caso l'infermo non ricupera più la conoscenza, sebbene il respiro e la circolazione del sangue continuino a funzionare. Se non si fece spandimento di sangue nel cranio, allora l'infermo ricupera più o men presto la conoscenza. In alcuni casi però dei più gravi la morte può essere istantanea, o quasi, in seguito a violenta scossa, o commozione del cervello. Vi ha quindi una varietà grandissima di gradi negli effetti di questa causa morbosa, valutabili solamente secondo la diversità dei casi e delle circostanze.

§ 405. **Cura.** La cura da prestarsi in questi casi, quando non sieno gravissimi o mortali, è la stessa che abbiamo indicata per l'apoplessia (§ 306), e per il colpo di sangue così detto (§ 402).

43. — *Congestione di sangue.*

Vedi — Colpo di sangue (n.° 41).

44. — *Contagiose (malattie).*

§ 406. Le malattie *contagiose* sono quelle, che si trasmettono da un individuo ammalato al sano (sia poi uomo od animale) per mezzo del *contatto diretto* del malato col sano; oppure *indiretto*, vale a dire effettuatosi per mezzo di robe, di effetti, od oggetti qualunque stati usati o toccati dall'ammalato (§§ 62 e seg.). Per quanto riguarda alle malattie contagiose, che sono prese in ispeciale considerazione dalla igiene quarantenaria attualmente in vigore, non si considerano che la *peste*, la *febbre gialla* ed il *cholera-morbus*. Le altre malattie contagiose potrebbero dar luogo a misure igieniche speciali rispetto alle navi sul cui bordo si sviluppassero, ma non a misure generali contumaciali.

45. — *Contusione*

§ 407. È l'effetto prodotto dall'urto, o pressione ordinariamente di qualche corpo ottuso, pesante, mosso con variabile velocità, il quale confrica, schiaccia, lacera, pesta più o meno i tessuti organici, senza per altro produrre alcuna lesione sulla pelle.

§ 408. **Sintomi.** Dolore, angustia o difficoltà di movimenti, infiltrazione di sangue sotto alla pelle, quindi ecchimosi (n.º 55), poi gonfiezza e dolore della parte contusa. Il lividore (ecchimosi) va via più o men presto in ragione del tempo che impiega a comparire; talvolta è subitanea, tal altra vi vogliono ore e giorni a manifestarsi. Essendo le parti contuse generalmente o livide o nere, potrebbesi scambiare la contusione loro colla *cangrena*; ma l'errore sarà facile ad evitarsi, se si páragoneranno i sintomi di questa malattia coi sintomi di quella, che abbiamo descritti al n.º 26.

§ 409. **Cura.** Supponendo che si tratti di contusioni non gravissime, in cui la parte sia stata triturata e pesta per modo che vi voglia l'amputazione, si ricorrerà utilmente alla compressione della parte contusa, ai refrigeranti localmente applicati, od anche agli spiritosi, secondati assai bene dal riposo e dalla situazione convenevole della parte offesa. Sono poi in molti casi indicate le sanguisughe sulla parte, il salasso, i pediluvi, i vescicanti, i purgativi, specialmente per clisteri, le sostanze eccitanti date in alcuni casi internamente, le bevande diluenti e rinfrescanti in genere, nonchè l'applicazione sulla località malata del ghiaccio, o di acqua ed aceto freddi, aggiungendovi anche una parte di sale di cucina, e rinnovando di spesso una tale applicazione locale.

46. — *Corpi estranei penetrati nel corpo umano.*

§ 410. Molte volte o per negligenza, o per incuria, o per ingordigia, od anche accidentalmente, accade che s'introducano o penetrino comunque nell' organismo nostro corpi o sostanze dure, irritanti, disaffini, che producono poi pericoli e danni alle parti più o meno gravi, od anche minacciano alcuna volta la vita.

Noi limitiamo però alle sole seguenti specie le varie maniere d' introduzione di corpi estranei nel corpo nostro; cioè:

1° introduzione di corpi estranei nell' occhio;
2°   "   "   nell' orecchio;
3°   "   "   nel naso;
4°   "   "   nella gola;
5°   "   "   nella trachea;
6°   "   "   nella pelle.

§ 411. **Cura.** Per tutte queste specie d' introduzione di materie estranee si deve innanzi tutto cercare di estrarre, o far uscire il corpo introdottosi, sia procurando di afferrarlo con pinze, o scioglierlo con iniezioni d' acqua, come quando o polvere od arena s' introducesse nell' orecchio esterno; o suscitando lo sternuto, come quando si trattasse del naso o della trachea; o il vomito, trattandosi di corpi penetrati nel fondo delle fauci, o nell' esofago, titillandone la superficie colle barbe di una penna. Ove non si possa riuscire in questi modi ad ottenerne la estrazione, bisognerà ricorrere ai mezzi chirurgici, di cui non crediamo doverci occupare in questo luogo, non potendo venir usati dai capitani.

In quanto poi alla pelle, la introduzione di corpi estranei nella medesima non può recare que' pericoli, che adduce quella relativa alle cavità interne. Vogliamo però far notare a questo luogo, che in Africa, e specialmente sul suo littorale, vi ha un piccolo verme chiamato *crinune*, il quale s' impianta sotto la pelle dei piedi e delle gambe, ed è causa di tumori analoghi al furoncolo. Ciò accadendo, bisognerebbe applicare subito dei cataplasmi ammollienti sulla parte; il tumore o si apre da sè o si taglia; allora si vede il verme, il quale si dovrà esportare con pinze ma molto adagio, onde non lacerarlo, perchè ciò succedendo la piaga ne sarebbe molto irritata.

Così si dica di un altro insetto, specie di *pelicello*, proprio delle Colonie. Esso pure s'insinua fra la pelle ed è cagione di forte prurito. Siccome questo è assai superficiale, lo si può estrarre con tutta facilità con una spilla, o colla punta della lancietta, rialzando appena la pelle che lo ricopre.

47. — *Costipazione del ventre, o stitichezza.*

§ 412. Dopo pochi giorni di mare succede spesso, specialmente in chi è nuovo al mestiere della navigazione, che le orine si facciano scarse e rosse, e che venga tale ostinata stitichezza di ventre, da portare dolori al bassoventre e grande disappetenza.

§ 413. **Cause.** Il quale fenomeno della stitichezza succede anche di spesso per molte cagioni assieme riunite, e su tutte specialmente la favoriscono i climi caldi, il vitto troppo a lungo animale e salato, la mancanza di acqua potabile, e quella bevuta essendo di cattiva qualità, siccome si associa anche allo scorbuto e ad altre malattie di bassoventre.

§ 414. **Sintomi.** Oltre il non avere evacuazioni alvine, i malati si lamentano di dolori e di gonfiezza al ventre, di malessere generale, disappetenza e sete molto accresciuta.

§ 415. **Cura.** Spesso l'abitudine vince di per sè sola la malattia. È però ottimo consiglio aiutare la guarigione coll'uso di alimenti leggieri, clisteri purganti e bevande temperanti.

Fra i purganti che soglionsi usare con profitto vuolsi scegliere i più leggieri, perchè spesso alla stitichezza tien subito dietro una ostinata dissenteria.

Molti capitani trovarono di grande utilità un bicchiere d'acqua di mare preso ogni mattina a digiuno.

D

48. — *Debolezza di stomaco.*

§ 446. Chiamasi volgarmente con questo nome quell' affezione, o malattia di stomaco, per cui la digestione riesce stentata, difficile più o meno, o dolorosa, e nella quale si hanno generalmente i seguenti

§ 417. **Sintomi.** Mancanza di appetito, nausea, vomito, subitanei distendimenti e bruciori di stomaco, rutti acidi, calore ardente verso la fossetta dello stomaco, stitichezza, malessere, tristezza dell' individuo. Questi sintomi sono varianti più o meno di grado, secondo le cause e le circostanze e condizioni individuali.

§ 418. **Cura.** Essendo questi sintomi riferibili di loro natura ad irritazione, o infiammazione lenta o leggiera dello stomaco, noi rimettiamo il lettore all' articolo in cui si tratta di questa ultima malattia (n.° 87), per conoscere il metodo curativo proprio della così detta generalmente *debolezza di stomaco.*

49. — *Denti (Malattie dei...).*

§ 419. Le malattie dei denti sono varie. In generale però si riferiscono più o meno alla infiammazione ed alla carie. Rispetto alla infiammazione, questa bene spesso si appiglia prima alle gengive, poi passa al nervo ed alle parti vitali del dente; e in questo caso la malattia riesce più o meno spasmodica, ma può cedere coll' appropriata cura e cessare. Non è così quando il dente sia corroso dalla carie: nessun mezzo curativo può arrestarla o guarirla, se non è la estrazione del medesimo; tutti i palliativi vantati non arrecano alcun vantaggio. Gli ammollienti però e i refrigeranti usati per calmare la infiammazione dentale possono riuscire vantaggiosi anche allora che vi sia complicata la carie. Ma la estrazione soltanto del dente cariato può liberare dagli spasimi di questa dolorosissima affezione.

50. — *Diarrea.*

§ 420. La diarrea si distingue in *acuta* e *cronica*, a seconda delle cause che la possono far nascere (e che perciò sono diverse), e del tempo che essa dura più o meno. È la conseguenza quasi sempre d'infiammazione o di irritazione comunque avvenuta negli intestini.

§ 421. **Cause.** *Diarrea acuta.* — Gli stravizi, l'uso di cibi e bevande nocevoli o per qualità o per quantità ; i frutti acerbi, immaturi ; i liquori alcoolici, i vini non ancora formati, e simili altre cause sono quelle, che danno luogo ordinariamente alla diarrea, che si manifesta da un giorno all'altro. I rimedi purgativi abusati, od usati fuori di proposito, la impressione freddo-umida o su tutto il corpo, od ai piedi, certi patemi d'animo, sono anche capaci di produrla più o meno forte e grave.

§ 422. **Sintomi.** La diarrea, quando è *leggiera*, è accompagnata da alcuni dolori cupi, e parecchi movimenti incomodi nel bassoventre, da borborigmi e da evacuazioni alvine di materie giallastre, o brune, pultacee, con senso di malessere e debolezza, e talvolta diminuzione o perdita d'appetito. Questa malattia dura poco ; generalmente cessa in due o tre giorni, quando non sia mantenuta da continui stravizi.

La *diarrea grave* è caratterizzata da inappetenza e disgusto di cibi, con tensione dolorosa e calore al bassoventre, difficoltà nel digerire, cui seguitano poi i dolori ora subitanei ed oscuri, ora mobili e violenti, che inducono un cambiamento notevole nella faccia, con sudori freddi, nausee, evacuazioni intestinali copiose, frequenti e borborigmi continui (n.° 20).

§ 423. **Cura.** La diminuzione del vitto e delle bevande alcooliche, anzi l'assenza assoluta di queste, sono le prime indicazioni curative; quindi il riposo, la dieta severa, bevande acquose, rinfrescanti; clisteri mucillaginosi, ammollienti, l'applicazione di cataplasmi al ventre, le sanguisughe all'ano, il salasso quando vi sia febbre, qualche grano d'emetico sciolto nell'acqua, i purgativi e i calmanti blandi servono a dissipare l'irritazione intestinale, che mantiene la diarrea *acuta*.

La diarrea *cronica*, o *lenta* si cura egualmente; solo si dee andare più temperati nell'uso dei mezzi curativi, proporzionandoli sempre al grado della malattia ed alle condizioni individuali (§ 280).

51. — *Difficoltà di orinare.*

§ 424. Questo è per lo più un sintomo di malattia o della vescica, o dell'uretra, per cui bisogna sempre conoscere lo stato di questo viscere per potervi applicare i convenienti mezzi curativi. Talvolta è la conseguenza di scolazione venerea (§ 167); e in questo caso la difficoltà di orinare si dissipa al dissiparsi della scolazione medesima. Qualche volta è l'effetto di riscaldamento soverchio per scorse fatte, o per soverchie fatiche ed esercizio muscolare prolungato; ed in allora il riposo, le bevande rinfrescanti e diuretiche gioveranno a togliere prontamente una tale difficoltà.

52. — *Dissenteria, o catarro intestinale* (n. 52).

§ 425. Chiamasi con questo nome l'evacuazione più o meno frequente di muco sanguinolento, o sangue dall'ano, con spasmo all'ano più o meno doloroso, prodotta da infiammazione *acuta* o *cronica* dei grossi intestini. Per curare questo profluvio morboso noi ci riferiamo all'articolo che tratta della *enterite*, ossia infiammazione degli intestini (vedi n.° 66).

55. — *Distorsione.*

§ 426. Chiamasi *distorsione* o *storta* quella lesione, che è cagionata da falsi o forzati movimenti fatti bruscamente subire ai legamenti, o parti molli, che circondano le articolazioni. Queste non sono però tutte egualmente disposte alla storta; ma più facilmente lo sono quelle del *piede*, della *mano*, del *gomito*, del *ginocchio* e delle *dita*. La storta del piede però è la più facile e la più frequente, sia in seguito a caduta, sia ponendo il piede in fallo.

§ 427. **Sintomi.** Appena la storta è avvenuta l'individuo sente un acerbissimo dolore, che talvolta produce pertino il deliquio. Sopraggiunge quindi il gonfiamento della parte, accompagnato da ecchimosi o lividore più o meno intenso (n.° 55); e a misura che la gonfiezza cresce, i movimenti si fanno sempre più difficili e dolorosi. Quando lo stiramento dei ligamenti fu molto violento, può nella parte destarsi anche l'infiammazione e la suppurazione, e la parte rimanere allora per più o men tempo addolorata e indebolita. Si distinguono quindi le storte in *gravi* e *leggiere*.

§ 428. **Cura.** Accaduta la storta, si farà immergere la parte nell'acqua freddissima, nella quale si potrà aggiungere sei grammi di acetato di piombo per ogni boccale o litro d'acqua, onde renderne gli effetti sedativi assai maggiori; la immersione va prolungata per varie ore, e l'acqua deve essere rinnovata. Ritirato il membro dall'acqua, lo si involgerà in grosse compresse inzuppate nell'acqua stessa. Questa immersione però non si farà che quando la storta sarà leggiera, e prima che succeda il gonfiamento. Se questo fosse già avvenuto e fosse imponente, bisognerà invece applicare molte sanguisughe sulla parte gonfiata, e lasciare poi uscire liberamente il sangue, tenendo la parte stessa in assoluto riposo, e applicando alla medesima dei cataplasmi ammollienti. Quando la infiammazione e tumefazione locali siano svanite, si coprirà la parte di compresse inzuppate di una soluzione nell'acqua con sale di cucina (*cloruro di sodio*) o di acetato di piombo, aggiungendo ad ogni boccale di soluzione un sette od otto oncie di alcool canforato. Per tutto il tempo che durerà la cura si richiede l'assoluto riposo della parte; e se la storta fosse nel piede, l'ammalato non deve cimentarsi a camminare se non quando il dolore e il gonfiamento sieno affatto scomparsi. Se anche dopo guarita la storta rimangono i movimenti dell'articolazione difficili o incompiuti, si faranno allora delle fregagioni con flanella spalmata di olio canforato.

E

54. — *Ebrezza, o ebrietà.*

§ 429. È l'effetto delle bevande alcooliche, la cui qualità, ma più la quantità soverchia, determina un tale stato, il quale, sebbene non costituisca di per sè una vera malattia, può però essere causa d'infermità più o meno gravi.

§ 430. **Sintomi** dell'ubriachezza sono: — l'eccitamento più o meno pronunciato dei sensi e della mente, per cui l'individuo ha gli occhi lucidi, rossa la faccia, facile, ardita e varia la loquela; poi poco a poco la mente si confonde, la lingua balbetta; l'ebbro perde i sensi, vacilla e cade. Talvolta l'eccitamento mentale è sì forte, ch'esso diviene furioso; ciò specialmente nei climi caldi. Bene spesso il briaco cade in letargo, e sembra preso da apoplessia. Queste diversità di forma tengono anche molto alla differente *qualità* della bevanda abusata. È provato che l'ubriachezza prodotta dall'*acquavite* spinge l'individuo alla manìa e al furore, ciò che non fanno quelle che sono prodotte dal *vino* e dalla *birra*.

§ 431. **Cura**. Essendo leggiera la ubriachezza basterà dare qualche tazza di the, o di caffè nero, o dieci o dodici goccie d'ammoniaca liquida in un bicchier d'acqua pura. Essendovi capogiri e nausee, sarà bene far vomitare il briaco, sia dandogli a bere dell'acqua tiepida, o titillandogli la gola colle barbe di una penna. Ma gioverà anche molto il trasportarlo in luogo ventilato, aereato, e spruzzargli con acqua fredda in viso, e bagnargli i testicoli, non che applicargli dei bagni freddi al capo, ai piedi ed ai testicoli stessi. Se vi avesse sete, si amministrerà una leggiera bevanda imperiale. Se poi vi fossero minaccie di congestione di sangue al capo, come quando paresse l'individuo preso da apoplessia (§ 305), allora gioveranno molto le sanguisughe applicate dietro le orecchie ed il salasso dal braccio. In caso di *ebrezza furiosa* (§ 430), bisognerà farlo tener fermo da uomini robusti, legarlo colle coscie, col tronco e coi piedi alla branda, o meglio ancora tenerlo obbligato su di un materazzo posto sul tavolato, facendo in guisa che non si possa far del male nel continuo rivoltarsi che fa.

55. — *Ecchimosi.*

§ 432. Chiamasi ordinariamente *ecchimosi* quella macchia rosso-livida, più o meno scura, che comparisce alla pelle in seguito a percosse, colpi o cadute riportate. È uno dei caratteri della *contusione* di cui si è già parlato (n.° 45); e però rimettiamo il lettore all'articolo in cui si parla di questa, per vedere quale trattamento curativo convenga in simili casi (§ 409).

56. — *Edema.*

§ 433. Si chiama *edema* quel tumore della pelle più o meno limitato, od esteso, il quale è cagionato da effusione di liquido acquoso nel tessuto cellulare sotto-cutaneo.

Questa gonfiezza può essere sintomo, o prodotto di varie malattie interne; e in simili casi non merita considerazione, se non relativamente alle malattie dalle quali esso dipende.

57. — *Effimera (febbre....)*.

Vedi — Febbre effimera (n.° 74).

58. — *Ematemesi, o vomito di sangue*.

§ 434. **Cause.** Il vomito di sangue è generalmente la conseguenza di gravi malattie dello stomaco, o l'effetto di qualche veleno caustico inghiottito, o della rottura di qualche aneurisma e simili. Ma lo producono del pari lo scorbuto, la febbre-gialla, e più di tutte le altre malattie il cancro incipiente dello stomaco. In qualche raro caso però può manifestarsi anche in persona sana, senza movimento febbrile, massime se siavi stata soppressione di qualche altra emorragia abituale o dal naso, o dagli emorroidi ecc.

§ 435. **Sintomi.** Generalmente questa malattia è preceduta da un senso di gravezza e di ansietà alla fossetta dello stomaco; il sangue è quindi rigettato a grumi o per la bocca soltanto, ovvero per la bocca insieme e per il naso. Ordinariamente la sua quantità è piuttosto considerevole, giacchè dalle otto o dieci oncie può estendersi anche a parecchie libbre. Il sangue che si vomita è per lo più nero, o a pezzi od anche in una massa sola avente allora la forma dello stomaco; talvolta però si mostra fluido e rosso, ed anche misto a grumi cotennosi più o meno bianchi, che si formano nello stomaco stesso: — vi ha quasi sempre mescolanza di alimenti o di bile, o di muco. Succeduto il vomito, l'infermo prova delle leggiere coliche, sente il bisogno di evacuare l'alvo, e passa quindi materie nere, grumose, fetidissime, nelle quali si scorge esservi dei grumi di sangue nero.

Tali evacuazioni in generale si ripetono frequenti volte nelle prime ventiquattro ore.

§ 436. **Corso.** La durata di questa malattia è variabile; in alcuni casi può terminare colla morte, e in altri risolversi pienamente. Generalmente rimane più o meno alterata la funzione dello stomaco, ed allora vi ha debolezza generale, pallore e giallore di faccia e smagrimento dell'individuo.

§ 437. **Cura.** I rimedi da apprestarsi in questa malattia variano assai a seconda della costituzione dell'individuo e del grado della malattia stessa. Se vi sarà febbre, stato di eccitamento con calore e polsi pieni, si ricorrerà al salasso. Se invece l'individuo si troverà in condizioni opposte, si cercherà di scaldargli le estremità raffreddate, mediante pediluvi fatti colla senapa, senapismi o coll'acqua bollente. Gli si daranno poi bevande fredde, acidulate e specialmente la limonata minerale fatta coll'acido solforico. Si applicherà alla fossetta dello stomaco o del ghiaccio pesto, o neve, o compresse bagnate nell'acqua freddissima; si metteranno uno o più vescicanti sulle braccia. I clisteri ammollienti gioveranno pure moltissimo. In tutto il corso della malattia poi, sia pur grave quanto si voglia, bisognerà tenere l'infermo in giacitura costantemente orizzontale, che non dovrà mai abbandonare, quando si trattasse anche di evacuare il ventre, od orinare. Quindi grande riposo e dieta assoluta.

59. — *Emicrania.*

§ 438. Dicesi emicrania il dolore del capo, allorchè ne occupa una metà soltanto, o la destra o la sinistra, divise dalla linea verticale. Questo dolore si cura come il dolore di tutta la testa (n.° 43), che è per lo più indizio di malattia o del cervello, o di altri visceri in immediato rapporto col cervello medesimo.

60. — *Emorragia*.

§ 439. Chiamasi col nome di *emorragia* l' uscita, comunque avvenuta, del sangue dai vasi, distinguendola però in quella che riguarda le arterie, e in quella che spetta alle vene. Il sangue che viene dalle arterie è d' un rosso vivo e vien fuori a spruzzo o a getto; quello che esce dalle vene cola più lentamente ed è nerastro, e appena uscito si coagola.

L' emorragia acquista nomi diversi in pratica, secondo la parte in cui avviene. Così si chiama:

1° *Epistassi*, o *emorragia* del naso (n.° 68).

2° *Ematemesi*, o vomito di sangue, quello che viene dallo stomaco (n.° 58).

3° *Emottisi*, quello che deriva dalla trachea, o dai polmoni (n.° 62).

4° *Emorroidi*, quando l' uscita del sangue si fa dalle vene emorroidali, abbenchè un tale vocabolo si usi generalmente a significare soltanto le varici delle vene stesse (n.° 61).

61. — *Emorroidi*.

§ 440. Quando le vene emorroidali sono molto gonfie e varicose, o siano infiammate, lasciano uscire il sangue, sia perchè si rompono in qualche punto, sia perchè questo trasuda dalla loro superficie. Esse però o sono *interne* all' ano, o sono *esterne*, cioè nei contorni del medesimo. L' emorragia può essere più o meno copiosa, specialmente ad ogni occorrenza di dover evacuare.

§ 441. **Sintomi.** Il dolore, l' impossibilità talvolta di sedere o camminare e un mal essere più o meno generale accompagnano questa malattia.

§ 442. **Cura.** La cura si fa o per mezzo di sanguisughe applicate all' ano, o dell' applicazione di bagni freddi, astringenti. Internamente poi si amministrano polveri di cremor di tartaro e fiori di zolfo in ragione di un quarto d' oncia del primo e di un ottavo del secondo per ciascuna polvere, da prendersene tre o quattro al giorno, mantenendo il malato in riposo e facendogli osservare la dieta e l' astinenza soprattutto del vino e delle bevande spiritose.

62. — *Emottisi, o sputo di sangue.*

§ 443. Chiamasi *emottisi* la emorragia che deriva dal polmone, o dai bronchi. Questa emorragia, pel solletico che produce in fondo alle fauci, risveglia ben di spesso il vomito, per cui rimane talvolta dubbio se il sangue che si rigetta venga appunto dallo stomaco (n.° 58), oppure dal polmone. Ma se ne potrà determinare la differenza ogni volta si farà attenzione alle seguenti avvertenze:

1° il vomito di sangue che proviene dallo stomaco è preceduto da nausee, da senso di dolore e peso alla fossetta dello stomaco stesso; mentre quello che proviene dalla trachea o dai polmoni è preceduto da tosse, difficoltà di respiro e da un senso di gorgolío o bollimento;

2° il sangue che esce dalla trachea o dai polmoni è vermiglio e misto all' aria; mentre quello proveniente dallo stomaco è nero e misto od agli alimenti, o a bile, o a mucosità.

§ 444. **Cura.** La cura di questa emorragia si pratica cogli stessi mezzi che abbiamo indicati per la ematemesi (§ 437).

63. — *Encefalite, o infiammazione del cervello.*

§ 445. **Cause.** Le cause più frequenti sono; le violenze esterne, i colpi, le percosse e cadute riportate sulla testa, la commozione e ferite del cervello, la respirazione di certe arie o gas malefici, deleteri o viziati da miasmi putridi, l' abuso dell' oppio, del vino, dei liquori alcoolici, i colpi di sole, il caldo opprimente, il rapido passaggio dal caldo al freddo, l' abuso del coito, le soverchie fatiche muscolari specialmente durante i calori della stagione estiva ecc.

§ 446. **Sintomi**. Ordinariamente questa infiammazione è preceduta da svogliatezza, dolore e peso al capo più o meno forte, da brividi di freddo, da dolori vaghi nelle membra, da sonni inquieti, da irascibilità, da lassezza di forze, da formicolamenti, da punture, da qualche cambiamento nel carattere, da difficoltà nello esprimere le parole o le idee, da tinnito nelle orecchie, inappetenza, nausea ed inquietudini varie. A questi segni precursori tengono poi dietro il dolore acuto e più o meno violento della testa, la perdita o alterazione del gusto, dell' odorato, e una grande irritabilità nella vista e nell' udito. La sonnolenza oppure la veglia inquieta, il delirio o il sopore con perdita, se non totale almeno parziale, della cognizione, le convulsioni nei muscoli degli occhi, della faccia, delle membra, del tronco, oppure rigidezza quasi tetanica, pupille contratte ed immobili, trafitture di membra, prostrazione di forze, paralisi generale o parziale, perdita della sensibilità cutanea, strabismo, contorcimento della bocca, respiro precipitato, ritenzione d' orine, vomiti, deiezioni alvine inavvertite, febbre più o meno viva con polsi forti, contratti e duri costituiscono il quadro complessivo dei sintomi più o meno propri della infiammazione del cervello.

§ 447. **Corso**. Questa malattia o è *acuta*, vale a dire di più o men rapido corso; o è *cronica*, cioè lenta; comunque, essa è sempre una gravissima e pericolosissima malattia.

§ 448. **Cura**. Nel principio della malattia si ricorrerà al salasso generale, ripetuto e generoso, alle sanguisughe dietro le orecchie, esse pure ripetute (18 o 24). Si applicheranno al capo pannilini imbevuti d' acqua fredda o ghiacciata,

oppure si metterà del ghiaccio pesto in una vescica e si
porrà sul capo. Internamente si daranno bevande refrigeranti, lassative, purgative, nonchè bagni tiepidi generali. La
dieta severa, il riposo assoluto, l' oscurità e l' astinenza da
ogni bevanda riscaldante coopereranno alla cura, che vuol
essere di più giorni e assai ben guidata.

64. — Endemiche (malattie).

§ 449. Chiamansi con questo nome tutte le malattie che
sono proprie di un dato luogo, ossia le cui cause sono permanenti in un dato luogo o paese, come sarebbero le febbri
intermittenti delle maremme Toscane e paludi Pontine nei
dintorni di Roma, la febbre-gialla d' America e simili. Nella
parte 7ª daremo qualche consiglio in proposito di tali malattie.

65. — Enfiagione.

§ 450. Termine generale che si usa per esprimere l' accre-
scimento di volume che acquista una parte del corpo vivente,
allorchè sia distesa da sangue, od altro umore, o materia
contenuta nel corpo stesso, oppure da aria, od altra sostanza
penetrata comunque nel medesimo.

66. — Enterite.

§ 451. Chiamasi *enterite* l' infiammazione del bassoventre,
ossia degli intestini o budella. È ben difficile però che questa
si trovi sola, vale a dire non riunita a quella dello stomaco
(gastrite), di cui parleremo più oltre (n.º 87); perchè essendo il
medesimo canale alimentare che rimane offeso tanto nell' una
quanto nell' altra malattia, generalmente si trova che stomaco
e budella, se s' infiammano, non s' infiammano quasi mai se-

paratamente, abbenchè l'uno si possa infiammare talvolta più delle altre, e viceversa.

§ 452. **Cause.** Questa infiammazione intestinale può nascere per varie cause, ma più ordinariamente viene prodotta da abuso di bevande e cibi riscaldanti o indigesti, da impressione di freddo-umido, specialmente a corpo riscaldato e sudante, dall'azione di certi climi freddi, e simili altre cause.

§ 453. **Sintomi.** Sete più o meno intensa, lingua più e meno asciutta e rossa ai margini; dolori di ventre più o meno acuti e vaghi, senza sede fissa, che si esacerbano sotto la pressione della mano esploratrice. Talvolta vi ha diarrea, massime sul principio; ma bene spesso anche stitichezza; prostrazione e abbattimento di forze; fisionomia più o meno alterata e soffrente; brividi alternati con vampe di caldo, pelle arida più o meno, febbre continua (§ 472), con polsi piccoli e irregolari.

§ 454. **Cura.** Il salasso anche ripetuto e le sanguisughe sul ventre o all'ano (20 o 24 per ogni volta), sono i primi rimedi in questa malattia; poi vengono i cataplasmi ammollienti continuamente applicati sul ventre, i clisteri rilassanti, bevande fredde e rinfrescanti, dieta assoluta, bagno tiepido generale, che costituiscono il complesso dei mezzi curativi, che sono utili in questa malattia.

67. — *Epatite, o infiammazione del fegato.*

§ 455. Il fegato, che è situato al lato superiore e destro del ventre, s'infiamma al pari degli altri visceri per diverse cause; e questa infiammazione, che è ordinariamente malattia grave, si chiama *epatite*.

§ 456. **Cause.** Lo abitare sotto cielo ardente è una delle cause più ovvie di questa malattia nelle Indie orientali, dove si può ritenere quasi endemica, ossia propria di quelle regioni.

Nei climi nostri la infiammazione del fegato si sviluppa correndo le stagioni maggiormente calde. L'abuso delle bevande alcooliche, il cibo quasi esclusivo di carni special- mente salate, i colpi, le percosse, le contusioni, le ferite riportate nel destro lato del ventre, l'esposizione improvvisa del corpo all'azione del freddo mentre è sudante, i disordini dietetici, l'abuso del coito, sono tutte cause più o meno predisponenti o provocatrici di questa grave malattia.

§ 457. **Sintomi.** Tensione e gonfiezza più o meno rile- vante nel destro lato del ventre; sensibilità sotto la pressione della mano esploratrice; dolore più o meno acuto, oppure profondo che si propaga fino alla spalla dello stesso lato; giacitura difficile per lo più sul fianco sinistro, ma bene spesso anche sul destro; difficoltà di respiro; tosse secca, per lo più singhiozzo; febbre più o meno viva con polsi frequenti, duri, per lo più piccoli; pelle arida e scot- tante; per l'ordinario stitichezza; talvolta senso di soffoca- zione. Questi sintomi sono preceduti in alcuni casi da bri- vidi febbrili, e da disordini dei visceri digerenti, come sarebbero nausea, vomiturazione ecc. Talvolta la itterizia stessa può precedere tutti i sintomi suenunciati (n.° 102).

§ 458. **Corso.** Può essere *acuta*, cioè di corso rapido, ma per lo più è *cronica*, vale a dire assume un andamento lento. Quando è acuta non dura meno di cinque giorni, e di raro va più oltre dei quattordici.

§ 459. **Cura.** Il salasso dal braccio e poi le sanguisughe applicate alla parte dolente, oppure all'ano costituiscono i due principali mezzi curativi nella acuta infiammazione del fegato. Il bagno tiepido generale prolungato, i cataplasmi ammollienti sul ventre, i clisteri purgativi-blandi con olio, l'acqua d'orzo o di tamarindi, le bevande acidulate, la dieta rigorosa, il riposo, costituiscono il complesso della cura propria della epatite. Ma appena il capitano può toccare ad un porto, bisogna che procuri di affidare il malato agli uomini dell'arte, per ovviare alle non difficili conseguenze, che possono tener dietro all'acuta infiammazione del fegato.

68. — *Epistassi, o emorragia del naso.*

§ 460. La emorragia del naso può essere il prodotto di molte e diversissime cause. Noi accenneremo soltanto quelle che più generalmente possono accagionarla. Esse sono; l'insolazione, i colpi o percosse al capo o al naso, l'inerzia muscolare dipendente dal poco esercizio del corpo, l'influenza del clima caldo, gli alimenti troppo riscaldanti, l'età pubere e simili altre. Quando esce dal naso il sangue, e che non sia l'effetto critico di altre malattie, è interesse di far cessare questa emorragia. Bisognerà allora collocare l'individuo in luogo fresco, ventilato, applicargli sul capo dei bagni freddi, o anche del ghiaccio se ve n'ha, e fare aspersioni continue e ripetute alle narici con acqua ben fredda. Bisognerà tenere alta la testa e non tanto inchinata sul vaso che riceve il sangue; le applicazioni alle narici di filacciche inzuppate nell'acqua e aceto freddissimi giovano del pari. Quando, ad onta di tutto questo, l'emorragia non cede, si può ricorrere al salasso dal braccio, e se vi abbia sospetto che dipenda da stato di troppo eccitamento dell'individuo, si prescriverà la dieta rigorosa, le bevande acquose, e tuttociò insomma che possa deprimere lo stimolo soverchio. Spesso giova assai lo stendere in alto quanto più lo si può il braccio corrispondente alla narice dalla quale esce il sangue, e tenerlo alzato e steso per un po' di tempo.

69. — *Ernia.*

§ 461. Chiamasi con questo nome qualunque tumore formato dalla uscita o spostamento di un viscere dalla sua cavità, o posizione naturale. Generalmente però si applica questo vocabolo ai tumori formati dai visceri usciti fuori della cavità del ventre. Chiamansi *ernie inguinali* quelle che sono formate da parti uscite fuori per l'anello o pel canale inguinale, che è nella piegatura della coscia. Dicesi *ernia scrotale* quella in cui le parti o visceri usciti fuori sono discesi nello scroto.

Questi tumori si formano molte volte per gradi e lentamente; ma spesso, all'opposto, si presentano di repente. Ciò si osserva principalmente dopo un qualche sforzo violento. Il tumore è indolente, non cangia il colore della pelle, che ritiene la sua mobilità e può essere sollevata facilmente. Stando l'individuo in piedi, può farsi rientrare il tumore comprimendolo con variabile forza. La stazione prolungata, il camminare, gli sforzi per respirare, un colpo di tosse forte od eseguito a modo di esplorazione e simili, aumentano il tumore. In molti casi questo tumore è riducibile, vale a dire, trattandosi di ernia intestinale, può l'intestino uscito o rientrare da sè, od essere facilmente rimesso, massime se sia recente e poco voluminoso. Quando sia stata ridotta l'ernia, bisogna applicare un *cinto*, il cui *cuscinetto* comprima e chiuda l'apertura per la quale il viscere era uscito.

Acerbi dolori si fanno sentire talvolta nel momento in cui comparisce l'ernia; e ciò accade alloraquando il tumore si faccia tutto in una volta. Ma il peggiore degli accidenti che possono accompagnare questo tumore, si è lo *strozzamento* o *strangolamento*, formato dalla compressione che si esercita sugli intestini usciti fuori dall'apertura inguinale. Ma noi non possiamo nella nostra descrizione andare più oltre di così, trattandosi di malattia locale, grave sempre, ed alla quale, quando non si sia ottenuta la riduzione o rientramento dell'intestino uscito, non potrebbesi applicare rimedio efficace alcuno, se questo non è la pronta operazione chirurgica.

Crediamo utile di metter fine a questo articolo ricordando quanto dicemmo al § 229, relativamente al danno che arrecano le *cinture di cuoio*, appunto perchè favoriscono il formarsi delle ernie.

70. — *Escoriazione.*

§ 462. Chiamasi con questo nome lo spellamento, o scorticamento della pelle, che è accompagnato da gemizio e da dolore di variabile acerbità. Questo accidente non ha veruna conseguenza e svanisce da sè. Si rimedia al bruciore coprendo la parte mediante qualche pannolino spalmato d'unguento refrigerante. Ma se la escoriazione è accompagnata da contusione, allora bisognerà adoperare l'acqua saturnina o l'acqua vegetominerale. Se vi sarà escoriazione con infiammazione bisognerà ricorrere invece ai cataplasmi ammollienti.

71. — *Escrescenze.*

§ 463. Questo nome, preso nella sua maggiore generalità, significa qualunque produzione morbosa, che si elevi al disopra del livello della pelle, quasi per vegetazione dei tessuti viventi sottostanti alla pelle medesima: ordinariamente però si applica alle vegetazioni sifilitiche. Queste escrescenze sono conosciute volgarmente coi nomi di *condilomi, porri-fichi, creste di gallo, verruche* ecc. Essendo queste il prodotto di male venereo, bisogna applicare alle medesime il trattamento che in generale conviene per questo morbo. Il quale trattamento o cura consiste nell'amministrazione interna dei mercuriali, od altri rimedi, dei quali parleremo agli articoli *sifilide* o *malattia venerea* (n.° 170), e nella cura locale. Questa si fa per mezzo delle forbici e del caustico; colle prime si escidono profondamente le escrescenze, e poi colla pietra infernale si cauterizzano anche più volte ogni due o tre giorni.

F

72. — *Fotamorgana* (*Emeralopia*).

§ 464. Questa malattia dell'occhio, che i Francesi chiamano *mirage*, si osserva frequentissima nei marinai sotto l'influenza dei climi caldi e specialmente in Egitto e nel Brasile, nonchè nei mari delle Indie. Da noi è per lo più la conseguenza di una lenta infiammazione dell'occhio, non a tempo o male curata, o di qualche alterazione del nervo proprio della vista, ed è frequentissima in certe località maremmane e paludose.

§ 465. **Cause.** Si vede questa malattia svolgersi particolarmente quando alle fredde notti dei tropici tengono dietro giornate eccessivamente calde. Talvolta l'intiero equipaggio ne è preso; nè anche quando esso si allontana dal paraggio in cui si sviluppò, è sempre facile il vederla totalmente cessare. Per ultimo, fra le cause che ne possono favorire lo sviluppo, figura pure la insufficiente od insalubre alimentazione.

§ 466. **Sintomi.** Raramente l'occhio si vede rosso; più spesso invece si mostra con macchie nere, quasi fosse stato contuso da qualche corpo esterno; non vi ha dolore, o se esiste è molto leggiero. Il carattere suo principale consiste in una diminuzione sensibilissima della vista, la quale è ridotta a tale estremo, da non saper discernere gli oggetti anche i più vicini; questo fenomeno si manifesta principalmente in sul cadere del giorno, e tutto in una volta.

§ 467. **Cura.** Generalmente con alcuni giorni di riposo questa malattia scompare. Non sempre però si ottiene questa facile scomparsa; talvolta vi ha bisogno di ricorrere agli emetici. Sull'occhio si usi l'applicazione di fomenti o bagnoli freddi con acqua e laudano, chè giovano moltissimo. Se ad onta di ciò non guarisce, bisognerà allora applicare un vescicante alla nuca. Si eviti con tutta attenzione l'umido-freddo e la luce troppo viva. Se si volessero non curare i primi sintomi, o sfidare le intemperie anche soffrendo di questa malattia, l'imprudenza potrebbe costare la perdita per sempre della vista.

73. — *Febbre (in generale)*.

§ 468. Si dice che vi ha *febbre,* o che un individuo si trova in istato *febbrile,* quando presenta più o meno i seguenti

§ 469. **Sintomi.** Mal essere generale accompagnato da brividi alternantisi con vampe di calore; pelle calda, più o meno asciutta; senso di contusione alle giunture, specialmente ai ginocchi ed alle gambe; dolore di testa più o meno ottuso oppure acuto; inappetenza, o perdita affatto di appetito, e talvolta nausee, disposizioni al vomito, od anche sforzo, o vomito deciso. — Talvolta la stitichezza precede, od accompagna la febbre; ma in alcuni casi invece è la diarrea; — lingua ordinariamente rossa ai bordi, e più o meno coperta di pátina biancastra, o gialliccia ed asciutta; orine scarse e rosse; dolori vaghi di ventre; qualche volta respiro breve, affannoso, oppure meno facile dell'ordinario; polsi frequenti, vibrati, duri; sete più o meno intensa. Tutti questi sintomi raramente si manifestano tutti insieme, nè al medesimo grado; variano nei diversi casi più o meno secondo gl'individui e le circostanze diverse; ma il loro complesso si verifica più o meno quando vi ha lo stato febbrile; quando poi questo si spinge molto avanti, i sintomi stessi si aggravano assai più, e riescono allora imponenti.

§ 470. **Cause.** Molte e diversissime cause possono far nascere la febbre, e specialmente negli equipaggi quelle che dipendono:

1º dall'abuso delle bevande e dei cibi, tanto considerati sotto il **rapporto** della quantità, che della qualità;

2º dall' intemperie dell' aria e dei climi diversi, massime in certe stagioni, nonchè dai rapidi mutamenti di temperatura;

3º dalle eccessive fatiche, e altre cause accidentali, che sono facili ad incontrarsi nella vita di bordo.

§ 471. **Cura.** La febbre in generale vuol essere trattata:

1º coll' allontanamento delle cause che l' hanno suscitata;

2º col diminuire lo stato di morboso eccitamento in cui si trova l' infermo, mediante il salasso, i purganti, gli emetici, e tutti i mezzi sottrattivi diretti e indiretti, e specialmente colla dieta e col riposo.

74. — *Febbre* (*Differenze della.....*).

§ 472. Chiamasi *febbre-continua* quella che dura più o men tempo senza interruzione alcuna dei sintomi, quantunque vada soggetta a remissioni ed esacerbazioni più o meno regolari. Queste remissioni o declinazioni dei sintomi nella febbre continua si osservano generalmente al mattino, e le esacerbazioni succedono verso sera, o nello inoltrarsi della notte.

Riguardo alla *durata*, la febbre continua dicesi *effimera*, quando non dura che 24, 36 e 48 ore al più (n.º 57); — chiamasi *sinoca*, qualora la sua durata non si prolunghi oltre la settimana (n.º 77); — e *sinoco* quella in cui la durata procede al di là delle due e fino delle tre settimane circa (n.º 79).

Riguardo alla forma che prende la febbre continua, questa desumesi dai sintomi che prevalgono più o meno in qualche apparato viscerale, o funzione organica generale. Così si chiama *febbre-gastrica* e *biliosa*, quella nella quale vi abbiano vomiti ed evacuazioni di bile con fenomeni prevalenti allo stomaco e al fegato principalmente (n.º 75); *febbre-catarrale*, quella in cui i sintomi prevalgono nell' apparato respiratorio (n.º 34); *febbre-reumatica*, quella in cui i sintomi prevalenti sono nell'apparato muscolare (n.º 161).

Se la febbre non è *continua*, ma che dopo l'invasione del freddo, del caldo e del sudore, con cui si scioglie l'accesso febbrile, l'individuo rimane libero affatto per un certo tempo, sia di alcune ore, o di qualche giorno, e che dopo ritorna nuovamente il freddo febbrile, quindi un altro accesso o parossismo di febbre, allora la febbre chiamasi *intermittente*.

Se la *intermittenza* non occupa che ore, vale a dire che l'intervallo fra un accesso e l'altro è minore di un giorno, allora la febbre si chiama *cotidiana-intermittente*. Se tra il primo accesso ed il secondo rimane un intervallo libero di un giorno, allora la febbre è *terzana*. Se l'intervallo è di due giorni si chiama *quartana* (n.° 78).

Finalmente rispetto al *corso* o *andamento* della febbre in generale esso è *acuto*, o *cronico;* cioè, o percorre rapidamente le sue fasi d'incremento e declinazione, e la febbre si dice acuta; — questo corso si estende da un giorno fino ad una, due e tre settimane. Tutte le febbri che durano oltre le tre, quattro e più settimane, entrano nelle febbri *lente*.

Febbre-perniciosa poi è quella febbre intermittente i cui parossismi, o accessi si manifestano con tanta forza e gravità, che se non il primo, generalmente il secondo od il terzo riescono mortali, quando non vi si proveda col rimedio opportuno.

Febbre-maligna è detta quella nella quale si manifestano segni gravissimi, e che in poco tempo tende al mal esito. Molti la ritengono sinonimo di *tifo*. Così pure si dica della denominazione di *febbre-putrida* (n.° 79).

75. — *Febbre-biliosa, o gastrica.*

§ 473. Siccome non può ammalarsi lo stomaco senza che poco o molto non ne risenta anche il fegato, e viceversa; così è che la *febbre-continua* la quale presenta prevalenza di sintomi gastrici, si ritiene per lo più che sia un tutt'uno della *biliosa* degli antichi, e viceversa, perchè si vomita bile più o meno come nella febbre *gastrica*.

§ 474. **Cause.** Questa febbre riconosce in generale per cause ordinarie quelle stesse, che danno luogo alla *infiammatoria* (n.° 77), e si cura egualmente. Però essa può assumere l'aspetto di grave malattia, e l'apparenza anche del *tifo,* col quale taluni l'hanno confusa. Noi rimettiamo il lettore all'articolo *tifo* (n.° 79), perchè veda il rapporto di somiglianza che esiste fra queste due febbri continue, per cui molti le ritengono siccome identiche fra loro.

76. — *Febbre-gialla.*

§ 475. Questa febbre è una malattia indigena delle Antille, e più particolarmente della Martinica, Guadalupa, S. Domingo, Vera Cruz, Cuba, nonchè del Messico, della Nuova Orleans, di Charlestown, di Cartagena, e di altre regioni ancora. Essa è conosciuta pure sotto il nome di *peste-occidentale,* di *vomito-nero,* di *febbre di Giava* ecc.

Trasportata in diversi punti del littorale europeo, e di là avendo penetrato nei grandi centri di popolazione (che non erano però molto entro terra), dove fece stragi molte e gittò lo spavento e la morte, non abbandonò però mai i paesi suoi nativi per acclimatarsi in Europa; ma flagellò, e flagella per lo più i navigatori europei a bordo delle navi mercantili, che approdano, o si fermano in que' paraggi.

Le varie e terribili epidemie che continuamente produce questa spaventosa malattia sul suolo delle Americhe, specialmente al Brasile, al Perù, al Messico e sulle coste occidentali dell'Africa, sono tale monumento della sua indomabile ferocia, che non saranno mai troppo le precauzioni che prenderanno i Governi Europei contro le importazioni di questo terribile flagello. E poichè al pericolo di contrarlo sono facilmente esposti gli equipaggi delle navi delle marinerie europee, che approdano o stanziano in que' mari o porti d'America dov'esso è indigeno; noi non sappiamo come la marineria italiana, e la sarda soprattutto, sia per questa parte la più negligente nel premunirsi con ogni mezzo contro i pericoli di sua infezione. Ed egli è perciò che la marina mercantile sarda al confronto delle altre ha pagato mai sempre in quegli scali il maggior tributo di vittime alla febbre-gialla (§ 247).

Questa malattia regna principalmente sulle coste marittime, e in que' paesi nei quali la temperatura è generalmente maggiore di 20° del termometro ottantigrado; è amica molto del caldo e della stagione caldo-umida; e risparmiando i Creoli e i Negri, attacca vigorosamente e di preferenza sempre gli Europei che approdano a que' lidi. Si ritiene come contagiosa generalmente, vale a dire trasmissibile per un modo di contagio, che può essere importato dalle navi, come è avvenuto le più e più volte.

§ 476. **Cause.** Oltre il contagio, il caldo del clima, o della stagione e l'aria umido-calda, cause tutte che ne producono o ne facilitano almeno lo sviluppo, lo favoriscono pur anche in que' paraggi, e sotto l'influenza di quelle cause generali e locali, le esalazioni putride che si elevano dalle acque putrefatte della sentina. Parimenti l'aria viziata della stiva o delle camere sotto-coperta per la respirazione di molte persone agglomerate; ciò che si è osservato principalmente sulle navi destinate al traffico dei negri, sulle quali pare che il seminío morboso si fosse per guisa appicicato, che sebbene sieno state per lungo tempo esposte alla libera circolazione dell'aria, e sottomesse all'azione dei suffimigi minerali, pure non potè esservi intieramente distrutto. — Le fatiche eccessive, gli abusi del vitto e delle bevande alcooliche, gli eccessi e disordini d'ogni maniera sono, o possono almeno essere, cause occasionali a favorirne lo sviluppo. Quelli che abitano l'interno continente americano, visitando i porti di mare sul cui littorale domina questa febbre, la contraggono più presto e facilmente degli abitanti di quelle coste; ma i forestieri e gli Europei soprattutto che approdano colà sonvi più degli altri esposti.

Essa regna per tutto intiero l'anno nelle latitudini intertropicali; ma cionullameno si svolge di preferenza nella stagione delle pioggie abbondanti, e quando dominano i venti del sud, cioè dalla metà di giugno alla metà di ottobre.

§ 477. **Sintomi.** La febbre-gialla si annunzia con brividi di freddo intenso, con un grande abbattimento di forze fisiche e morali, e un senso di spossatezza eccessiva, accompagnato da dolore ai lombi e gravezza molta di capo. Questi sono generalmente i sintomi forieri dello scoppio del male. Ad essi poi tengono subito dietro la sete, la nausea, i conati di vomito e un senso di calore e di oppressione alla fossetta dello stomaco. La lingua è rossa, gonfia; la pelle è gialla; e il bianco dell'occhio è esso pure ingiallito; vi ha singhiozzo, scuotimenti alle membra, respiro difficile, fisionomia scomposta ed atteggiata allo spavento. Dopo questi sintomi s'aumentano il dolore e il peso dello stomaco; e bene spesso si presenta la stitichezza, ma più spesso ancora la diarrea. Le orine sono rosse; e il peso al capo e alle reni si fa insoffribile. A tutto questo si aggiungono in molti casi le convulsioni, il freddo marmoreo di tutto il corpo, specialmente alle mani ed ai piedi, l'alito fetido, e qualche volta un invincibile orrore per le bevande liquide d'ogni maniera; talvolta vi ha anche un desiderio infrenabile di mordere gli astanti, quasichè l'infermo fosse preso dall'idrofobia (n.° 90).

§ 478. **Corso.** Il corso di questa malattia è lungo, se essa tende alla guarigione; brevissimo, se ad esito mortale. Talvolta vi ha recidiva, e questa pure non è senza grave pericolo. La causa della recidiva sembra dipendere dal continuare il soggiorno o nello stesso paese, o sulla nave medesima, dopo il primo attacco.

Quando si arriva al quarto o quinto giorno dallo sviluppo, e che il giallore, mostratosi prima all'occhio ed alla pelle, si appalesa pure alle labbra e si rende più carico; — se sopraggiungono delle pustole agli angoli della bocca, si deve temere molto dell'esito, chè non va guari che l'itterizia non solo si fa più intensa, ma viene accompagnata qua e là da macchie nere, dopo le quali compariscono emorragie di sangue nero dal naso o dall'ano, e si veggono le morsicature delle sanguette riaprirsi, come pure le ferite dei salassi, per cui non è possibile frenare tutti questi scolamenti o getti di sangue, il quale infiltrandosi anche sotto la cute, lascia poi delle macchie livide, nere, vaste e talvolta dolorose.

Intanto giunta la malattia a questo punto del suo corso, il singhiozzo si rende più continuo, e non si ferma che per dar luogo al vomito di sostanze di color caffè, o giallonere; colore di cui partecipano pure le evacuazioni alvine. A questi sintomi tengono dietro il delirio e gli svenimenti, sotto i quali l'infermo pare che muoia. Le orine intanto o sono cessate affatto, o sono scarsissime; i dolori di testa si fanno atrocissimi; le convulsioni le più spaventose non mancano, ed un odor di cadavere nauseabondo si esala dall'infermo, che, ridotto a tale stremo, non va guari a rimanerne vittima.

Tale si è il corso più o meno rapido di questo morbo, il quale però non si presenta sempre coi sintomi descritti nel modo stesso che abbiamo qui dato, nè i sintomi stessi si presentano sempre in tutti i casi. Noi abbiamo riferiti i principali di essi, perchè questi bisogna avere sott'occhio; ma molti altri di minore importanza si accompagnano ad essi, che facilmente si potranno rilevare nei vari casi. Le differenze di grado e di modo nel manifestarsi di questi sintomi, si debbono attribuire alla varietà degli individui e dei paesi nei quali domina un tal morbo; il quale è poi anche modificato più o meno dalla influenza della stagione e dal genio dominante; per guisachè in un anno può essere sintomo caratteristico più o meno della febbre-gialla uno dei tanti sopranominati, che rare volte, o forse mai, s'era osservato nelle epidemie precedenti. Questa avvertenza è necessaria per coloro, che curando questo morbo ne' suoi paesi d'origine, vorranno valutare le osservazioni che qui si sono fatte, e perchè non sia tratto in errore chiunque per la prima volta s'imbatta in questa terribile malattia.

§ 479. **Cura.** Se la febbre-gialla si sviluppa a bordo, quando la nave è ancorata in qualche porto, il capitano dovrà immediatamente mandare all'ospedale locale i suoi malati, perchè volendoli ritenere sul bordo, non farebbe che rendere il soggiorno della nave assai più pericoloso ai sani. Ed è quindi lodevole sotto questo rapporto una Ordinanza emanata dal Ministro della Marina in Francia sino dal 1829, colla quale si prescrive a tutti i capitani marittimi d'inviare agli spedali dei paesi in cui si trovano ancorati quegli ammalati di febbre-gialla che avessero a bordo; ordinanza rinnovata nel 1840, ed oggi sempre in vigore per quella marineria, e fatta severamente eseguire.

La quale regola generale dovrebb'essere imposta a tutte le altre marinerie mercantili, onde evitare la maggiore diffusione del morbo e i suoi terribili effetti a bordo delle navi commerciali, siccome sgraziatamente succede.

Quando poi fosse impossibile lo sbarcare in qualche spedale questi ammalati di febbre-gialla, e che la necessità costringesse di tenerli a bordo, allora si comincierà a purgare l'infermo. Avendovi molto calore alla pelle, sete intensa e febbre viva, si farà uno o due salassi secondo i casi, ma però piccoli; ed essendovi dolori di ventre forti, si potranno applicare da 12 a 18 sanguisughe o all'ano o alla fossetta dello stomaco. A calmare la sete si darà acqua pura, o zuc-

cherata, o acidulata coll' aceto comune. Gioveranno anche i
clisteri ammollienti ripetuti nella giornata. Si potrà anche
involgere il malato entro una coperta inzuppata d'acqua calda,
che si anderà via via tenendo bagnata nella medesima. Questi
mezzi sono utili però al primo svolgersi della malattia; ma
non si devono impiegare alloraquando, essendo questa inol-
trata, l'infermo si trova nella massima prostrazione di forze.
In questo caso invece si ricorrerà ai senapismi ai piedi, ai
vescicanti alle coscie ed alle fregagioni irritanti. Quando
vi abbia delirio, o violento dolore di testa, si applicheranno
alla fronte pannilini inzuppati d'acqua fresca, coi quali si
potrà anche involgere tutto il capo. Se vi avesse abbondante
diarrea, allora si applicheranno clisteri astringenti con alcune goccie di laudano. Essendovi emorragie, corrisponde-
ranno assai le limonate minerali.

Quei navigatori che viaggiano alle Antille non ignoreranno
forse un metodo di cura per la febbre-gialla colà molto in
uso. Questo metodo consiste in fregagioni fatte lungo tutto
il corpo con fette di arancio; le quali fette si applicano poi
anche alla fronte, alla fossetta dello stomaco, oppure se ne
spreme il succo e se ne inzuppano dei pannilini, che si applicano in loro vece. Questo metodo, unitamente all'uso delle
bevande leggiermente acide e di clisteri fatti con melasso
e succo esso pure d'aranci, è colà molto vantato. Noi non
diremo che gli effetti sieno corrispondenti al credito di cui
gode, perchè non l'abbiamo veduto mai mettere in pratica;
solamente ci sembra, che nei casi gravi di febbre-gialla non
sarebbe da riporre in esso tutte le speranze di guarigione,
parendoci molto insufficiente per una tal cura.

§ 480. **Avvertenze.** Del resto, quando a bordo di una
nave mercantile si ha la sventura di vedervi manifestare un
primo caso di febbre-gialla, se il capitano non si dà tutta
la premura per moltiplicare le cautele e misure igieniche
possibili, non va molto che l'intiero equipaggio può essere

colpito dal flagello. Quindi, in tutto pulizia somma, ventilazione della nave, degli oggetti personali, buona qualità di cibi e di bevande, sobrietà grande nello usarne, tutti gli eccessi e disordini evitati, — dovranno essere lo scopo supremo d'ogni sua ispezione, aggiuntovi il più pronto allontanamento della nave da que' lidi o paraggi in cui domina la malattia. Talvolta però in onta a tutte queste precauzioni non si arriva ad arrestare la propagazione del morbo al rimanente dell'equipaggio, perchè il fomite morboso sta dentro la nave stessa. In questo caso bisogna essere disposti a far sacrificio di merci e di oggetti, piuttosto che vedere rimaner vittima l'intiero equipaggio del flagello distruttore. Allora bisognerebbe sbarcare il carico, nettare diligentemente la stiva, espurgare i fianchi della nave con opportune fumigazioni (vedi la parte 6ª); ma per queste operazioni è meglio valersi dei naturali del paese, che non dei marinai. A questi poi si faranno prendere dei bagni generali, lavare le loro biancherie, e tenere in grande pulizia la persona. Le operazioni di lavamento, espurgo e fumigazioni tanto della nave quanto del carico, si ripeteranno all'occorrenza, onde accertarsi dello scopo raggiunto. Solamente per questo modo si può arrivare a togliere dalla nave infetta il principio della fatale infezione.

77. — *Febbre infiammatoria.*

§ 481. Questa febbre chiamasi anche *sinoca*, ed è caratterizzata da sintomi tutti propri.

§ 482. **Cause.** L'età giovanile, la robustezza e il temperamento sanguigno predispongono a questa febbre. La fanno poi scoppiare ordinariamente l'abuso del vino generoso e dei cibi succulenti, animali, soprattutto le carni salate, gli stravizzi d'ogni genere, le eccessive fatiche, l'insolazione, le percosse e le ferite.

§ 483. **Sintomi**. Lingua biancastra o rossa, sapore dolciastro, sete intensa, nausea per i cibi animali, stitichezza, polso pieno, forte, duro, frequente, ma qualche volta anche molle. I vasi sanguigni delle tempia battono fortemente, le vene si mostrano gonfie, esce sangue dal naso, e tutto il corpo rosseggia e specialmente la faccia; il respiro è frequente, talvolta difficile; l'ammalato traspira continuamente. Le orine, prima cariche e poco copiose, depongono un sedimento bianco e leggiero; manca l'odorato, gli occhi sono lucidi, sfavillanti; vi ha dolore di capo ottuso e gravativo; senso di lassezza, gravezza e torpore di membra; una certa sonnolenza, e bene spesso anche il delirio. Questa febbre termina dopo tre, quattro, sette, dieci, undici giorni circa, mediante emorragia dal naso o per mezzo di copiosi sudori, o di orina molto rossa e sedimentosa.

§ 484. **Cura**. Il salasso, i purganti, gli emetici, le bevande rinfrescanti, fredde, acidulate costituiscono il piano curativo di questa febbre. La dieta severa e il riposo ne aiutano moltissimo la completa risoluzione.

78. — *Febbre intermittente e sue differenze.*

§ 485. Comprendiamo sotto questo titolo le febbri *cotidiane*, le *terzane* e le *quartane* (§ 472).

§ 486. **Cause**. Queste febbri si sviluppano a bordo delle navi per la influenza delle cause comuni, ma più particolarmente del freddo-umido dell'atmosfera, nonchè della poca nettezza o sporcizie tanto della nave, quanto dell'equipaggio, e più spesso ancora per l'azione malefica delle acque imputridite della sentina. Ma nessuna causa però vale a farle nascere più facilmente, quanto la stazione vicino alle coste, dove vi abbiano luoghi paludosi, acque stagnanti, maremme ecc. Il *miasma* particolare che si sprigiona da questi luoghi paludosi, da questi pantani ed acque stagnanti è la causa precipua di tali febbri; le quali si manifestano tanto più gravi, qualora le paludi stesse sieno in comunicazione col mare, come quando v'hanno riviere e sbocchi di fiumi in mare, formanti appunto più o meno delle vaste paludi. Le febbri intermittenti che si contraggono in quelle vicinanze riescono allora di gravissima indole.

Talora si svolgono a bordo delle navi nei primi giorni che il bastimento entra in mare, dopo avere veleggiato per qualche tempo entro l'alveo dei fiumi.

Nell'estate e nei climi caldi regnano queste febbri più facilmente, e sono allora più micidiali; talchè vi hanno paesi che sono appunto per ciò inabitabili in detta stagione, come sono tutti quelli fra i Tropici, dove nell'estate queste febbri fanno una strage immensa. Nelle Antille si mostrano poi con tali caratteri di gravità, da simulare un vero *tifo* (n.° 79).

Dominano poi più o meno in alcuni paesi dell'Olanda, dell'Inghilterra, della Francia Meridionale, della Grecia, dell'Italia, sulla costa occidentale d'Africa, nelle Isole del Madagascar, nelle Antille ecc., dove vi hanno le condizioni suindicate di località paludose, maremmane ed umide; il cui malefico vapore, investito dal calore del giorno, si condensa poi e precipita in sul far della sera; ed è allora che colpisce coloro che imprudentemente vi si espongono.

§ 487. **Sintomi.** Tutte le intermittenti, sieno *cotidiane*, *terzane* o *quartane*, si manifestano per mezzo di parossismi, o di accessi, che durano od ore soltanto, oppure un giorno, e poi si sciolgono, lasciando o il resto della giornata, oppure il giorno successivo d'intervallo libero, in cui l'individuo torna alle sue faccende ordinarie (n.° 74).

Ogni parossismo, o accesso si compone di tre periodi; e sono:

1° il periodo del *freddo*,
2° quello del *caldo*,

3° quello del *sudore*, — periodi tutti che nella generalità dei casi si succedono l'uno all'altro regolarmente nell'ordine con cui li abbiamo nominati.

Lo stadio del *freddo* è preceduto da una generale prostrazione di forze, da sbadigli, da dolori vaghi per lo più alle giunture. Succedono quindi i brividi di freddo più o meno intensi; il quale freddo non è sempre avvertito da chi tocca la pelle dell'infermo, che si vede pallido, cogli occhi abbattuti, languidi, privo d'ogni forza muscolare, con tremiti, stringimenti alla fossetta dello stomaco, nausea e vomito.

A questo periodo, che dura due, tre, sei e anche più ore, tien dietro il caldo, durante il quale la faccia si fa rossa, la sete diviene intensa, il malato s'infastidisce e talvolta delira, i polsi battono forte e frequenti.

Il *caldo* dura quasi altrettanto, o più generalmente che il freddo, e si scioglie per mezzo del *sudore*, che sopraggiunge più o meno abbondante, più o meno generale, e per cui ha termine il parossismo febbrile, che ritorna poi o alla medesima ora del giorno successivo, oppure al terzo giorno. Si noti, che non infrequentemente gli accessi anticipano anche delle ore, per cui intendiamo ne sieno avvertiti i capitani, acciò non prendano abbaglio, o restino confusi.

Egli è nell'intervallo che vi ha fra un parossismo e l'altro, che bisogna soccorrere il malato coi dovuti rimedi.

§ 488. **Cura.** Bisogna anche osservare che non sempre i tre periodi sunotati, costituenti l'accesso febbrile, si succedono nell'ordine indicato; talvolta il freddo è susseguito dal sudore, talvolta o non apparisce od appena; differenze vincolate generalmente o all'individuo, o al clima, od alla stagione, e che non si possono con sicure norme determinare. Per conoscere però veramente se si tratti di febbre intermittente, vi vogliono due o tre accessi, durante i quali si potrà dare qualche infuso di the, o di camomilla, sottoponendo intanto il malato ad una dieta rigorosa.

Se ad onta di questi mezzi l'accesso febbrile ritorna, bisognerà dare al malato un emetico, oppure un purgante; poi si amministrerà il solfato di chinino, dandolo nell'intervallo libero dalla febbre, alla dose di 16 o 24 grani, diviso in quattro o sei parti alla distanza di mezz'ora fra una dose e l'altra.

La cura non varia, sia che si tratti di una *cotidiana*, o *terzana*, oppure *quartana:* — tutte si troncano collo stesso rimedio.

Se gli accessi febbrili sono accompagnati da sintomi gravissimi e minacciosi, allora la febbre chiamasi *perniciosa*. Essa però si cura con egual metodo. Solo è da avvertirsi che il solfato di chinino vuol essere dato ad una dose molto più forte e la sua amministrazione si deve sollecitare, perchè al secondo o terzo accesso potrebbe l'infermo essere ucciso dalla violenza e malvagità della febbre.

79. — *Febbre maligna, o tifo.*

§ 489. Questa malattia attacca ben di spesso la gente di mare a bordo delle navi, ed è conosciuta sotto il nome di *febbre* o *tifo navale*. Intieri equipaggi, massime nei passati secoli, vennero distrutti da questo flagello. Solo in questi tempi nostri ha diminuito e nella frequenza e nelle stragi, perchè i governi, massime in quanto alla marina militare, curarono meglio le misure igieniche, e pensarono di più a migliorarne le pessime condizioni in cui era tenuta nei tempi andati. Se la marina mercantile non può ancora sotto questo rapporto eguagliare la militare, massime presso alcune nazioni; se il tifo navale continua ad essere una delle malattie ordinarie degli equipaggi; ciò vuolsi attribuire principalmente al non avere ancora voluto, o saputo, introdurre in questa marineria que' miglioramenti, che sono stati introdotti, in fatto d'igiene, nella marina da guerra.

§ 490. **Cause.** L'accumulamento soverchio di persone a bordo di un naviglio, superiore cioè alla capacità del medesimo, è la prima e più potente causa sviluppatrice del tifo navale; e da questa causa dipende poi anche quel maggior carattere di gravità e malignità che assume la malattia, quando la si sia diffusa a parecchi individui mescolati coi sani. I bastimenti mercantili che si danno, o che si davano in passato allo infame traffico dei negri, furono sempre i più colpiti da questo tifo, che mieteva centinaia di persone. All'accennata causa si aggiungano poi le consimili, che provengono da putride emanazioni di sostanze organiche, o dalle corrotte acque della sentina, da sporcizie di vestimenta, dalle brusche intemperie, dal bevere acqua imputridita, dallo spavento e da altri patemi d'animo deprimenti, dai vari abusi e disordini di vitto, e per ultimo dal contagio che bene spesso accompagna il tifo navale. Quando questo è *contagioso,* si mostra spesso accompagnato da petecchie, o macchie lividastre, scure ed ampie più o meno, che si manifestano alla pelle. Le quali macchie, dall'apparenza che assumono di morsicature di pulci, possono estendersi fino alla larghezza delle lenticchie, o anche più, con tinta più o meno scura o nerastra. Quando non si presentano queste macchie petecchiali, e che nessuna eruzione si mostra alla pelle, si ritiene che allora non sia contagioso. Che se anche a bordo di una nave la malattia si propaga da un individuo all'altro, ancorchè non vi abbiano petecchie (indizio o carattere questo del contagio), egli è perchè gli individui sani si trovano esposti a quelle medesime influenze locali, cui già furono esposti gli altri, prima che si svolgesse la malattia. E però importa che il capitano moltiplichi la sua attenzione a questo proposito, e imponga l'osservanza rigorosa delle più scrupolose misure igieniche, impedendo anche la libera comunicazione dei malati coi sani.

§ 491. **Sintomi.** Numerosissimo si è il corredo dei sintomi che precedono e accompagnano lo sviluppo di questa febbre maligna. La quale presenta differenze più o meno rimarchevoli di forma, relativamente al clima, alla stagione e alla costituzione individuale. I principali però sono i seguenti : un malessere generale, dolori vaganti per tutto il corpo, spossatezza grande congiunta ad una profonda tristezza, perdita dell'appetito, peso alla fossetta dello stomaco. A questi, che sono i fenomeni morbosi che accompagnano generalmente la sua invasione, tengono dietro ben presto i brividi di freddo alternati con vampe di calore, grave dolore alla fronte, occhi rossi, piangenti, pelle secca, e tale un'apparenza di stupore, che subito colpisce chi mira l'infermo. Vien sangue dal naso, vi ha nausea, succede il vomito, vi ha la sete intensa, si fa l'alito della bocca fetente, la lingua appare ora biancastra, or rossa, e sopraggiunge la diarrea, dopo aver provato l'infermo una stitichezza quasi invincibile. Così con questo apparato più o meno completo di sintomi si arriva al 4° o 5° giorno di malattia. Allora è che su tutto il corpo, ad eccezione della faccia, ma più spesso poi limitate al petto ed al ventre, si mostrano le *petecchie*, le quali ordinariamente assumono l'aspetto di macchie livide o nere, come già accennammo, ma in alcuni casi anche di piccole pustolette, che sembrano piene di acqua limpida, le quali allora si trovano principalmente limitate alla piegatura del collo, sotto le ascelle e alla piegatura delle coscie.

Verso l'8° o 9° giorno la lingua si fa secca, e si copre di un intonaco nerastro, che si estende ai denti; l'inghiottimento d'ogni cibo o bevanda è stentato e difficile, spesso impossibile; il ventre si gonfia; scarseggiano le orine, e le poche sono rosse. O la stitichezza, o la diarrea continua e cresce. L'abbattimento è massimo; vi hanno scosse frequenti nelle braccia e nelle gambe; spesso si presentano le convulsioni, e più spesso ancora il delirio, il quale aumenta nelle ore della sera e notturne, declinando verso il ritornare dell'alba.

A questi sintomi possono aggiungersi, o tener dietro altri più gravi, quali il sopore, le convulsioni generali, la perdita della vista, dell'udito e della intelligenza, la paralisi ora delle braccia, ora delle gambe, ora di amendue queste estremità, le piaghe per decubito, e per ultimo la morte.

§ 492. **Corso.** Poche malattie adducono una convalescenza così lunga come il tifo. Se esso fu grave, ci vogliono dei mesi prima che l'individuo che lo superò, possa riavere la sua forza primitiva e reggersi bene sui piedi, tanto rimane indebolito, dimagrito e pallido in faccia. È opinione di molti, che il tifo petecchiale si comunichi più nello stadio di convalescenza, che non in quello di acutezza della malattia. Può durare qualche mese, od anche assai più per le accennate circostanze; ma nella più parte dei casi è malattia che dura dalle due alle tre settimane.

§ 493. **Cura.** Essendo stata preceduta la malattia da disordini o abusi di vitto, od anche quando ciò non fosse, appena si mostri ne' suoi primi sintomi, si dovrà purgare l'individuo con blandi purgativi, che si ripeteranno all'occorrenza.

Se vi ha sul principio febbre viva e robustezza molta dell'individuo, si potrà praticare uno o tutto al più due salassi dal braccio, e se vi hanno dolori al ventre, applicare le sanguisughe all'ano (18 a 24), oppure dietro le orecchie (8 a 12), qualora v'abbia dolore forte al capo.

Con questo metodo curativo si arriva al quarto giorno di malattia. Allora il malato non abbisogna più di molti rimedi. Se vi ha sete, si darà del decotto di tamarindi od anche dell'acqua pura, o acidulata, e più gioverà quanto più sarà fresca. Con un qualche blando purgante si rimedierà alla stitichezza; e se il ventre sarà dolente, vi si potrà applicare un cataplasma ammolliente. — Manifestandosi il delirio, od il sopore, si applicheranno i sinapismi ai piedi; e mostrandosi qualche dolore locale forte, o in qualche braccio o gamba, si faranno delle fregagioni secche.

In certi climi caldo-umidi succede spesso che il tifo si esacerba alla sera quasi costantemente, producendo o convulsioni, o delirio nella notte; allora sarà meglio di dare alcuni pacchetti di solfato di chinino.

La limonata vegetale, o quella fatta coll'acido solforico (limonata minerale), giova assai nel caso che v'abbiano emorragie.

Finalmente il silenzio, il riposo, la dieta, la pulitezza dell'infermo, l'aria fresca e di spesso rinnovata, contribuiscono potentemente alla guarigione di questa malattia. Nei primi sette giorni si daranno appena dei brodi fatti con *tavolette* o con polli; e mancando di questi, con carne salata assai ben lavata; dal 7 al 14 giorno la dieta consisterà in due o tre piccole minestre assai leggiere di biscotto pesto e ben cotto. Questa dieta, proseguendo di bene in meglio la malattia, verrà poi man mano aumentata, ma con molta attenzione, acciò il malato non recidivi. Del resto, abbiasi somma cura nella osservanza delle misure igieniche, e nell'isolare gl'infermi dai sani (§ 285).

80. — *Ferite*.

§ 494. Si chiamano *ferite* tutte le lesioni che si fanno al corpo vivente con armi, o strumenti da punta, da taglio, da fuoco, oppure con corpi contundenti di diversa specie.

Le ferite sono *semplici*, se interessano appena la pelle o i primi strati sottoposti alla pelle, e si guariscono allora facilmente. In generale guariscono più presto quelle da taglio, quando non sieno penetrati nelle cavità, o molto profonde. — Quelle di punta, se sono profonde, possono portare pericoli diversi. — Quelle delle armi da fuoco sono più difficili a guarirsi, attesochè sono ferite *composte*, ossia lacero-contuse, vale a dire con lacerazione e contusione delle parti.

Le lacero-contuse poi sono talvolta difficili ad essere guarite, o stentano a guarire e presentano maggiore pericolo in ragione del viscere o parte che rimase contusa. — Le ferite penetranti nella cavità del petto o del bassoventre, se non riescono subito mortali, sono più difficili ad essere sanate di quelle che non sono penetranti.

In generale, poichè la conseguenza di una ferita qualunque è sempre un grado più o meno forte di infiammazione che si manifesta, egli è precetto comune, che bisogna ovviare a questo pericolo, applicando mezzi curativi valevoli a menomare la infiammazione stessa. Perciò i bagni freddi, quelli d'acqua, aceto e sale, le sanguisughe, il salasso, gli ammollienti locali, sono tutti mezzi che riusciranno vantaggiosi nella cura delle ferite in genere; procurando però sempre di riunirne i margini se sono molto divisi, e mantenerli a perfetto contatto mediante gli empiastri di *diachilon* o di *tafetà*, e con opportune fasciature fatte tutt' attorno al membro ferito.

81. — *Fimosi*.

§ 495. Si chiama con questo nome una malattia che si manifesta al membro virile, per cui il prepuzio (*pelle*) non può più essere rovesciato indietro, e scuoprire il glande (*testa*) del membro stesso. Può essere questa malattia congenita, ossia dalla nascita; ma frequentissima si osserva anche in conseguenza di male venereo. Generalmente accade in quest' ultimo caso, allorquando esistono ulceri veneree o sotto il prepuzio, o sopra il glande. In questo caso il fimosi è infiammatorio, dolorosissimo, per cui acquista talvolta l'aspetto di un *fungo rosso*.

Quando le ulceri si trovano sul prepuzio, generalmente questo s'infiamma, si gonfia e diviene la sede di dolori atroci, mentre il glande conserva il suo colore naturale più o meno. E se invece le ulceri sono sul glande, allora il prepuzio si trova per lo più nel suo stato normale, e il non poterlo rovesciare indietro dipende dalla gonfiezza e dal volume quindi maggiore acquistato dal glande medesimo.

§ 496. **Cura**. Se la infiammazione è moderata, si può fare a meno di scuoprire le ulceri nascoste fra il prepuzio ed il glande; basterà allora di fare iniezioni ammollienti fra questo e quello; prescrivere bagni semplici generali e locali (*peniluvi*); applicare al membro ammollienti diversi, dare bevande rinfrescanti e vitto semplice di brodo. Il salasso dal braccio e le sanguisughe da applicarsi nello spazio che è tra l'ano e la radice dello scroto, si devono riservare nei casi più gravi. Bisogna avere però la precauzione di tenere rialzato il membro inverso il ventre, onde favorire il ritorno del sangue, e aiutare così la risoluzione della infiammazione.

82. — *Flemmone.*

§ 497. Chiamasi *flemmone* un tumore variamente circoscritto, accompagnato da dolore, calore, rossore, senso di pulsazione, e che termina colla suppurazione. Questo tumore ordinariamente si appalesa al collo, alle ascelle, al margine dell'ano e alle estremità tanto superiori, quanto inferiori.

§ 498. **Cause**. Predispongono al flemmone, o ne agevolano più o meno lo sviluppo, la età giovanile e robusta, il temperamento sanguigno, l'epoca della pubertà, e certe infiammazioni di visceri ed organi interni. Ma ordinariamente suol essere l'effetto di qualche profonda contusione, d'una ferita, di puntura, di abbruciatura, e d'altre cause di questo genere.

§ 499. **Sintomi**. I sintomi che annunziano questa malattia variano giusta la sede della infiammazióne. Il tumore
talvolta è duro, elastico, di volume diverso, ha base larga
ed esattamente circoscritto. Toccato colla mano lo si sente
caldo, al centro si vede più rosso che negli altri punti; rossore che non isvanisce punto sotto la pressione. È generalmente doloroso, ed il dolore è accompagnato di quando in
quando da trafitture e senso di distendimento; fenomeni
questi crescenti tutti per gradi: essendo il flemmone limitato,
appena vi ha qualche movimento febbrile; ma se esso è
profondo e vi abbia molta tensione, dolore e difficoltà di
movimenti, il polso allora si accelera, la sete si fa ardente,
il dolore di testa forte; in poche parole si sveglia una
febbre vivissima.

§ 500. **Corso**. Un flemmone può finire colla *risoluzione*,
vale a dire sciogliersi affatto, ed è questo l'esito più vantaggioso. Spesso termina colla *suppurazione*, ed è quando
è molto esteso e profondo. Ma può terminare anche in *cancrena*, ed è l'esito il più infausto, abbenchè sia fortuna-
tamente il più raro (n.° 26).

§ 501. **Cura**. Salasso generale e parziale (sanguisughe);
bevande rinfrescanti; ammollienti applicati alla parte; emetici e purgativi; dieta austera e riposo, costituiscono il piano
generale e speciale di cura di questa malattia. Se il flemmone accenna di passare alla suppurazione, puossi affidarne
l'apertura alla natura medesima, accontentandosi di medicare la piaga con semplici filacciche ed unguento rosato.
Se invece, per essere molto profondo, si mostra restìo ad
aprirsi per dar esito alla marcia che racchiude, allora con-
verrà spaccarlo nel mezzo mediante la lancetta, distendendo
prima quanto più si può la pelle, e quindi medicandolo con
filacciche asciutte, cui si sovrappone un cataplasma di semi
di lino. Questa cura si continuerà per cinque o sei giorni.

83. — *Fratture.*

§ 502. Le ossa soggiacciono a *fratture*, o *rotture* diverse; e. i marinai sonovi molto esposti, massime in seguito a cadute dall' alto.

Si possono rompere ora gli uni ed ora gli altri ossi indistintamente, e presentare pericoli diversi.

Generalmente quando si rompono le ossa che formano la testa, o quelle che costituiscono il tronco, la morte ne è per lo più il termine fatale, poco potendo l' arte provedervi con mezzi diretti.

Le rotture delle ossa delle estremità sì superiori che inferiori sono invece meno pericolose, perchè più facilmente si possono dall' arte riparare.

V' hanno adunque rotture delle ossa

1° del braccio,

2° dell' avambraccio,

3° della mano,

4° della coscia,

5° della gamba,

6° del piede.

Si possono — 1° rompere in due, oppure in tre pezzi, e allora sono fratture *semplici.*

2° Si possono rompere e stritolare, oppure scheggiare qua e là, — e allora le fratture sono *composte.*

3° Finalmente si possono rompere le ossa con slogamento dell'articolazione, o ferita dei tessuti molli, — e allora le fratture si dicono *complicate.*

§ 503. **Sintomi.** 1° Dolore e impossibilità di muovere il membro fratturato, sebbene questi segni sieno comuni anche alle slogature e contusioni.

2° Mutazione di forma, di lunghezza e direzione del membro stesso.

3° Senso di scricchiolamento o crepitazione dei frammenti ossei.

4° Ineguaglianza dei frammenti stessi.

5° Complicazione di altre lesioni, trattandosi di fratture non semplici e di varie ossa.

Questi sintomi però non sono caratteristici nè gli uni nè gli altri, e possono mancare in gran parte, senza che per questo la frattura dell'osso sia meno certa.

Quando adunque manchino questi sintomi e si stenti a rilevare la frattura, per regola generale si seguirà colle dita l'andamento, o il contorno degli ossi rotti, specialmente dal lato ove riescono più superficiali.

Nella rottura della *gamba* si passerà colle dita sulla faccia interna dell'osso maggiore della gamba stessa, e sulla cresta sua per vedere se v'abbia ineguaglianza di frammenti.

Nella rottura dell'*avambraccio* bisognerà scorrere e sull'orlo esterno e sull'orlo interno del medesimo, per vedere dove sia la ineguaglianza dei pezzi ossei.

Nella rottura del *braccio* e in quella delle *coscia*, è ben raro che vi abbia molto dolore, o che si possa sentire lo scricchiolamento dei frammenti ossei.

Generalmente il membro rotto diventa spesso concavo o infossato là, dove dovrebbe apparire invece convesso o diritto.

§ 504. **Cura.** Per curare bene una frattura bisogna soddisfare a queste tre indicazioni:

1° ridurre i frammenti ossei nella loro posizione naturale;

2° mantenerli in questa posizione per tutto il tempo necessario al loro consolidamento;

3° prevenire gli accidenti che possono svilupparsi, e combattere quelli che già si mostrarono.

Per *ridurre* le fratture delle ossa tanto nelle estremità superiori che inferiori, bisogna:

1° tirare il membro rotto pella sua estremità inferiore, onde allungarlo e metterne i frammenti a perfetto contatto;

2° intanto che si tira la parte inferiore del membro rotto, bisogna tenere immobili il tronco e la parte superiore del membro stesso, onde nè questo nè quello siano trascinati dagli sforzi, che richiede necessariamente la estensione del membro;

3° quando i frammenti dell'osso sieno venuti ad esatto contatto, bisogna applicare sui medesimi la mano per assicurarsi del fatto, e mantenere immutato il contatto medesimo.

Bisogna generalmente avvertire che la estensione del membro fratturato, o il suo stiramento in basso, non si deve fare immediatamente sul pezzo fratturato, ma sibbene su quella parte del membro che si articola col pezzo medesimo. Così se fosse rotto l'osso del braccio, bisognerebbe applicare la forza estensiva all'avambraccio: se fosse quest'ultimo, bisognerebbe invece applicarlo alla mano; come per la rottura della coscia si applica alla gamba, e per quella della gamba al piede.

Per, *mantenere* le fratture già ridotte si adoprano le fasciature, le assicelle, e vari altri apparecchi, nonchè il riposo e la posizione. Il membro fratturato e ridotto appartenendo alle estremità inferiori, debb'essere collocato sopra un piano orizzontale, tutto intiero per la sua lunghezza, e rimanere in assoluto riposo per il tempo che richiede la riunione dei due pezzi ossei, tempo che non è mai minore di quaranta giorni. E siccome la riduzione stessa delle fratture e lo spostamento primo dei frammenti possono far nascere infiammazioni più o meno gravi, così si pratica l'applicazione dei bagni e cataplasmi ammollienti continuamente, o di compresse bagnate nella soluzione di acetato di piombo, od altro liquido risolvente. Quindi si appongono lungo il membro ridotto due assicelle lunghe e strette, appianate, coperte di tela, ponendo fra le medesime e il membro rotto dei cuscinetti pieni di crusca, o cenere, o cotone, onde rendere più uniforme la pressione, ed impedire che si facciano escoriazioni, e quindi piaghe. Queste assicelle si assicurano poi mediante tre, quattro od anche maggior numero di fettuccie di tela, larghe circa un pollice, e tanto lunghe da poter abbracciare sottosopra liberamente il membro fratturato.

84. — *Fuoco selvatico.*

§ 505. Si dà questo nome volgarmente a diverse affezioni pustolose e papolose della pelle, o ad un insieme di macchie rosse che si manifestano alla faccia, e che generalmente scompariscono coi bagni generali solforosi o di mare.

85. — *Furuncolo.*

§ 506. Chiamasi con questo nome un tumore infiammatorio, superficiale, duro, rossissimo, caldo, dolente, circoscritto, voluminoso, prominente, di forma conica, e che termina colla suppurazione. Può essere solo, oppure in compagnia di più altri: quando ve ne hanno parecchi, generalmente ve ne ha uno che vince gli altri in grossezza: quando questo tumore indica di suppurare (ciò che accade in capo a sette od otto giorni) egli si allunga in punta e marcisce alla cima, dove assume un colore bianchiccio; ma il dolore non cessa se non quando il marciume sia escito spontaneamente, o fatto uscire mediante pressione fatta sul contorno del tumore medesimo. I furuncoli quasi mai sono pericolosi, ma la loro varia situazione li rende talvolta incomodissimi.

§ 507. **Cura**. Si curano colle sanguisughe, colle fomentazioni ammollienti, e cataplasmi, specialmente fatti con mollica di pane e latte, o di semi di lino spolverati collo zafferano, e coi bagni tiepidi ecc.

Se il dolore fosse troppo forte, allora bisogna incidere il furuncolo con un taglio di lancetta fatto a croce.

G

86. — *Gastricismo.*

§ 508. Chiamasi volgarmente col nome di *gastricismo* o *colluvie gastrica*, quello stato, o affezione morbosa, in cui l'individuo prova un gusto amaro alla lingua, che è coperta di uno strato bianco o giallastro, perdita dell'appetito, nausee, sforzi per vomitare, e vomito di materie gialle, verdognole, amare, con una sensibilità più o meno cresciuta alla fossetta dello stomaco. Questo stato morboso è generalmente l'effetto d'indigestione, o più spesso ancora dell'accumulamento di mucosità o di bile nella cavità dello stomaco. Se non che questo adunamento di materie diverse, non si potendo fare senza una causa morbosa preesistente nello stomaco stesso, ecco che questa affezione gastrica si riduce in ultimo alla gastrite di cui si dirà qui sotto (n.° 87). Per cui il gastricismo lo si può ritenere come un primo passo di questa malattia, e perciò non si potrebbe stabilire un piano curativo diverso dallo assegnato alla gastrite, se non è forse nel grado.

87. — *Gastrite, o infiammazione dello stomaco.*

§ 509. Non vi ha infiammazione di viscere alcuno, che come quella dello stomaco presenti una grande varietà di forma e di grado, e dia luogo ad una serie non meno svariata di fenomeni morbosi più o meno vincolati alla medesima. Per lo scopo nostro basterà il dire di quella specie di gastrite, che è la più ovvia, ossia la più facile ad incontrarsi nella gente di mare.

§ 510. **Cause.** Ritengasi, che fra le tante cause capaci di produrre l'infiammazione di stomaco le più frequenti sono: l'abuso delle bevande stimolanti, dei vini più o meno alcoolici, dei liquori spiritosi, delle carni salate e dei cibi in generale molto succulenti, o fortemente conditi con pepe, o senape, o peperoni e simili; siccome la puol essere conseguenza di contusioni, ferite ed altre lesioni riportate dallo stomaco.

§ 511. **Sintomi**. Dolore più o meno acuto e costante allo stomaco, accompagnato da grande ansietà, ed estendentesi dalla fossetta dello stomaco stesso fino al dorso, all'ombellico e qualche volta lungo la gola. Questo dolore si aumenta ad ogni anche più leggiera pressione della mano, o appena s'introducono nello stomaco delle bevande. — Calore di variabile intensità, e talvolta senso di bruciore alla fossetta dello stomaco; nausee quasi continue, e rutti o rinvii gazosi a brevi intervalli; vomiturazioni prima, poi vomiti dolorosissimi, non solo delle bevande, ma ben anche di una certa mucosità mista per lo più a bile, od a sangue; — vomiti questi non susseguiti mai da alcun alleviamento. Vi ha un desiderio vivissimo di bevande fredde, e somma ripugnanza per le calde; sete ardente, ma per soddisfarla bisogna che il malato subisca il travaglio doloroso dei vomiti, essendochè lo stomaco infiammato le rifiuta tutte egualmente.

Se mai la infiammazione dello stomaco fosse proveniente da qualche acido o alcali corrosivo, vi avrebbero allora delle escare od ulcere nell'interno della bocca, e la qualità delle materie vomitate mostrerebbe la loro natura acida o alcalina, tuttavolta s'immergesse in esse della carta preparata precedentemente colla tintura di tornasole, la quale viene rinverdita se la materia è alcalina, e arrossata invece essendo acida la materia vomitata.

Quando l'infiammazione dello stomaco è grave, vi ha fisionomia alterata, esprimente l'avvilimento. La faccia allora è pallida, raggrinzita e si contorce a tratti dolorosamente: il malato si agita, cambia spesso posizione, con fatica sostiene la propria testa, che la inchina alternativamente dall'uno e dall'altro lato. Vi si aggiungono poi, procedendo il male, il singhiozzo, gli svenimenti e la sincope. I polsi sono febbrili, ma ordinariamente piccoli, alla pressione duri e resistenti.

§ 512. **Corso.** È malattia che può rapidamente estinguere la vita in pochi giorni, ed allora è la gastrite eminentemente *acuta*. Questa malattia però è anche suscettibile di *cronico* andamento.

Quando volge a guarigione, il suo corso riesce molto più lungo di quello con cui termina colla morte.

§ 513. **Cura.** Totale astinenza dagli alimenti, riposo assoluto, e amministrazione moderata anche delle bevande rinfrescanti. Non si applicherà alla fossetta dello stomaco alcun cataplasma, il quale col proprio peso riuscirebbe insopportabile e troppo doloroso. Il salasso generale e il parziale (col mezzo delle sanguisughe) costituiranno il precipuo mezzo curativo. Si potranno applicare quindi alla fossetta dello stomaco da 15, 20, 30 e perfino 40 sanguisughe per ogni volta. Invece dei cataplasmi ammollienti da applicarsi localmente, meglio faranno le fomentazioni con flanella, o con pannilini inzuppati di qualche liquido ammolliente. Le fomentazioni d'acqua fredda o ghiacciata riescono pure assai bene, massime quando sia forte il senso di calore o bruciore. Il bagno tiepido generale è pure indicato ed utile. Per bocca si potranno dare delle bevande contenenti siroppo d'orzo, di altea, di gomma, decotto di radici d'altea, di mollica di pane e simili. I clisteri ammollienti e rinfrescanti gioveranno non meno all'uopo. Se il malato fosse molto abbattuto di forze, per cui non fosse prudenza di salassarlo, si applicheranno allora senapismi e vescicanti, prima sulle estremità, poi alla fossetta dello stomaco. Se le estremità fossero assai fredde, si ravvolgeranno in pannilini o flanelle caldissime.

88. — *Gengive* (*Malattie delle.....*).

§ 514. Le gengive soggiacciono a flussioni e ingorghi diversi di sangue, per cui si gonfiano più o meno, dolgono, gemono sangue facilmente, e poi passano anche a suppurazione o cancrena. Quando questi ingorghi o flussioni sanguigne sono limitate a qualche punto soltanto delle gengive, si chiamano volgarmente anche *apostemi* (n.° 6). Questi ingorghi parziali sono l'accompagnamento, ordinariamente, delle carie dei denti, oppure della infiammazione delle gengive.

Quando tutto il contorno delle gengive si mostra gonfio, turgido di sangue, di colore livido-oscuro, allora è l'effetto di qualche malattia generale, come sarebbe lo scorbuto (n.° 168); oppure dell'azione del mercurio, il quale produce un tale effetto, quando siasi continuato un certo tempo a far uso di questo potente rimedio.

Le congestioni gengivali prodotte da vizio generale, si guariscono per lo più coi succhi acidi del limone, o coll'aceto comune, o sciacquando la bocca con una miscela di ossimele e acido solforico. Quando si tratti di alcuni ingorghi parziali, oltrechè questi cedono ordinariamente col togliersi della causa materiale che gli produsse o li mantiene, si vincono poi colle frequenti sciacquature d'acqua tiepida, o acidulata. Ma in ogni caso è sempre raccomandabile di tener monda e pulita la dentatura, onde evitare coteste affezioni in generale (§ 249). Anche allora che vi fossero ulcerette o afte (n.° 1), si raccomanda pure di curare la causa da cui queste vennero accagionate, giacchè il trattamento loro locale col caustico poco o nulla produrrebbe.

89. — *Gonorrea.*

§ 515. Si chiamava per lo passato, e si chiama ancora volgarmente da alcuni con questo vocabolo la *scolazione venerea*. Ma con più retta espressione viene essa appellata *blenorragia* o *scolazione* (n.° 19 e 167).

I

90. — *Idrofobia, o rabbie*.

§ 516. Si usa questo vocabolo per esprimere la *rabbie* prodotta dalla morsicatura di qualche animale, e specialmente del cane, come anche del lupo, del gatto e di altri quadrupedi domestici.

Generalmente dopo 30 o 40 giorni (od anche più tardi) dalla morsicatura fatta dal cane rabbioso, si manifesta la rabbie nell'uomo; — raro è di vederla sviluppare dopo 60 e più giorni.

§ 517. **Sintomi.** Questa malattia è caratterizzata da un grande orrore pei liquidi e bevande d'ogni specie, nonchè per le superficie lucide, come vetri ecc., la cui vista cagiona accessi convulsivi più o meno violenti. Quindi si ha in questa malattia il delirio, la voglia di mordere, una fisionomia di spavento tutta particolare, febbre gagliarda, e poi la morte tra il secondo e terzo giorno, od al più tardi nel quarto o quinto.

§ 518. **Cura.** Cauterizzare immediatamente col fuoco, o col ferro rovente la ferita o ferite fatte dalla morsicatura dell'animale arrabbiato, è questo l'unico mezzo che finora si abbia di meno incerto per impedire lo sviluppo dell'idrofobia. Quando siasi questa manifestata, gioveranno i bagni tiepidi generali e molto prolungati, nonchè le fregagioni coll'unguento mercuriale: ma bisogna pur confessarlo, l'arte medica riesce quasi sempre impotente contro questa terribile malattia.

91. — *Incontinenza di orina.*

§ 519. Molte sono le cause per cui si può perdere l'orina involontariamente. Sebbene la sia questa una malattia che più particolarmente si manifesta nei bambini, nei vecchi e nelle donne gravide, od anche in quelli che furono operati di pietra; pure può osservarsi eziandio in uomini robusti e giovani, in seguito ad altre cause diverse.

Spesse volte però la perdita involontaria delle orine è un sintomo, o conseguenza di altre malattie più o meno gravi e pericolose, come sono l'apoplessia, la paralisi, l'epilessia, le commozioni della spina per ferite, percosse e simili. Ma non rare volte essa è prodotta dall'ubbriachezza e dalla mansturbazione; due potenti cause codeste, che nella gente di mare hanno non poca influenza, e sulle quali devono attentamente vigilare i capitani.

Indipendentemente dai pericoli che seco trae la incontinenza delle orine, quando la è conseguenza di malattie proprie della vescica, vi ha anche il gravissimo inconveniente di bagnare di continuo e camicia ed abiti, tramandando così un insoffribile odore. Per guisachè, anche quando si abbiano cure di nettezza locale, non per questo sono meno ributtanti gl'individui che soffrono di questa malattia, la quale, a lungo andare, produce poi escoriazioni, esulceramenti, ed una specie di risipola pustolosa allo scroto e all'interno delle coscie.

§ 520. **Cura.** Quanto alla cura della incontinenza d'orina prodotta dall'una e dall'altra delle due suaccennate cause, alle quali si limitano qui le nostre osservazioni, ben si comprende subito, che la rimozione completa dell'una e dell'altra dev'essere la condizione prima, perchè si possa sperarne la guarigione. Del resto, i bagni freddi generali vengono da tutti raccomandati, nonchè le docciature fredde e l'acqua ghiacciata per semicupio, e le lavature spiritose od aromatiche fatte particolarmente colla canfora. Talvolta si vide guarire questa malattia anche dietro l'applicazione di un largo vescicante sull'osso sacro.

92. — *Indigestione.*

§ 521. Chiamasi ordinariamente *indigestione* quel disordine subitaneo e passaggiero nell'atto della digestione, per cui questa viene interrotta con pregiudizio più o meno sentito nella salute dall'individuo.

§ 522. **Cause.** Possono produrre la indigestione; — un patema d'animo, le soverchie fatiche intraprese subito dopo di aver mangiato, o certi movimenti insoliti del corpo, come quello della vettura, dell'altalena della nave, la subitanea impressione del freddo, una percossa o contusione riportata alla fossetta dello stomaco, la emanazione di certi gaz e odori fetidi penetrantissimi; cause tutte che operano o direttamente o indirettamente sullo stomaco. Oltre queste, vi ha lo inghiottimento di una quantità di cibi e di bevande presi oltre il bisogno, o senza appetito, od anche con avversione, e molto più se i cibi fossero tali da riescire molto resistenti alle forze digerenti dello stomaco. Si aggiunga poi anche la preparazione varia degli alimenti, circostanza essa pure frequentissima d'indigestione.

§ 523. **Sintomi.** Generalmente la indigestione non si appalesa che alcune ore dopo di aver mangiato. Una certa malavoglia generale, un senso di calore, di pienezza e gravezza alla bocca dello stomaco, ne sono i primi segni, non solamente quando si sia mangiato troppo, ma anche allora che si appalesa una insolita emanazione di gaz nello stomaco. Succedono poi le nausee, i borborigmi, i singhiozzi e le eruttazioni acide di fetore vario. Questo stato dura un certo tempo; poi vengono i conati di vomito, poi vomiti diversamente copiosi e ripetuti, pei quali si cacciano fuori i cibi poco o nulla alterati, di odore agro, scipito e nauseoso. Talvolta al vomito si aggiungono anche le ripetute evacuazioni del ventre. Durante poi questo stato di perturbamento dello stomaco si ha ad un tempo dolore di testa, senso di spossatezza nelle membra, respiro più o meno sconcertato, e polsi più o meno vari, per cui la macchina intiera sembra profondamente sconcertata. La indigestione termina ordinariamente presto e in bene; ma vi hanno casi in cui essa spiega effetti gravi sul cervello, o sul polmone e produce ben anco la morte.

§ 524. **Cura.** Prima di tutto bisogna far vomitare la materia inghiottita, e se lo stomaco non abbia ancora cominciato a liberarsene spontaneamente, bisognerà aiutare o procurare il vomito o con acqua tiepida, o con una infusione di the, o col tartaro emetico, o colla ipecaquana, o ben anco titillando le fauci colle barbe di una penna da scrivere, nel tempo stesso che si praticheranno alcune fregagioni secche alla fossetta dello stomaco. Alcune bevande rinfrescanti, diluenti, congiunte alla dieta termineranno in pochi giorni la cura, e lo stomaco sarà così liberato dalla passeggiera irritazione sofferta. Qualora le materie inghiottite fossero già in parte passate negl'intestini, allora bisognerà ricorrere a qualche clistere acquoso, od ammolliente, oppure a qualche leggiero purgante.

93. — *Indormentimento delle membra.*

§ 525. Chiamasi con questo nome quella specie di spasimo alle mani od ai piedi, o in qualche altro membro, che si dice anche da taluni *granfio, granchio,* o *crampo.*

94. — *Infezione.*

§ 526. Chiamasi *infezione* tanto il viziamento dell'aria per mezzo di gaz deleterei, di miasmi animali o vegetabili, quanto l'azione nocevole che questi miasmi stessi od emanazioni esercitano sull' uomo. Molti corpi sono capaci di ricevere la infezione; cionullameno ve n'hanno alcuni che si distinguono appunto per la somma facilità con cui pigliano la infezione e la rattengono, come sarebbero i tessuti di lana, di cotone, le pelliccie, le penne e simili (§ 62 e seg.).

95. — *Infiammazione della bocca, o delle fauci.*

Vedi — Angina (n.º 4).

96. — *Infiammazione dei bronchi.*

Vedi — Bronchite, o catarro (n.ⁱ 22 e 31).

97. — *Infiammazione degli occhi.*

Vedi — Ottalmia (n.º 137).

98. — *Infiammazione dei polmoni.*

Vedi — Polmonia (n.º 147).

99. — *Ingorgo sanguigno.*

Vedi — Congestione di sangue (n.º 43).

100. — *Intermittenti.*

Vedi — Febbri intermittenti (n.º 78).

101. — *Ipocondriasi.*

§ 527. Si chiama con questo nome quella malattia, che, avente la sua sede per lo più nel fegato e nei visceri del bassoventre, produce la *melanconia*; la quale da un grado il più leggiero e quasi insignificante, può essere spinta fino a quello della *pazzia melancolica*.

È questa una malattia che attacca generalmente la gioventù e l'età virile; di rado la si osserva nei fanciulli e nei vecchi. L'abbandono della patria può esserne causa predisponente od occasionale, ed è perciò che qualche volta si sviluppa nella gente di mare, massime quando s'intraprendono lunghi viaggi (n.º 136).

§ 528. **Sintomi**. L'ipocondriaco accusa, o meglio esagera, mille malanni. A sentir lui non ha parte, o viscere del suo corpo che non sia colpito dal male. Egli è suscettivo alle più lievi impressioni dei sensi, per cui accusa dolori in tutti gli organi sensorii, o molestie più o meno gravi. Ben di spesso l'ipocondriaco passa dalla tristezza alla gioia, dalla speranza al timore, quindi ha un carattere vario quanto la sua fisionomia; talora timido, pusillanime, sospettoso; talaltra irascibile, inquieto, diffidente; tormenta e stanca tutti; ogni nonnulla lo contraria e lo agita. Soprattutto lo inquieta lo stato suo di salute, giacchè per ogni più piccola cosa si crea un pelago di pericoli e di mali. Infine questa malattia è caratterizzata dalla moltiplicità, dalla varietà e dalla mobilità dei disordini accusati dagli infermi e dalle sofferenze eccessive di cui si lagnano gli ipocondriaci, poste a confronto colle apparenze esterne di una sanità, che essi godono quasi sempre eccellente.

§ 529. **Cause**. Il clima caldo, l'abbandono della patria, l'età giovanile, la mansturbazione, l'abuso del coito, sono tutte cause, le quali predispongono più o meno alla ipocondriasi. Le cause eccitanti però di maggior rilievo sono i dispiaceri profondi, le contrarietà di continuo rinascenti, lo spavento, il timore di essere presi da malattie pericolose, la soppressione di alcune emorragie abituali come l'epistassi (n.º 68) e gli emorroidi (n.º 61), l'abuso delle bevande

aromatiche, quali sono il the, il caffè; finalmente la vita
oziosa e disoccupata.

§ 530. **Cura**. Gl'ipocondriaci sono i malati i più difficili
ad essere curati; sono versatili, indocili, vorrebbero ad ogni
istante mutare medico e medicine. Non si può quindi con-
fidare molto nell'amministrazione dei rimedi. Spesso il solo
cambiamento del genere di vitto, delle occupazioni ed abitudini dei malati, forma uno dei mezzi di cura più efficaci, massime se si tratti d'ipocondriasi recente. I mezzi igienici poi
somministrano più assai dei rimedi un'arma onde combatterla
con vigore, massime quelli che operano direttamente sul
morale. Bisogna che gl'ipocondriaci sieno soggetti all'autorità
di alcuno, che possa loro imporre l'uso e l'esercizio delle
tali, o tal altre cose; altrimenti si può esser certi che non
faranno che per metà quello che loro si suggerisce. E parlando
dei marinai specialmente, siamo certi che non mancherà l'autorità del capitano per far eseguire quanto ad essi prescriverà.
Non devesi però tacciar mai questi infermi di *malati imma-
ginari*, perchè, oltre di essere falso, ciò li disgusta profondamente e li addolora, aggravandone d'assai lo stato fisico.

Al principio della malattia la distrazione, il vitto tonico,
corroborante giovano moltissimo. Non si può fissare una
regola assoluta pel genere di vitto; ma si può ritenere, che
si possono a vicenda o successivamente dare alimenti vegetali,
latticini e carni. La bevanda nel pasto sarà l'acqua pura,
o la birra allungata, oppure vino rosso-vecchio, poco spiritoso e molto adacquato. Mangierà l'ipocondriaco parecchie
volte al giorno, ma sempre poco per volta. Bisogna evitare
ogni variazione rapida di atmosfera, e tenersi lontano affatto
dalle bevande alcooliche.

102. — Itterizia.

§ 531. Si chiama con questo nome quel complesso di
fenomeni morbosi, di cui il principale e più prevalente si è

quello della tinta gialla più o meno carica che acquista tutta la pelle. La quale tinta gialla essendo per lo più la conseguenza di un'alterazione comunque avvenuta nel viscere che secerne la bile, cioè il fegato, egli è per conseguenza ad una lenta infiammazione appunto del fegato, che si deve attribuire questo fenomeno morboso. E però noi, in quanto concerne la cura dell'itterizia, ci riportiamo a quello che già abbiamo accennato rispettivamente alla cronica infiammazione del fegato (§ 459).

L

103. — *Lombaggine.*

§ 552. Chiamasi con questo nome quella specie di reumatismo, che attacca particolarmente la regione dei lombi (n.i 160 e 161).

104. — *Lumache (Avvelenamento da.....).*

§ 553. Le lumache possono riescire venefiche; e si hanno casi di gravi avvelenamenti prodotti da questa specie di mollusco, massime se non sia bene purgato. Crediamo utile darne qualche cenno in proposito, sapendo che gli equipaggi della marineria sarda alcuna volta se ne cibano.

§ 554. **Sintomi.** L'avvelenamento prodotto dalle lumache è caratterizzato da molti fenomeni comuni al cholera morbus; e perciò vomiti e diarree continue e copiose, bruciore di stomaco, sete ardente, freddo che comincia dalla punta dei piedi e si estende poi grado grado fino alla sommità del capo; tremori, offuscamenti di vista, sudori freddi e copiosi, polsi impercettibili, prostrazione di forze, grande contrazione dei muscoli addominali, faccia cadaverica (§ 377).

§ 535. **Cura.** Dare un emetico al più presto, per agevolare la espulsione del cibo inghiottito; poscia amministrare qualche sorso di rhum, od un caffè con entro un po' d'acquavite, e prescrivere il riposo. In breve chi usò di questo cibo e ne cadde malato, se è prontamente curato, si rimette dal grande abbattimento fisico-morale in cui cade.

105. — *Lussazioni.*

§ 536. Chiamasi *lussazione*, ovvero *slogatura*, l'uscita d'un osso dalla sua cavità, o nicchio articolare.

Noi non faremo qui parola che di quelle slogature, le quali possono più facilmente occorrere a bordo delle navi, aggiungendo alcunchè del modo con cui provedervi nei singoli casi.

§ 537. *Lussazione del braccio.* Una delle slogature o lussazioni le più ordinarie e frequenti si è quella del *braccio*; essa però non può verificarsi che all'*ingiù* ossia in basso, oppure all'*indietro*, cioè all'esterno del braccio, o all'*avanti*, che vuol dire all'interno del braccio stesso. Tastando nel cavo dell'ascella si sentirà la testa dell'osso, uscita fuori, sporgere in uno di questi tre punti o luoghi indicati. Quella all'*insù* non si può effettuare senza che vi sia la rottura del becco dell'osso (*scapola*).

Questa slogatura succede per lo più in tutte quelle cadute in cui, trovandosi il gomito lontano dal tronco, si appoggia sul suolo, o sopra qualunque altro corpo resistente, mentre i muscoli del petto, fortemente contratti, tirano *ingiù* la testa dell'osso verso quella parte del suo legamento articolare, che è comparativamente la più debole, per cui questa si lacera, e la testa dell'osso esce allora dalla cavità articolare.

§ 538. **Sintomi.** Il braccio slogato è più lungo dell'altro del lato opposto; la sua direzione è obliqua dal lato esterno, il gomito si vede allontanato dal corpo, nè vi si può ravvicinare senza destare un vivo ed insoffribile dolore. La spalla si vede deformata; nel cavo dell'ascella si sente un tumore rotondo, duro, che è la testa dell'osso slogato: l'innalzamento e la rotazione del braccio si fanno con dolore grandissimo dell'infermo; finalmente il capo e il tronco pendono involontariamente dal lato in cui si trova questa lussazione.

§ 539. **Modo di riduzione.** Si riduce la slogatura *inferiore* del braccio dalla spalla in questo modo. Si fa sedere il malato sopra uno sgabello ordinario; poscia chi vuol fare la riduzione, mette il proprio calcagno nel cavo dell'ascella del malato stesso; tira il costui braccio sul gomito, nella direzione di una linea parallela al lato del corpo, come quando il braccio è situato sul lato; la testa dell'osso viene così portata innanzi alla cavità articolare, nella quale rientra facilmente. Questo è un metodo antico; come pure antico si è quello di portare l'ascella lussata sulla spalla di un uomo robusto, il quale tenga colle mani per davanti il braccio dell'infermo, nel tempo che ne alza da terra colla sua spalla tutto il corpo; oppure di collocare il malato coll'ascella lussata sull'orlo di una porta, o sul traverso d'una scala a mano, tenendo saldo con una mano il braccio, nel mentre si abbandona il corpo penzolone col proprio peso dall'altra parte.

§ 540. *Lussazione dell'avambraccio.* Le due ossa che costituiscono l'*antibraccio* si possono slogare nella loro articolazione del gomito col braccio. Questa slogatura si fa in tre modi — all'*indietro* — all'*indentro* — ed all'*infuori.* — Quella all'indietro è la più frequente, e perciò ci limiteremo a dire di questa. Essa accade generalmente in quelle cadute sulla mano, quando vi ha l'antibraccio disteso per ripararsi dalla caduta stessa.

§ 541. **Sintomi.** Nella slogatura all'indietro l'avambraccio, veduto nella sua parte anteriore, sembra raccorciato; si osserva la mano voltata in pronazione, e si vede piegato ad angolo ottuso sul braccio. Impossibili riescono la estensione e la flessione compiute. Questa slogatura potrebbe confondersi qualche volta colla rottura delle estremità dell'osso del braccio, massime attesa la molta gonfiezza che suole accompagnarla.

§ 542. **Modo di riduzione.** Questa slogatura, se recente, è facile a ridursi, e talvolta vi si arriva anche da un solo individuo, facendo una leggiera estensione dell'antibraccio sulla giuntura della mano. Del resto si faccia sedere il malato sopra uno sgabello ordinario, col braccio moderatamente allontanato dal corpo, e diretto obliquamente sul davanti; un assistente pigli il membro vicino all'ascella, e senza bisogno di grande forza estensiva, spinga il cubito in avanti, mentre l'osso più piccolo dell'antibraccio (che si chiama il *radio*, e che è il più esterno) si caccia all'indietro, facendo volgere la mano in supinazione. — Ridotta la lussazione, bisogna assicurare la immobilità del membro con una qualche fasciatura ben stretta.

M

106. — *Malattie acute,*

e

107. — *Malattie croniche.*

Vedi — Nozioni generali (§ 278).

108. — *Malattie dei marinai.*

§ 543. I marinai soggiacciono forse più degli altri a molte malattie, perchè sulla nave (dipendentemente dai climi e dalla navigazione) si riuniscono molte cause nocive alla salute. Non volendo qui enumerare distintamente tutte le malattie accidentali o comuni, che bene spesso li travagliano, una parte delle quali si è già descritta, faremo cenno solamente di quattro *generali forme morbose*, le quali fissarono fin dai più antichi tempi più di tutte le altre l'attenzione dei medici e dei governi. Esse sono:

1° La *febbre-maligna* o *tifo navale*.

2° Il *tifo amarilli*.

3° La *febbre-gialla*.

4° Lo *scorbuto*.

In quanto al *tifo navale*, che è perfettamente identico al tifo degli spedali, delle prigioni ecc., noi rimandiamo il lettore all'art. *febbre maligna* o *tifo* (n.° 79).

Il *tifo amarilli* sarebbe, secondo alcuni, una cosa stessa colla *febbre-gialla;* taluni invece vi fanno differenza, ammettendo che quello, quando si sviluppi a bordo, più assai rapidamente di questa si propaghi nell'equipaggio ed uccida, anche quando si sia preso il mare, e si trovi allontanati dalla spiaggia; per guisachè se la navigazione è lunga, raro è che si possa arrivare in porto con sufficiente equipaggio. All'incontro, se anche salpando da un porto infetto si abbia la febbre-gialla a bordo, assicurano alcuni, che questo morbo sparisce subitamente, appena che i bastimenti abbiano raggiunta una latitudine alquanto elevata (n.° 76).

Finalmente rispetto allo *scorbuto*, malattia generata dalla corruzione dell'aria di quella parte del naviglio, che è destinata ad alloggiare i marinai, noi ne tratteremo a parte. (n.° 168).

109. — *Male benedetto*)
110. — *Male caduco*) *o epilessia*.

§ 544. Chiamasi volgarmente o coll'uno o coll'altro di questi due nomi la *epilessia*, detta anche *male di S. Bartolomeo.*

Accennammo al § 222 (parlando della scelta degli individui i meglio atti per comporre un equipaggio) come essi debbano essere sani, di robusta complessione e di forme ben sviluppate. Ma può darsi non difficilmente il caso, che anche presentando tutte queste qualità, un individuo vada soggetto al mal caduco. Ben si vede a quale imminente pericolo della vita egli sarebbe in questo caso esposto di continuo, se soffrendo di tale infermità, si desse alla vita marinaresca, nella quale devesi ad ogni tratto salire sull'*alberatura* ecc. Noi perciò insistiamo vivamente, acciò i capitani siano informati se gl'individui del loro equipaggio soffrano specialmente di tale malattia.

§ 545. **Sintomi.** Ma se nonostante ogni loro cura, avessero avuto la disgrazia d'imbarcare alcuno che soffrisse di epilessia, la quale malattia si manifesta generalmente colla perdita istantanea della forza musculare e della conoscenza, per cui quando uno ne è preso cade a terra come corpo morto, privo di sensi, con moti musculari convulsivi, con spuma alla bocca e spesso con rigidità estrema di tutte le articolazioni; se, diciamo, vi fosse alcuno epilettico, avvertiamo che la cura vera (se pur ve n'ha alcuna) non può essere fatta a bordo. Solo devesi provedere agli accessi, onde ovviare le non difficili e gravi loro conseguenze. A quest'uopo diamo qui alcuni consigli.

§ 546. **Cura.** Quando uno sia preso dall'accesso epilettico, si ponga sdraiato su di un materasso in luogo fresco, gli si tolgano quelle vesti, o cinture ecc. che possono impedirne i liberi movimenti, gli si faccia fiutare qualche liquido d'odore forte (aceto canforato, ammoniaca ecc.), gli si spruzzi la faccia d'acqua freddissima, e sulla fronte gli si applichino delle compresse imbevute di acqua fredda con alquanto aceto. Se gli si può far inghiottire un po' di liquido, si dia la preferenza alle bevande eccitanti od almeno acidule. Se sotto gli sforzi musculari, o sotto veri accessi di gravi convulsioni venisse l'infermo livido o nerastro in faccia, e desse sangue dalla bocca o dal naso in grande quantità, e paresse che i polsi scomparissero, si faccia subito un salasso, usando nel tempo stesso dei mezzi tutti suaccennati. Passato l'accesso, si lasci in riposo ed a dieta per alquanti giorni. Siccome tra le cause che possono sviluppare l'accesso in chi ne va soggetto, vi ha anche la indigestione di cibi pesanti ecc., in questo caso si purghi il malato generosamente e ripetutamente appena lo si può (§ 524).

111. — *Male d'avventura.*

Vedi — Patereccio (n.° 142).

112. — *Male della Barbada.*

§ 547. Questa malattia è una specie di *lebbra*, che si osserva alle Antille. Essendo malattia non grave, la sua cura verrà affidata agli uomini dell'arte, lorchè la nave approdi ad un qualche porto.

113. — *Male del Chicot.*

§ 548. Questa è una malattia particolare del Canadà, che ha molta somiglianza colla *sifilide*, o *male venereo* (n.° 170).

114. — *Male di Crimea.*

§ 549. È una specie di *lebbra*, che è molto sparsa nella Crimea.

115. — *Male dei denti.*

Vedi — Odontalgia (n.° 138).

116. — *Mal francese, o mal venereo.*

Vedi — Sifilide (n.° 170).

117. — *Male di gola.*

Vedi — Angina (n.° 4).

118. — *Male della mascella.*

Vedi — Trismo (n.° 177).

119. — *Male del miserere, ossia volvolo.*

§ 550. Questo morbo consiste nello invaginamento di un intestino nell'altro, per cui si ha vomito di materie stercoracee, congiunto a coliche dolorosissime. Esso è causato alcune volte da sforzi prolungati, ma più spesso dall'uso di alimenti flatulenti, o bevande fermentate (§ 137).

Spesso è accompagnato da vomito, dolori di ventre e stitichezza ostinata.

Si cura con purganti oleosi, specialmente coll'olio di ricino, con fomenti caldi al ventre e cataplasmi ammollienti, sanguette e salassi. Spesso si vide riuscire anche mortale.

120. — *Male del paese.*

Vedi — Nostalgia (n.° 136).

121. — *Male di reni.*

Vedi — Lombaggine (n.° 105).

122. — *Mal di mare.*

§ 551. Questa malattia consiste in nausee e vomiti continui cui vanno soggetti, imbarcandosi, coloro per lo più che mai navigarono, e bene spesso anche quelli che fecero già parecchi viaggi.

Vari mezzi si proposero per diminuire questa ambascia dolorosa, che talvolta abbatte straordinariamente le persone; ma il migliore è quello di poter mettere piede a terra, giacchè allora cessa ogni guaio. Nullameno il tenersi durante la navigazione più dappresso che sia possibile all' *albero di maestra* o al centro del bastimento, sembra che diminuisca alcun poco la molestia. V' ha chi propone una cintura molto stretta alla vita, acciò comprima il bassoventre. Le acque aromatiche bevute in poca quantità riconfortano lo spirito di chi soffre il mare.

123. — *Male di Napoli.*

Vedi — Sifilide (n.° 170).

124. — *Male di Rosa, ossia male delle Asturie.*

§ 552. Chiamasi con questo nome, in Ispagna, una specie di *lebbra.*

125. — *Male rosso di Cajenna.*

§ 553. È una guisa di *lebbra,* che si manifesta con macchie rosse alla pelle, le quali divengono poi larghe, profonde, squammose, tubercolose, e che, dopo di essersi ulcerate, sono spesso seguite dallo sfacelo della parte che ne fu la sede.

126. — *Male di Sant' Antonio.*

Vedi — Zoster (n.° 181).

127. — *Male di S. Lazzaro.*

§ 554. Chiamasi volgarmente con questo nome quella malattia, nella quale vi ha una generale ulcerazione della pelle.

128. — *Male di S. Rocco.*

§ 555. Così chiamasi in alcuni paesi, volgarmente, la *tisi polmonare.*

129. — *Male di stomaco.*

Vedi — Debolezza di stomaco (n.° 48).

130. — *Male di terra.*

§ 556. Altra denominazione che il volgo dà al male caduco, o epilessia (n.ⁱ 109 e 110).

131. — *Male di testa.*

Vedi — Emicrania (n.° 59).

132. — *Maligna febbre.*

Vedi — Febbre maligna (n.° 79).

133. — *Maligna pustola.*

Vedi — Pustola maligna (n.° 133).

134. — *Morsicatura di animali velenosi.*

§ 557. Comprendiamo soltanto in questo articolo:

1° il morso della vipera;

2° quello di alcuni serpenti d'Africa e di America;

3° quello di animali arrabbiati.

§ 558. *Morsicatura della vipera.* Questo rettile è velenoso; e la ferita ch'egli produce addentando, non è tanto pericolosa in sè per la contusione e lacerazione delle parti, quanto, e molto più, per il veleno che vi schizza dentro.

I sintomi dell'avvelenamento che ne insorge sono i seguenti: — dolore forte e pungente, che dal luogo ferito si estende a tutto il membro morsicato, come se vi penetrasse del fuoco. Dopo alcune ore, si manifesta una debolezza generale, difficoltà di respiro e poi sudori freddi e copiosi; quindi gonfiezza di ventre, tormini acutissimi, dolori ai reni con vomito e diarrea violentissima, debolezza di vista, polsi piccoli, intermittenti, impercettibili, e non rare volte in poche ore la morte.

Bisogna bruciare profondamente ed estesamente i margini della ferita; il ferro rovente è il migliore cauterio. Poscia ricorrere all'ammoniaca tanto esternamente, quanto internamente data. Ma se questo mezzo non riuscisse, si può ricorrere al vino generoso, coll'aggiuta di un pò di teriaca sciolta nel medesimo.

§ 559. *Morsicatura d'alcuni serpenti d'Africa e di America.* I fenomeni che producono questi serpenti colla loro morsicatura nell'uomo, sono a un dipresso eguali agli ora descritti rispetto alla vipera europea, colla sola differenza, che quelli si manifestano in un grado molto superiore. L'intirizzimento generale, una specie di ubbriachezza, il *sonno letargico*, qualche volta le convulsioni e poi la morte, costituiscono il quadro sintomatico di questi avvelenamenti.

Il veleno di cosiffatti rettili, e specialmente del *crotalo* (serpente), può in dieci o dodici minuti uccidere il morsicato.

I Naturali del paese si giovano di vari antidoti conosciuti da tempi antichissimi, onde elidere la forza distruggitrice del veleno. Uno degli antidoti più familiari e rinomati per questo uopo nell'America settentrionale, si è il succo fresco della *poligala virginiana* sulla ferita. Però quando non si potranno avere di questo, o d'altri antidoti conosciuti nel paese, si potrà ottenere egualmente la guarigione, trattando il morsicato da alcuno di questi serpenti nel modo stesso che l'avvelenato dalla vipera comune (§ 558).

Nell'India contro il morso dei rettili velenosi usano i Naturali del *Tanjore*, rimedio il cui principale componente è l'acido arsenioso. Noi ignoriamo fino a qual punto possano giungere le qualità antisettiche di questo preparato; solo vogliamo avvertiti i capitani, che ne usino con grande cautela e riserva, acciò il rimedio non sia spesso peggiore del male.

In America gl'Indigeni usano dell'infusione a freddo nell'alcool dei rami e foglie contuse d'una pianta, ch'essi chiamano *guaco*. Grandi, anzi straordinarie, sono le virtù che essi decantano di tale rimedio, contro il morso di animali anche i più velenosi. Affidati a ripetute esperienze d'uomini degni di tutta fede, ne raccomandiamo l'uso.

§ 560. Qui non parliamo di alcuni *insetti* la cui puntura riesce più incomoda che nociva: fra questi ricordiamo i così detti *mosquitos*, specie di grosse zanzare. Ad ogni modo trovandosi in paraggi ove ve ne siano moltissimi, basterà aver cura di chiudere le aperture delle stanze pria che il sole cali dall'orizzonte e poi accendere un lume nelle stesse, attorno al quale siavi un globo di vetro, spalmato esternamente di miele unito a poca quantità d'aceto (n.° 151).

§ 561. Finalmente per quanto riguarda alle morsicature fatte da animali arrabbiati, noi rimandiamo il lettore all'articolo *Idrofobia* (n.° 90).

N

135. — *Naso (Malattie del....).*

§ 562. La malattia del naso che più interessa di conoscere nella gente di mare, è la *corizza*, o *infreddatura*, proveniente per lo più dall'azione del freddo, per cui la parte interna delle narici si arrossa, si gonfia, duole e geme o mucosità poco stemprata, oppure anche acquosità più o meno acre ed irritante. Talvolta vi ha invece secchezza delle narici, e la irritazione allora si estende più o meno alla gola, e spesso duole anche il capo, massime se vi abbia compagna la tosse (n.i 4 e 31).

Questa affezione dura ordinariamente pochi giorni, o qualche settimana al più; e si vince colla dieta, col riposo e col procurare la traspirazione per mezzo di bibite calde o di the, o di camomilla prima di coricarsi. Se vi ha stitichezza, qualche purgante blando gioverà. Del resto, astinenza assoluta per alcuni giorni dal vino e dai cibi riscaldanti.

136. — *Nostalgia.*

§ 563. È così chiamata quella malattia, che viene causata dal fortissimo e continuo desiderio di ripatriare, in chi si trova lontano dal paese nativo. I marinai che intraprendono lunghe navigazioni vi vanno qualche volta soggetti. La tristezza li prende, e nulla vale a confortarli. Qualche volta il desiderio di rivedere la patria si spinge fino al delirio, ove non venga soddisfatto. Tocca ai capitani di vigilare sul loro equipaggio acciò non si manifesti in alcuno questa affezione nervosa, la quale non può essere tolta se non venga l'infermo esaudito ne' suoi voti. Ricordiamo perciò volontieri quanto in proposito accennavamo ai §§ 274 e 275, siccome utile a prevenire un così funesto malore.

O

137. — *Occhio* (*Infiammazione dell' ...*).

§ 564. Facilmente l'occhio s'infiamma: la infiammazione sua chiamasi *ottalmia*. Essa si distingue in *acuta* e in *cronica*; ed è talvolta limitata alla congiuntiva, o bianco dell'occhio stesso ed alle palpebre, e talaltra comprende e congiuntiva e globo oculare. Spesso si appiglia ad amendue gli occhi; ma può essere limitata anche ad un solo.

§ 565. **Sintomi.** Generalmente questa infiammazione si annunzia con lieve rossore della congiuntiva, con senso di tensione e di calore, e bruciori vivi riferiti dall'infermo alla presenza d'un qualche corpo straniero cacciatosi fra le palpebre e l'occhio. I piccoli vasi che serpeggiano sulla congiuntiva sono tumefatti, gonfi di sangue: le palpebre chiuse, quasi strette, e doloroso riesce lo allontanarle. Ordinariamente non vi ha più secrezione dell'umore lagrimale; ma invece prevale quella delle palpebre, ai cui margini si raduna della *cispa*, che gli agglutina e gli chiude.

Questi sintomi dopo avere aumentato di forza per quattro o cinque giorni, non tardano a decrescere; scemano gradatamente; ma il rossore è quello che più alla lunga insiste. Entro questi limiti compresa la ottalmia, si dice *acuta-benigna*: ma talvolta tutti i sintomi descritti si manifestano molto più gravi; la febbre gagliarda col più violento dolore di testa vi si unisce, e l'infermo sente allora un dolore insoffribile, che accusa per lo più o alla nuca, o alla regione sopra-orbitale, senza poter mai gustare ombra di sonno. La pupilla è ristretta e la vista intorbidata: allora l'ottalmia dicesi *acuta-grave*. E la gravezza viene spinta tant'oltre, che vi ha suppurazione e uscita di marcia dalle palpebre, che cola giù, e che, in date circostanze, venendo assorbita o toccata comunque da individui sani, può anche comunicare a questi la stessa malattia.

§ 566. **Cause.** Questa infiammazione è ben di spesso provocata dalla introduzione di un corpo estraneo, irritante fra le palpebre e il globo dell'occhio; ma le contusioni, le ferite, la impressione di un vento freddo e umido, l'azione continua di una luce troppo gagliarda, o derivante dalla riflessione di corpi bianchi, o da un fomite d'ignizione continua, il súbito raffreddamento del capo, il rapido passaggio dal caldo al freddo, il viaggiare durante la calda stagione in luoghi umidi e malsani, l'affaticare troppo la vista, — queste ed altre consimili sono pure cause egualmente capaci di suscitare la infiammazione oculare, e specialmente poi su tutte l'abuso dei liquori spiritosi e degli alimenti troppo riscaldanti.

§ 567. **Cura.** Frequenti bagnature dell'occhio con acqua di malva o sambuco tiepida; continue applicazioni al medesimo di cataplasmi fatti con erbe ammollienti (malva, altea ecc.) e posti fra due pannilini finissimi, o meglio ancora fra un velo mollissimo; pediluvi semplici o sinapizzati; dieta severa; bevande rinfrescanti; ed essendovi sintomi di qualche gravezza, l'applicazione di sanguisughe alle tempia, amministrazione all'interno di qualche grano di tartaro emetico, che tanto giova; clisteri purgativi-blandi, od anche l'amministrazione di un purgante, dopo aver dato l'emetico; bevande di decotto di riso, od orzo, acqua di gomma, e simili.

Quando l'ottalmia si possa credere conseguenza di qualche reumatismo (n.º 161), si potranno allora tentare delle fregagioni alla pelle con linimento ammoniacale, oppure colla pomata stibiata, od anche applicare un qualche vescicante alla nuca.

138. — *Odontalgia, o mal dei denti.*

§ 568. **Cause**. Questo male passeggiero, ma spesso dolorosissimo e quasi insopportabile per la sua fierezza, detto anche, ma impropriamente, *flussione*, dipende specialmente nei marinai, nei quali è frequentissimo, dall'abuso che fanno di masticare tabacco (*cicca*), dall'essere già stati affetti dallo scorbuto, dall'avere dei denti cariati o le gengive ulcerate per sofferte malattie veneree, dall'esporsi che fanno inconsideratamente al freddo ed alla umidità, dal dormire sopra-coperta nel mentre spira un vento fresco ed essendo in sudore ed ancora trafelanti per protratte fatiche.

§ 569. **Sintomi**. Generalmente comincia d'un tratto con dolere fortemente uno o più denti; dolore, che unito a molesta pulsazione, si estende spesso ad una o ad entrambe le orecchie, con peso alla testa, cui poco dopo tien dietro il gonfiamento delle gote, che si fanno rosse ed esse pure pulsanti. Dopo questi sintomi, non tarda a manifestarsi un gonfiore limitato nelle gengive, che dopo essere stato sede d'infiammazione, e perciò di dolori e trafitture, si apre e dà luogo al gemizio di marcia.

§ 570. **Cura**. Si applichino tosto sulla guancia dei cataplasmi ammollienti, od almeno si difenda dall'umidità la parte malata apponendovi delle pezzuole in lana. Tengano in bocca dei decotti d'altea, o d'orzo; se il dolor di testa, che spesso accompagna l'odontalgia, è assai forte, si facciano pediluvi con senape, ed essendovi forte infiammazione alle gengive, vi si applichino alquante sanguisughe (dalle 4 alle 8). Se la malattia dipendesse da denti cariati, non vi ha miglior rimedio che di farli estrarre al più presto, ovviando anche di questo modo, che, dopo molte recidive, non abbiano luogo delle fistole nelle gengive.

139. — *Orecchio (Dolore dell'.. ....)*.

§ 571. Talvolta per l' introduzione di un qualche corpo estraneo nel canale auditivo esterno si risveglia un dolore più o meno vivo nell' orecchio, che chiamasi *ottalgia*. Ma non rade volte questo dolore dipende da altre cause, come quando vi ha un qualche dente cariato, il quale estratto che sia, il dolore cessa intieramente. Questo però in alcuni casi è tanto forte ed insistente, che toglie il sonno e suscita mali di testa insopportabili. Alcune volte è la conseguenza della infiammazione dell'orecchio interno. Il dolore non è sempre continuo, chè talvolta fu veduto intermittente; in questo caso si trovò un grande vantaggio dal solfato di chinino. Non rade volte gli si associa un certo tinnito, e un qualche grado di sordità. Si cura generalmente colla semplice applicazione di cataplasmi ammollienti sull' orecchio esterno, oppure iniettando dolcemente nel condotto esterno dell' udito del latte tiepido, o acqua di malva. Si può anche bagnare la testa con una spugna imbevuta di acqua calda per un quarto d'ora, poi fregarla con flanella calda finchè siasi bene asciugata, indi coprirla con molta cura. Bene spesso svanisce anche questo dolore, applicando alle tempia, o dietro l' orecchio, qualche piccolo vescicante.

140. — *Orticaria.*

§ 572. Chiamasi comunemente *orticaria*, od anche *febbre orticata*, una infiammazione della pelle, non contagiosa, caratterizzata da macchie prominenti o più pallide, o più rosse della pelle stessa che le circonda, le quali danno un cociore e prurito simili a quelli prodotti dalle punture dell'ortica.

§ 573. **Cause.** Le foglie dell'ortica applicate alla pelle, il contatto dei piccoli peli di alcune specie di bruchi, sono le

cause immediate dell'orticaria *propriamente detta*. Ma questa
può talvolta nascere indirettamente anche per altre cause diverse. Ben di spesso la si vede comparire alla pelle in seguito
ad una indigestione prodotta da crostacei, funghi, uova di alcuni pesci, gamberi di mare e simili; ma più poi per l'abuso dei liquori, delle carni salate o molto stimolanti. Può
questa infiammazione limitarsi ai membri superiori, al
collo od alla faccia, o stendersi su quasi tutta la superficie
del corpo.

§ 574. **Sintomi**. Da principio il malato si lagna di un
generale prurito; poi compariscono le macchie, prima nelle
parti superiori, poi nelle inferiori del corpo; queste macchie
sono o bianche o di un color rosa-pallido, biancastre nel loro
centro, irregolari e prominenti, circondate da una areola di
colore vermiglio. Possono essere o circolari, o longitudinali,
come quelle prodotte dalla flagellazione; possono essere rare
oppure numerose: in questo caso sono riunite insieme e formanti varie figure. Queste macchie sono la sede di violento
prudore e formicolío, che aumenta durante la notte, o quando
esponesi la parte al contatto dell'aria. Questa sensazione
diventa talvolta insoffribile, quando le macchie orticate si
trovino sviluppate alla pelle dello scroto. Non rade volte
questa affezione della pelle è conseguenza o concomitanza
di febbri intermittenti o d'infiammazione di bassoventre;
e allora seguita e termina col corso di questa. Non presenta
per sè l'orticaria alcun pericolo.

§ 575. **Cura**. Le bagnature con acqua alcoolizzata, o con
acqua fredda acidulata alla pelle sogliono diminuire il forte
prurito che accompagna la malattia. Quindi si amministra il
tartaro stibiato sciolto nell'acqua, in ragione di due grani
ogni libbra d'acqua. La ipecaquana giova molte volte più
che il tartaro emetico; del resto si osservi dieta e riposo,
e si usino delle bevande acquose.

141. — *Orzaiuolo.*

§ 576. Si chiama con questo nome un piccolo furuncolo che attacca le palpebre, e specialmente la superiore, e bene spesso in prossimità dell'angolo interno dell'occhio.

Questo piccolo tumore ora ha un corso *acuto* ed ora *cronico*; nel primo caso, se attacca una persona sanguigna e robusta, può destare ben anco febbre e vigilia; il cronico all'opposto riesce appena infiammato, e quasi non suscita alcun dolore.

Molte volte questo piccolo tumore è conseguenza di disturbi di stomaco e di disordini nel vitto.

Per curarlo, e specialmente quando la pelle comincia a farsi rossa, si trova grande vantaggio dall'applicare all'occhio dell'acqua fredda-ghiacciata, o ghiaccio pesto; quando poi è rossa e gonfia, allora vi vogliono i cataplasmi ammollienti fatti con polpa di mele cotte, o con mollica di pane bollita nel latte o nell'acqua di malva o di altea.

P

142. — *Panereccio, o patereccio.*

§ 577. Chiamasi volgarmente con questo nome l'infiammazione che si appiglia alle dita delle mani e dei piedi, e più specialmente a quelle della mano, nelle loro parti molli. È un tumore infiammatorio, che genera acerbi dolori, che suscita febbre anche forte, e fenomeni talvolta gravissimi, per cui vuol essere attentamente curato.

§ 578. **Cause.** Le contusioni varie sulle dita, le scorticature specialmente fatte con istrumenti arrugginiti e sucidi, le morsicature di animali, lo strappamento di quelle pelliccine, che spesso si sollevano attorno alle unghie, dette volgarmente *pipite* o *voglie*, le punture con aghi, spine, o punte d'osso fratturato, sono le più frequenti ed ordinarie cause che fanno nascere il patereccio.

§ 579. **Sintomi**. I sintomi sono più o men gravi secondo che l'infiammazione è più o meno profonda o superficiale. Generalmente vi ha rossore della pelle, e dolore talvolta insopportabile; così la gonfiezza varia pure a seconda dei tessuti superficiali che sono presi. Il dolore però è il sintomo misuratore, si può dire, del grado anche degli altri: generalmente quando questo è grave, anche i sintomi riferibili all'universalità della macchina sono più pronunciati, specialmente la febbre, la veglia, la fisionomia alterata, la lingua rossa o secca e la sete.

L'esito più o meno rapido del patereccio si è la suppurazione; qualche rara volta però si scioglie senza suppurare. Il patereccio suppura sempre quando è superficiale; quando è profondo e la pelle dura, suppura anche, ma si dura fatica talvolta a riconoscere la formazione della marcia. In qualche caso passa in cancrena (n.° 26).

§ 580. **Cura**. Durante il periodo dell'infiammazione, e nel suo principio soprattutto, devonsi applicare otto o dieci sanguisughe alla base del dito, distanti un pò dal tumore, e dove non siavi gonfiezza, ripeterle ben anco all'occorrenza: poi fare l'applicazione di cataplasmi ammollienti, ricoprendone tutto il dito non solo, ma fino la sua base. Ma siccome vi ha il dolore che è il sintomo dominante, così per calmarlo bisognerà innaffiare col laudano questi cataplasmi ogni volta. Se vi ha febbre viva e stato generale di malessere, bisognerà adoperare anche il salasso dal braccio a norma del caso. Quando la suppurazione si è fatta, devesi aprire il patereccio per dare libero esito alla marcia. L'apertura si deve fare colla lancietta nel punto più prominente del tumore, facendo in modo che la marcia abbia libero e facile scolo. La medicatura della ferita si farà per modo da lasciare che continui a scolare la materia;

— del resto si proseguirà nell'applicazione dei cataplasmi ammollienti fino a che non sia perfettamente guarito.

143. — *Paralisi.*

§ 581. Chiamasi con questo nome la perdita totale, o almeno la diminuzione più o meno notevole del senso e del moto in una data parte. Può darsi però che talvolta si perda il solo moto, oppure il senso solo delle parti, ed allora la paralisi è *incompleta*; chiamasi invece paralisi *completa* quando amendue (senso e moto) sono aboliti.

Siccome la paralisi è per lo più una conseguenza dell'apoplessia (§ 306), o di ferite (n.° 80), o contusioni (n.° 45), o cause esterne violenti; così noi rimettiamo il capitano ai singoli articoli che trattano di queste malattie, per apprezzare convenientemente il valore di un tale sintomo.

144. — *Parotide (Infiammazione della....).*

§ 582. Vi ha un tumore di apparenza infiammatoria, che si manifesta nella parte inferiore laterale del capo, in vicinanza all'orecchio, e che perciò volgarmente si chiama *orecchione;* tumore questo, che, specialmente in primavera ed in autunno, si è visto dominare epidemicamente, e che colpisce soprattutto i fanciulli prossimi alla pubertà.

§ 583. **Sintomi.** Gli orecchioni si annunziano con certo senso di oppressione, poi di dolore e calore nella mascella superiore vicino alle tempia, per cui il movimento ne viene difficoltato; quindi ne sopravviene la gonfiezza, che si estende all'ingiù verso il collo, nonché nel davanti ed anche all'insù. La pelle conserva il suo color naturale, ma è calda e dolente e leggermente tesa. Vi hanno poi sintomi di malessere generale, lassezza, brividi susseguiti da vampe di calore, sete e simili, — sintomi tutti che sono però assai leggieri.

§ 584. **Cura**. La cura dev'essere semplicissima. Alcune bevande sudorifere, quali ad esempio l'infuso di the, o di tiglio; qualche clistere ammolliente se il ventre è chiuso; poi l'applicazione di flanelle secche e calde sulle parti tumefatte, perchè così sono ad un tempo preservate dal contatto dell'aria e mantenute in moderato calore, attissimo a produrre la risoluzione, che si ottiene generalmente in pochi giorni.

145. — *Peste.*

§ 585. Chiamasi *peste bubbonica*, *peste orientale*, o *tifo d'Oriente*, una malattia, la quale infierendo maggiormente nell'Oriente (specialmente in Egitto, Siria, Turchia e in altri paesi d'Africa), venne specialmente per lo passato osservata in vari paesi d'Europa, dove si pretende dai più che siavi sempre stata importata. Si ritiene in sommo grado contagiosa; e però è uno dei morbi, contro il quale si mantengono tuttavia le misure quarantenarie, anche dopo l'ultima *Riforma* consentita dalle Potenze che si radunarono a Parigi per la Convenzione internazionale sanitaria.

Questa malattia uccide talvolta improvvisamente come il fulmine, e può colpire persone anche sanissime mentre camminano, attendono ai loro affari, mangiano, bevono, o sieno addormentate ecc.

§ 586. **Cause**. La causa essenziale, produttrice immediata di questo terribile morbo, è un contagio particolare fin'ora ignoto nella sua composizione, ma certissimo ne' suoi effetti, e trasmissibile o direttamente o indirettamente dai malati ai sani. Quando si sia pigliato questo contagio o da persona, o da cosa infetta, or presto, or tardi più o meno si svolge. In questo caso sembra che non oltrepassi ordinariamente così celato più di sette giorni, ma si narra di casi in cui restò latente due o più settimane.

Può essere portato in volta anche da persone sane; e può essere trasmesso per mezzo di cose inanimate, specialmente lane, pelli, penne, crini, lini, tessuti vari, od oggetti stati usati, o toccati dagli attaccati di peste (§ 62 e seg.). Sembra però che anche l'atmosfera, o aria che circonda i malati di peste sia contaminata per modo, che anche senza toccarli possa talvolta comunicarsi la malattia. Ignorasi ancora se più sia contagioso il sudore dei malati, oppure la marcia che sgorga dai bubboni; nemmeno si sa con certezza quale sia il periodo della malattia che si mostri più pericoloso per venir colti dal contagio; se cioè durante il forte della malattia, o quando già la si trova in declinazione. Quello che è certo si è, che questa malattia non si può sviluppare nei paesi dei quali non è endemica, senza esservi stata importata da quelli nei quali ha la sua sede prediletta e fissa.

§ 587. **Sintomi**. I sintomi che accompagnano lo svolgimento di questa terribile malattia, variano grandemente di intensità e di grado; per cui la peste bubbonica si distingue in *leggiera* ed in *grave*.

Ecco i sintomi della leggiera.

Incomincia con alcuni brividi di freddo, ma lievi e di corta durata; a questi tien dietro un certo calore, che poco supera quello di persona sana, e si tiene costante. Il polso è poco dissimile dallo stato naturale; il capo è pesante e dolente, la mente divien pigra; vi ha una vera ripugnanza al cibo, ma poca sete. A tutti questi sintomi tien dietro il bubbone, per lo più alle inguinaie, ma anche alle ascelle, dietro alle orecchie, al collo ecc. Questi bubboni non sono però essenzialmente necessari, perchè si possa dire *febbre pestilenziale* quella che si manifesta. Ma nella peste leggiera il bubbone, se vi ha, si mostra non molto dolente, giunge a poca mole, e tra il quarto e il quinto dì generalmente si dissipa insieme agli altri fenomeni morbosi.

Ecco i sintomi della peste grave.

Manuale d'Igiene Navale   19

Tutti i sintomi precursori dello svolgimento del bubbone qui sopra accennati, si mostrano aggravati; vi si aggiungono, gravezza e doglia ai lombi molto forti, stupidezza che simula la ubbriachezza, dolore vivissimo del capo, polsi febbrili, faccia rossa ed ansietà. Quindi si appalesa un bubbone più voluminoso, che si moltiplica per numero in vari punti, circondato da carbonchi (n.° 29) al quarto dì e non rade volte da petecchie (§ 491). Intanto che si fa questo incremento di sviluppo bubbonico, tutti i sintomi del capo si aggravano: la faccia si fa tumida, gli occhi rossi e scintillanti, v' hanno veglie, vertigini, barcollamenti, delirio; più, si mostra la nausea, vomito, respiro celere, difficile, ansioso, frequenti sospiri, tensione di ventre, leggiera tosse, diarrea biliosa-fetida; sintomi tutti che presentano remissioni ed esacerbazioni alternate. Pel contagio pestilenziale poi vengono malconci il cervello e la spina dorsale, per cui in tali casi questa peste, che chiamasi allora *nervosa*, è quella che più presto tronca la vita. Non è sempre sicuro chi l' ha presa una volta di rimanerne immune; v' hanno molti esempi di recidive e mortali. Questo morbo può uccidere in poche ore, od in uno, due, tre, quattro, sette, dieci, e fino quattordici giorni e più.

§ 588. **Esito.** Per giudicare del valore dei sintomi della malattia, e perciò dell'esito più o meno probabile della peste bubbonica, si abbiano le seguenti norme:

1° i bubboni ed i carbonchi che s'accompagnano alla malattia, sollevando il soffrire dell' infermo, indicano natura benigna del male, massime se suppurano regolarmente;

2° quel sudore leggiero e costante che precede ed accompagna l' apparire e lo innalzarsi dei bubboni, e fuga le nausee e l' ansietà, pone gl' infermi quasi al sicuro;

3° il bubbone che stenta a mostrarsi, che non s'alza o dà addietro con perdita delle forze, è indizio di sommo pericolo, e così pure il carbonchio che non s' infiamma od infiammato tosto svanisce;

4° i carbonchi piccoli sono talvolta più perniciosi dei grandi;

5° i bubboni ed i carbonchi che escono subito al primo invadere del male, portando somma prostrazione di forze, impediscono gli sforzi della natura e sono di cattivo indizio;

6° il vomito e la diarrea che non abbattono le forze sono salutari; mortali invece se accompagnano o tengono dietro all'attacco parziale del cervello;

7° lo sternutare frequente è di malo augurio; e non buoni segni sono il mal di gola e la raucedine;

8° l'orina pallida indica pericolo; meno invece la rossa e sporca;

9° il gonfiarsi della parotide (glandola che sta quasi al disotto delle orecchie) annunzia gravissimo il male;

10° segni buoni sono — la salivazione accresciuta e il flusso emorroidale;

11° terribili sono pure le petecchie che vi si associano; e sono pure da temersi le macchie (*ecchimosi*, n.° 55), ampie e nere, e le bolle, massime in principio del male;

12° sono anche pericolose, massime nei primi giorni della malattia le copiose emorragie (n.° 60);

13° prostrazione di forza molta e repentina, fatuità di mente, balbettamento, indicano prossima la morte;

14° nessun dolore, faccia livida, corpo tutto livido, sono indizi di forza vitale quasi estinta, v'abbiano o no bubboni: l'esito in questi casi è generalmente letale.

§ 589. **Cura.** Si vantarono in ogni tempo dei rimedi specifici contro la peste; ma la sperienza ha poi dimostrato, che non ve n'ha alcuno. La cura quindi vuol essere regolata giusta l'indole più apparente e il grado della malattia. — Quando è leggiera, si tuteli l'individuo dal freddo; beva qualche infuso caldo, come sarebbe di the, o di fiori di tiglio, aggiungendovi succo di limone o un po' di cremor di tartaro. Intanto l'infermo stia coperto per favorire il sudore, senza però addossarsi molte coltri; durante il sudore poi non deve muoversi, nè discendere dal letto; questo sudore si dee coltivare sino alla convalescenza; e si prescriva un vitto diluente e temperante, fatto con decotto di pane, cottavi dentro qualche carota, e dando a bere birra allungata, e qualche volta anche un po' di vino puro o poco adacquato.

Nella peste più grave si dee stare, in generale, lungi dagli stimoli e dai riscaldanti. Se v'abbiano palesi indizi d'infiammazione, allora si vinceranno coi debilitanti, quali sono le sottrazioni generali, o parziali di sangue; avvertendo però che il salasso tanto è più indicato, quanto è più robusto l'individuo, e tanto più giova quanto più presto si pratica, massime in principio del male. Vuol essere però, generalmente parlando, un salasso piccolo. Non si devono praticare nè coppette, nè scarificazioni. L'acqua fredda per bevanda, moderatamente data, giova. A diminuire il dolore del capo giova l'applicazione di senapismi alle gambe. Validi pure si dicono gli ammollienti e gli oleosi, e specialmente l'olio d'oliva tanto vantato.

Quanto ai bubboni e carbonchi, massime quelli che compaiono alle ascelle ed alle inguinaie, basterà cuoprirli con fomentazioni o cataplasmi ammollienti, oppure con semplice cerotto *diachilon*. Si applicano pure in alcuni casi i cataplasmi di pane di frumento e di farina di senape. Non bisogna in nessun caso attaccare nè con caustici, nè con ferro rovente i carbonchi e i bubboni pestilenziali. Quando questi volgano a cancrena, il rimedio finora sperimentato più utile sono le fomentazioni con decotto di china, unitovi il sale ammoniaco e l'allume.

In quanto alle *avvertenze* che bisogna usare quando si sviluppino a bordo dei casi di peste, rimandiamo i: capitano a quanto fu detto al § 480.

146. — *Petecchiale*.

Vedi — Tifo, o febbre maligna (n.° 79).

147. — *Petto* (*Infiammazione del*....) , *o polmonia.*

§ 590. **Cause.** Fra le cagioni che danno luogo a questa malattia vogliamo annoverare, tra le più frequenti, le variazioni dell'atmosfera, l'umidità, il freddo intenso, il lavoro eccessivo, il prender sonno essendo esposti a correnti d'aria fredda, il sudore represso, i colpi ricevuti sul petto e simili.

§ 591. **Corso.** Il corso di questa malattia, che si limita per lo più, se *acuta*, dai 15 ai 20 giorni, può farsi lungo e prendere un carattere *cronico*, perchè si danno tossi così ostinate, e la stessa tisi polmonare, che altro non sono che l'effetto, o meglio l'esito di tale malattia, quando è trascurata o mal curata.

§ 592. **Sintomi.** Prevalgono fra i sintomi, — l'alternarsi del caldo e freddo, un generale malessere, tosse, dolore più o meno profondo nel respirare, nessuna espettorazione al principio, soventi poca e difficile, ora spumosa, ora invece più densa e mista a sangue, difficoltà e spesso impossibilità di poggiarsi sui lati, la pelle caldissima, la testa dolente, più o meno intensa la sete. Assai più grave si mostra il complesso di questi sintomi, se tutti e due i polmoni sono presi dalla infiammazione.

§ 593. **Cura.** Se la malattia riconosce per causa il freddo atmosferico o sudore represso, la prima indicazione della cura sia quella di far sudare l'infermo mediante fomentazioni calde ai piedi, sudoriferi ecc. Se la malattia è già sviluppata con sintomi di una qualche intensità, oltre le mignatte al lato soffrente del petto, i cataplasmi ammollienti, il massimo riguardo nell'atmosfera della stanza, che deve essere moderatamente calda, gioverà moltissimo la soluzione emetica e le generali cacciate di sangue, ripetute le tante volte quante occorra a far cessare i sintomi più gravi.

Quando la malattia è sul declinare, e resti ancora una tosse forte e qualche difficoltà nel respiro, si ricorra ai vescicanti da applicarsi alle braccia od al petto. Indispensabili alla buona riuscita della cura sono la dieta, il riposo e la tranquillità.

La convalescenza dev' essere molto riguardata, perchè non è difficile la recidiva, e talvolta più grave della prima malattia.

148. — *Piombo* (*Colica di....*).

Vedi — Colica metallica (n.° 38).

149. — *Piscio di sangue.*

§ 594. La emorragia che talvolta avviene dall'uretra (canale dell'orina) è detta *piscio di sangue,* ossia *ematuria.* Essa può essere conseguenza di diverse malattie del canale dell'uretra stessa, o della vescica; qualche volta si osserva in seguito a scolazione venerea (n.° 167); in ogni modo è sempre un sintomo di malattia interna, che bisogna prendere di mira principalmente se si vuole che il sintomo cessi. In generale, giovano assai le bibite rinfrescanti, acquose, i semicupi freddi o appena tiepidi, i bagni generali, non chè l'applicazione delle sanguette al perineo.

150. — *Punta di petto.*

§ 595. Chiamasi volgarmente con questo nome, o con quello di *doglia di costa* quel dolore che insorge ad un lato o all'altro del petto, e che ne accompagna la infiammazione. Perciò un tale dolore essendo sintomo di questa malattia, non si può prendere in esame e considerazione separatamente da questa (n.° 147). In alcuni casi però non è la espressione o l'accompagnamento di alcuna infiammazione dei polmoni, ma conseguenza di reumatismo dei muscoli esterni del petto. Ma per questo caso noi ci riferiamo all'articolo *reumatismo* (n.° 161).

151. — *Punture d' insetti.*

§ 596. Fra i molti insetti capaci di pungere, e insinuare nei nostri tessuti un umore più o meno irritante o velenoso, si annoverano la *vespa* e il *calabrone*. Le costoro punture sono accompagnate da acerbissimo dolore, da senso di pulsazione angosciosissimo, e presto seguito dallo sviluppo di un piccolo tumore, nel cui centro si vede una pustola. Talvolta da queste punture sono derivati gravissimi ed anche mortali effetti.

A calmare gli effetti o accidenti di queste punture, per l' ordinario bastano le unzioni sulla ferita fatte con olio d' oliva, col laudano liquido, col linimento volatile-canforato ecc. Se non fossero sufficienti, s' immerge la parte offesa in un bagno oleoso, nel quale si scioglie dell' oppio, oppure della teriaca.

Lo *scorpione* produce una ferita anche più pericolosa, pel veleno che introduce nella pelle questo animale. Generalmente in Europa non porta che dolore, calore, tensione e qualche volta vescicazione alla parte ferita. Ma nella Zona Torrida i fenomeni locali sono congiunti a brividi, senso di puntura a tutto il corpo, febbre, spesso disordini gastrici, vomiti, intirizzimento, convulsioni, delirio ed anche la morte.

Si prevengono o si tolgono gli effetti locali di tali punture con gli ammollienti, come cataplasmi e fomentazioni applicati alla parte, e si dà internamente un po' di teriaca, oppure qualche goccia di laudano misto all' acqua.

La *tarantola*, che è una specie di ragno, comune specialmente nel regno delle Due Sicilie, dà pure una puntura, la quale fa nascere una infiammazione, che ha l'aspetto talvolta flemmonoso (n.º 82), e qualche volta è accompagnata da vescicole. Però questi fenomeni locali vengono presto dissipati cogli ammollienti, e bene spesso colla semplice applicazione dell' acqua pura.

Hannovi altri paesi (come ad esempio nella Romagna) nei quali il morso della *tarantola* sviluppa fenomeni non solo locali, ma l'agitazione, la smania ed una febbre alcune volte violentissima. In questi casi fu trovato vantaggioso l'usare il salasso, i bagni tiepidi generali, coadiuvandoli dalle bevande muccilaginose, rinfrescanti, acquose.

Al § 560 dicemmo, per incidente, brevi parole sulla puntura più molesta che pericolosa dei *mosquitos*: ricorderemo qui, come nell'America equatoriale vi abbia un piccolo insetto (*pulex mordacissimus*), il quale entra specialmente nella pianta dei piedi, e che i Naturali di colà tolgono via con un ago metallico particolare. Dicesi che possa riuscire tanto molesto, fino ad indurre delle convulsioni generali.

Del resto ci rimettiamo a quanto abbiamo esposto al n.° 134.

152. — *Pus, o marcia.*

§ 597. Chiamasi pus o marcia quella materia bianco-giallastra, che si raccoglie, o scola dalla superficie delle piaghe, o da qualche tumore infiammatorio passato a suppurazione, nel qual caso il tumore ha il nome di *ascesso* (n.° 10).

153. — *Pustola maligna.*

§ 598. Si dà questo nome ad una malattia d'indole cancrenosa, che attacca dapprima la pelle e che è la conseguenza della inoculazione della materia del *carbonchio*. Questa malattia fu anche chiamata *fuoco persico*, *bottone maligno*, e perchè si annunzia sotto forma di morsicatura di pulce, taluni la chiamano anche *pulce-maligno*.

Una volta si confondevano insieme il *carbone* e la *pustola maligna*; oggi si distinguono l'una dall'altro, essendochè le differenze sono troppo sensibili. Infatti mentre il *carbone* è preceduto da sconcerti più o meno gravi della economia generale, la *pustola* invece non lo è minimamente.

§ 599. **Cause.** Si contrae generalmente questa malattia da chi governa animali, specialmente bovini, che sieno attaccati dal carbone, o che ne scorticano o ne preparano le pelli, la lana e simili. Possono pure contrarla altri artefici che maneggiano avanzi, o spoglie d'animali morti per carbone, come i materassai, i conciatori di crini, i cardassatori ecc.

§ 600. **Sintomi.** Nel sito in cui la *materia carboniosa* fu deposta, soffre il malato un senso di calore, o di semplice prudore; talvolta anche di un cociore doloroso. Ivi osservando, si vede un piccolo punto di colore rosso-scuro, analogo alla morsicatura della pulce, formante una lieve protuberanza cinta da piccola areola, nel cui centro non tarda a sollevarsi una vescichetta. Questa o si apre da sè, o il malato stesso la rompe. Allora si vede ch'essa posava sovra un piccolo tumore duro, resistente, del volume di una lenticchia, occupante quasi tutto lo spessore della pelle, or livido ora di colore cedrato. Presto l'areola si distende, assume color violaceo, bruno, presenta notevole tumefazione e si cuopre di altre piccole vesciche; il dolore e il cociore persistono, e il tubercolo centrale si cangia grado grado in una sostanza grigia o nerastra, evidentemente cancrenosa. Questa poi si distende sempre più, si approfonda e tutto attorno al tubercolo centrale, che s'infossa, si alza una gonfiezza considerevole, con aumento progressivo del dolore. Allora la febbre si accompagna al tumore, e assume caratteri poco diversi dal tifo o febbre maligna (n.º 79), intantochè la cancrena locale si dilata maggiormente (n.º 26).

§ 601. **Corso.** Il corso di questo morbo è vario; talvolta dura dei 4 fino ai 10 o 12 giorni; ma in alcuni casi produce anche la morte in 24 o 36 ore.

§ 602. **Cura.** Bisogna innanzi tutto cauterizzare il punto in cui si manifesta la pustola; e per far questo si sceglie il ferro rovente di preferenza d'ogni altro cauterio. Senonchè bisogna avere la precauzione di fare prima attorno al tumore delle incisioni o scarificazioni colla *lancetta*, badando però di non oltrepassare la parte cancrenata. Fatte le scarificazioni si asciuga ben bene con piumacciuoli di filacciche, e poi sulle ferite fatte si porta il bottone di fuoco, per guisachè vada a cauterizzare tutto il tessuto malato. Se non basta una prima, si fa poi una seconda, od anche una terza cauterizzazione. Se non si volesse scegliere il fuoco, si potrà ricorrere all'acido nitrico o solforico concentrati, in cui s'inzuppa uno *stuello* di filacciche, che poi si applica alla parte. — Con questo metodo si arriva a modificare per guisa il tessuto, che il tumore scema, o muta carattere, e il dolore cocente cessa. Quando si sia giunti a questo punto, tutto il resto della cura consiste nel medicare semplicemente con filacciche secche, o bagnate in uno infuso di fiori di sambuco, di camomilla, o d'altro liquido analogo, medicando la piaga superstite due volte al giorno.

Ma se insieme alla malattia locale si manifestano pure dei sintomi generali come febbre, ansietà, agitazione e simili, allora si potrà ricorrere a qualche emetico sulle prime, stare lontani dai purganti, massime forti, e dare qualche po' di canfora, oppure una decozione di china. Del resto si dia in ogni caso vitto temperante, semplice e sano.

154. — *Pustola sifilitica.*

§ 603. Chiamasi *pustola sifilitica* o *venerea* quel piccolo tumoretto, o punto saliente, che precede di qualche giorno l'*ulcera venerea*, e nella quale anzi si converte più o men presto dopo un coito impuro. In generale queste pustole si considerano come un tutt'uno colle *ulcere,* cui rimandiamo il lettore (n.° 178).

Q

155. — *Quartana (febbre)*.

Vedi — Febbri intermittenti (n.° 78).

R

156. — *Rabbia*.

Vedi — Idrofobia (n.° 90).

157. — *Rafania*.

§ 604. Chiamasi con questo nome la malattia, che viene prodotta dall'azione della *segale speronata* o *cornuta*, quando questa si trova mista alla *segale cereale*, e si fabbrichi pane con essa (§ 110).

158. — *Ragadi*.

§ 605. Chiamansi con questo nome certe ulcerazioni lunghe e strette, dette anche comunemente *fessure* o *screpolature*, che si trovano per lo più nelle pieghe dell'ano, oppure negli intervalli delle dita, nella palma delle mani, nella pianta dei piedi, fra lo scroto e le coscie, alle labbra, attorno alle narici, e in altre parti ancora. Queste ulcerazioni sono frequenti ad osservarsi nelle persone sporche, che non hanno l'abitudine di lavarsi. Sono ulcere bene spesso indolenti, ma talvolta sono anche irritate e dolorosissime. La loro superficie ha un colore per lo più grigiastro nel loro mezzo, ed hanno margini duri, rossi, variamente rovesciati generalmente dolorosissimi.

Sono per lo più conseguenza, o indizio di antiche malattie veneree; motivo per cui, quelle massime alle mani ed ai piedi, si veggono complicate a pustole squammose, od altre simili.

La cura locale delle ragadi si farà con ammollienti localmente applicati, con fomentazioni, oppure con pannilini fini spalmati di unguento rosato, o con bagni locali di acqua di malva, tenendo netta costantemente ed in riposo la parte malata. Se vi ha partecipazione d'infiammazione generale, allora i bagni generali, le bevande diluenti gioveranno non poco. Quando queste ragadi sieno conseguenza di mal venereo, allora la cura sarà regolata sulla esistenza di questo vizio, o causa generale (n.° 116).

159. — Ravaglione.

§ 606. Chiamasi con questo nome il vaiuolo spurio, o varicella, che si manifesta negli individui che già furono vaccinati. Questa distinzione tra il vero e il falso vaiuolo è stata fatta in questi ultimi tempi, perchè molti confondendo il falso o spurio col vero, incolpavano alla vaccinazione la niuna sua efficacia preservativa contro di questo. Ora però si ritiene, che quand'anche nei vaccinati si manifesti questa eruzione vaiuolosa, che chiamano ravaglione, sia una cosa ben diversa dal vaiuolo arabo vero. Noi crediamo conveniente accennare a questa circostanza, potendo gli equipaggi viaggiare in paesi ove il vaiuolo regni in modo epidemico, e perciò andar soggetti al ravaglione. La cura di questa malattia sta tutta nel tenersi il più possibile al riparo del freddo e della umidità, di usare sudoriferi e di non purgarsi quando la malattia sta per isvilupparsi alla pelle o vi si è appena mostrata.

160. — Reni (Dolore dei.....).

Vedi — Lombaggine (n.° 103).

161. — *Reumatismo, o febbre reumatica.*

§ 607. Chiamasi *reumatismo* un afflusso più o meno sensibile di umori, o di sangue nel tessuto muscolare, o nel sistema articolare, per cui le articolazioni varie, e la locomozione stessa sono più o meno impedite, o non possono funzionare senza spasimi più o meno vivi.

Se un tale stato di spasmo sia molto generalizzato, può suscitarsi anche l'alterazione nella circolazione, e nascere la stessa *febbre*, che allora ha nome di *reumatica* (§ 472); quando invece l'affezione si localizza, e specialmente nei muscoli, allora si chiama *reuma* o *reumatismo*. Per lo più la infiammazione o *acuta* o *cronica* costituisce il fondo essenziale del reumatismo.

§ 608. **Cause.** Gli uomini vigorosi e a muscoli molto sviluppati, che si trovano fra i 25 e 30 anni di età, sono di preferenza esposti al reumatismo muscolare.

L'alimentazione più copiosa del solito per qualche settimana, o per qualche mese; l'abuso delle bevande alcooliche, o di altri liquidi eccitanti, come caffè, the ecc.; gli stravizzi; il cessare subitaneo da una vita attiva, od anche le fatiche eccessive, sono tutte cause che possono più o meno facilmente dare sviluppo al reumatismo. Ma una delle cause più frequenti e prepotenti a farlo nascere si è il rapido raffreddamento del corpo, massime se questo succede dopo che fu riscaldato e sudante. E però nell'inverno, dove questi rapidi avvicendamenti di temperatura succedono più facilmente, si osserva appunto più facilmente il reumatismo. L'umido-freddo in ispecie lo può suscitare, tanto parziale quanto generale.

§ 609. **Sintomi.** Non si presenta il reumatismo nello stato *acuto* altrochè nei due o tre primi attacchi; questi ordinariamente avvengono nei tempi secchi e freddi; è subitanea la loro invasione, e talvolta risveglia la febbre.

Il calore è progressivo, sebbene percorra rapidamente i suoi periodi; nei primi giorni il dolore che si prova, si mostra tensivo, come se si avesse uno stiramento prolungato dei muscoli che ne sono la sede. Un tale senso di tensione va poi aumentando, ma non sempre in modo uniforme; talchè si manifestano quiescenze di male ed esacerbazioni più o meno regolari. Questo carattere della remittenza e rinnovamento del dolore è uno dei più distintivi caratteri del reumatismo. La febbre accompagna sempre il reumatismo acuto, ed essa cresce sempre allo esacerbarsi del dolore. Nel corso dei primi sei od otto giorni le orine sono poco copiose; nei quattro ultimi giorni invece si osserva l'opposto, ciocchè indica il risolversi della malattia. Nel reumatismo *acuto* vi hanno pochi sintomi gastrici. Il reumatismo *cronico* invece non è accompagnato da febbre, nè dai descritti fenomeni generali; esso poi si riconosce diverso dall'acuto per il rapido cambiare che fa di sede nel corso del medesimo attacco.

Il reumatismo acuto generalmente dura venti o trenta giorni; quando oltrepassa questo limite, diventa cronico; allora può durare dalle tre fino alle otto o dieci settimane.

§ 610. **Cura.** Necessità di attivare principalmente il sudore e la traspirazione della pelle; e perciò tutti i sudoriferi sono indicati sempre e giovano grandemente. Oltrecciò il salasso generale e parziale non si dee omettere, trattandosi d'individui vigorosi e robusti e di malattia piuttosto grave. Le ventose pure hanno un gran successo in questo trattamento. Quindi vengono le bevande diluenti, diaforetiche, un vitto parco, o dieta assoluta, riposo, allontanamento da ogni umidità e aria fredda, che costituiscono il rimanente del piano curativo.

162. — *Riscaldamento.*

§ 611. Col nome di *riscaldo* o *riscaldamento*, usati bene spesso dal volgo, si vogliono indicare certe flussioni, o infiammazioni che generalmente si osservano in individui di temperamento sanguigno. Il volgo però chiama col medesimo nome anche la stitichezza o costipazione del ventre, e la scolazione venerea o blenorragia. Rimandiamo il capitano agli articoli che trattano di queste malattie, bastandoci di aver avvertito quale valore si abbia veramente una parola, della quale nel volgo si fa tanto abuso per indicare malattie d'indole e natura diversa, e richiedenti metodi curativi affatto opposti.

163. — Risipola.

§ 612. La *risipola* non è altro che la infiammazione parziale e acuta della pelle; caratterizzata principalmente da efflorescente rossezza della medesima, sormontata da bolle, che per lo più si risolve in due settimane collo sfogliamento della epidermide, e la caduta delle croste derivate dalla rottura delle bolle medesime. Il carattere più speciale di questa malattia è l'imbianchire che fa la pelle se compressa col dito, ed il subito ritorno del colore rosso quando è tolta la compressione.

Questa infiammazione si manifesta per lo più alla faccia, ma può occupare anche tutte le altre parti del corpo.

§ 613. **Cause.** Tutte le cause irritanti più o meno la pelle possono farla nascere. Il sucidume, le fregagioni forti e reiterate, il calore cocente, il contatto di certe piante, o di certi insetti e umori acri, l'applicazione di vari rimedi irritanti, o unguenti rancidi, certe punture, od anche inoculazioni, come quelle del vaiuolo e del vaccino, sono tutte cause che possono far nascere la risipola. Talvolta è conseguenza di malattie irritative interne, specialmente dello stomaco. Anche una grave indigestione può dar luogo allo sviluppo della risipola.

§ 614. **Sintomi.** Nella sua più semplice forma la risipola si annunzia nel modo seguente: — leggiera tumefazione circoscritta in una parte degli integumenti, più spesso al volto; rossore di pelle variamente intenso, traente talvolta o al livido, o al giallo; dolore acerbo e pungente nel luogo affetto, accompagnato da pizzicore e da un senso di calore acre ed ardente; stato febbrile. Questi sintomi aumentano fino al terzo o quarto giorno, e persistono altrettanto tempo nello stesso grado. Allora si svolgono sulla pelle infiammata delle vescicole miliari ripiene di sierosità. Queste talvolta si rompono o al primo giorno, o più spesso verso il quinto o sesto di malattia, e l'umore in esse racchiuso si disecca, e dà luogo a delle croste dure e gialle, che si fanno poi brune o nericcie. Questo corso del male non è certamente costante; esso ha luogo quando è più grave, ed allora dicesi *risipola flittenosa*.

· § 615. **Cura.** Ripetute lavature con acqua tiepida semplice, o di malva, scemano la dolorosa tensione della parte infiammata; si evitino però le unzioni con sostanze grasse, perchè riescono irritanti e nocive. Si dee amministrare internamente qualche bevanda leggermente emetizzata, qualche purgativo blando, praticare il salasso se la infiammazione è viva, e ripeterlo anche all'occorrenza essendovi febbre gagliarda. Anche le sanguisughe applicate un po' lungi dalla risipola, giovano del pari. Se si trattasse di risipola alla faccia, dopo praticato il salasso, dato l'emetico o il purgante, si faranno prendere pediluvi sinapizzati, o si applicheranno vescicanti alle gambe. Del resto, bevande acidule, o d'acqua semplice, e dieta severa costituiscono il rimanente della cura. Quando la risipola riconosce per causa la indigestione, s'insista nell'uso degli emetici e poi dei blandi purgativi.

164. — Rogna.

§ 616. Chiamasi *rogna* o *scabbie* una eruzione vescicolare della pelle, che è trasparente alla sommità. Queste vescicole che contengono un umore liquido, sieroso e vischioso, si possono sviluppare in qualsiasi parte del corpo, ma più particolarmente si mostrano alle piegature delle articolazioni, siccome ai carpi ed ai garretti. La rogna è malattia contagiosa, e comunicabile facilmente in ogni età, clima, stagione e in qualunque condizione della vita sociale.

Questa malattia è facile a svilupparsi fra individui in gran numero riuniti, come sono appunto i marinai o i soldati raccolti nelle caserme, o nella stiva dei bastimenti, nonchè fra i prigionieri e negli spedali.

§ 617. **Sintomi.** Allorchè la rogna venne da un individuo comunicata ad un altro, questi, pochi giorni dopo, sente un certo prurito alle parti state le più esposte al contagio; prurito che cresce verso sera e anche più di notte col calore del letto. Poco dopo compariscono alcune bollicine appena elevantisi sul livello della pelle, rosse piuttosto nei soggetti giovani e robusti, pallide o del color della pelle nelle persone deboli e cagionevoli. Poco è il prurito se sono poche le bolle, e queste conservano più a lungo la loro forma. Ma se invece si moltiplicano, si ravvicinano e si riuniscono, allora il prurito si fa maggiore e più esteso, forte e tormentoso. Se sono lacerate dalle unghie, ne esce l'umore contenuto, e questo, seccando, dà luogo a piccole croste sottili, leggiere, non molto attaccate alla pelle. Se non si cura la rogna, può la eruzione invadere tutta la pelle, e penetrare profondamente ne' tessuti e dare origine a fenomeni più o meno gravi. Sono però rarissimi questi casi. È oggi provato, che la rogna dipende dalla presenza di un piccolo insetto, che si chiama *acaro,* e che nella cura non si tratta altro che di ucciderlo.

§ 618. **Cura.** Lo zolfo e tutti i vari unguenti e bagni solforosi, sono il rimedio specifico contro la rogna. Oggi è tanto assicurato l'esito pronto di questo metodo, che bastano pochi giorni a risanare radicalmente i rognosi. Anche il bagno caldo generale, usando del sapone nero, riesce utilissimo ; ma le pomate solforose con cui si fanno fregagioni nelle varie parti prese dalla rogna, sono le più vantaggiose. Qualunque cura si prescelga, non si dimentichi mai che è circostanza indispensabile alla pronta e completa guarigione, la somma pulitezza della persona e specialmente quella delle vesti; le quali dovranno essere lavate il più spesso possibile, e quelle che non lo si potessero, dovranno essere esposte ai suffimigi, di cui diremo particolarmente nella 6ª parte.

165. — *Rosolia estiva.*

§ 619. Chiamasi con questo nome una certa eruzione cutanea, non contagiosa, caratterizzata da macchie rosse diversamente figurate, non rilevate, e di quasi nessuna importanza per niuna sua gravità. A torto venne da alcuni confusa col *morbillo*, il quale è contagioso ed ha tutt'altro valore in pratica. Nemmeno ha caratteri eguali alla *scarlattina*, con cui venne pure confusa da alcuni.

È una eruzione che si osserva specialmente in estate e sotto l'azione di certi climi caldo-umidi. — Non abbisogna alcun trattamento speciale, se questo non è la moderazione nel vitto e l'uso delle bevande diluenti.

S

166. — *Sciatica.*

§ 620. Chiamasi volgarmente con questo nome il dolore che si sente lungo la coscia e la gamba fino al piede, e dipendente da affezione morbosa del nervo sciatico, e della sua fascia principalmente. È un'affezione dolorosa delle più difficili talvolta ad essere vinta, perchè diverse sono le cause che la possono produrre. I vescicanti sulla parte sono però il rimedio finora trovato più utile, e i rimedi sudoriferi usati internamente. Si eviti lo strapazzo e l'umidità.

167. — *Scolazione*.

§ 621. La grande facilità con che gli uomini di mare vanno incontro alle malattie veneree nel toccare i varj porti, e le gravi e talvolta invincibili conseguenze che loro possono tener dietro durante le lunghe traversate, c'inducono a parlare di questo genere d'infermità in un modo affatto speciale, comechè non si possano riguardare fra le *malattie*, che sono *proprie* degli equipaggi.

Già abbiamo tenuto parola del *bubbone venereo* (n.° 25), del *fimosi* (n.° 81) e delle *ragadi* (n.° 158): più sotto diremo alcunchè della *sifilide* in generale (n.° 170) e delle *ulceri veneree* (n.° 178). Qui parleremo della *scolazione* o *scolamento* o *blenorragia* (n.° 19), detta anche da altri *gonorrea* (n.° 89), che è forse la malattia venerea che più di frequente si osserva nei marinai.

§ 622. **Sintomi**. Questa infermità è costituita da uno scolo muco-purulento, che esce dal canale dell'orina ora in grande, ora in minima quantità. Generalmente si sviluppa entro otto o dieci giorni dal coito impuro avuto, abbenchè possa starsi latente anche due o tre settimane. I sintomi più salienti sono — difficoltà nell'orinare e spesso dolore e cociore lungo il canale del membro nel passare delle orine, peso più o meno grave ai testicoli, malessere generale ed un senso di grave stanchezza.

§ 623. **Cura**. Oltre l'esentare per qualche tempo l'infermo dalle soverchie fatiche, o dall'esporsi all'umidità e tanto meno alla pioggia, gli verrà assolutamente proibito l'uso del vino e delle bevande spiritose, nonchè dei condimenti aromatici negli alimenti.

In quanto poi ai medicamenti, gli si darà a bere del decotto di semi di lino, e gli si farà prendere qualche semicupio ogni due o tre giorni in acqua dolce tiepida, oltre farlo siringare per mezzo di una *cánula* adatta nel canale dell'orina due o tre volte nel giorno, con una soluzione di solfato di allumina; e ciò quando sieno passati otto o dieci giorni dallo sviluppo del male, e tuttavolta non esista troppo vivo dolore lungo il canale orinario, o rossore di risipola (n.° 163) sulla pelle del membro.

Se alla scolazione si fosse unito fin da principio un forte dolore ai testicoli, o questo sopravvenisse a seguito di fatiche protratte, si farà stare l'infermo a letto per qualche giorni, apponendo continuamente sullo scroto dei cataplasmi ammollienti; e qualora con ciò non cessasse, si farà l'applicazione di alcune mignatte (da 10 a 14) sullo scroto, facendolo stare a letto per più giorni, anche quando sia migliorato, avendo poi il riguardo, quando si alza, di mantenere per qualche tempo rialzata la *borsa* con un sospensorio, o con un fazzoletto a *traverso,* acciò il peso dei testicoli non aggravi di più la malattia.

168. — *Scorbuto.*

§ 624. Chiamasi comunemente con questo nome un'alterazione del sangue, i cui sintomi principali sono; — grandissima debolezza muscolare, sangue che esce dalle gengive tumefatte, e macchie nerastre disseminate su tutta la pelle. Questa malattia è comune specialmente a bordo delle navi.

§ 625. **Cause.** Aria viziata comunque, e specialmente dei luoghi umidi, bassi, oscuri, ove si trovano agglomerate molte persone, per cui alle notate cause di corruzione vi si aggiungano anche le insalubri emanazioni. L'uso delle carni salate e del biscotto a bordo delle navi, in uno colla mancanza di cibi vegetabili freschi, si credettero causa dello scorbuto : ma l'esperienza mostrò erronea una tale opinione, quando si tratta di alimenti di questo genere *sani*. Non è più così, trattandosi invece di carni salate *putride*, di biscotto *avariato*, e d'acqua *corrotta;* allora certamente può nascere con tutta facilità lo scorbuto. Concorrono pure a svilupparlo i patemi d'animo, la tristezza, la pigrizia, il prolungato riposo, l'assoluta mancanza di esercizio, le vesti troppo leggiere e sproporzionate ai rigori della stagione, il sucidume delle vesti stesse ed altre simili influenze.

§ 626. **Sintomi**. Perdita d'appetito e del colorito, smagrimento e debolezza generale, poi gonfiezza di gengive, che si fanno rosse e dolorose, costipazione del ventre, digestione stentata, polso debole e lento. Proseguendo il morbo, cresce lo indebolimento generale; ad ogni minimo esercizio v'ha il respiro stentato e la oppressione; il pallore del volto tende al livido; le gengive sempre più sono dolenti e gonfie e principiano a gemere sangue; i denti cominciano a smuoversi; la pelle del corpo si fa secca, prosciugata, e spesso sorgono gonfiezze alle gambe ed ai piedi. A questi sintomi poi succedono le varici delle vene, che poi si aprono e si fanno ulcerose e fungose, versando sangue in abbondanza. Se non si fa nulla per arrestare il male, questo procede sempre più; la pelle si ricopre di macchie vermiglie, e talvolta di larghe ecchimosi; la faccia si gonfia, diviene livida; sgorga costantemente sangue dalle gengive; il fiato si fa fetente, e la bocca stessa qualche volta è colpita da cancrena. Però il corso è ordinariamente lento e graduato, e abbisognano parecchi mesi prima di rendersi così grave e riuscire fatale.

§ 627. **Cura**. I progressi fatti dalla igiene in questi ultimi anni hanno reso lo scorbuto malattia alquanto rara a bordo delle navi, mentre in passato era tenuto per un vero flagello; instancabile mietitore della vita degli equipaggi.

La prima cosa che interessa fare si è la depurazione dei locali e la ventilazione loro, massime trattandosi di navi;

poi il cambiamento di vitto , sostituendo una dieta lattea , vegetabile e specialmente l'uso del succo di limone. Le bevande acidulate, aranciate, limonate giovano moltissimo. Le carni fresche e il vino generoso aiuteranno il trattamento curativo, massime in unione con un moderato esercizio, colla nettezza personale, coll'uso dei bagni e colle fregagioni a seconda dell'occorrenza. Le ulcerazioni della bocca e delle gengive si combattono con gargarismi ammollienti diversi, oppure acidi o tonici, e si possono toccare anche di quando in quando con un pennello bagnato nell'acido idroclorico allungato in conveniente quantità di acqua. Anche il tenére rilevato il morale, favorire l'allegria a bordo, giova a rendere più breve e meno grave il corso della malattia, quando molti dell'equipaggio ne sieno presi.

169. — *Scottature.*

§ 628. Chiamasi con questo nome quella lesione diversamente grave, che viene prodotta in una parte qualunque del corpo nostro per mezzo del calore concentrato.

Vi hanno diversi gradi di scottatura; cioè dalla semplice vescicola che si forma alla pelle , fino a quella che carbonizza e distrugge le ossa.

Le scottature variano pure secondo la causa; vi hanno quelle del fuoco, oppure di certi liquidi infiammati, e quelle degli acidi concentrati e dei caustici, che tutti producono bruciature di gradi e forme diverse.

Nelle scottature superficiali, e prima che si elevi la vescica, od anche dopo, giova involgere la parte nel cotone cardato chè tanto giova ; ma quando si tratti di scottature estese e profonde, la infiammazione essendo allora sempre più grave, e portando necessariamente la suppurazione, bisognerà applicare ammollienti diversi, come se si trattasse di piaghe semplici ordinarie, ripetendo la medicatura una o due volte nella giornata con unguenti refrigeranti e filacciche, aggiungendo i cataplasmi di linseme se v'ha molta infiammazione.

170. — Sifilide.

§ 629. Chiamasi *sifilide*, oppure *mal francese*, *mal venereo*, od anche *lue venerea* quel complesso di fenomeni morbosi locali e generali, che si manifestano nell'uno o nell'altro sesso dopo un coito impuro. Questa è malattia contagiosa e trasmissibile facilmente da un individuo all'altro.

Distinguesi in *primitiva*, e in *secondaria o costituzionale*.

La sifilide primitiva è caratterizzata principalmente dall'ulcere (n.° 178) e dalla blenorragia o scolazione (n.° 167), nonchè dal bubbone (n.° 23), e da qualche altra forma.

La sifilide secondaria è quella che attacca i tessuti più profondi, e perfino le ossa, e si manifesta poi alla cute sotto forme diverse di papule, di pustole, macchie, tofi, tumori, erosioni diverse, piaghe ecc.

La sifilide in generale è malattia cronica; si cura col mercurio e suoi preparati diversi, e coll'joduro di potassio. Ma questo trattamento mercuriale si usa di preferenza quando vi abbiano sintomi *generali* di lue, o che la malattia esista da molto tempo. Le forme della sifilide primitiva scompariscono facilmente molte volte anche senza questi rimedi. Il trattamento locale però è il solo che convenga nella più parte dei casi di malattia venerea *primitiva*. La cura della sifilide *costituzionale* dovrà essere fatta dagli uomini dell'arte appena il malato giunga in qualche porto. Il capitano insista perchè coloro che ne sono affetti si facciano curare, ad ovviare le gravissime conseguenze morbose, che possono rendere misera e dolorosa tutta intiera la esistenza.

171. — Sinoca.

Vedi — Febbre infiammatoria (n.° 77).

172. — *Sinoco.*

Vedi — Tifo, o febbre maligna (n.° 79).

173. — *Slogature.*

Vedi — Lussazioni (n.° 105).

T

174. — *Tarantola (Morsicatura della....).*

Vedi — Puntura d'insetti (n.ⁱ 134 e 151).

175. — *Testicoli (Infiammazione dei....).*

§ 630. Attesa la molta sua sensibilità e vascolarità, questa ghiandola (*testicolo*) è soggetta facilmente alla infiammazione, che chiamano anche volgarmente *ingorgo del testicolo.*

§ 631. **Cause.** Una compressione anche semplice, più poi le percosse, contusioni, confricazioni, la mancanza di evacuazione dello sperma, la scolazione venerea, ed altre simili cause, possono più o meno prontamente determinare la infiammazione dei testicoli.

§ 632. **Sintomi.** Questa si appalesa col dolore e colla gonfiezza di uno o di amendue i testicoli; nel tempo stesso lo scroto si fa rosso, teso, e la tensione dolorosa si propaga lungo il cordone spermatico fino ai lombi. Essendo viva e rapida la infiammazione, il polso diventa febbrile, l'orina è poca e con sedimento rossastro. Essendo acuta la infiammazione, il corso ne suol essere rapidissimo, per cui può in poche ore acquistare un volume grandissimo. Generalmente questa infiammazione si risolve; ma il testicolo rimane però quasi sempre un po' più grosso di prima. Suole però durare questa malattia parecchie settimane, perchè lo stadio acuto è rapidissimo.

§ 633. **Cura.** Salasso generale e ripetuto; sanguisughe molte alla parte e lungo il cordone (20 o 24 per volta); applicazione di cataplasmi ammollienti; bagni tiepidi; assoluto riposo; bevande rinfrescanti; clisteri pure ammollienti; ecco il piano curativo il più conveniente per questa malattia. Bisogna però avere la precauzione di far portare all'ammalato un *sospensorio*, onde mantenere il testicolo infermo in assoluto riposo, ed impedire così le scosse e le ammaccature cui andrebbe soggetto, qualora venisse abbandonato al proprio peso.

176. — *Tetano.*

§ 634. Chiamasi con questo nome quella malattia spaventosa, che è caratterizzata dalla rigidezza o tensione convulsiva di uno o molti muscoli, e talvolta di tutti i muscoli soggetti alla volontà.

§ 635. **Cause.** Predispongono più o meno al tetano i climi caldi, e quelli specialmente fra i Tropici, certe stagioni dell'anno, l'estremo calore, oppure un freddo eccessivo. Queste però non sarebbero cause sufficienti, se altre non ne agevolassero lo sviluppo, quali sarebbero ad esempio, — i forti patemi dell'animo, la soppressa traspirazione, il raffreddamento del corpo quando è in sudore, lo esporsi nudi all'aria, gli abusi del cibo e delle bevande spiritose, le indigestioni, l'avvelenamento, l'abuso del coito, i colpi, le percosse, le contusioni e, simili. Ma una delle cause più frequenti del tetano, e bene spesso insanabile, si è la ferita o puntura, o lacerazione, o contusione di certe parti, come sono i tendini o le propaggini nervose, che si distribuiscono specialmente alle estremità.

§ 636. **Sintomi.** Il tetano per il suo corso appartiene alla categoria delle malattie *acute* e *continue*. Per la sua forma si distingue in tetano *dritto*, quando cioè la musculatura è rigida per modo che il corpo non si può piegare in alcun verso; e in tetano *curvo all'innanzi — curvo al di dietro — curvo sui lati*.

È spaventoso il vedere con quale rapidità e insistenza si facciano codesti incurvamenti del corpo o in un senso o nell'altro, per la violenta contrazione dei muscoli. Le mascelle rinserransi per modo da spezzare talvolta perfino i denti. Bene spesso succede il vomito per le violenti contrazioni dei muscoli addominali. Uno stato così doloroso e spasmodico, ben si comprende che non può durar molto; e infatti dopo due, tre, cinque, otto ed al più dieci giorni, termina questa malattia per lo più colla morte. ·

§ 637. **Cura.** Non vi ha malattia nella quale, come in questa, siensi sperimentati e tentati tanti metodi curativi e rimedi d'ogni maniera; ma sgraziatamente nissuno potè essere trovato capace di vincerla sicuramente. Quando però prevalgono sintomi infiammatori e vi abbia febbre, allora il salasso, le sanguisughe, i bagni tiepidi, i purgativi giovano senza dubbio; questi sintomi essendo mancanti, l'oppio, il muschio e gli stimolanti diffusivi vengono preferiti generalmente. I sudoriferi però recano in ogni caso manifesto vantaggio e specialmente se la malattia dipende da retrocessione di sudore. Il regime dietetico debb'essere poi proporzionato e in ragione sempre dell'uno o dell'altro metodo curativo.

177. — *Trismo.*

§ 638. Chiamasi *trismo* quel tetano parziale della faccia, in cui vi ha retrazione dei muscoli delle guancie per modo, che vi ha *riso sardonico*, e tale rinserramento dei denti, da non poter aprire la bocca per quanti sforzi si facciano. Le cause sue sono le medesime che quelle del tetano generale; e quindi eguale ne sarà il trattamento curativo (n.° 176).

U

178. — Ulcere venerea.

§ 639. Dal coito impuro derivano varie forme morbose; tra queste vi è la *pustola venerea* cosidetta (n.° 154), la quale rompendosi diviene poi *ulcera*.

Quest'ulcera, che forma la base sostanziale delle malattie sifilitiche, si distingue in *primitiva* e in *secondaria* o *consecutiva*, secondochè si manifesta subito o dopo molto tempo dal coito impuro (n.° 170).

§ 640. **Caratteri delle ulcere veneree primitive.** Generalmente cominciano con macchiette rosse, infiammate, accompagnate spesso da incomodo prurito, il cui centro s'innalza rapidamente, si fa alquanto bianco, vescicoloso, trasparente, e lascia uscire una certa materia rossiccia e corrosiva. Tosto la sommità di questa bolla si apre, gli orli della piaga che ne risulta s'induriscono, la superficie sua si copre di marcia più o meno viscida, fetida ed abbondante.

Queste ulcere si distinguono generalmente da tutte le altre piaghe non veneree pei seguenti caratteri: — 1° colore bigio biancastro — 2° margini frastagliati, più o meno elevati, perpendicolarmente tagliati — 3° contorno più o meno indurito, e quasi sempre di un rosso più o meno scuro.

Generalmente le ulcere primitive sono più infiammate delle secondarie o consecutive, le quali sono anche meno dolenti delle primitive ed hanno anche una forma per lo più circolare, od ovale, ciò che non si suole osservare nelle secondarie.

§ 641. **Cura.** L'ulcere venerea primitiva, non molto indurita e recente si cura con metodo locale, consistente in lavature frequenti d'acqua tiepida, nettezza grande della parte, filacciche asciutte, o bagnate, che vi si applicano addosso, e qualche cauterizzazione colla pietra infernale. Con questo metodo si arriva in gran numero di casi a guarire presto la malattia, ed anche ad impedire la propagazione del male. Ma se sotto questo trattamento l'ulcere si fa stazionaria, s'indura, o si estende di più, allora bisognerà ricorrere all' applicazione di filacciche spalmate di unguento mercuriale, o napolitano, od anche inzuppate nell' acqua fagedenica. Quando sieno molto infiammate le ulcere veneree primitive, bisogna applicare cataplasmi ammollienti per far scemare la infiammazione. Del resto, dieta, riposo e bevande acquose e diluenti.

V

179. — *Vaiuolo.*

§ 642. Chiamasi con questo nome una malattia contagiosa della pelle, caratterizzata dalla eruzione di bottoni o pustole più o meno numerose, le quali, dopo trascorso il periodo della infiammazione, passano alla suppurazione, lasciando traccie sulla pelle della loro esistenza, per mezzi di búteri, o segni più o meno visibili.

Il vaiuolo è detto *arabo*, perchè furono gli Arabi che lo propagarono in Europa; ed è il prodotto di un contagio particolare, ignoto nella sua natura, ma conosciuto ne' suoi effetti funesti. Questo contagio si può inoculare, innestando cioè la materia vaiuolosa, che si genera nelle pustole. La inoculazione si può fare in vari modi, o colla lancetta intinta nella materia stessa e portata sotto la pelle, ed è la *inoculazione artificiale*, che si praticava nel secolo passato come preservativo: oppure toccando, fregando, o facendo assorbire in qualunque maniera la materia stessa, messa a contatto immediato, o mediato col corpo nostro; il che spiega la facilità di propagazione di questo morbo dai malati ai sani, quando non si prendano le necessarie disposizioni d'isolamento.

Nel tempo passato il vaiuolo faceva stragi immense, e le vite che non mieteva, portavano le impronte del suo attacco, giacchè sformava la bellezza delle popolazioni e degli individui. Contro questo terribile flagello si crede di poter opporre un mezzo preservativo, inoculandolo in prevenzione nell'individuo sano, appoggiati al fatto, che questo contagio raro è che attacchi l'individuo una seconda volta, od anche dato un secondo attacco, questo riesce sempre molto più mite del primo.

La *inoculazione del vaiuolo* come mezzo preservativo fu dunque tentata in Europa in grandi proporzioni; ma i suoi vantaggi erano assai limitati.

Allora si trovò da Jenner la *inoculazione del vaccino*, che meglio rispose all'uopo; e le esperienze fatte già da più di mezzo secolo a questa parte, confermarono al vaccino la virtù sua profilatica, *preservatrice* contro il vaiuolo, se non perpetua, temporaria almeno. Ora il vaiuolo non ispaventa più come prima le popolazioni; e quando pure insorge e attacca i vaccinati, non è più il vaiuolo *vero* che si mostra, ma bensì il *falso*, ossia *ravaglione*, di cui abbiamo già parlato (n.° 159).

Siccome poi noi riteniamo, che in quanto ai marinai da accettarsi a bordo delle navi mercantili vorranno i rispettivi capitani ammettervi soltanto quelli, che presenteranno certificato di essere stati vaccinati con successo, o di avere già avuto il vaiuolo (§ 222); così crediamo inutile di qui discorrere particolarmente di quest'ultima malattia, giacchè, per ciò che può occorrere, basta quello che abbiamo annunciato intorno al *vaiuolo spurio* al § 606.

180. — *Vermi.*

§ 643. La *verminazione* suole travagliare specialmente i giovani. Noi non sappiamo le cause immediate di essa; ma la presenza dei vermini che vengono espulsi o col vomito, o, il più frequente, per seccesso, attesta la qualità della malattia. Sono ospiti che a danno nostro offendono il tubo alimentare, e vivono più o men lungo tempo, cagionandoci dolori e molestie infinite.

I vermini più comuni ad osservarsi sono i *lombricoidi*, più o meno lunghi e cilindrici, di colore o rosso, o bianchiccio; — gli *ascaridi*, piccoli vermicciatoli minuti, che alle volte si espellono in masse più o meno voluminose; — e finalmente il *verme solitario* o *tenia*, d'una lunghezza varia, ma che si può estendere perfino a varie braccia.

§ 644. **Sintomi.** I sintomi più ordinari della verminazione sono — dolori vaghi al ventre, e talora acutissimi e fissi più in un punto che nell'altro; malessere generale, svogliatezza, talvolta convulsioni, pupilla dilatata e vomiturazione, nausee, senso di pena allo stomaco, talvolta deiezioni alvine ripetute, nelle cui materie si trovano per lo più o gli uni, o gli altri dei sudescritti vermini.

§ 645. **Cura.** La cura consiste principalmente nell'uccidere ed espellere questi ospiti molesti; perciò tutti i purganti adempiono all'uopo, ma specialmente poi la corallina, il seme-santo dati in polvere, oppure in decotto. Sono ottimi rimedi il calomelano (*mercurio dolce*) colla gialappa, l'olio di ricino e la santonina. Per la *tenia* giova assaissimo la corteccia del pomo-granato selvatico ed altri rimedi più o meno lodati.

Z

181. — *Zoster, o zona.*

§ 646. Chiamasi *zoster*, o *male*, o *fuoco di S. Antonio* una specie d'infiammazione acuta, vescicolosa della pelle, la quale comparisce sul tronco alla foggia di una fascia o cintura semicircolare, formata da masse di piccole vesciche agglomerate, detta perciò *zona*, e guaribile in due o tre settimane.

§ 647. **Cause.** Le cause di questa malattia sono poco conosciute. Generalmente si osserva nelle stagioni più calde e nei climi tropicali; gli adulti e i robusti ne sono attaccati più degli altri; non è malattia nè epidemica, nè contagiosa; non è neppure malattia grave. Soltanto ne accenniamo brevemente, perchè non è difficile che prenda i marinai dopo forti fatiche, o nei climi caldi.

§ 648. **Sintomi.** La comparsa della zona è preceduta bene spesso da brividi, dolore di testa, agitazione, veglia, nausea, sete e perdita dell'appetito. Generalmente alla vigilia dell'eruzione l'infermo si lagna di pungimenti, tensione, calore ardente, dolori acuti nella parte dove sta per succedere la eruzione. Sopra dieci casi, ve ne hanno otto, in cui questa succede dal lato destro. La eruzione costituisce dunque una specie di cintura semicircolare, di variabile larghezza, formata da molti ammassi circolari od ovali di vescichette argentate, grigie, o giallastre, spesso mescolate a bolle globose, circondate da un'areola rossa, piene di un umore trasparente o sanguinolento, somiglianti a grappoli d'uva rossa. Dopo cinque o sei giorni questo umore assume un colore opaco, e diviene siero-purulento. Se l'infiammazione è forte, questo umore non tarda a convertirsi in vero pus. Dopo otto giorni almeno, od al più tre settimane, tutte le croste delle vescichette o bolle si trovano generalmente staccate.

§ 649. **Cura.** Il riposo, l'uso delle bevande temperanti, il salasso generale, talvolta le sanguisughe applicate alla bocca dello stomaco e i clisteri ammollienti costituiscono il metodo curativo generale di questa malattia. Quanto alle vesciche o bolle esistenti sul tronco, basterà tenerle lontane dal contatto dell'aria, coprendole di carta sugante impregnata d'olio, o spalmata semplicemente di unguento rosato.

CAPITOLO IV.

Brevi avvertenze sulla CASSETTA DEI MEDICAMENTI, e sul modo di usarne.

§ 650. Nel dar principio a questa 3ᵃ parte del *manuale* abbiamo creduto conveniente di chiamare tutta l'attenzione dei capitani, tanto con un' *avvertenza preliminare* (pag. 149), quanto con alcune *nozioni generali* (§ 276 e seg.), sulla importanza e difficoltà degli argomenti, che ci era forza di svolgere in questa parte del nostro lavoro. Ora qui sentiamo la necessità d'insistere più che mai, perchè vogliano i capitani leggere queste nostre *brevi avvertenze*, acciò possano afferrare convenientemente il nesso che esiste fra le malattie descritte nel *dizionario* (pag. 165), e i *medicamenti* che in questo capitolo sono suggeriti e raccomandati siccome utili per curarle. E perchè l'errare qui potrebbe riuscire di grave nocumento alla salute non solo, ma alla vita stessa dei marinai, ove venissero sbagliati i medicamenti da amministrarsi, così nel seguente § pensiamo di porgere un' idea del modo che si dovrà tenere nel far ricerca di questi rimedi.

§ 651. I rimedi vengono distribuiti in 25 gruppi a seconda della loro azione più manifesta, cioè se *emetici, purganti* ecc., o secondo il modo della loro applicazione, cioè *bagni, unguenti* ecc., siccome risulta dal seguente elenco (§ 652). Il numero progressivo che qui hanno a lato, corrisponde a quello della prima colonna delle tabelle; nella seconda vi è il titolo complessivo dei medicinali; quindi segue la colonna dei §§, per rendere più agevole la ricerca dei medicinali mercè l' *indice sinottico*, che è alla fine del *manuale;* indi viene la *specificazione* dei vari rimedi d' una stessa classe; quindi la loro *preparazione e dose*, e il *modo di usarne*; finalmente le *principali malattie* nelle quali essi convengono. Egli è in questa ultima divisione o colonna, che abbiamo cercato di ripetere fedelmente i numeri dei vari §§ corrispondenti alla *cura* delle malattie, nelle quali si devono amministrare quei medicamenti, che hanno un'azione più speciale. Perciò quando il capitano, ad esempio, trova all'articolo *indigestione* (pag. 262), che giova ricorrere, onde curarla, agli emetici, egli cercando in questo capitolo il titolo *emetici*, troverà che il § 524 (cui corrisponde appunto la *cura* della indigestione) sta inscritto tanto per la ipecaquana che pel tartaro emetico, ond'egli può scegliere quello dei due rimedi che stimerà più opportuno, seguendo in ciò le norme prescritte per l'uso di que' due medicamenti. Da ciò vedono i capitani, che di questo modo riesce impossibile, anzichè difficile, lo sbagliare il medicamento.

§ 652. SPECIFICAZIONE dei medicamenti che fanno parte della *cassetta dei medicinali* di bordo.

1. Ammollienti.
2. Antiperiodici.
3. Astringenti.
4. Bagni.
5. Bevande.
6. Cataplasmi.
7. Caustici.
8. Cerotti.
9. Clisteri.
10. Colliri.
11. Decotti.
12. Diuretici.
13. Eccitanti.
14. Emetici.
15. Emeto-purgativi.
16. Fomentazioni.
17. Fregagioni.
18. Gargarismi.
19. Incisioni.
20. Purganti.
21. Rubefacienti.
22. Salasso.
23. Soluzioni.
24. Sudoriferi.
25. Unguenti.

N.°	MEDICAMENTI	§§	SPECIFICAZIONE DEI MEDICAMENTI
1.	**AMMOLLIENTI** o **EMOLLIENTI** (rimedi che rilassano, o rammolliscono gli organi viventi sani o malati).	655	Fra i molti rimedi di quest genere, annoveriamo appena seguenti, siccome quelli ch meglio giova provedere ad us di bordo. FOGLIE e FIORI di MALVA. FOGLIE e FIORI di SAMBUCO. RADICI di ALTEA. ORZO MONDATO. FARINA di FRUMENTO. FARINA di SEMI di LINO. MOLLICA di PANE. LATTE. BURRO. GRASSO di MAIALE, o di BUE.

PREPARAZIONI DIVERSE DEI MEDICAMENTI: MODO DI USARNE	MALATTIE CONTRO LE QUALI SI USANO I CONTRONOTATI MEDICAMENTI

Facendo cuocere per venti circa minuti, o meglio alla diminuzione di un terzo del liquido, le foglie di *malva* e di *sambuco*, le radici di *altea* ecc. in ragione di 25 o 50 *grammi* per ogni *litro* di *acqua pura*, e colando la decozione che se ne ottiene, per mezzo di un setaccio, si avrà un'*acqua*, che serve assai bene ad inzupparvi pannilini per farne *fomentazioni* (§ 704). Quando di quest'acqua si tratti di usarne quale *bevanda*, si può sostituire alla cottura delle *foglie* di *altea* ecc. il *siroppo* sia di *altea*, che di *orzo* ecc., che fa lo stesso effetto.

Colle farine di *frumento* e di *semi di lino*, nonchè colla *mollica di pane*, bollita in sufficiente quantità d'*acqua pura*, o come sopra preparata con foglie di *altea* ecc., si ottengono *poltiglie*, che diconsi *cataplasmi*, di cui diremo più specialmente ai §§ 666 e 667. In questi *cataplasmi* si può sostituire assai bene all'*acqua*, sia *pura* o *medicata*, il *latte*.

Il *burro* ed il *grasso* applicati localmente per *fregagione* (§ 706), giovano assai in alcuni casi. Così col *burro* si usa anche medicare i *vescicanti* (§ 720), quando non si adoperi per quest'uso dell'*unguento stirace* (§ 757), o del *refrigerante* (§ 756).

Tanto queste *acque medicate*, che i *cataplasmi* ecc. giovano in tutte le infiammazioni sì esterne che interne, sì acute che croniche. Senza citare tutte le malattie in cui possono venir usate con giovamento, ci accontentiamo di ricordare a mo' d'esempio i §§ 502, 514, 548, 409 ecc. ecc.

N.º	MEDICAMENTI	§§	SPECIFICAZIONE DEI MEDICAMENTI
2.	ANTIPERIODICI (rimedi che servono a vincere le febbri intermittenti).	654	SOLFATO DI CHININA.

PREPARAZIONI DIVERSE DEI MEDICAMENTI: MODO DI USARNE	MALATTIE CONTRO LE QUALI SI USANO I CONTRONOTATI MEDICAMENTI
È un rimedio preparato dall'arte chimica: esso è ricavato dalla *china*. Si può dare in polvere, alla dose di *venti centigrammi* per cartellina, aggiungendovi per ognuna un po' di *zucchero*, e versandolo in *un cucchiaio d'acqua dolce*. Se ne darà in generale una tale dose ogni due ore, ciò solo però nel tempo che la febbre è cessata, o molto in diminuzione. Se la febbre è grave (*perniciosa*), si amministra più di frequente (§ 488), e se ne duplica, se occorre, anche la dose per ogni amministrazione. Si può dare anche sciolto; ed allora la sua azione è più presto sentita. Per scioglierlo convenientemente si metta la dose suindicata (20 *cent.*) di *chinina* in un bicchiere, e vi si versi sopra una o *due goccie* di *acido solforico concentrato;* rimescolato che sia, e che non si veda più segno della polvere di chinina, vi si aggiungano *cento grammi* di *acqua pura*, con alquanto *miele comune o zucchero*, e si dia a bere a cucchiaiate, ad ogni ora o due d'intervallo. Si usa anche per *clistere*, come è detto § 680.	È un sovrano rimedio contro le *febbri intermittenti* (n.° 78) sì *semplici*, che *perniciose* (§ 472). Si amministra pure con ottimo risultato contro l'*artrite* e il *reumatismo acuto* ecc., come fu accennato ai §§ 319, 610 ecc.

N.º	MEDICAMENTI	§§	SPECIFICAZIONE DEI MEDICAMENTI
		655	VINO di CHINA.
3.	ASTRINGENTI (rimedi da usarsi contro le emorragie e i profluvi).	656	LIMONATA VEGETABILE.
		657	LIMONATA TARTARICA.
		658	LIMONATA MINERALE.
		659	DECOTTO DI RISO.

PREPARAZIONI DIVERSE DEI MEDICAMENTI: MODO DI USARNE	MALATTIE CONTRO LE QUALI SI USANO I CONTRONOTATI MEDICAMENTI
Questo è un medicamento già preparato. usa di darlo a grosse cucchiaiate, o ro od allungato con alquanto d'acqua. questo si può sostituire il *decotto di ina*, descritto al § 688. oppure met- do nel *vino del solfato di chinina*, me è insegnato al § 693.	Si usa come fu accen- nato nel *Dizionario*, ed in generale in tutti i casi nei quali è raccoman- dato il *solfato di chinina*. (§ 654).
endi — il succo di *tre o quattro li- moni* — *acqua dolce fredda litro uno* — *zucchero o miele semplice quanto basta:* — si beva a poco a poco nella giornata.	Si usa di questa *li- monata* in alcune malat- tie infiammatorie inter- ne, in certi *flussi* di *ventre* leggieri ecc., come fu in- dicato, fra gli altri, ai §§ 437 e 493.
endi — *acido tartarico grammi trenta* — *acqua fredda litro uno* — *zuc- chero o miele semplice quanto basta.*	Si usa come sopra, e specialmente come fu avvertito al § 460.
endi — *acido solforico concentrato goccie sei* — *acqua fredda litro uno* — *zucchero o miele semplice quanto basta.*	Nelle *emorragie* è forse più utile delle due *limonate* suaccennate. È anche utilissima nei casi indicati ai §§ 437, 460, 479, 493.
endi — *riso una manata* — cuocilo in *acqua dolce un litro* — si coli, e si aggiunga, *gomma arabica* in polvere *venti grammi, e miele comune quanto basta.*	Questo *decotto* giova molto nelle *diarree* (§ 379). Volendosene usare per *clistere*, non si ag- giunga il siroppo. Del resto si legga quanto è avvertito al § 681.

N.º	MEDICAMENTI	§§	SPECIFICAZIONE DEI MEDICAMENTI
		660	Acqua del Pagliari.
4.	BAGNI (immersione del corpo, o di una parte del corpo, in un qualche liquido, o vapore).	661	Si dicono bagni generali, quando tutto il corpo è immerso nel liquido; parziali quando sono invece limitati ad una data parte. I bagni parziali, detti anche locali, si distinguono in mani-luvi, cioè se sono le mani, che vengono tuffate nel liquido — pediluvi se i piedi — peniluvi se il membro — semicupi se l' infermo si mette seduto entro i recipienti contenenti l'acqua od altro liquido qualsiasi. La varietà dei bagni sta specialmente nella diversità del liquido usato, e più ancora nella temperatura di questo liquido: perciò, oltre di aversi bagni di acqua dolce, di acqua di mare, di decotti vari, di olio ecc., si hanno anche i bagni *caldi*, i *tiepidi* e i *freddi*.

PREPARAZIONI DIVERSE DEI MEDICAMENTI: MODO DI USARNE	MALATTIE CONTRO LE QUALI SI USANO I CONTRONOTATI MEDICAMENTI

Quest'acqua è preparata chimicamente. a sua composizione non è nota a tutti Farmacisti.

Si usa con grande vantaggio in tutte le *emorragie* esterne, dipendenti anche da ferite, applicando sulla parte delle filacciche inzuppate nell'acqua stessa, e mantenendovele ben a contatto.

---

faniluvi e *pediluvi sinapizzati.* Prendi — *acqua dolce*, od anche di *mare litri quattro*, si faccia bollire, si ritiri dal fuoco e vi si aggiungano *cento* o *centocinquanta grammi* (secondo che voglionsi più o meno forti) di *senape nera* polverizzata. Si lasci alquanto raffreddare il liquido, e poi vi s'immergano le mani, o i piedi, tenendoveli non meno di un'ora, ed aggiungendovi di tratto in tratto dell'acqua calda. Si abbia cura di asciugar bene la parte quando si ritira dall'acqua, e d'involgerla in flanelle riscaldate, onde mantenerla ad una temperatura piuttosto elevata.

I *bagni caldi* devono avere una temperatura dai 34 ai 40 gradi del termometro centigrado; i *tiepidi* dai 25 ai 30°; i *freddi* dallo *zero* gradi ai 15.

Fra i *bagni medicati* ricordiamo appena quello coll'*oppio*, oppure colla *te-*

I *bagni* giovano contro varie malattie; di ognuna di esse fu fatto cenno nel *Dizionario*.

I *bagni generali* si prendono anche per semplice misura igienica; anzi ricordiamo in proposito quanto abbiamo suggerito ai §§ 249 e 271.

Così per l'uso dei *maniluvi* e *pediluvi* vedansi i §§ 302 e 437; pei *semicupi* i §§ 442 e 520; per le *docciature fredde* da farsi sui lombi il § 520, ove si tratta della cura della *incontinenza* di *orina;* per i *peniluvi* il § 496.

N.º	MEDICAMENTI	§§	SPECIFICAZIONE DEI MEDICAMENTI
			Variano anche di nome pel modo con cui il bagno è preso. Così dicesi per IMMERSIONE, se chi prende il bagno si tuffa nell'acqua e subito ne esce; per DOCCIATURA se l'acqua, venendo da una certa altezza, è diretta, mediante un piccolo condutto, che termina con uno o più fori, più su l'una parte che sull'altra del corpo.
5.	BEVANDE (liquidi diversi).	662	BEVANDE ACIDULATE, OD ACQUOSE SEMPLICI.
		663	BEVANDA AROMATICA.
			Altra

PREPARAZIONI DIVERSE DEI MEDICAMENTI: MODO DI USARNE	MALATTIE CONTRO LE QUALI SI USANO I CONTRONOTATI MEDICAMENTI
...aca, raccomandato al § 596, parlando ...lla *puntura* di certi *insetti velenosi*. ...esto si ottiene sciogliendo *venti cen-* ...rammi di *oppio puro* per ogni *litro* ...acqua, che sarà portata ad una tem-...eratura di 25 gradi circa. Se si versa nell'acqua una discreta ...antità di *alcool canforato*, si ottiene ... *bagno* utilissimo nel caso indicato ... § 428.	
Fra le molte di questo genere, accen-...amo l'*aranciata*, l'*acetata* e la *limo-*...ata. Si ottengono spremendo *quanto* ...sta di succo di *limone*, o di *arancio*, ...mettendo tanto *aceto* di buona qualità ...anto occorra, per dare all'acqua un ...pore acidulo grato, ed aggiungendovi ...n po' di *zucchero* o di *miele semplice*.	Si usano in molte ma-lattie quale grata bevan-da: ricordiamo appena i §§ 293, 331, 459, 460, 479, 484, 493, 596, 615, 627.
...rendi — *coriandoli tre grammi*, si ...mettano in infusione in 150 *grammi* di *acqua bollente*, si coli, e si aggiunga, *zucchero* polverizzato *quanto basta*. Si può sostituire ai *coriandoli*, l'*anice*, il *finocchio*, le *foglie* di *menta*, o di *salvia* e simili.	Vedi il § 388.
...rendi — *acquavite* o *rhum tre grammi*, si mettano in un *bicchiere d'acqua pura*, e vi si aggiunga un po' di *zucchero*.	Giova molto per rial-zare le forze (§ 293).

N.º	MEDICAMENTI	§§	SPECIFICAZIONE DEI MEDICAMENTI
		664	BEVANDA LEGGIERMENTE EMETIZZATA.
		665	BEVANDA MUCILAGINOSA, GOMMOSA, e DILUENTE.
6.	CATAPLASMI (epittime, o pappe molli ed umide).	666	Di FARINA di SEMI di LINO, o LINSEME.

PREPARAZIONI DIVERSE DEI MEDICAMENTI: MODO DI USARNE	MALATTIE CONTRO LE QUALI SI USANO I CONTRONOTATI MEDICAMENTI
endi — *tartaro emetico cinque centigrammi*, si sciolga in 150 *grammi* di *acqua tiepida*, e si beva a piccoli sorsi.	Si dà in quelle malattie, nelle quali si vuol produrre soltanto la nausea, ma non il vomito. Perciò si può riguardare anche come *sudorifero* (n.° 24). Vedi, fra gli altri, il § 615.
endi — *acqua dolce un litro*, nella quale si fa cuocere per tanto tempo che basti *una manata* di *orzo mondato*, quindi si cola, e si aggiungono *due grosse cucchiaiate* di *gomma arabica* in polvere, ed altre due o tre di *miele semplice* o *zucchero*. Questa bevanda va usata tiepida: si mantiene tale a bagno-maria.	Giova nei casi indicati specialmente ai §§ 302, 376, 379, 423, 424, 596, 605, 610.
endi — *farina di linseme* polverizzata **200** *grammi*, si faccia bollire in *un litro* di *acqua dolce*, e colla cottura si riduca alla consistenza della polenta. Si ritiri dal fuoco, si stenda su pannilini, e si applichi *scoperta* sulla parte malata. Un cataplasma può durare dalle 4 alle 6 ore. Per renderlo più attivo gli si può giungere *una manata* di *senape nera* lverizzata (§ 719). Mettendovi addosso un po' di *zaffe-*	Giova contro tutte le infiammazioni specialmente esterne, come, fra i molti, venne indicato ai §§ 302, 319, 348, 411, 428 ecc. Vedi il § 350. Vedi il § 506.

N.º	MEDICAMENTI	§§	SPECIFICAZIONE DEI MEDICAMENTI
		667	Di PANE, FARINA di FAVE, o d MELICA, di MELA.
7.	CAUSTICI (sostanze che disorganizzano, e convertono in escare le parti colle quali vengono a contatto).	668	PIETRA INFERNALE.
		669	FUOCO e FERRO ROVENTE.

PREPARAZIONI DIVERSE DEI MEDICAMENTI: MODO DI USARNE	MALATTIE CONTRO LE QUALI SI USANO I CONTRONOTATI MEDICAMENTI
...no, accelera la suppurazione dei *fu-uncoli* (§ 507). Volendo rendere il *cataplasma* più ...almante i dolori, si cosperge con *al-uante goccie* di *laudano liquido*. Queste *farine* giovano del pari per ...re *cataplasmi*. Ove si difetti di esse, ...uò servire anche il *biscotto* fatto bol-...ire nell' acqua. Si fa anche un *cataplasma* facendo ...uocere delle *mela;* questo è assai van-...aggioso nell' *orzaiuolo* (§ 576).	Vedi il § 580.
Questa è fatta dai Chimici. È un sale ...uso in piccoli bastoncini. Per usarla ...i mette entro le pinze d' argento del ...*orta-pietra*, oppure nel cannone d'una ...enna da scrivere. Con questa *pietra* ...i deve appena toccare la piaga o fe-...ita, o strisciarvela addosso; perciò ...on vi si posi mai ferma.	Serve assai bene con-tro le *ulcere* in genere, specialmente le *veneree* (§ 641), quando hanno un fondo sporco, gial-lastro, lardaceo, e che si mostrano scavate nel centro. Si usa benanco contro le *vegetazioni* ed *escrescenze* in genere (§ 463), contro la *mor-sicatura di animali ve-lenosi* (pag. 277) ecc.
Si fa arroventare nel fuoco un pezzo ...i *ferro* (sia chiodo, o lamina non serve) ...no a che sia incandescente. Volendosi	Si usa con vantaggio nelle *ferite* provenienti dal *morso di animali*

N.º	MEDICAMENTI	§§	SPECIFICAZIONE DEI MEDICAMENTI
		670	POTASSA CAUSTICA.
		671	ACIDO NITRICO e SOLFORICO CONCEN-TRATI.
		672	AMMONIACA LIQUIDA.
		673	ACQUA FAGEDENICA.

PREPARAZIONI DIVERSE DEI MEDICAMENTI: MODO DI USARNE	MALATTIE CONTRO LE QUALI SI USANO I CONTRONOTATI MEDICAMENTI
are del *carbone* sia *vegetabile* o *mi-rale*, il *fuoco* si prende fra le molle, si applica addirittura sulla parte alata.	*rabbiosi*, nel *carbonchio*, a prevenire l'*idrofobia* ec. (Vedi i §§ 369, 518, 558 e 602).
Questa è preparata appositamente dal-arte, nella quale è conosciuta anche tto il nome d'*idrato di potassa*. Per arla se ne mette un pezzettino sulla rte che vuolsi distrurre, avendo l'av-rtenza di limitarne l'azione tutt'attorno n del *diachilon*.	Si usa nei casi qui sopra enunciati (§ 348). Però, siccome è difficile assai di misurarne l'a-zione, così raccoman-diamo la massima cura nell'usarne.
Questi *acidi* sono preparati nei labo-loi chimici. Per usarne se ne in-ppano alquanto delle *filacciche*, che applicano sulla parte, o la si tocca n una piccola punta di legno o me-lica bagnata leggiermente di essi *acidi*.	Abbenchè ne abbiamo raccomandato l'uso al § 602, crediamo conve-niente che il capitano dia la preferenza alla *pietra infernale* (§ 668).
Anche questa è preparata, e si a come i suindicati *acidi minerali* 671).	Vedi il § 691.
È un'acqua preparata dall'arte me-ante il *sublimato corrosivo* e l'*acqua calce*. Bisogna conservarla ben chiusa. ne inzuppano delle *filacciche*.	È utilissima per de-tergere le *ulcere veneree* (§ 644).

N.º	MEDICAMENTI	§§	SPECIFICAZIONE DEI MEDICAMENTI
8.	CEROTTI o EMPIASTRI	674	CEROTTO DIACHILON, O GLUTINOSO.
		675	TAFFETTA' D'INGHILTERRA.
		676	EMPIASTRO MERCURIALE (vedi — *unguento mercuriale* § 758).
9.	CLISTERI o LAVATIVI (iniezioni di liquidi o vapori, che si fanno mediante un'apposita canula, introducendoli per l'ano).	677	CLISTERE AMMOLLIENTE.
		678	CLISTERE PURGANTE.
			Altro
			Altro
			Altro
			Altro

PREPARAZIONI DIVERSE DEI MEDICAMENTI: MODO DI USARNE	MALATTIE CONTRO LE QUALI SI USANO I CONTRONOTATI MEDICAMENTI
Si usa disteso sulla pelle, o sopra tela modo uniforme, tagliandolo a listarelle più o meno larghe secondo i casi.	Serve a coprire le *piaghe*, a riunire i margini delle *ferite*, e ad assicurare certi apparecchi di medicature, come filacciche ecc.
Si acquista preparato, e si usa come *diachilon*.	Si usa nei casi citati (§ 674).
rendi — *miele comune* 100 *grammi* — *decotto di semi di lino* (§ 686) 150 *grammi;* mesci.	Vedi i §§ 369, 513, 584.
rendi — *sale di cucina* in polvere *otto grammi* — *acqua tiepida* 150 *grammi;* mesci.	Vedi il § 338.
rendi — *sapone comune tre grammi*, sciogli in *acqua calda* 150 *grammi*.	Vedi il § 338.
rendi — *brodo allungato* coll' *acqua tiepida* 150 *grammi*, cui unirai *olio di uliva cento grammi*.	Vedi i §§ 388, 459, 524.
rendi — *brodo allungato* come sopra 150 *grammi*, cui si unisce *olio di ricini trenta grammi*.	Vedi i §§ 415, 459.
rendi — *sale inglese trenta grammi* — *acqua calda* 150 *grammi;* si sciolga.	Vedi i §§ 393, 409, 415, 524, 566.

N.°	MEDICAMENTI	§§	SPECIFICAZIONE DEI MEDICAMENTI
			Altro
		679	CLISTERE EMETICO.
			Altro
		680	CLISTERE ANTIPERIODICO (§ 654).
		681	CLISTERI ASTRINGENTI.
			Altro
		682	CLISTERE DI TABACCO.

PREPARAZIONI DIVERSE DEI MEDICAMENTI: MODO DI USARNE	MALATTIE CONTRO LE QUALI SI USANO I CONTRONOTATI MEDICAMENTI
endi — *sale inglese trenta grammi*, sciogli nell' *infusione di fiori di camomilla* 150 *grammi*.	Vedi il § 593.
endi — *acqua tiepida* 150 *grammi*, nella quale si sciolgono di *tartaro emetico trenta centigrammi*.	È un attivo *emeto-purgante*, da usarsi quando il malato non possa inghiottire.
endi — *acqua marina* alquanto riscaldata 150 *grammi*.	
endi — *solfato di chinina cinquanta centigrammi* — *acqua tiepida*, o meglio *infuso tiepido di fiori di camomilla cento grammi*.	Si usa nei casi gravi di *febbri intermittenti* (§ 488), quando il malato non può inghiottire, o per la gravezza degli accessi si creda che non basti la dose della *chinina* amministrata per bocca.
endi — *una manata di riso,* si faccia cuocere in 250 *grammi di acqua dolce*, fino a che il *riso* sia ridotto in poltiglia. Si coli e si applichi quando è quasi freddo.	Vedi i §§ 388, 423, 437, 454, 479 633.
Al *decotto di riso* come sopra otteto, si aggiungano *quaranta goccie di* idano *liquido.*	Vedi il § 479.
endi — *foglie secche di tabacco*, od altrimenti di *sigari grammi due*, acqua dolce grammi 160, si faccia bollire, quindi si coli, e raffreddato che sia, si applichi in due volte, alla distanza di due ore circa.	Utile assai contro l'apoplessia, l'*asfissia* ed in altre forme morbose gravi, come fu avvertito ai §§ 306, 324, 327 e 338.

N.°	MEDICAMENTI	§§	SPECIFICAZIONE DEI MEDICAMENTI
10.	COLLIRII (medicamenti che si usano nelle malattie degli occhi).	683	COLLIRIO SEMPLICE.
		684	COLLIRIO LAUDANIZZATO.
11.	DECOTTI o DECOZIONI o TISANE (medicamenti bolliti in liquidi diversi).	685	DECOTTO DI TAMARINDO.
		686	DECOTTO DI SEMI DI LINO.

PREPARAZIONI DIVERSE DEI MEDICAMENTI: MODO DI USARNE	MALATTIE CONTRO LE QUALI SI USANO I CONTRONOTATI MEDICAMENTI
Spremendo *alcune goccie di succo* i *limone* in poca quantità d'*acqua* ura, se ne può servire con giovaiento in certe malattie semplici delle alpebre.	
rendi — *acqua pura 100 grammi* — *laudano liquido dieci grammi;* mesci.	Se ne usa imbevendone un pannolino e toccandone l'occhio.
rendi — *frutti di tamarindi* 50 *grammi*, cuoci all'ebullizione in *un litro di acqua dolce*, si passi al setaccio, e si aggiunga *quanto basti di miele semplice o zucchero* per dolcificarlo. Si beva tiepido, o freddo.	È un *blando purgante.* Questo *decotto* è anche chiamato nel *Dizionario bevanda temperante o rinfrescante.* Si usa specialmente nei casi indicati ai §§ 302, 355, 376, 409, 415, 423, 424, 448, 454, 459, 484, 495, 496, 501, 524, 594, 655 e 649.
rendi — *semi di lino* in grana *una manata* — *acqua pura un litro*, si faccia cuocere fino a che i granelli sieno rotti per la massima parte, indi si aggiunga *miele semplice o zucchero quanto basta.*	Giova contro le malattie infiammatorie in genere, e specialmente in quelle segnate ai §§ 593, 594, 625. Questa bevanda è detta anche *rinfrescante* e *diluente.*

N.º	MEDICAMENTI	§§	SPECIFICAZIONE DEI MEDICAMENTI
		687	DECOTTO D'ORZO.
		688	DECOTTO DI CHINA.
12.	**DIURETICI** (medicamenti che aumentano la secrezione delle orine, e ne favoriscono la escrezione).	689	BEVANDA NITRATA.
13.	**ECCITANTI** detti anche **ESILARANTI** o **STIMOLANTI** (rimedi che aumentano l'azione degli organi).	690	ETERE SOLFORICO.

PREPARAZIONI DIVERSE DEI MEDICAMENTI: MODO DI USARNE	MALATTIE CONTRO LE QUALI SI USANO I CONTRONOTATI MEDICAMENTI
rendi — *orzo mondato una manata — acqua pura un litro*, si faccia bollire fino a che siasi consumato un quarto dell'acqua, indi si coli e si aggiunga *quanto basta di miele o zucchero*.	Si usa come il *decotto di semi di lino* (§ 686): questo pure è *rinfrescante*.

rendi — *china-china tre grammi*, si metta al fuoco in *un litro d'acqua*, e si lasci consumare sotto l'ebullizione almeno d'un quarto; indi si coli, e si aggiunga *miele o zucchero*. A questo si può supplire assai bene col *vino di china* descritto al § 655.
    A questo decotto si può aggiungere *ttanta centigrammi* di *sale ammoniaco, venti centigrammi* di *allume*.
	Utile in molte malattie, specialmente nella *pustula maligna* (Vedi i §§ 589 e 602).
	
	    Questo decotto è lodato molto nella *peste bubbonica* (§ 589).

rendi — *nitro puro tre grammi*, si sciolga in *un litro d'acqua tiepida*, e si aggiunga *miele semplice o zucchero quanto basta*.	Utile molto nelle *infiammazioni di petto*, nell'*artrite* e nel *reumatismo* (§§ 319, 424, 610).
Di questo preparato chimico se ne *versano otto o dieci goccie in mezzo icchier d'acqua dolce zuccherata*, e i dà a centellini.	Utile contro le *debolezze di stomaco*, i *deliqui* e lo stesso *tetano* (§§ 546, 637).

N.°	MEDICAMENTI	§§	SPECIFICAZIONE DEI MEDICAMENTI
		691	Acquavite e rhum.
		692	Vino generoso.
		693	Vino di china.
		694	Ammoniaca liquida.

PREPARAZIONI DIVERSE DEI MEDICAMENTI: MODO DI USARNE	MALATTIE CONTRO LE QUALI SI USANO I CONTRONOTATI MEDICAMENTI
Vedasi il § 663.	
Se ne dà *qualche cucchiaiata* di tanto in tanto, o più secondo il caso. Si può accrescerne l'azione eccitante riscaldandolo alcun po'.	Nelle *debolezze di stomaco* ecc.
Prendi — *solfato di chinina sei decigrammi*, si metta in *mezzo litro* circa di *vino generoso (Madera, Keres e simili)*, e dopo qualche ora se ne beva *un cucchiaio* ogni due ore, avendo però l'avvertenza di ben agitare la bottiglia ogni volta che se ne usa. Questo *vino di china* si può avere anche preparato chimicamente in altro modo; allora è mestieri portarlo già preparato in bottiglia, come è detto al § 655. Difettando di tutte queste preparazioni, si può usare, però con assai minore risultato, del *decotto di china* notato al § 688.	Contro le *febbri intermittenti* gravi (§ 369).
Si amministra *internamente*, in ragione di *quattro, otto o dodici goccie in un bicchier d'acqua dolce*.	Giova assai contro le *sincopi*, le *asfissie*, le *morsicature d'insetti velenosi*, alcuni *avvelenamenti*, la *pustula maligna* ed il *carbonchio* (§§ 338, 369, 431, 546, 558). Vedi il § 669.
Si usa anche *esternamente*, facendo iutare il vaso che la contiene, e ciò	

N.°	MEDICAMENTI	§§	SPECIFICAZIONE DEI MEDICAMENTI
		695	Cordiale.
14.	EMETICI o VOMITIVI (rimedi che próvocano il vomito).	696	Acqua tiepida.
		697	Titillamento delle fauci colle barbe di una penna da scrivere.
		698	Ipecacuana.
		699	Tartaro emetico.

PREPARAZIONI DIVERSE DEI MEDICAMENTI: MODO DI USARNE	MALATTIE CONTRO LE QUALI SI USANO I CONTRONOTATI MEDICAMENTI
elle *sincopi,* o dilungata con alquanta ıantità d' *acqua* (§ 369), o sola come *ıustico* (§ 558).	
rendi — *acqua distillata di menta venti grammi* — *acqua di fior d'a-rancio venti grammi* — *acqua pura 100 grammi* — *etere solforico otto goccie* — *miele o zucchero quanto basta* a dolcificare questa miscela.	Utile nei *deliqui,* nel *mal di mare* ecc. (Vedi i §§ 369, 409, 546, 551).
Bevuta a sorsi a sorsi riesce, in molti ısi, un eccellente *vomitivo.*	Nelle leggiere *indi-gestioni* (§ 431).
Anche questo mezzo meccanico cor-risponde alcune volte assai bene per citare il vomito.	Quando non è possi-bile far inghiottire dei liquidi al malato, come nelle *asfissie* ecc. (§ 431).
rendi — *ipecacuana* polverizzata *venti centigrammi,* si sciolga in un piccolo bicchierino di *acqua tiepida,* e si ri-peta la dose ogni due ore; e ciò per cinque o sei volte.	È un buon *vomitivo* nelle *indigestioni;* ma è piuttosto lenta la sua azione (§§ 524, 575).
rendi — *tartaro emetico dieci centi-grammi,* si sciolga in *mezzo litro di decotto d'orzo o d'altea* (§ 684), e vi si aggiunga un po' di *miele sem-plice.* Si può aumentare la dose del *tartaro emetico a venti centigrammi*	Poche medicine cor-rispondono in pratica come questa, sia nello svilupparsi delle *infiam-mazioni* per rattemprar-ne la forza, sia nelle

N.°	MEDICAMENTI	§§	SPECIFICAZIONE DEI MEDICAMENTI
15.	EMETO-PURGANTI o VOMI-PURGATIVI (rimedi che eccitano il vomito, nel mentre che provocano le evacuazioni alvine).	700	TARTARO EMETICO e CREMOR di TARTARO.
16.	FOMENTAZIONI (applicazioni calde fatte sulla superficie del corpo, non però liquide o sotto forma di *cataplasmi*).	701	CALDO-UMIDE.
		702	FREDDO-UMIDE.

PREPARAZIONI DIVERSE DEI MEDICAMENTI: MODO DI USARNE	MALATTIE CONTRO LE QUALI SI USANO I CONTRONOTATI MEDICANENTI
per renderne l'azione più pronta e sentita. Diminuendola invece alla dose di *cinque centigrammi,* si ottiene una bevanda *leggiermente emetizzata* (§ 661).	*indisposizioni dello stomaco* dipendenti da disordini dietetici. Noi lo raccomandiamo specialmente nelle malattie indicate ai §§ 295, 306, 319, 355, 369, 376, 395, 397, 411, 423, 471, 484, 488, 501, 524, 535, 566, 575, 593, 602, 615.
rendi — *tartaro emetico dieci centigrammi* — *cremor di tartaro trenta grammi,* sciogli il tutto in *decotto di orzo* bollente (§ 684) *mezzo litro,* aggiungi *miele semplice quanto basta.*	Volendosi ottenere il doppio effetto del vomito e delle evacuazioni di ventre, è questo un sovrano rimedio. Si usa specialmente nei casi indicati ai §§ 376, 402, 467, 484, 488, 535, 566.
Si fanno con *decotto di camomilla,* giungendovi, se vuolsi, un po' di *eto.* Bisogna inzupparvi dei pannilini, e poi si premono, e se ne avvolge la rte.	In tutte le malattie nelle quali vi ha bisogno di promuovere il sudore (§ 350) ecc.
Si fanno nello stesso modo, con *acqua* *lce* o di *mare* alla temperatura ordinaria. All'*acqua dolce* si può anche unire mezzo bicchiere di *aceto, o una mata di sale di cucina* (§ 409).	In tutte le malattie nelle quali vi sia *infiammazione esterna* viva, o qualche *emorragia* da frenare (§ 355) ecc.

N.°	MEDICAMENTI	§§	SPECIFICAZIONE DEI MEDICAMENTI
		703	CALDO-ASCIUTTE.
		704	SPIRITOSE e AROMATICHE.
17.	FREGAGIONI o FRIZIONI (stropicciamento della superficie del corpo con differenti mezzi).	705	SECCHE.
		706	UMIDE.

PREPARAZIONI DIVERSE DEI MEDICAMENTI: MODO DI USARNE	MALATTIE CONTRO LE QUALI SI USANO I CONTRONOTATI MEDICAMENTI
Si getti sul fuoco *una manata di fiori i camomilla,* o si raccolga il fumo che e ne innalza con una flanella, che poi appone alla parte che vuolsi fomen- re, ripetendo questa operazione otto dieci volte almeno.	Si usano come le *caldo-umide,* special- mente quando non si ha tempo o possibilità di far riscaldare l'*acqua* per fare le fomentazioni.
Coll'*acquavite* sciolta nell'*acqua,* come detto al § 660, si possono fare delle mentazioni o *lavature* assai utili. Così col *decotto di china* (§ 688), ag- iungendovi un *pezzetto di canfora,* si nno anche delle *fomentazioni umido- edde.*	Giovano molto in al- cune malattie di *debo- lezza,* nonchè della *in- continenza di orina* (§ 520).
Se invece al *decotto di china,* come pra preparato, si aggiunge una certa iantità di *acquavite o rhum,* si avranno lle *fomentazioni aromatiche.*	Utili nei casi indicati ai §§ 360, 409.
Si eseguiscono fregando la pelle colla ano, o nuda, od involta in flanella, o na, o con una spazzetta da abiti non rò troppo dura.	In tutte le malattie nelle quali abbisogna richiamare il calore alla cute (§§ 324, 327, 388).
Si eseguiscono bagnando la mano o flanella in vari liquidi *calmanti o sti- olanti.* Così si fanno coll'*olio di uliva* 596), col *laudano* (§ 596), col *lini- ento volatile canforato* (§§ 567, 596), ll'*olio canforato* (§ 428), coll'*acqua-*	Sono utilissime nelle malattie nelle quali vuolsi determinare un afflusso di sangue alla pelle. (vedi il § 331) ecc.

N.º	MEDICAMENTI	§§	SPECIFICAZIONE DEI MEDICAMENTI
		707	Balsamo Opodeldoch.
18.	GARGARISMI (medicamenti liquidi che agiscono sulle parti interne della bocca e sulla gola).	708	Emolliente, raddolcente, o mucilaginoso. Altro
		709	Astringente.

PREPARAZIONI DIVERSE DEI MEDICAMENTI: MODO DI USARNE	MALATTIE CONTRO LE QUALI SI USANO I CONTRONOTATI MEDICAMENTI
...e *canforata* (§§ 365, 479), coll'*acqua-* ...*e* sciolta nell' *acqua* (§ 575), e col- ...*ammoniaca liquida* (§ 479). Di tutti ...esti liquidi più attivi se ne versano ...*cune* goccie nella palma della mano, ...con essa si frega la parte, fino a che ...liquido stesso resti assorbito e la parte ...*egata* sia ben riscaldata. Ad alcuni dei ...indicati liquidi si può supplire collo ...*pirito di vino,* coll'*acqua di colonia* ecc.	
Questo *balsamo* farà parte della *cassa* ...*i medicinali* già preparato. Se ne versa ...a certa quantità nella palma della ...*ano,* colla quale se ne frega la parte ...*me* sopra fu indicato (§ 706).	
...*rendi* — *acqua pura* 100 *grammi* — *acido solforico dieci goccie* — *miele semplice quanto basta.* ...*ren di* — *acqua pura* 100 *grammi* — *gomma arabica in polvere venti grammi* — *miele comune quanto basta.*	Utile nelle *afte,* nel- l'*angina* ecc. (§§ 290, 302, 307, 627). Si usa con profitto nelle *afte* (§§ 290, 627).
...*rendi* — *solfato di allumina cinquanta centigrammi* — *acqua fredda* 100 *grammi* — *miele comune quanto basta.*	Questo *gargarismo* giova assai per nettare la bocca, e per correg- gere la facilità che hanno le gengive dei marinai a dar sangue.

N.°	MEDICAMENTI	§§	SPECIFICAZIONE DEI MEDICAMENTI
		710	DETERSIVO.
			Altro
			Altro
19.	INCISIONI (o aperture di ascessi e tumori).	711	INCISIONE COLLA LANCETTA.

PREPARAZIONI DIVERSE DEI MEDICAMENTI: MODO DI USARNE	MALATTIE CONTRO LE QUALI SI USANO I CONTRONOTATI MEDICAMENTI
endi — *acqua pura 100 grammi* — *borace in polvere due grammi* — *miele comune quanto basta.* endi — *acido idroclorico dodici goccie* — *acqua pura 50 grammi*, se ne tocchino le gengive con piccolo pennello ove sono le ulcerette prodotte dallo scorbuto (§ 627). endi — *cloruro di calce un grammo*, sciolgasi in *acqua pura 100 grammi.*	Questa classe di *gargarismi* serve assai bene a modificare le *ulcerette* che si mostrano sulle gengive a seguito di *affezioni gravi di stomaco*, o per lo *scorbuto*. Dopo di aver gargarizzato, si raccomandi di sputar fuori il liquido, e di sciacquare la bocca con *acqua pura.*

Quando il *tumore infiammatorio*, o esso è passato alla suppurazione, e non è aperto da sè (il che ben di spesso cede), bisogna dar esito alla marcia, ciò non accadano inconvenienti. Si dee ò tastarlo col dito, e dove più si te fluttuante e molle, e che è il to più declive, ivi s'incide, avverdo di tenere, con due dita della mano istra, tesa alquanto la pelle, ed incido il tumore colla lancetta tenuta te dalla mano destra. L'incisione ' essere larga, acciò la marcia possa rgare facilmente. Ciò fatto, si mettano he filacciche asciutte addosso la *incine,* e poi si coprano con un *cataplasma semi di lino* (§ 663).

N.º	MEDICAMENTI	§§	SPECIFICAZIONE DEI MEDICAMENTI
20.	PURGANTI (sostanze il cui effetto è quello di provocare le evacuazioni alvine).	712	Acqua di mare.
		713	Olio di ulivo.
		714	Olio di ricino.
		715	Bevanda imperiale.
		716	Sale inglese.
		717	Magnesia calcinata.

PREPARAZIONI DIVERSE DEI MEDICAMENTI: MODO DI USARNE	MALATTIE CONTRO LE QUALI SI USANO I CONTRONOTATI MEDICAMENTI
Si prenda a digiuno, bevendone un cchiere.	Vedi il § 415.
Leggiero purgante. Si usa alla dose *cento grammi*.	Utile nei casi indicati ai §§ 319, 550, 589, 637.
Si dà alla dose di *venticinque grammi*. mette in alquanto *brodo* o *caffè nero*, si beve in una sol volta.	Vedi i §§ 306, 314, 376, 393, 397, 495, 501, 546, 550, 645.
endi — *cremor di tartaro trenta grammi*, sciolgasi in *un litro di decotto d'orzo, o d'acqua semplice bollente*, e si aggiunga dello *zucchero o miele semplice*. Si beva nella giornata.	Leggiero *purgante e rinfrescante* da raccomandarsi nei casi accennati ai §§ 302, 415, 431, 448, 484, 495, 501, 562, 615.
Se ne sciolgano *venticinque grammi un bicchiere d'acqua bollente*, ed giuntovi *un po' di miele semplice o* cchero, si beva in una o due volte più.	Vedi i §§ 319, 355, 402, 409, 471, 484, 546 ecc.
In 100 *grammi d'acqua pura e fredda* sciolgano *tre grammi* di questa ma-esia, e si beva in una sol volta. Si possono unire alla *magnesia* così iolta, *cinque centigrammi di oppio pu-*, onde renderlo un attivo rimedio lla *pirosi*, quando però non dipenda infiammazione di *stomaco*.	Utile nelle cure indicate ai §§ 311, 423.

N.º	MEDICAMENTI	§§	SPECIFICAZIONE DEI MEDICAMENTI
		718	GIALAPPA.
21.	RUBEFACIENTI (medicamenti che producono la rubefazione od arrossamento della pelle).	719	SENAPISMI.

PREPARAZIONI DIVERSE DEI MEDICAMENTI: MODO DI USARNE	MALATTIE CONTRO LE QUALI SI USANO I CONTRONOTATI MEDICAMENTI
Di questa rádica polverizzata bastano *e grammi* sciolti in *un dito d' acqua ura* in un bicchiere, per ottenere delle obondanti evacuazioni. Se la si unisce al *mercurio dolce,* in roporzione di *due grammi* di *gialappa trenta centigrammi* di *mercurio dolce,* a prendersi alla distanza di due ore, ivisa questa in tre dosi distinte, si ha n eccellente rimedio contro la *vermi-azione* (§ 645). Questa dose è per n adulto; si diminuisca a metà trat-ndosi di un ragazzo.	Utile nei casi indicati ai §§ 488, 493, 524, 637.
Al *cataplasma* fatto colla *farina di 'nseme* (§ 666) si aggiunga della *se-ape nera* in polvere, la quale sciolta i tant' *acqua bollente* che basti per for-lare una pasta, si distende sulla tela sulla carta e si applica scoperta sulla elle. Le parti che sono più convenienti er tale applicazione, sono il polpaccio elle gambe e la pianta dei piedi; nel eriodo grave del *cholera* (§ 379) e elle *asfissie* (§ 324) si applicano an-he alle mani ed alle braccia. Una o lue ore bastano per sentire l' azione oro *irritante* e *rubefaciente:* lasciandoli iù a lungo, possono esulcerare la pelle; quindi val meglio ripeterli, se occorre, nzichè lasciarveli troppo a lungo. Tolti	Giovano in tutte le malattie nelle quali vi ha bisogno di scuotere la sensibilità della pelle, come nelle *asfissie, pa-ralisi, cholera* ecc.

N.°	MEDICAMENTI	§§	SPECIFICAZIONE DEI MEDICAMENTI
		720	Vescicanti e Mosche di Milano.
		721	Pomata stibiata.

PREPARAZIONI DIVERSE DEI MEDICAMENTI: MODO DI USARNE	MALATTIE CONTRO LE QUALI SI USANO I CONTRONOTATI MEDICAMENTI

:he sieno, si lavi la parte con *acqua tepida* e la si asciughi.

Si possono rendere più attivi sciogliendo la *senape* nell'*aceto forte*, ed applicandoli a nudo sulla pelle.

Questi mezzi potenti di *rubefazione* sono preparati nella *cassa dei medicamenti;* perciò basta solo spruzzarvi addosso un po' di *aceto*, ed applicarli sulla parte. Dopo ventiquattr' ore circa i *vescicanti* si levano, si toglie la pelle rialzata e si medica la piaga che si formò, con dell'*unguento stirace* (§ 737), *refrigerante* (§ 736), stesi sulla tela. Questa medicazione si farà due volte al giorno. Le *Mosche di Milano* si lascieranno sempre attaccate, e solo si avrà cura di asciugare il liquido che ne sorte, e di tener la parte molto pulita.

Sono utili specialmente sul finire delle *malattie di petto*, in alcune *ottalmie* ecc.

Prendi — *tartaro emetico tre grammi*, uniscilo bene con *venticinque grammi di unguento rosato*, e se ne freghi la parte due volte al giorno con tanto unguento della grossezza d'un cece. Dopo tre o quattro giorni si mostrano delle piccole *pustulette* biancastre, circondate da un'areola rossa, che dopo essere cresciute, si éssicano. Si sospenda l'uso di questa frizione quando le *pustule* sono molte in numero, grosse, rosse e dolenti.

Anche questa *pomata* è utilissima nelle *malattie lente di petto*, nell'*ottalmia* ecc. (§ 567).

N.º	MEDICAMENTI	§§	SPECIFICAZIONE DEI MEDICAMENTI
22.	SALASSO (emissione di sangue prodotta artificialmente) — (*salasso dal braccio o flebotomia*).	722	SALASSO GENERALE.

PREPARAZIONI DIVERSE DEI MEDICAMENTI: MODO DI USARNE	MALATTIE CONTRO LE QUALI SI USANO I CONTRONOTATI MEDICAMENTI

Si prepari un vaso qualunque per ricevere il sangue — una fascia larga un pollice circa e lunga un metro — un piumacciuolo fatto con un pannolino piuttosto di tessuto fino bagnato nell'acqua fresca. Fatto questo, si scelga, se si può, un luogo bene illuminato, oppure si accenda un lume. Il malato può anche stare seduto su di una sedia, o coricato nella sua branda. — Quindi si lega e si stringe il braccio in tre dita circa trasverse al di sopra della piegatura del braccio, avendo però l'avvertenza che il nodo della legatura resti al di fuori, e fatto per modo che si possa facilmente slacciare. Ciò fatto, il malato terrà alcun poco il braccio legato, agitando le dita, onde far gonfiare meglio le vene. Nello stesso scopo il salassatore prenderà colla sua mano sinistra il gomito del braccio da salassare, e colla destra farà delle leggiere trazioni sulla pelle del medesimo, andando dal basso in alto, onde adunare il sangue verso la piegatura del braccio medesimo e verso la legatura. Fatto questo, si metta il pollice della sinistra sulla parte più gonfia, onde il sangue non torni indietro, mentre colla destra, presa la lancietta fra il pollice e l'indice, intanto che il medio e l'anullare poggiano sull'avambraccio del malato, si penetrerà

Contro tutte le malattie infiammatorie generali e locali, esterne ed interne, soprattutto acute.

N.°	MEDICAMENTI	§§	SPECIFICAZIONE DEI MEDICAMENTI

PREPARAZIONI DIVERSE DEI MEDICAMENTI: MODO DI USARNE	MALATTIE CONTRO LE QUALI SI USANO I CONTRONOTATI MEDICAMENTI

olla lancietta nella pelle, spingendola
rima dall' alto in basso, poscia, estraen-
ola, dal basso in alto. Se il taglio
ella pelle corrisponde a quello della
ena sottostante, allora il sangue esce
ubito con un gitto ad arco, e va bene;
e non corrisponde, allora il sangue
'insinua sotto la pelle e forma un tumore.
'ante volte accade, che, dopo il primo
etto, l'uscita del sangue si arresta; il
he per lo più dipende dalla legatura
roppo stretta; allora si allenta al-
uanto. — Fatto il salasso, si toglie del
utto la legatura, applicando il pollice
ella sinistra sulla ferita, onde non esca
iù sangue; si pulisce il braccio, quindi
i applica alla ferita stessa il piumacciuolo
agnato, e si fascia il braccio con tre
iri di fascia in croce. Il salasso ordi-
ario in un uomo robusto sarà di mezzo
hilogrammo circa per volta.

Se sotto il salasso l'individuo sviene,
) si soccorra con aceto, che gli si farà
utare, o con qualche acqua aromatica
di menta o di aranci), oppure con un
ordiale (§ 695). Si può fare il salasso dal-
uno e dall'altro braccio; ma è però
a preferirsi il sinistro. Se il salasso fu
en fatto, occorrendo di ripeterlo, si
uò riaprire la prima ferita. Bisogna
vvertire di lavar bene ed asciugare con
itta diligenza la lancietta, altrimenti

N.º	MEDICAMENTI	§§	SPECIFICAZIONE DEI MEDICAMENTI
		723	Salasso locale (*sanguette*, o *mignatte*).

PREPARAZIONI DIVERSE DEI MEDICAMENTI: MODO DI USARNE	MALATTIE CONTRO LE QUALI SI USANO I CONTRONOTATI MEDICAMENTI
ruginisce; oltrecciò bisogna ungerla in olio, o con un po' di grasso che è meglio.	
Bisogna scegliere quelle di colore verastro, rigate per lungo sulla schiena in istrisce nere o giallastre, e gialle per di sotto. Non vogliono essere nè troppo grosse, nè troppo sottili. — Si conservano nell'acqua, o nell'argilla tenuta umida coll'acqua; va però camata l'acqua ogni 7 od 8 giorni nei imi temperati; ogni due giorni nei imi caldi. Non si mettano mai in molto imero in un solo recipiente; le più osse ucciderebbero le più piccole. Un aso capace di 6 litri d'acqua può conterne 200. Si debbono tenere in luogo ove non penetri nè odore di tabacco, nè di cloro, nè di qualsiasi putrida emazione. — Il miglior modo di conserarle è quello di tenerle in vasi di rra cotta, opachi e nell'acqua pura. rima di usarle, si lavi bene la parte n acqua calda o zuccherata, e si ramo i peli se ve ne hanno. Per apicarle si mettano in un pezzetto di la, che verrà addossata alla parte cui vorranno applicare, tenendovela fissa no a che si sieno attaccate. Non si evono far applicare alle parti infiamate, ma ai loro contorni. Attaccate	Contro le stesse malattie.

N.°	MEDICAMENTI	§§	SPECIFICAZIONE DEI MEDICAMENTI
23.	SOLUZIONI (stemperamento in un liquido di alcune sostanze medicamentose).	724	POZIONE CALMANTE.

PREPARAZIONI DIVERSE DEI MEDICAMENTI: MODO DI USARNE	MALATTIE CONTRO LE QUALI SI USANO I CONTRONOTATI MEDICAMENTI
...e sieno, si lasciano poi distaccare da ..., avendo la precauzione di lavar subito ... parte con acqua calda, onde il san... ...e possa colare; quindi si applicano ...taplasmi ammollienti. In caso che non ... chiudessero le ferite, e che vi aves... ...ro deliqui per la continua uscita del ...ngue, si potranno toccare leggiermente ...lla *pietra infernale*. Le sanguisughe a misura che si stac... ...no si ricevano in un vaso conte... ...ente acqua salata. Ivi si lasciano 7 od ... minuti; poi si mettano in acqua sem... ...lice; questa si cambi dopo 8 o 10 ...e, e si continui così per alcuni giorni, ...vendo cura di cambiarla anche due o ...e volte nella giornata. Quando que... ...'acqua non conterrà più sangue, allora ... potranno riunire alle altre. — Sono ...ocivi i metodi di spruzzarle di sale, ... cenere, di tabacco ecc.	
...rendi — *gomma arabica* polverizzata *due cucchiaiate da caffè*, si sciolga, agitandola, in *un bicchiere* comune di *acqua zuccherata*, indi si aggiungano *dodici o quindici goccie di laudano liquido:* se ne prenda una cucchiaiata ogni due ore.	Per sedare i *dolori di ventre* ed altri dipendenti dal sistema nervoso (§ 423).

N.°	MEDICAMENTI	§§	SPECIFICAZIONE DEI MEDICAMENT
		725	Pozione calmante.
		726	Altra
		727	Altra
		728	Astringente.
		729	Acqua vegeto-minerale, o satur nina.
		730	Acqua clorurata.

REPARAZIONI DIVERSE DEI MEDICAMENTI: MODO DI USARNE	MALATTIE CONTRO LE QUALI SI USANO I CONTRONOTATI MEDICAMENTI
ndi — *oppio puro dieci centigrammi — acqua distillata di menta venticinque grammi — acqua pura* 100 *rammi — miele semplice quanto asta:* mesci. Si beva a piccole cucchiaiate, coll'intervallo di due o tre ore.	Giova molto nei *dolori nervosi*, nelle *convulsioni* e simili malattie (§§ 588, 593, 596, 637).
ndi — *teriaca due grammi — acqua ura* 100 *grammi — acqua distillata i menta venticinque grammi — miele emplice quanto basta.*	Si usa come sopra (§§ 593, 558, 596).
ndi — *muschio venti centigrammi,* ciogli in 100 *grammi di acqua pura fredda — zucchero quanto basta.*	Giova specialmente nel *tetano* (§ 637).
ndi — *solfato di allumina tre grammi,* sciogli in *acqua pura* 100 *grammi:* i usi per iniezioni nel canale dell' orina.	Utile molto nella *scolazione* (§ 625).
ndi — *acqua pura un litro — aceto di piombo liquido grammi tre — cquavite gramme sei;* mesci. Si usa agnandone delle compresse ed apponendole sulle parti. Si badi di non everne, potendo riuscire letale.	Di sommo vantaggio nelle *contusioni, ferite, fratture* e simili lesioni esterne (§§ 363, 428, 462).
ndi — *cloruro di calce sci grammi — acqua pura mezzo litro;* mesci. e ne serva per uso esterno.	Vedi il § 369.

N.°	MEDICAMENTI	§§	SPECIFICAZIONE DEI MEDICAMENTI
		731	SOLUZIONE D' ARNICA.
24.	SUDORIFERI (rimedi che favoriscono il sudore).	732	INFUSO di THE.
		733	INFUSO di CAMOMILLA. » di FIORI di VIOLETTA. » di FOGLIE di TIGLIO.
		734	FIORI di ZOLFO.

PREPARAZIONI DIVERSE DEI MEDICAMENTI: MODO DI USARNE	MALATTIE CONTRO LE QUALI SI USANO I CONTRONOTATI MEDICAMENTI
endi — *tintura alcoolica di arnica tre grammi*, si versi in *mezzo litro di acqua pura e fredda;* si mescoli bene sbattendola, e se ne usi inzuppandovi dei pannilini.	È molto utile nelle *contusioni*, anche gravi, nelle *ferite* e in molte *lesioni esterne*.
Si faccia bollire dell'*acqua pura* e si rsi bollente sulle foglie del *the*, avrtendo di coprir bene il recipiente col o coperchio, acciò non isvapori. Dopo ezz'ora circa si coli, e si dia a bere mpre calda. La dose del *the* sarà di nti *grammi* circa per ogni *litro di qua*. Vi si può aggiungere un po' di *iele semplice*.	Contro tutte le malattie nelle quali vi abbia bisogno di richiamare, o attivare la soppressa traspirazione.
Si procede egualmente come per l'*inso di the*.	Si usa nelle stesse circostanze che al § 732.
Anche i *fiori di zolfo lavati* sono eccellenti *sudoriferi*. Se ne prende *un cchiaio* da caffè in *grammi cento* di qua pura ogni mattina. Unendo assieme *tre grammi di fiori zolfo, e due grammi di cremor di rtaro* polverizzato, e prendendone uale dose tutte le mattine a digiuno r qualche mese, si ha un potente riedio contro gli *emorroidi* (§ 442). Fra i *sudoriferi* più attivi vi è anche *bevanda emetizzata*, della quale abamo già fatto parola al § 664.	

N.º	MEDICAMENTI	§§	SPECIFICAZIONE DEI MEDICAMENTI
25.	**UNGUENTI** (medicamenti composti di corpi grassi e resinosi, che si applicano sulla pelle).		
		735	UNGUENTO CITRINO.
		736	UNGUENTO REFRIGERANTE, O ROSATO.
		737	UNGUENTO STIRACE.
		738	UNGUENTO MERCURIALE, O EMPIASTRO NAPOLETANO.

PREPARAZIONI DIVERSE DEI MEDICAMENTI: MODO DI USARNE	MALATTIE CONTRO LE QUALI SI USANO I CONTRONOTATI MEDICAMENTI
Si trovano tutti preparati dall'arte himica nella *cassa dei medicinali:* però non si ha che a stenderli su tela o acciche.	
Se ne frega le parti ove si mostra *scabbia.*	Buono nella *rogna* (§ 618).
	Si usa nelle *escoriazioni* (§ 462), e per medicare i *vescicanti.*
	Raccomandato in molti casi (§ 569) ecc.
	Ottimo nelle *malattie veneree* (§§ 348, 641) e raccomandato anche nella *idrofobia* (§ 518).

CAPITOLO V.

QUALITA' e QUANTITA' dei rimedi e degli oggetti vari, che dovrà contenere la CASSETTA DEI MEDICAMENTI di bordo, a seconda del numero delle persone imbarcate, ed alcune avvertenze in proposito.

§ 739. Per agevolare tanto ai capitani, quanto ai farmacisti, che devono provedere la *cassetta dei medicinali* di bordo, l'acquisto e la disposizione nelle medesime dei vari rimedi, reputiamo conveniente dare qui uno SPECCHIO DIMOSTRATIVO della *qualità* non solo di questi medicamenti, ma della loro *quantità*; la quale dovrà essere sempre relativa e proporzionata al numero delle persone imbarcate. E nel dire *qualità* non intendiamo solo sotto il rapporto della più o men *buona qualità*, giacchè non possiamo certo dubitare che i capitani vorranno scegliere sempre la migliore, che si possa trovare in paese e presso i più accreditati farmacisti; nè questi, per solo scopo di lucro, vorranno ingannarli; ma sibbene per riguardo ai diversi oggetti di cui dovranno provedersi. In quanto poi alla *quantità* noi l'abbiamo divisa in due sole *serie,* cioè se si tratti di un bastimento sul quale sieno imbarcati da *sei* a *dodici* individui d'equipaggio, o di altro che ne abbia dai *dodici* ai *venti:* e ciò per la ragione, che se ne hanno meno di sei, sono piccole *balanzelle,* o *filuche,* che fanno tragitti di poche ore; se di più, trattasi di bastimenti che portano persone di trasporto, nel quale caso bisognerà provedere i medicinali a seconda del numero non solo degli individui, ma del viaggio stesso e della qualità della gente imbarcate, cioè se donne, ragazzi ecc. Perciò questo SPECCHIO che noi presentiamo a semplice *guida* dei

capitani e dei farmacisti, non si ritenga quale misura inva-
riabile; ma quando occorra, si prenda consiglio e norma in
proposito dagli Uffici della Sanità Marittima, siccome quella
che è direttamente incaricata di vegliare su tutto che rifletta
sì lo stato di salute che di malattia delle gente che viaggiano sul mare.

§ 740. A soli 64 abbiamo ridotto il numero dei medicamenti che consigliamo nel nostro *manuale*, siccome i più
indicati nella cura delle varie malattie, cui sogliono andare
più di frequenti soggetti gli uomini di mare. Fra questi
rimedi molti sono semplicissimi, come ad esempio i *fiori di
camomilla*, di *viola*, di *malva* ecc.; altri sono già preparati
dai farmacisti, nè perciò hanno bisogno di alcuna manipo-
lazione da parte dei capitani, come p. e. l' *acqua fagedenica*,
il *vino di china* ecc.; altri poi abbiamo disposti nella *cassetta*
già divisi nella dose in cui devono essere amministrati, come
sarebbero il *tartaro emetico*, il *solfato di chinino* ed altri,
e tutto ciò per agevolarne possibilmente l'uso. Più, se si
leggeranno attentamente le *avvertenze*, cui abbiamo assegnato
l'ultima colonna del nostro SPECCHIO, si vedrà, che anche
di alcuni rimedi, comechè suggeriti nel *manuale*, puossi
fare a meno, come ad esempio sono il *muschio*, la *pietra
caustica* e qualche altro, i quali solo abbiamo raccomandati,
e perciò disposti nella *cassetta dei medicinali*, acciò vi fosse
qualche rimedio di più che non i soli semplicissimi e strettamente indispensabili, abbenchè si volesse assolutamente da
noi evitare di comporre una *cassetta* all'uso di quelle usate
dalla marineria mercantile Inglese e specialmente degli Stati
Uniti d'America, nelle quali tanti vi sono rimedi e specifici
d'ogni modo, che molte volte devesi pensare quale rimedio
o nuovo trovato farmaceutico si possa contenere di più nella
farmacia la meglio provvista d'una città; circostanza questa,
che noi crediamo dover biasimare sotto molti riguardi, e
specialmente perchè la moltiplicità dei rimedi genera facil-

mente confusione, specialmente negli imperiti, tanto per
farne la scelta nelle varie contingenze, quanto per potersi
facilmente confondere l'uno coll'altro i vari medicamenti.

§ 741. Dalla *cassetta dei medicamenti* togliemmo il *carbone
vegetabile*, le *mignatte*, il *cloruro di calce*, il *manganese* ecc.:
non v'ha bisogno che ne esponiamo le ragioni; prima di
tutto la molta quantità che bisogna portare di tali medicamenti è poco confacente alla maggiore ristrettezza possibile,
che è sempre raccomandabile per la *cassetta dei medicinali*;
e poi, perchè le *sanguette* vogliono essere sempre curate,
nè potrebbero star rinchiuse con tanti odori forti, e perchè
il *cloruro di calce* col forte odore che spande potrebbe facilmente alterare gli altri medicamenti. Così altre sostanze,
come ad esempio *l'aceto*, *l'acquavite* ecc. non disponemmo
nella *cassa dei medicinali*, perchè meglio fanno parte delle
provviste alimentari di bordo (Vedi la parte 3ª).

L'aver indicato nello SPECCHIO, oltre il nome più comune
dei medicinali, anche quello della chimica loro composizione,
non si abbia per cosa vana, essendoci stato suggerito dal
riflesso, che trovandosi i capitani in paese straniero, e dovendo completare alcuna delle proviste dei medicinali, potrebbero forse trovarsi nel caso di non farsi intendere dal
farmacista cui ricorressero, e correre così rischio di provedere l'uno per l'altro preparato chimico, al che è ovviato
coll'indicare il *nome chimico* di questi preparati.

Poniamo fine a queste poche parole, rinnovando i consigli
già dati al § 283, acciò non abbiano ad alterarsi i medicamenti, ed a succedere gravi inconvenienti sia per malizia
o per condannabile inavvertenza.

SPECCHIO DIMOSTRATIVO

dei medicinali ed altri oggetti dei quali dovrà essere fornita la

CASSETTA DEI MEDICINALI DI BORDO,

colla indicazione della loro quantità, relativa al numero

degli individui imbarcati.

NUMERO PROGRESSIVO	SPECIFICAZIONE DEI MEDICINALI	QUANTITA' RELATIVE DEI MEDICINALI DA IMBARCARSI, A SECONDA DEL NUMERO DELL'EQUIPAGGIO	
		da 6 a 12 uomini	da 12 a 20 uomini
1	Acetato di piombo liquido, o *aceto di Saturno.*	100 grammi	150 grammi
2	Acido idroclorico, o *muriatico,* o *spirito di sale marino.*	100 grammi	150 grammi
3	Acido nitrico, o *acqua forte concentrata.*	100 grammi	150 grammi
4	Acido solforico concentrato, o *olio di vetriuolo.*	100 grammi	150 grammi
5	Acido tartarico.	100 grammi	150 grammi
6	Acqua fagedenica.	100 grammi	150 grammi
7	Acqua aromatica di fiori aranci, o *acqua nanfa,* o *lanfa.*	150 grammi	300 grammi
8	Acqua aromatica di menta.	150 grammi	300 grammi
9	Acqua del Pagliari.	150 grammi	300 grammi
10	Allume di Rocca, o *sopra-proto-solfato di alluminio e di deutossido di potassio.*	100 grammi	150 grammi
11	Altea (Radici o piante d'....).	300 grammi	600 grammi

UALI ORDINAZIONI FACCIA PARTE MEDICAMENTO CONTROSEGNATO, CITANDONE I DIVERSI §§	ALCUNE AVVERTENZE SUL MODO DI CONSERVARE I MEDICAMENTI E SULLA DOSE DA AMMINISTRARSENE
729.	Questo medicamento sarà conservato in bottiglie di vetro ben chiuse con turacciolo a smeriglio. Esso è un potente veleno. Se ne serva solamente ad uso *esterno*.
710.	Si tenga chiuso ermeticamente in bottiglie di vetro con turacciolo a smeriglio. La dose non deve oltrepassare le sei od otto goccie, altrimenti può riuscire velenoso. Si usa molto come disinfettante (vedi la parte 6ª).
671.	Si abbia l' avvertenza di tenerlo ben chiuso in bottiglie di vetro con turacciolo smerigliato. Usato ad una dose maggiore di cinque ad otto goccie può riuscire pericoloso alla vita.
654, 658, 671, 708.	Devesi aver riguardo che sia in una bottiglia con turacciolo smerigliato. Si mantenga sempre turato ermeticamente. Si abbia grande riguardo nell' usarne, essendo velenoso ad una certa dose.
656.	Si mantenga sempre al riparo dell'aria, perchè altrimenti si altera, e perde molto della sua azione. Sia conservato in bottiglia con turacciolo smerigliato.
673.	Si conservi ben chiusa; se ne usi *esternamente:* poche goccie introdotte nello stomaco basterebbero per uccidere in poche ore.
695.	Si conservi ben chiusa perchè non isvapori.
695, 725, 726.	Si conservi ben chiusa perchè non isvapori.
660.	La composizione di quest'acqua è finora un *segreto* dell'Autore. Se ne usi soltanto ad uso *esterno*.
688, 709, 728.	Si conservi al riparo dell' aria.
658.	Si avrà cura di rinnovarne ogni due anni almeno la provvista, perchè disseccando molto, perde non poco della sua virtù.

12	Ammoniaca liquida, o *spirito volatile di sale ammoniaco caustico.*	100 grammi	150 grammi
13	Balsamo Opodeldoch.	100 grammi	150 grammi
14	Borace o Tincal.	100 grammi	150 grammi
15	Camomilla (Fiori di....).	500 grammi	600 grammi
16	Canfora.	50 grammi	100 grammi
17	China-china.	100 grammi	150 grammi
18	China (Vino di.... composto).	100 grammi	150 grammi
19	Chinino (Solfato di....), o *solfato bi-basico.*	100 grammi	150 grammi
20	Coriandoli (Semi di. . .).	50 grammi	100 grammi
21	Cremor di tartaro, o *sopra-tartrato di deutossido di potassio purificato.*	600 grammi	900 grammi
22	Diachilon semplice (Cerotto...) o *oleato e margarato di piombo.*	2 metri	4 metri
23	Etere solforico, o *etere vetriolico.*	50 grammi	100 grammi

672, 694, 706.	Si conservi in bottiglia chiusa con turacciolo smerigliato, perchè facilmente evapora. È un veleno usata *internamente* a dose maggiore di poche goccie.
707.	Si conservi in vaso ben chiuso perchè non evapori. Si usi soltanto *esternamente*.
709.	Si conservi al riparo dell'aria perchè altrimenti si altera.
678, 703, 733.	Si dia sempre la preferenza alla *camomilla romana*, essendo più attiva nella sua azione che non la *volgare*. Ogni due anni almeno si rinnovi, perdendo non poco col tempo delle sue virtù medicamentose.
704.	Si tenga ben chiusa la bottiglia in cui si conserva, essendo alterabile all'aria.
688, 704.	Sarà conservata in bottiglia ben chiusa e ridotta in polvere.
655.	Sarà conservato in bottiglie ben chiuse. Ogni due anni almeno bisogna rinnovarlo, perchè col tempo perde non poco delle sue proprietà medicamentose.
654, 680, 693.	Questo alcali sarà conservato in dosi separate di *venti centigrammi* ognuna: volendosene usare una maggior dose, se ne uniranno due o tre a seconda delle indicazioni date nel *manuale*. I pacchettini saranno conservati in iscatola di latta al riparo dell'umidità.
663.	Per quanto l'uso di questi *semi* riesca assai utile in alcuni casi, pure non è di tutta necessità che facciano parte della *cassetta dei medicamenti*, potendo essere suppliti da altri medicinali, come l'*anice, menta, salvia* ecc. di cui si provederà invece la *cassa dei medicinali* (§ 388). Si conservano per molti anni purchè non sieno tenuti all'aria libera.
700, 715, 734.	Questo *sale* sarà tenuto al riparo del contatto dell'aria e dell'umido specialmente.
674.	Si tenga ravvoltolato su di sè stesso, apponendovi però nel mezzo della carta acciò non si appiccichi alla tela. Si tenga lontano dal caldo onde non sciolga.
690, 695.	Sia mantenuto in boccie smerigliate e sempre ben chiuse. Si guasta ad una temperatura alquanto elevata. Ogni due anni bisogna rinnovarlo, perchè è una preparazione che con tutta facilità inacidisce.

24	Gialappa (Radice di.....) (detta anche *Sciarappa*).	30 grammi	60 grammi
25	Gomma arabica.	150 grammi	300 grammi
26	Grasso di maiale o di bue.	150 grammi	300 grammi
27	Ipecacuana.	30 grammi	60 grammi
28	Laudano liquido del Sydenham.	50 grammi	100 grammi
29	Linimento volatile canforato, o *sapone di ammoniaca*.	50 grammi	100 grammi
30	Magnesia calcinata o *caustica*, o *ossido di magnesio*.	30 grammi	60 grammi
31	Malva (Foglie e fiori di...).	300 grammi	600 grammi
32	Mercurio dolce, o *calomelano*, o *protocloruro di mercurio*.	20 grammi	30 grammi
33	Miele depurato.	600 grammi	1000 grammi
34	Mosche di Milano.	n.º sei	n.º dodici
35	Muschio.	3 grammi	3 grammi
36	Nitro purificato, o *nitrato di potassa*.	20 grammi	30 grammi
37	Olio canforato.	50 grammi	100 grammi
38	Olio di ricino.	300 grammi	600 grammi
39	Oppio purificato.	6 grammi	10 grammi

718. Sarà tenuta polverizzata in adatta bottiglia.

659, 665, 708, 724. Si tenga polverizzata nella sua bottiglia a bocca molto larga, e ben turata e difesa dall'umido.

653. Sia mantenuto difeso dall'aria e dall'umido in recipiente ben chiuso acciò non si guasti. Serve per unguenti ad uso esterno.

697. Questo medicamento sarà conservato ben chiuso in bottiglie, ridotto in finissima polvere.

666, 681, 684, 706, 724. Bisogna tenerne la bottiglia ben turata acciò non si guasti. È rimedio potente, e perciò preso ad una certa dose riesce velenoso.

706. Si usa soltanto *esternamente*. Se ne tenga la bottiglia ben turata acciò non isvapori, il che succede con tutta facilità.

717. Si tenga al riparo dell'aria perchè l'altera.

653. Ogni due anni bisogna rinnovarla nella *cassetta*.

718. Si abbia l'avvertenza che non venga a contatto di sostanze acide perchè lo guastano. Dura anni ed anni in ottimo stato.

654, 656, 677. Questo si conserva per molto tempo e sempre in buona condizione.

720. Purchè non vengano alterate dal soverchio calore e dall'umido, durano degli anni.

727. Si tenga ben chiuso in una bottiglia smerigliata, non tanto perchè perde altrimenti della sua bontà, quanto perchè col suo forte odore può alterare gli altri medicamenti che fanno parte della *cassetta* di bordo.

689. Abbiasi l'avvertenza di tenerlo al riparo dell'aria e specialmente dell'umidità. Dato ad una dose di *venti grammi* può riuscire anche velenoso.

706. Si mantenga ben chiuso. Dura molti anni.

678, 714. Dura anche degli anni, purchè sia tenuto al riparo dell'aria.

661, 717, 725. Questo rimedio preso ad una certa dose è un potente veleno; si abbia perciò molto riguardo nell'usarne. Dura in ottimo stato degli anni molti, ma si tenga al riparo dell'umidità.

40	Orzo nudo o mondo.	300 grammi	600 grammi
41	Pietra infernale, o *nitrato di deutossido d'argento fuso*.	due pezzetti	due pezzetti
42	Potassa caustica, o fusa.	due pezzetti	due pezzetti
43	Sale ammoniaco, o *idroclorato di ammoniaca*.	10 grammi	20 grammi
44	Sale inglese, o *solfato di magnesia, o sale d'Epson*.	600 grammi	900 grammi
45	Sambuco (Fiori e foglie di...).	300 grammi	600 grammi
46	Semi di lino in grana.	300 grammi	600 grammi
47	Semi di lino in polvere.	600 grammi	1000 grammi
48	Senape nera in polvere.	300 grammi	600 grammi
49	Spirito di vino canforato.	100 grammi	150 grammi
50	Tabacco (Foglie di....).	30 grammi	50 grammi
51	Taffetà d'Inghilterra.	12 pezze	24 pezze
52	Tamarindi (Frutti di....).	600 grammi	1000 grammi
53	Tartaro emetico, o *tartrato di deutossido di potassio e di protossido di antimonio*.	20 grammi	30 grammi
54	Teriaca (Elettuario di....).	50 grammi	80 grammi

§ 653, 665, 687.	Ogni anno conviene rinnovarne la provista.
668.	Si abbia il massimo riguardo, essendo un potente veleno se venisse inghiottita. Si conserva ravvolta in carta *emporetica*, o nella semente di lino *in grana*. Si tenga all'oscuro, perchè l'essere esposta alla luce la fa alterare e sciogliere. Per usarla si mette nel *porta-pietra* colle dita, chè non guasta menomamente la pelle se è tenuta per poco.
670.	Anche questa si conserva al riparo della luce in bottiglia col turacciolo smerigliato. Bisogna usarla coi più grandi riguardi. Non è rimedio indispensabile nella *cassetta dei medicinali* di bordo.
688.	Bisogna usarlo a piccolissime dosi, dunque è velenoso. Si tenga al riparo dell'aria e dell'umidità specialmente.
§ 678, 716.	Si tenga al riparo dell'umidità. Dura degli anni.
653.	Se ne faccia ogni due anni nuova provista.
686.	Si conservano per molti anni purchè non subiscano l'azione dell'umido.
§ 653, 666, 719.	Dura molti anni. Si abbia riguardo che non senta l'umidità.
§ 661, 666, 719.	Conserva le sue virtù per molto tempo: si ripari però dall'umido.
§ 661, 706.	Si tenga ben chiuso in bottiglia a smeriglio.
682.	Purchè non sentano l'azione dell'umido, si conservano molti anni.
675.	Si tenga al riparo dell'umidità. Dura per anni lunghissimi.
685.	Se si ha riguardo che non restino esposti all'aria, che li fa muffare, durano due e tre anni in ottimo stato.
664, 679, 699, 700, 721.	Si conserverà in pacchettini di *cinque centigrammi* ognuno. Volendone usare maggior dose se ne uniscono tre, quattro o più pacchetti. Si ricordi però che ad una dose un po' elevata diventa potente veleno.
726.	Si tenga al riparo dell'umido. Chi ne prendesse una forte dose ne sentirebbe gravi conseguenze.

55	Tiglio (Fiori e foglie di....).	300 grammi	600 grammi
56	Tintura alcoolica di arnica.	100 grammi	150 grammi
57	Unguento forte, o *citrino*.	50 grammi	100 grammi
58	Unguento mercuriale, o *napoletano*.	50 grammi	100 grammi
59	Unguento refrigerante, o *rosato*.	50 grammi	100 grammi
60	Unguento stirace.	50 grammi	100 grammi
61	Vescicanti.	n.° sei	n.° dodici
62	Violetta (Fiori di....).	300 grammi	600 grammi
63	Zafferano (Fiori di....).	10 grammi	20 grammi
64	Zolfo (Fiori di....).	150 grammi	300 grammi

Oltre questi rimedi, che devono far parte della *cassetta dei medicamenti di bordo*, vi sono altre sostanze che sono usate come tali, ma che non potendosi *essenzialmente* considerare come veri rimedi, sarà non pertanto cura del capitano che a bordo non se ne patisca difetto. Noi non ne fissiamo la dose, questa potendo essere a libertà; solo accenniamo i §§ cui esse sostanze corrispondono, siccome indicate quali medicamenti.

Aceto (§§ 662, 701, 702, 719); Acquavite (§§ 663, 691, 704, 706, 729); Burro (§ 653); Farina di frumento (§ 653); Latte (§ 653); Limoni o succo di limoni conservato in bottiglie ben turate (§§ 656, 662, 683); Olio di ulivo (§§ 678, 706,

733.	Se ne rinnovi la provista ogni due anni.
731.	Purchè stia ben turata, si conserva per molti anni. Bevendone una certa dose riesce potente veleno. Si usa solo *esternamente*.
735.	Si conservi al riparo dell' aria e dell' umido.
§ 676, 738.	Si tenga al riparo dell' aria e dell' umidità.
§ 720, 721, 736.	Anche questo vuol esser tenuto riparato dall' aria e dall' umido.
§ 720, 737.	Si conservi al riparo dell' umidità specialmente.
720.	Si tengano riparati dall' umido ed in modo che l' uno coll' altro non si appicicchi.
733.	Ogni due anni se ne rinnovi la provista.
666.	Si tengano ben chiusi nella bottiglia che li contiene.
734.	Se sentono l' azione dell' umido si alterano non poco.

13); Rhum (§§ 663, 691, 704); Riso (§§ 659, 681); Sale da ucina (§§ 678, 702); Sapone comune (§ 678); Spirito di vino § 706); The (§ 732); Vino generoso *(madera, keres)* (§§ 692, 93); Zucchero (§§ 654, 656).

Più vi sarà a bordo conservato da parte in separate cassette:
Cloruro di calce — quattro chilogrammi (§§ 710, 730).
Carbone vegetabile in polvere — tre chilogrammi (pag. 439).
Perossido di manganese — quattro chilogrammi (pag. 436).
Calce viva — dieci chilogrammi (pag. 434).
Sanguette — n.° 150, se è un bastimento con meno di 12 uomini d'equipaggio, 250 se ne ha da 12 a 20.

Oggetti vari facienti anche parte della cassetta dei medicinali.

	ettogr. 4	ettogr. 8
Filacciche.		
Canula, o *porta-pietra* per la pietra infernale (n.° 41).	una	una
Clistere o lavativo con una canula dritta ed altra ritorta.	uno	uno
Lancette con astuccio.	n.° 3	n.° 4
Rasoio.	n.° 1	n.° 2
Bindelle, fascie, pannilini.		
Assicelle varie per fratture.		
Piccola siringa in cristallo o stagno per iniezioni.	n.° 1	n.° 2
Bendaggi per ernie con sotto-coscie (metà a destra, metà a sinistra).	n.° 2	n.° 4
Sospensori.	n.° 2	n.° 4
Forbici per tagliare la biancheria ecc.	n.° 1	n.° 1
200 Spille grosse.		
Refe.		
Fetuccia rossa per levar sangue.		
Un piccolo mortaio.		
Un piccolo pestello.		
Un cucchiaio in avorio.		
Una spatola in avorio.		
Un misura liquidi.		
Piccole bilancie con pesi dec.li medici.		
Una tettiera.		
Un orinale in ferro bianco.		
Alcune penne da scrivere con barba lunga.		
Cotone cardato per scottature.		

Essendovi una cassa *per gli* affogati (pag. 181), *non potrebbe contener meno dei seguenti oggetti:*

Una camicia grande di lana.
Due spazzette forti per fregagioni.
Un soffietto per introdurre l'aria nella bocca.
Del tabacco in foglia in molta quantità.
Un pezzo di legno di *bosso* appositamente fatto per tenere aperta la bocca, onde introdurvi un qualche liquido.

CAPITOLO VI.

Brevi avvertenze riguardanti il SISTEMA DIETETICO, ossia il vario metodo di VITTO che dovranno aversi gli ammalati a bordo.

§ 742. Avranno osservato i capitani, che ad ogni indicazione di medicamenti nei vari articoli del *Dizionario*, parlando della *cura* delle diverse malattie, abbiamo accennato sempre al *sistema di dieta* che devono aversi i malati. Non si ritenga questa indicazione siccome inutile od almeno di poco valore nel trattamento delle malattie, perchè invece essa ne ha tanto, che, oltre di essere la *intemperanza nel mangiare* la più frequente cagione di gravi e spesso anche mortali *recidive*, può valere da sè sola ad ostarsi alla pronta e perfetta guarigione, ed a rendere perciò inefficace l'azione dei rimedi anche i più attivi ed opportuni. Egli è in vista di questa importanza grandissima che ha il *sistema dietetico* nella cura della più parte delle malattie, che noi crediamo conveniente dirne in proposito alcune parole a norma dei capitani.

§ 743. Quando si raccomanda la *dieta assoluta, rigorosa, severa*, significa, che in ogni caso il malato dovrà guardare la più perfetta astinenza da ogni qualsiasi alimento: perciò gli si dovranno appena dare due brodi semplici nella giornata, l'uno nel mattino, l'altro verso sera. Questo modo di dieta conviene sul generale nelle malattie più gravi infiammatorie.

La semplice indicazione di *dieta*, vuol dire che il malato non avrà nelle ventiquattr'ore che tre minestre al brodo, l'una al mattino per tempo, l'altra nelle prime ore del pomeriggio, la terza verso sera.

Il *vitto leggiero* si compone, oltre le tre minestrine della *dieta*, di una piccola porzione di carne a lesso, oppure di un uovo. Se all'appellativo di *leggiero* vi è aggiunto anche quello di *rinfrescante*, si darà, invece di carne od uovo, una porzione di verdura, conservata coi metodi indicati ai §§ 176 e 177.

Poco da questo diversifica il *vitto diluente* o *temperante*, il quale si compone per la più parte di cibi vegetabili.

Il dire un *vitto semplice e sano* significa esso pure la *qualità*, anzichè la *quantità* degli alimenti. Questo puossi egualmente comporre di sostanze animali e vegetabili, ma però sono da preferirsi quelle a queste. In entrambi i casi vi può essere l'aggiunta di un po' di vino.

Non è però lo stesso trattandosi di un *vitto tonico* e *corroborante*. In questo *sistema di dieta* figurano le sostanze alimentari le più nutritive, come sono appunto le carni arrostite, le uova, nonchè i vini generosi. Questo metodo di dieta conviene specialmente nelle malattie prodotte da debolezza, e nella convalescenza di lunghe e gravi infermità. Vuolsi però avere molto riguardo nell'usarne, potendo, se prescritto fuor di tempo, cagionare gravi inconvenienti.

§ 774. In generale sì i malati che i convalescenti faranno uso di carni fresche, di vegetabili ben conservati, di latticini e di bevande acquose. Si asterranno invece dalle frutta, dagli alimenti flatulenti, dalle bevande fermentate, alcooliche, spiritose, o comunque riscaldanti, siccome dai condimenti aromatici. Se avviene che loro convenga usare del vino, questo sia sempre di ottima qualità e generoso, si dovesse anche unire ad alquanta quantità di acqua. — Così, sul generale, quando convenga nutrir bene l'infermo, si preferisca dargli poco ma le ripetute volte da mangiare, anzichè molto, abbenchè più di raro.

§ 745. Comechè rigorosamente parlando non entri nel *sistema dietetico*, pure crediamo opportuno ricordare, come a facilitare grandemente la cura delle malattie concorrano in molta parte la *tranquillità* dell'infermo e il *massimo riposo*. Così vi hanno malattie che richiedono pel malato l'*oscurità*, altre invece l'*assoluto allontanamento dall'umidità*, o dalle *vicissitudini atmosferiche*, o dalle *brusche impressioni dell'aria*. Così vuolsi alcuna volta favorita l'*allegria*, altre invece il più alto *silenzio*. Quello che però conviene sempre, è il mantenere nello stato della più *grande pulitezza* la stanza ove giace il malato, nonchè gli oggetti del suo letto. — Quante malattie non saranno frenate, quante mitigate, quanti lutti scansati, se i capitani vorranno non dimenticate queste misure igieniche, che noi, nell'interesse della umanità e per debito di coscienza, raccomandiamo ad essi caldamente!...

NOTA

Quasi *Appendice* di questa parte 6.ª, crediamo conveniente di fare un breve cenno del valore dei *pesi medici*, dei quali abbiamo fatto uso nel *Dizionario* nel raccomandare i vari medicamenti. Per quanto il *sistema* di cui ci siamo serviti sia il *decimale*, che è in oggi quello che quasi generalmente si usa, pure riteniamo non inutile di accennare pur anco alla corrispondenza di questi *pesi decimali* cogli antichi *medici*, perchè in alcuni paesi ancora vi si trovano in uso.

PESI DECIMALI

Centigramma: ogni *cinque centigrammi* si calcola che abbiano il peso di *un granello di frumento.*

10 *Centigrammi*	fanno un *Decigrammo.*
10 *Decigrammi*	fanno un *Grammo.*
10 *Grammi*	fanno un *Decagrammo.*
10 *Decagrammi*	fanno un *Ettogramma.*

VALORE RELATIVO DEI PESI MEDICI DECIMALI
COGLI ANTICHI MEDICI

Un grano	(peso antico) equivale a	*cinque centigrammi.*	
Uno scrupolo (℈)	»	ad *un gramma* circa.	
Una dramma (ʒ)	»	a *tre grammi* circa.	
Un'oncia (℥)	»	a *ventisei grammi* circa.	
Una libra (℔)	»	a *trecento grammi* circa.	

PARTE SESTA

Stabilire le regole e misure igieniche generali e speciali applicabili alle navi mercantili d'ogni specie e portata

    A) prima di salpare dal porto,

    B) nei viaggi e nelle traversate,

    c) quando approdano ai luoghi di loro destinazione.

IGIENE DELLA NAVE

CAPITOLO I.

Alcune avvertenze generali e speciali sugl' INCONVENIENTI che, in quanto a nocive influenze sulla salute degli equipaggi, possono derivare dalla MALA O VIZIOSA COSTRUZIONE delle navi.

§ 746. La professione del marinaio essendo di sua natura una delle più esposte ai pericoli ed alle cattive influenze delle intemperie atmosferiche dei luoghi malsani od infetti, del cattivo od insufficiente nutrimento, delle malattie trasmissibili ed importabili, è chiaro ch' essa merita tutti i riguardi della igiene, e dev'essere tutelata, fin dove è possibile, da tutte queste pericolose eventualità.

§ 747. Che se è provato da lunga esperienza, che non poche delle malattie alle quali andiamo soggetti, traggono la loro prima origine dal luogo più o meno insalubre in cui viviamo, e della casa che di costume abitiamo, egli è certo, che assai più facilmente se ne svilupperanno a bordo delle navi mercantili, dove le condizioni e le cause della insalubrità sono tanto più facili a rinvenirsi sotto il rapporto appunto dell' abitazione.

Ne viene da ciò per necessaria conseguenza, che si debba attentamente vigilare sulla *costruzione* delle navi, acciò gli accennati inconvenienti possano il più possibilmente essere evitati, e sia così guarentita meglio la salute degli individui, che in esse devono passare una gran parte della loro esistenza. Quando la igiene potrà essere anch'essa rappresentata, qual lo dovrebbe, nel sistema di costruzione navale, si sarà assai più guarentiti di quello che nol siasi oggidì sulla salubrità dei navigli mercantili.

§ 748. E poichè la meccanica e la nautica hanno oramai raggiunto tale un'altezza di progresso e perfezionamento, che mai non ebbersi per lo passato, ci sembra che da ogni governo, il quale sia veramente desideroso delle utili riforme, si possa e si debba anzi imporre nell'interesse publico e privato tale un sistema di costruzione navale, che dire si possa veramente a livello di tutte le esigenze della odierna *architettura navale*. Egli è a questo scopo, che noi qui faremo sentire in brevi appunti quali sieno, sotto un tale rapporto, le esigenze della igiene navale, e quali dovrebbero essere i provedimenti che sarebbe necessario adottare, onde mettere un valido riparo ai molti e gravi inconvenienti, che possono derivare alla salute degli equipaggi dalla negligenza od inosservanza di quelle esigenze medesime.

ART. I.

Qualità del legno.

§ 749. La salubrità e durata di una nave dipendono non poco dalla *qualità* del legno, che servì alla sua costruzione. Imperocchè se v'ha legno, che soggiaccia a molteplici cause di più o meno rapida distruzione, egli è quello certamente delle navi. La decomposizione sua spontanea, la carie, i vari insetti corrosivi, siccome ad esempio il *verme marino* ed altri, sono, fra le molte, causa principale della distruzione dei più bei pezzi di legno, siano questi conservati in cataste all' aria libera, od in magazzini, oppure immersi nell' acqua, secondo l' usanza che v' ha da antico in Inghilterra, in Francia ed in Olanda specialmente.

Da ciò si rileva quale e quanta importanza si annetta giustamente alla *conservazione* di questo legname da costruzione navale, e perchè tanti diversi metodi sieno stati inventati e proposti per ottenerla più efficacemente. Infatti, per dire soltanto dei principali, si sa, che la immersione del legno nella *melma* uccide rapidamente i *vermi marini*, mentrechè quella nell'*acqua dolce* commista ad una certa quantità d'*acqua salata*, usata da alcune marinerie per far perire i *molluschi* e i *crostacei* distruggitori, è un mezzo riconosciuto ormai per esperienza insufficiente ed incompleto.

In Francia, partendosi dalla forma di struttura intima del legno e dalle funzioni proprie dell'albero vivo, si pensò di far penetrare nell'interno del tronco, allorchè è già abbattuto, una *sostanza conservatrice;* e a questo scopo si diede dai più la preferenza ad una soluzione di *solfato di rame*. Ma questo mezzo, per quanto ingegnoso, non è applicabile a tutte le specie di legno da costruzione navale, dappoichè ve n'hanno di quelle, che, per la loro fibra molto compatta, resistono a qualunque iniezione, la quale perciò non può penetrare (siccome il dovrebbe per renderlo inalterabile) fino al *cuore*, come suol dirsi, del legno.

Vi ha chi consiglia invece l' uso della *calce* sciolta nell' acqua dei fossati o dei laghi in cui si tengono immersi i legnami prima di metterli in uso, oppure sparsa sulla loro esterna superficie. Altri ancora propongono una soluzione molto satura di *sublimato corrosivo*, cui vuolsi invece sostituire da alcuni la *pirolignite di ferro* e da altri il *creosoto*, siccome sostanze molto atte a guarentire il legno dalla carie e dalla putrefazione.

§ 750. Nello stato attuale però delle nostre cognizioni, non si può ancora dire in modo *deciso* ed *assoluto,* quale sia il mezzo *più sicuro* ed insieme *economico* per ottenere una tale conservazione. Abbisognano ancora sopra ciò ripetute esperienze, prima di poter stabilire alcunchè di reale e stabilmente positivo. Cionullameno crediamo utile a questo proposito di avvertire:

1.° che il legno vuol essere tagliato in tempo opportuno (da novembre a tutto marzo), essere ben stagionato ed immerso per alcuni anni (giusta l'usanza oramai più generalizzata) nell'acqua di mare;

2.° che cavato fuori dall'acqua, dev'essere esposto all'aria libera, acciò possa asciugare il più che è possibile. Così egualmente, quando si sia formato il *carcame* (*costellame*) del bastimento, verrà lasciato esso pure esposto per molto tempo all'aria libera prima di addossarvi i *maggieri* (*madieri*), giacchè l'umidità che conserva in sè racchiusa il legno stesso, costituisce l'elemento *primo,* fondamentale della sua più rapida distruzione e della futura insalubrità del naviglio;

3.° che sia privato da ogni principio di corruzione o guasto: quindi, che venga dispogliato accuratamente di tutte le vegetazioni parassite, nonchè di quelle organiche produzioni che acquista nel suo lungo soggiorno nell'acqua, perchè tendenti tutte a perpetuarsi con danno grandissimo del legno medesimo.

ART. II.

Costruzione del naviglio.

§ 751. La costruzione del fondo della nave *(pagliuolo)* dev'essere fatta in modo, che venga facilitato il più che è possibile lo scolo dell'acqua e di qualsisia altro liquido inverso la *sentina.* Quando l'acqua, o qualunque altra materia liquida, che s'infiltri comunque per entro la nave, non abbia questa facilità di scolo, si spande nelle varie parti della nave stessa, e può con tutta facilità penetrare nel carico o nelle merci, e recare perciò a questi un danno più o meno grave, nel mentre può essere causa possentissima d'insalubrità per l'equipaggio.

§ 752. Le *aperture della nave* devono esser praticate con molta attenzione, acciò l'*aria* esterna possa ad ogni occorrenza penetrare e circolare liberamente nell'interno del naviglio. E siccome questo fluido è il primo elemento indispensabile alla vita dell'uomo; così, quanto più facile ne sarà la sua introduzione e rinnovazione per mezzo di varie e ben collocate aperture *sopra-coperta* (*boccaporte*), o praticate nei fianchi della nave (o *murata*, sopra i così detti *trincarini*), altrettanto questa riuscirà più salubre.

§ 753. Per la stessa ragione vuol essere, mercè ben disposte aperture, fatta libera l'introduzione della *luce*, che ha tanta parte al nostro benessere e conservazione, e di cui le piante stesse sentono grande il bisogno, e di cui provano in ogni tempo la benefica influenza. Quindi le boccaporte delle camere dovranno possibilmente essere a vetri, e difese da *griglie* per modo, che, mentre riparano le camere sotto-coperta dalla pioggia o dall'acqua lanciata dalle onde del mare, permettano in ogni miglior modo il libero passaggio alla luce. Che se in tempi tempestosi le *griglie* e i *tambucchi* non bastassero a riparare dalla umidità, si potranno allora adoperare le *contro-porte* così dette, o le *cappe di tela incerata,* o supplirvi con quei grossi vetri lenticolari, che chiamansi comunemente *occhi di bò;* e ciò almeno per la camera dei marinai, acciò vi possa penetrare alquanta luce; — previdenza questa, che non è sgraziatamente osservata mai nella marineria Sarda.

§ 754. L'*accesso* alle camere tanto del capitano che dell'equipaggio (e dei passeggieri specialmente) dev'essere libero, facile e il più possibilmente comodo. Che cosa dovremmo dire a questo proposito di que' bastimenti mercantili, nei quali l'apertura d'accesso alle camere è così angusta, che con pena grandissima vi può passare appena un corpo snello e sottile? Che diremo di quelli nei quali un'asta di legno piantata verticalmente, con una qualche incavatura qua e là *(puntale con denti)*, oppure una scala di corda attaccata al *tambucchio* della stanza serve per dare accesso alle camere stesse, e ciò col sempre prossimo pericolo di cadere al più leggiero oscillare della nave?

§ 755. Le *boccaporte* devono essere ampie, con intorno *orli* o *rialzi (battenti)* molto solidi, il più possibilmente elevati dal suolo e ben connessi, acciò l'acqua della coperta non possa farsi strada per di sotto di essi, massime quando il mare monta in coperta, o piove a rovescio. L'ampiezza delle boccaporte sia tale da permettere anche la facile esposizione all'aria del carico, delle merci e delle proviste, quando avvenga che durante il viaggio o gli uni o le altre corrano pericolo di guastarsi (§§ 54, 191, 192 e 193).

§ 756. Le *camere* poi, per la ragione stessa, dovranno essere il più possibilmente spaziose, ben ventilate ed illuminate, massime quelle destinate agli equipaggi e passeggieri. Fa ribrezzo e muove giustamente a indegnazione il vedere sopra certi bastimenti di commercio, in quali tane e angustissimi spazi i marinai sieno obbligati di giacere per riposarsi dalle fatiche del mare! Senza luce, quasi senz'aria, fredde nell'inverno, caldissime nell'estate, non è più a meravigliare se quei covili si fanno centro assai spesso di malefiche infezioni, tanta è la corruzione dell'aria umido-calda che in essi si respira!

§ 757. Al quale proposito non vogliamo tacere la utilità grandissima che avrebbe la marineria Italiana (e specialmente la Sarda), qualora volesse imitare quelle d'Olanda e d'Inghilterra, le quali usano quasi sempre di far costruire la camera destinata all' equipaggio sopra-coperta *(tuga)*. Egli è con questo metodo di costruzione navale, che si ottengono i seguenti vantaggi:

1° acquisto di uno spazio maggiore per le merci e pel carico sotto-coperta;

2° salubrità maggiore nell' alloggio dei marinai;

3° prontezza grandissima per le manovre;

4° più facile la separazione degli ammalati dai sani (§ 802).

(Gli Americani degli Stati Uniti hanno poi una *tuga volante*, posta fra l'albero di *trinchetto* e quello di *maestra*, ad oggetto di coprire la *lancia* o *barcaccia di salvamento*, acciò questa si mantenga sempre in buono stato. Questa *tuga* serve anche per tenervi al riparo dei *cordami* ed altri utensili marinareschi, senza ingombrarne, come fanno le altre marinerie, la camera di *basso-a-prora* con danno spesso assai grave di chi è costretto ad abitarla).

§ 758. Così, sarà utilissimo che il posto occupato dal timoniere sia non solo coperto, ma anche il più possibilmente riparato dalle intemperie atmosferiche; giacchè chi siede al timone, dovendo fare delle lunghe stazioni in una quasi immobile posizione, ben si comprende come più facilmente possa essere esposto alla nociva influenza delle intemperie stesse del tempo e della stagione (§ 253).

§ 759. Uso non mai abbastanza lodato gli è quello di disporre la *cucina* sopra-coperta, facendo però in modo, che il fumo venga portato via per mezzo di adatti tubi, giacchè altrimenti è facilissimo lo sviluppo di più o men gravi malattie d'occhi, perchè il fumo che si svolge, soprattutto dal carbone minerale, di cui in oggi si usa generalmente per cucinare, li offende gravemente e li fa infiammare (§ 564 e seg.).

Notiamo poi, che la *cucina in ferro*, nel mentre è la più *economica*, è anche la più *salubre*, e da preferirsi perciò tanto a quelle in *legno* che in *rame*, usate tuttogiorno da alcune marinerie italiane e straniere.

§ 760. È pessima l'usanza d'*incatramare* esternamente il naviglio, o d'*imbiancarne* le interne pareti colla *biacca* o comunque, prima che il legno adoperato nella sua costruzione sia perfettamente asciutto. Così adoperando, si corre rischio di rinchiudere l'umidità nella sostanza stessa del naviglio, ciò che lo fa invecchiare assai presto, ed è causa certa d'insalubrità, e perciò di danno più o meno grave alla salute dell'equipaggio.

§ 761. Quanto poi all'*imbiancamento* delle pareti interne, in luogo della *biacca,* che per lo più viene usata, e che, come si sa, è una preparazione di piombo assai nociva alla salute (§ 589 e seg.), sarà più conveniente adoperare il così detto *bianco* od *ossido di zinco,* che forse meglio protegge dalla umidità, nè porta nocumento alcuno alla salute.

§ 762. Allorchè si voglia variare il *colore dell'intonaco* e adoperare materie, le quali, nel mentre guarentiscono dall'umido, resistano anche alle replicate lavature e siano innocenti per le emanazioni loro, noi proponiamo i metodi seguenti, usati da alcune marinerie straniere.

1° Prendasi *calce viva*, si estingua con una piccolissima quantità d'*acqua*, e si macini. Indi si prendano dieci parti di *sangue di bue*, che verrà stemperato con sufficiente quantità di *acqua calda;* poscia s'incorpori colla calce, e si macini bene il tutto, e si dilunghi coll'acqua fino a tanto che possa distendersi con un pennello solito, e se ne usi come si costuma per imbiancare.

2° Si prendano quattro parti di *acqua,* una di *pomi di terra (patate)* alquanto cotte, pelate e finamente gratuggiate, e s'incorporino insieme all'acqua. Ciò fatto, si passi questa poltiglia per mezzo di uno staccio fitto. In un altro recipiente si mettano quattro parti d'*acqua* e due libbre di *creta* finamente polverizzata, e poi si uniscano insieme. Questa seconda miscela si riunisca alla prima, aggiungendovi quel colore che meglio aggrada.

3° Se si vuole avere un intonaco bianco e nello stesso tempo lucido come la porcellana, si userà la seguente preparazzione. Si prendano tre parti di *selce* o *silice* finamente polverizzata, che potrà essere anche supplita da *sabbia* fina bianchissima, e due parti di *calce viva*, anch'essa polverizzata; si uniscano insieme; si aggiungano quindi quattro parti di *latte rappreso*, e quant'acqua abbisogni per dare al miscuglio la necessaria consistenza. S'incorpori bene il tutto, e se ne usi come è di costume. Neppure l'acqua calda può sciogliere od alterare comunque questo intonaco.

§ 763. È dovuta agl'Inglesi la lodevolissima pratica di stabilire un *robinetto* impiantato nella *stiva* della nave, mercè del quale si fa entrare liberamente l'acqua del mare nella *sentina*, allo scopo di lavarla, come si suol dire, *a guazzo*. Alcune marinerie mercantili hanno quasi per legge abbracciato questo metodo, nè puonno mancarne i buoni effetti, per cui lo raccomandiamo caldamente.

§ 764. Utilissimo troviamo pure l'uso accettato in alcune marinerie di praticare nei fianchi del naviglio (se è di una certa portata) uno *sportello* di tale ampiezza, per cui si possa agevolmente caricarvi la *zavorra*. Di tal modo si évita il non lieve inconveniente della polvere che s'innalza, quando, come si usa generalmente, viene caricata dalle boccaporte, gettandola a ceste a ceste nella stiva, tanto più usando, come da taluni si fa, del *calcinaccio*, — metodo per molte ragioni riprovevole (pag. 413).

§ 765. Il *tavolato*, o piano che si dispone sopra la zavorra, e che è destinato a sostenere le merci, vuol essere fatto di grosse tavole, ben connesse ad incastro fra loro, comechè amovibili, e ciò perchè le putride emanazioni, che più o meno mandano sempre le acque della sentina, si spandano il meno possibile per entro la stiva, e possano invece uscire liberamente dai *tubi* delle pompe (§ 767). V'ha chi assai lodevolmente forma della stiva quasi una *grossa cassa*, acciò nulla vi penetri nè di esalazioni, nè di umidità (§§ 40, 85), ad oggetto che non si alterino le mercanzie imbarcate (1).

§ 766. I vari *compartimenti* interni della nave, destinati sì al deposito delle merci che dei viveri, devono essere proporzionati alla quantità ed al volume degli oggetti da caricarsi, e la loro costruzione vuol essere poi modellata più o meno sulla natura varia degli oggetti stessi; imperocchè ve n'hanno di quelli, che sono assai facili ad alterarsi ed altri no. Ora questi ultimi, che non patiscono nè umidità, nè morso d'insetti, si potranno rinchiudere entro compartimenti (*stirci*) fatti di tavole sieno pure sottili ed anche meno esattamente connesse fra loro; mentre i viveri e gli oggetti specialmente *incendiabili*, come ad esempio la polvere da fucile, le sostanze alcooliche ecc., vogliono essere tenuti chiusi in luoghi il più possibile guarentiti da ogni umidità, e i cui *tavolati* sieno non solo strettamente ed esattamente connessi fra loro, ma foderati ben anco di lamine di ferro o di latta, e provisti per di più di porte resistenti e ben chiuse a chiave ad evitare dei gravi inconvenienti (§ 773 n.º 9).

§ 767. Egli è desiderabile poi, che nella marineria Italiana, e specialmente nella Sarda, la quale pecca non poco in questo particolare, s'introduca l'uso già adottato da molte marinerie estere, di rimpiazzare per mezzo di *pompe aspiranti* i così detti *pozzi* e la *paratia della sentina*, dai quali si estrae l'acqua contenuta in quest'ultima. È oggimai ampiamente dimostrato, che le *pompe aspiranti* vuotano non solo

(1) Se male non ricordiamo, parci aver letto in una raccolta di *regolamenti* o *leggi*, che regolano in Francia il commercio, come sia d'obbligo, che il carico venga discosto dalle *murate* o *fasciamento* della stiva dai due ai tre pollici, per cui v'ha chi vi mette stuoia, altri legna o canne a seconda del paese in cui si carica. Così la stessa *legge* o *regolamento* parci che prescrivesse l'obbligo, che il *pagliuolo* fosse elevato dal paramezzale dai diciotto ai venti pollici.

più facilmente e più prontamente la *sentina*, ma recano un vantaggio incalcolabile alla salute dell'equipaggio, col dare libero esito alle putride esalazioni, che di continuo si sprigionano dalle acque della sentina medesima (§ 765).

§ 768. Parimenti sarebbe a desiderarsi, che le navi mercantili di una certa portata, destinate principalmente ai viaggi di lungo corso, fossero provedute delle *pompe a incendio*. Non sono rari i casi, in cui la mancanza di questo valido mezzo, fu unica causa della perdita di bastimenti e d'intieri equipaggi. Si aggiunga poi, che queste medesime pompe (mercè l'adattamento di alcuni *tubi* particolari) possono servire ad altro uso importantissimo, quale si è quello della *rinnovazione dell'aria* nell'interno della nave. Di queste pompe ingeniosissime ne sono fornite quasi tutte le grosse navi mercantili inglesi e americane (§ 781, F).

§ 769. Nè ci possiamo ritenere dal raccomandare caldamente agli armatori e ai capitani di premunire le loro navi di *parafulmini*, armando cioè di adatte punte metalliche tutti gli alberi, o quello almeno *di maestra*. Soprattutto noi troviamo indispensabile una tale precauzione, quando si tratti di bastimenti di grossa portata, che debbano solcare i mari del Sud, dove sono tanto frequenti gli uragani e le tempeste atmosferiche. Imperocchè è deplorabile che si affrontino i pericoli di quelle lunghe e difficili navigazioni, non muniti di un sì utile presidio. Ed infatti, non sono nè pochi, nè certo infrequenti i disastri che accadono alle navi veleggianti senza parafulmini, nei climi dove assai di frequente insorgono le bufere e le procelle (783, n.° 7).

§ 770. L'umanità e la civiltà hanno fatto introdurre oramai in quasi tutte le marinerie da guerra l'uso lodevolissimo di tenere disposta per ogni occorrenza sotto il *bompresso* una grossa *rete in corda*, la quale è destinata à trattenere que' marinai, che, lavorando appunto su quell'albero potessero per avventura caderne. Non si potrebbe forse fare altrettanto nella marineria mercantile con pochissima spesa?

§ 771. Ma ciò che non si deve dimenticare di fornirne assolutamente qualsiasi bastimento d'una certa portata, allorchè sta per intraprendere un viaggio di lungo corso, gli è quell'apparecchio di salvataggio, detto *salva-uomini* (*boée de sauvatage* in francese, e *life buoy* in inglese). Per quanto cosifatto genere di apparecchi non entri direttamente nell'argomento che qui da noi si tratta, pure non possiamo a meno di raccomandare caldamente ai capitani ed armatori di provedersene. Fra i diversi che vennero proposti, quello noi crediamo preferibile, siccome il più economico, che si compone di un grosso cilindro fatto di tavole di sughero, oppure foggiato a guisa di botte, avente attaccato tutt'attorno delle lunghe corde fluttuanti, munite qua e colà di grossi nodi, alle quali possono aggrapparsi con tutta facilità i naufraghi. Quando accada di doversene servire di notte, vi si metta sopra un lume, o fiamma qualunque per renderlo facilmente visibile.

È anche assai utile quello di tela cerata o *gutta-percha*, fatto a mo' di canestro, entro del quale la persona caduta in mare passa il corpo, acciò essere sostenuta a fior d'acqua, dopochè sia faticata dal lungo nuotare, o dalla forte agitazione del mare.

Qualunque sia l'apparecchio di salvamento che si presceglie, si dovrà tener sempre a poppa e quasi volante, acciò ad ogni occorrenza possa essere lanciato in mare prontamente con tutta facilità e ad una certa distanza.

CAPITOLO II.

Delle regole e misure igieniche applicabili alle navi mercantili
PRIMA DI SALPARE DAL PORTO.

§ 772. Ora che abbiamo detto alcunchè sulle condizioni necessarie alla buona costruzione di una nave, considerata sotto il rapporto igienico, esaminiamo brevemente i modi e il procedimento che si dovranno tenere, per constatare e assicurare le condizioni igieniche della nave stessa *prima di salpare dal porto*, nell'accingersi cioè ad un lungo viaggio. Al quale proposito crediamo utile rammentare ciò che fu detto a tutta ragione, — *essere*, cioè, *l'igiene della partenza un valido preservativo contro gli accidenti della traversata, ed una lettera di raccomandazione per il luogo di destinazione*.

Avendo accennato nella 2ª e 3ª parte quanto riguarda i carichi e le proviste di bordo, crediamo che, ad istruzione e guida dei capitani, basti qui formolare per sommi capi quei principali provedimenti igienici, che si dovranno prendere in occasione soprattutto di lunghi viaggi, e massime trattandosi di navi di grossa portata, nell'interno delle quali vuolsi rigorosamente conservata la più grande *nettezza*, che è sempre *il miglior mezzo preservativo* per la salute degli equipaggi.

§ 773. 1° La nave prima di tutto (la cui solida costruzione e buono stato igienico saranno stati dalle competenti Autorità previamente constatati (§§ 40, 747, 774)) dev'essere con tutta diligenza *lavata* in ogni sua parte internamente, tanto nella camera di *prora*, che in quella di *poppa* e nella stiva, adoperando a quest'uopo dell'acqua dolce, e lasciando asciugare perfettamente il tutto all'aria libera e al sole.

2° Prima di caricare le mercanzie sarà conveniente in ogni viaggio d'*imbiancare* le pareti interne delle camere con intonaco a calce, a menochè nella costruzione o riparazioni fatte precedentemente alla nave siasi usato alcuno degli *intonachi* o *coloramenti*, fatti colle preparazioni indicate nel capitolo precedente (§ 762); nel quale caso basterà una semplice lavatura con ispugna imbevuta di acqua dolce.

3° Le lavature, spazzature e pulimenti nell'interno della nave dovranno essere fatti con assai maggiore accuratezza, óve nel **precedente viaggio** si fossero verificati a bordo casi di grave malattia di qualunque specie la si fosse, o la nave avesse sofferto avarie tali, che ne fosse stato pregiudicato non poco il carico, per cui vi fosse rimasto un qualche odore spiacevole, o vestigio qualunque di putrida alterazione. Lo stesso si farà avendo trasportato *guano* e simili sostanze putrescibili.

4° In caso poi che si fosse trattato di malattie importabili o trasmissibili, od anche solamente sospettate tali, si richiederanno, oltre le lavature qui sopra raccomandate, anche le *fumigazioni di cloro*, giusta le regole che si traccieranno più sotto (§ 791, n.° 6).

5° Le camere di alloggio tanto dell'equipaggio che dei passeggieri saranno oggetto di particolare attenzione. Ad ogni partenza da un porto per una lunga traversata, esse devono essere non solo imbiancate a nuovo con calce, od almeno pulite diligentemente in ogni loro parte, ma saranno tenute aperte e ventilate per molti e molti giorni prima di alloggiarvi le persone, ad oggetto di espellerne qualunque umidità e cattiva emanazione. Nel quale caso tutte le boccaporte saranno tenute aperte (ben s'intende permettendolo il tempo), e così i ventilatori (§ 784) verranno messi in attività, perchè l'aria possa liberamente circolare nell'interno del bastimento; avvertendo per di più, che quando si trattasse di un nuovo imbianchimento delle pareti delle camere, non si permetterà che vengano abitate, senza prima essersi assicurati del loro perfetto asciugamento.

6° Le parti però della nave che meritano delle cure affatto speciali, sono la *stiva* e la *sentina,* come quelle che sono ordinariamente il centro d'ingrate emanazioni e di putride infezioni (§ 30). Esse devono essere ad ogni nuova partenza vuotate intieramente, sciacquate ripetutamente con acqua pulita, imbiancate a calce ed assoggettate a

fumigazioni minerali, delle quali diremo in appresso
(§ 791).

7° Oltre quanto venne accennato al § 764 in riguardo al
modo di caricare la *zavorra,* anche la qualità della materia che viene scelta a quest'uopo merita una grande
attenzione. Non convenendo per le navi mercantili i *sal-
moni,* o *zavorra di ferro,* usati generalmente dalle marinerie da guerra, per doversi poi scaricare e lasciare in
paesi stranieri, ma usandosi comunemente (e in ispecial
modo dalla marineria mercantile Sarda) le pietre, i ciottoli,
la sabbia e simili, interessa grandemente alla igiene della
nave, che questi materiali non vengano caricati se non
sono ben puliti e lavati dal limo o melma, e quindi ben
prosciugati al sole, acciò la loro umidità non sia cagione
(siccome più volte accadde vedere) di nocive influenze;
ciò che si vedrebbe avverare, tuttavolta venissero neglette
le avvertenze ora indicate; e ciò non solo in riguardo
alla salute degli equipaggi, ma benanco alla conservazione
delle mercanzie imbarcate, le quali, come già avvertimmo
nella parte 2ª, tanto risentono della umidità (§ 71 e seg.).

Sotto quest'aspetto è assai nocevole la zavorra di *sabbia
minuta,* siccome vedemmo alcune volte praticarsi, sia
perchè vi possano essere dentro delle materie capaci di
fermentazione e putrefazione, sia perchè conserva per
molto tempo l'umidità, nè vi può circolar l'aria; il che
accade egualmente pel *calcinaccio,* che con giusta sorpresa
nostra sappiamo caricarsi anche quale zavorra dei piccoli
legni. Oltre di essere pessimo sotto il rapporto igienico,
il *calcinaccio* è anche disadatto per essere troppo leggiero.

8° Una delle precauzioni igieniche da non trascurarsi mai allorchè una nave si dispone a partire per un viaggio di lungo
corso, si è quella che riguarda l'imbarcamento delle
legna da ardere, non che dei *legnami* destinati ad essere
lavorati, massime se sono di grosse dimensioni. V'hanno

armatori e capitani, che credono cosa affatto indifferente
lo imbarcare legnami sì umidi che asciutti, cacciandoli
generalmente sul fondo del bastimento. Ora, l'aver trascurato di assicurarsi del perfetto asciugamento di questi
legnami, fu causa in non rari casi delle conseguenze le
più perniciose alla salute degli equipaggi. Non sono ancora molti anni, che un naviglio inglese avendo imbarcato
del legname da lavoro, ch'era stato precedentemente immerso per molto tempo nelle acque di Sierra-Leone, venne
durante la traversata privato in gran parte del suo equipaggio, a séguito di grave malattia epidemica che vi si
sviluppò, e ciò appunto in causa della grande umidità dipendente dal legno imbarcato; umidità che diventa talvolta
nelle sue conseguenze fatale tanto, quanto può esserlo
quella degli stagni e delle paludi, massime quando la stagione corra umida e piovosa.

9° Si deve osservare se v'abbiano a bordo i luoghi adattati
tanto per la collocazione e deposito dei viveri di bordo e
delle bevande, e specialmente dell'acqua, quanto per la loro
conservazione durante tutto il viaggio che s'intraprende;
e se i recipienti destinati a contener l'acqua stessa o
le bevande fermentate ed infiammabili sieno fatti in modo
da poter guarentire dal pericolo che non si corrompano
o s'infiammino (§ 766).

10° Si dovrà porre non poca attenzione acciò le proviste
e le mercanzie caricate sieno disposte per modo nella
nave, che l'aria esterna possa con tutta facilità penetrare
e circolare liberamente; e se lo spazio da esse occupato
non sia in gran parte a danno di quello, che vuol essere
esclusivamente destinato alle persone dell'equipaggio ed
ai passeggieri (§§ 39, 40).

11° Il trasporto di animali viventi caricati per uso di bordo,
come agnelli, maiali, pollame ecc., si farà in apposite
gabbie, che si terranno sempre sopra-coperta, giacchè il

metterli sotto il ponte non può che riuscire causa più o meno perenne e grave d'immondezza non solo, ma di insalubrità della nave. Lo stesso si dica del lasciarli circolare liberamente sopra-coperta, che insudiciano coi loro escrementi e cogli avanzi degli alimenti che loro si danno (§ 46 e seg.).

12° I bastimenti mercantili destinati a viaggi di lungo corso in climi assai freddi, sarà bene sieno provisti di apposite *stufe in ferro* per riscaldare le camere. Esse saranno munite di appositi tubi conduttori del fumo, elevantisi un metro almeno sopra-coperta, o fatte secondo quel nuovo sistema, detto *fumivoro*. Mentre col calore della stufa si riscalda l'ambiente dell'interno della nave, se ne purifica ad un tempo l'atmosfera; il che riesce grandemente salutevole all'equipaggio. Fu, tra gli altri, col mezzo di queste stufe, che il celebre Cooke potè conservare la salute de' suoi equipaggi durante la lunga sua navigazione in climi rigidissimi.

13° Sarà lodevole cosa che vi sia a bordo la *macchina* per rendere *potabile* l'acqua del mare (§ 133). Noi conosciamo molti apparecchi inventati a quest'uopo; il più ingegnoso però e di facilissima applicazione reputiamo quello del sig. Rocher di Nantes, il quale ottenne non solo la medaglia nella esposizione del 1849 e in quella generale del 1851, ma fu onorato del premio Montyon nel 1850. Questa macchina rende per ogni ora *potabile* sessanta e più litri di acqua *marina*. È anche assai bello l'apparecchio fabbricato dal signor Orlandi ingegnere costruttore macchinista in Genova. — Però l'avere a bordo di queste macchine, non esonera in nessun caso dall'obbligo di avervi pur anco delle botti di acqua, le quali devono supplire tuttavolta la macchina si possa guastare.

14° Si dovranno esaminare gli utensili di cucina per vedere se si trovino in buono stato e in condizioni tali (sotto il rapporto igienico) da non riuscirne l'uso pregiudicevole in alcun modo alla salute dell'equipaggio. E in tale intendimento esortiamo:

A) che si proveda la *cucina in ferro*, siccome in oggi usano quasi tutte le marinerie principali d'Europa e d'America (§ 759);

B) che sieno di *ferro* anche gli utensili destinati a far bollire, cuocere, manipolare e preparare comunque gli alimenti. Il *ferro fuso* e la *ghisa*, di cui si fabbricano in oggi recipienti d'ogni maniera ad uso domestico, puonno assai bene servire a quest'uopo;

C) che si escludano, se è possibile, gli utensili di *stagno* e di *piombo*, e specialmente di *rame*, ancorchè di fresco e bene stagnati. La stagnatura non si conserva molto tempo, ed è sempre un debole riparo contro l'azione corrosiva degli acidi, allorchè già venne in parte consumata dall'uso;

D) quando però non si possa a meno di usare recipienti od utensili di *rame*, non si dimentichi mai di farli *stagnare a nuovo* ad ogni partenza, massime quando s'intraprendono lunghi viaggi;

E) tutte le stoviglie di ferro, che non hanno la superficie interna stagnata, o lucente, o inverniciata a bianco coll'ossido di zinco, sono sospette, e possono riuscire, coll'usarne, nocevoli non poco alla salute, specialmente quelle cui fu data una *vernice verdastra*, sebbene la si mostri bella e lucente. Questo colore essendo fatto generalmente con dei preparati o d'arsenico, o di piombo, e potendo essere facilmente intaccati più o meno dagli acidi, ne risulterebbe danno grandissimo alla salute, e quindi si debbono assolutamente scartare;

F) i piatti, le piattine, le scodelle ed altre stoviglie sieno esse pure, se è possibile, in *ferro bianco*, od in *latta*. Se sono di *maiolica* o di *terra cotta*, si prescelgano quelle a *vernice bianca o gialla*, e si rifiutino assolutamente quelle a vernice *verde*, per le ragioni dette qui sopra (E).

§ 774. Tali sono in complesso le misure, o meglio avvertenze igieniche generali, che ci sembrano applicabili alle navi mercantili destinate pei lunghi viaggi *prima di salpare dal porto.* Queste misure, come si vede, debbono essere messe in pratica per la più parte dagli armatori e capitani marittimi; anzi si può dire che ad essi soli appartiene quasi esclusivamente il provedere nel modo qui sopra indicato. Spetta poi alle Autorità sanitarie marittime (alle quali la Legge Internazionale impone l'obbligo di constatare le *condizioni igieniche* delle navi mercantili, prima di accordar loro le carte di partenza) di vedere se le misure indicate siensi prese o no, e se v'abbiano tutte quelle guarentigie, che l'igiene sì publica che privata è in diritto di pretendere in oggi dagli armatori e capitani della marineria commerciale. Ma è sperabile che sì gli uni, che gli altri, ben consultando gl'interessi loro medesimi e quelli della umanità, faranno in modo da non lasciarsi trovare in fallo, e che queste avvertenze nostre non sieno inutilmente proposte e caldamente raccomandate.

CAPITOLO III.

Delle regole e misure igieniche applicabili alle navi mercantili

NEI VIAGGI E NELLE TRAVERSATE.

§ 775. Le avvertenze che furono date nei capitoli precedenti, per ciò che spetta alle cautele igieniche da prendersi tanto in riguardo alla natura dei carichi e mercanzie, quanto alle provigioni dei viveri pel bisogno delle navi mercantili che si accingono ad una lunga navigazione, valgono grandemente a guarentire la salubrità delle navi stesse, sì *prima* che *dopo* avere salpato dal porto. Cionullameno, siccome navigando per mari e climi diversi, e stante le vicende e i pericoli che la navigazione trae seco in vari modi, e pel tempo più o meno lungo che durano i viaggi e le traversate, possono insorgere a bordo dei bastimenti mercantili pericoli ed accidenti diversi e più o meno gravi d'insalubrità o di nocive influenze, che abbisognino di speciali provedimenti, egli è appunto ad ovviare a queste più o meno probabili o possibili eventualità, che noi qui verremo tracciando in questo capitolo le norme e le cautele igieniche occorrenti, non tanto ad oggetto di evitare questi pericoli od accidenti diversi, quanto per provedere nel caso ai medesimi, qualora per disavventura si fossero verificati.

§ 776. Noi riduciamo a tre *principali* le eventualità che possono dar luogo a pericoli, o danni diversi alla salute degli equipaggi durante i viaggi e nelle traversate; cioè:

1° ALTERABILITA', o CORRUTTIBILITA' tanto dei viveri, quanto delle merci, o carichi diversi a bordo delle navi mercantili, per cui ne derivi la loro insalubrità;

2° INFIAMMABILITA' delle merci, o carico, od altre materie fermentanti a bordo delle navi stesse, con pericolo più o meno prossimo d'incendio delle medesime;

3° INSALUBRITA' della nave, derivante specialmente dall'alterazione, o corruzione tanto dei viveri, quanto delle merci, e pericoli quindi di malattie diverse, od anche d'infezione nell'equipaggio.

Egli è contro queste *principali* e assai probabili eventualità, che l'igiene navale si dee premunire con mezzi e norme ben determinate e precise.

§ 777. Quanto all'*alterabilità*, o *corruttibilità* delle diverse merci, o viveri messi a bordo, devesi ricordare, che ciò dipende principalmente dall'azione dell'*umidità* e del *calore*, siccome accennammo altrove (parte 2ª e 3ª); i quali, arrivati ad un certo grado, determinano nelle sostanze organiche la loro decomposizione, o putrefazione. E siccome egli è per l'azione od influenza dell'*umido-caldo*, che si corrompe e si vizia l'aria medesima che si respira, così noi verremo indicando qui i mezzi che una lunga e savia esperienza ha suggerito, ad oggetto d'impedire lo svolgimento di queste cause di corruzione, o a diminuirne almeno la forza, od arrestarne gli effetti; — mezzi il cui uso è indispensabile ad ogni nave, che si accinga a lunghi viaggi per mari e climi diversi.

§ 778. In quanto poi alla *infiammabilità* di certe sostanze o fermentanti, o fermentate, che si sieno caricate a bordo, non si creda che il pericolo sia assai minore, e perciò meno temibile di quello, che seco trae la varia *corruttibilità* delle merci o viveri e delle materie organiche in generale: perchè se queste ordinariamente non pregiudicano che la salute degli individui colla varia corruttela loro, quelle invece (cioè le *infiammabili*) espongono al pericolo della vita e della intiera distruzione così gl'individui come il bastimento. E una prova recentissima di questo sinistro accidente ci venne data dal *guano*. Perocchè, materia fermentante com'è questa, e produttrice quindi di calore, può, durante il viaggio, produrne tanto, da incendiare con tutta facilità la nave che lo trasporta. Al quale proposito crediamo utile di qui riferire, a norma dei capitani, quanto si leggeva nella *Gazzetta Piemontese* del 19 maggio 1854.

" Ministero della Marina. — Il Capitano Thomas Walton " dello Schip Inglese *Emigrant*, di Aberdeen, si è reso bene-" merito della umanità e della marineria di Sardegna, sal-" vando il capitano e l'equipaggio del Brigantino *Antonietta*, " della Direzione marittima di Genova, che condusse a Londra, " e consegnò il giorno 11 maggio corrente a quel Consolato " Generale di S. M.

" L'*Antonietta* era partita il giorno 9 febbraio da Buenos-" Ayres con carico di *guano* per l'Inghilterra, ed il 9 Aprile " si trovò in tale stato per il riscaldamento del guano, che " il capitano *Recagno* dovette rinunziare al divisamento di " approdare alle Antille, ed avvisare invece alla salvezza

" della vita, chiamando con segnali soccorso allo Schip
" inglese, che avvistava in lontananza, e che, raggiunto colla
" lancia, lo raccoglieva assieme all'equipaggio al proprio
" bordo, dopo di avere il capitano inglese riconosciuta la
" impossibilità di salvare il bastimento, che mandava fumo
" da ogni parte ".

§ 779. Il pericolo d'incendio di una nave può presentarsi
in tre eventualità diverse, cioè:

1° o che si appicchi il fuoco direttamente, o per negligenza,
o per omissione: — e questo caso non entra nell'argomento della igiene navale propriamente detta, nè perciò
noi intendiamo prenderlo qui in considerazione;

2° o che il fuoco stesso si appicchi a materie infiammabili,
per mancanza di precauzioni nel non averle collocate e
chiuse in luoghi appartati e convenienti;

3° o che la fermentazione putrida delle materie organiche
a bordo della nave sviluppi tale e tanto calore da incen-
diarla e distruggerla.

Egli è in vista adunque di queste tre eventualità egualmente pericolose, che noi verremo tracciando più sotto le
principali norme e precauzioni da prendersi, specialmente
durante il viaggio, onde impedire un tale disastro, che potrebbe assai facilmente riuscire irreparabile e fatale.

§ 780. Finalmente, in quanto alla *insalubrità* della nave
proveniente da *corruzione* delle merci, o dell'aria nell'interno
della nave stessa, e quindi delle malattie varie che ne potrebbero derivare, indicheremo parimenti le norme da seguirsi
dai capitani, acciò non si renda per cotali cause insalubre
il naviglio, e corra di conseguenza rischio grandissimo la
salute dell'equipaggio.

Regole e misure igieniche da prendersi a bordo delle navi mercantili nei viaggi e nelle traversate, onde impedire, o togliere la umidità, causa precipua di alterazione e di corruttibilità tanto nelle merci, o carichi di sostanze organiche diverse, quanto nei viveri e nelle bevande.

§ 781. Per essere più presto e meglio intesi, crediamo conveniente di formulare per mezzo di precetti o di avvertimenti generali le seguenti norme e cautele.

1° Ogni mattina di buon' ora (ove il tempo lo permetta) si apriranno tutte le boccaporte e quanti altri spiragli, od aperture esistono tanto sopra-coperta, quanto nei fianchi della nave, acciò l'*aria esterna* (se sarà *secca* e *pura*) possa penetrare nell'interno della nave stessa, e specialmente nelle camere, ad oggetto di correggervi e rinnovarvi quella, che rimase viziata dalla respirazione degli individui rinchiusivi durante tutta la notte.

La *secchezza* poi dell'aria, liberamente penetrante e circolante nell'interno della nave, vale a togliere, od almeno a mitigare non poco, l'*umidità*, che più o meno predomina sempre nel fondo del naviglio, e che è fatta sempre maggiore e per le merci e per la respirazione degli individui. Essa giova anche grandemente a conservare il legno stesso del bastimento.

2° La *ventilazione*, ove sia ben regolata, è il miglior mezzo per dissipare l'*umidità*. Questa ventilazione si può ottenere in due modi: — o *naturalmente*, profittando dei *venti secchi*, sia caldi, o freddi, che bene spesso spirano più o meno gagliardi, massime in certi paraggi e in date stagioni, — od *artificialmente*, giovandosi allora dei diversi VENTILATORI a tale scopo proposti, e messi in pratica da parecchie marinerie tanto di guerra che mercantili.

A) Il più *semplice ventilatore* è la così detta *manica* o *tromba a vento*, che è una specie d'imbuto fatto di tela, avente in alto la porzione sua più larga e l'apice in basso; mantenuta distesa ed aperta, questa tromba, mediante alcuni cerchi concentrici e parallelamente disposti ad una certa distanza fra loro nell'interna sua superficie. Lateralmente alla parte sua superiore vi ha un'apertura o foro, per mezzo del quale s'introduce l'aria, massime allora che questo foro viene rivolto dalla parte da dove spira il vento. Per facilitare maggiormente l'introduzione dell'aria, vi hanno due specie di *piccole ale*, esse pure di tela, poste ai lati dalla suddetta apertura superiore. Questa manica o tromba così conformata, si appende colla sua parte superiore ad una *saguma* tirata fra un albero e l'altro, facendo in modo, che l'apice suo dalla parte inferiore entri per una delle bocca-porte della nave stessa, e penetri nelle parti sue più profonde, dove l'aria esterna arriva di questo modo direttamente a purgarle dal mefitismo, e a scemare non poco le nocive influenze dell'*umido-caldo*.

Esistono però altri *ventilatoi* di più o meno ingegnosa e complicata costruzione, e più o meno difficili a mettersi in opera, che noi verremo qui indicando sommariamente, a norma dei capitani, lasciandone ad essi la scelta, tuttavolta vogliano, siccome lo dovrebbero, provederne i loro navigli.

B) *Ventilatoi* detti a *soffietto*, o a *ventaglio*. — Consistono questi in dieci o dodici palette di legno, incastrate su di un perno od asse comune, provisto d'un manubrio mobile. Dal punto in cui sono fissate queste palette, prende origine un tubo o cilindro esso pure di legno o di gutta-percha, il quale va a metter foce di sotto al ponte, nelle camere, nella stiva e nella sentina se anche vuolsi. A forza di braccia s'imprime al suindicato perno-mobile un moto di rotazione, mercè del quale l'aria mossa ed agitata viene spinta per entro il *tubo di comunicazione*, e immessa perciò nell'interno della nave.

Per quanto sia assai utile un tale *ventilatoio*, richiedendo molte braccia e fatica a dargli moto, non sarebbe forse tanto facile il farne uso a bordo delle navi mercantili.

c) Vi sono poi i *ventilatoi* proposti da HALES, da ARDENT, da WANTERST, da DÉSAGULIERS, quelli assai utilmente modificati da VINCENT, i quali tutti hanno egualmente per iscopo di cacciare l'aria atmosferica nella stiva e nelle camere sotto-coperta, riparando con diversi congegni alla insufficienza ed incostanza della *manica a vento*. Ma parimenti noi non sapremmo raccomandarli pei bisogni della marineria mercantile, perchè o troppo costoso ne è l'acquisto, o sono molto complicati nella loro struttura e perciò di difficile uso.

D). I ventilatoi ideati da DUHAMEL, e dal dott. SUTTON riformati in Inghilterra, basati sull'utile che puossi trarre dal fuoco delle cucine del naviglio; quelli altri di FORFAIT e di WERTIG, per mezzo di un fornello disposto sul ponte, aventi per iscopo di rinnovare l'aria nelle diverse parti interne del naviglio stesso, e ciò mediante un *tubo* detto *di evacuazione*. Ma anche questi *ventilatoi* hanno tutti egualmente bisogno di manovre più o meno faticose, e non rinnovano l'aria che in quei soli punti, nei quali arriva l'estremità libera dei *tubi di evacuazione* (§ 785).

E) Il *ventilatoio* ideato recentemente da POISEUILLE. Questo consiste in due tubi, di cui uno è posto alla parte anteriore del naviglio sul ponte, alla distanza di un metro circa dalla prora, e penetra attraverso ad un fornello, e con diramazioni che passano sotto il ponte si porta nelle camere, nei fianchi della nave e giù fino nella sentina, è detto *tubo di aspirazione;* l'altro, situato nella parte posteriore del naviglio stesso, biforcato, ma costrutto egualmente che il primo, e penetrante giù nelle camere e fino nella sentina come l'altro, munito esso pure tanto inferiormente che superiormente di *chiavi o robinetti* che regolano il passaggio dell'aria viene detto *tubo d'inspirazione.* Esso non differisce dall'altro che nella sua estremità superiore, la quale pesca in un serbatoio contenente materie atte a fare fumigazioni, le quali si possono con tutta facilità praticare mercè questo tubo. Ma l'uso di un tale ventilatoio, ideato più sopra viste teoriche che pratiche, riesce troppo difficile e complicato, perchè possa, almeno a nostro avviso, essere applicabile ai bisogni della marineria commerciale.

F) Quello che noi crediamo molto utile, e che raccomandiamo perciò agli armatori e capitani, perchè semplice nella forma, facile ad usarsi e di non molta spesa, è il *ventilatoio* o *pompa* del dott. ANNOTT. Questa *pompa* non costa più di 40 a 50 franchi: con essa si può ventilare colla più grande facilità un bastimento della portata anche di mille e più tonnellate, e ciò mediante la cooperazione di un solo *mozzo*. Col mezzo di questa pompa l'aria libera si fa non solo penetrare sotto il ponte, ma circolare benanco nelle camere, nella stiva, nella sentina e in ogni angolo il più riposto della nave, mediante un tubo flessibile e facilmente maneggiabile. Ci asteniamo dal darne una dettagliata descrizione, perchè è abbastanza noto un tale apparecchio, e l'uso già lo fe' molto generalizzato presso le marinerie mercantili d'Inghilterra e degli Stati-Uniti d'America (§ 768).

G) Ricordiamo finalmente il metodo di GIUSEPPE DELAUS, che vedemmo assai spesso usato a bordo dei bastimenti americani, esclusivamente destinati al trasporto di passeggieri. Questo metodo consiste in due tubi di ferro, del diametro di dodici a sedici oncie a seconda della portata del bastimento, incastrati nella sua parte di prora, che vanno a terminare nello spazio destinato ai passeggieri: l'estremità più esterna è fatta ad imbuto ed è munita, dopo pochi piedi, di linguette mobili, atte a ricevere e gettar dentro l'aria esterna. Dalla parte di poppa vi sono egualmente due tubi quasi eguali, che, comunicando essi pure collo spazio ove si trovano i passeggieri, ed essendo muniti di altre linguette mobili di *scarico*, danno esito all'aria interna corrotta. Questo metodo è raccomandabile tanto sotto l'aspetto della poca spesa, e di poterne munire facilmente qualunque bastimento quando faccia trasporto di passeggieri, quanto pel sommo vantaggio che se ne può ritrarre in tempi burrascosi, allorchè è impossibile tener aperte le boccaporte, nonchè quando si verifichi il non raro caso, di rinvenire nel carico delle sostanze così alterate per la subita putrefazione, da rendere altamente pericoloso il discendere nella stiva.

Un metodo non molto dissimile di *trombe a vento metalliche permanenti* vedemmo anche usato, e con ottimo risultato, su di alcuni piroscafi inglesi e francesi.

3° Qualunque poi sia il mezzo di *ventilazione* che si voglia adoperare pel bisogno della nave, abbiasi sempre l'avvertenza di scegliere giornate serene e in cui spirino venti secchi, per operare la *ventilazione interna* della nave stessa, e la si faccia in ore in cui nessuno dell'equipaggio o passeggieri si trovi a dormire nelle camere di sotto al ponte, potendo ciò recare danno grandissimo alla salute, quando taluno venisse a subire l'impressione immediata dell'aria fresca cacciata dentro dal *ventilatore* (§ 254).

4° Ogni giorno (permettendolo il tempo) ciascun marinaio dovrà portare sopra-coperta il suo materasso e la branda o rancio, e lasciarli esposti all'aria libera almeno per due ore.

5° Ogni settimana tutto ciò che è di vestimenta, o di abiti e copertura di letto verrà portato sopra-coperta, e così pure i bauli e le casse, che contengono siffatti oggetti verranno aperti, e lasciati alla libera esposizione dell'aria, avendo solo l'avvertenza di riserbare questo *sciorinamento* pei giorni in cui si praticherà la ventilazione dell'interno del bastimento.

6° Le biancherie sporche od impregnate d'umidità, nonchè tutti gli abiti e vestimenta qualsiansi che i marinai si cambiano, saranno chiusi entro casse o bauli da tenersi, per quanto è possibile, sopra-coperta, nè mai *assolutamente* nelle camere, e ciò per evitare le nocive influenze della umidità e della corruzione dell'aria interna. A questo riguardo il capitano dovrà vigilare attentamente, e visitare di tempo in tempo la camera di *basso-a-prora*, e punire severamente la violazione di questa misura che è di grande valore igienico.

7° In massima generale, si richiederà dai capitani la più scrupolosa *pulitezza* in tutte le parti del bastimento; si farà che ogni mattina, e ripetute volte nella giornata se occorre, venga scopato, lavato e grattato, onde toglierne tutte le immondezze e il sucidume; avvertendo però, che le *lavature*, massime nelle camere sotto-coperta, si dovranno fare con ispugne inzuppate d'acqua e quindi asciugando al più presto l'umido sia per mezzo del sole, che dell'aria esterna che vi penetri liberamente, o per mezzo di bracieri di fuoco debitamente collocati e sorvegliati, od anche a mano per mezzo di stoppa o di pezzi di tela asciutti. Per evitare però tutte queste operazioni, che richieggono non poco tempo, il *grattaticcio* può essere spesse volte preferito.

Si noti bene però, che per tutte queste *aspersioni o lavature* s'impiegherà sempre dell'*acqua dolce* e non mai *acqua di mare*, la quale, come si sa, lascia dei depositi salini sul legno, che non asciugano, nè si dissipano quasi mai intieramente, e tornano quindi più o meno nocivi alla salute dei marinai.

8° Sotto il rapporto della *umidità* (e perciò della *insalubrità* che ne deriva al naviglio) merita una speciale sorveglianza la camera destinata all'alloggio dei marinai. Si farà ogni possibile perchè vi si conservi costantemente la *pulitezza*; chè sia ogni giorno sottoposta a ventilazione; chè non vi si tengano materie o sostanze capaci di fermentare e imputridire; — sul quale particolare non sarà mai troppa, nè abbastanza lodata la esigenza del capitano,

9° Sia proibito di collocare nelle camere sotto-coperta le *gomene* o *cordami*, od altri *utensili marinareschi* umidi o bagnati, i quali devono, se è possibile, essere lavati con acqua dolce e sempre lasciati asciugare al sole sopra-coperta prima di venir riposti nei luoghi ad essi esclusivamente destinati *(stirci)*.

10° Ogni cinque o sei mesi (durante i lunghi viaggi) si imbianchino *a calce* le camere stesse, il che gioverà non solo a migliorare l'aria dell'ambiente, ma sippure a distruggere gl'insetti che tanto facilmente prendono stanza nel legno, massime se è vecchio. E per tale oggetto sarà necessario che nelle proviste di bordo sia compresa quella di una certa quantità di *calce viva*, la quale facilmente si conserva per mesi ed anni, e che può giovare anche non poco ad altri bisogni igienici.

Avvertiamo di volo, che per distruggere facilmente le *cimici* basterà di spargere qua e là del *rosmarino selvatico*, od abbruciare del *tanaceto*, il quale serve anche assai bene ad uccidere le *mosche*, tanto moleste nell'estiva stagione e specialmente in certi climi.

ART. II.

Regole e misure igieniche da prendersi a bordo delle navi mercantili nei viaggi e nelle traversate, onde impedire lo sviluppo del calore eccessivo, e perciò la infiammabilità *delle varie sostanze fermentabili, che possono trovarsi a bordo.*

§ 782. Già abbiamo fatto sentire, come per l'angustia dello spazio che sono costretti ad abitare nell'interno delle navi tanto gli equipaggi, quanto i passeggieri, si abbia una temperatura molto più elevata nelle camere sotto-coperta, e massime in quella destinata agli equipaggi, che non sia la temperatura stessa della stiva; aumento questo di temperatura, che è prodotto principalmente dalla respirazione degli individui colà riuniti e conviventi. Questo aumento poi può farsi maggiore per altre circostanze, e principalmente:

1° per la influenza della stagione, o del clima più o meno caldo nel quale si trova la nave;

2° per mezzo del fuoco che si conserva talvolta in bracieri o stufe di ferro o di terra, destinate a riscaldare l'interno della nave;

3° per l'influenza, od azione della fermentazione di materie o sostanze depositate a bordo; — nel quale caso l'aumento può essere tale e tanto da incendiare anche la nave.

§ 783. Ad evitare tutte queste pericolose eventualità, noi proponiamo le seguenti avvertenze.

1° Che si abbia dai capitani la massima attenzione acciò la camera dei marinai venga di quando in quando aperta, e vi si rinnovi l'aria, massime quando, chiusi e stivati entro la stessa, si mettono a fumare o masticare tabacco; proibendo anzi severamente che vi si fumi o vi si mastichi tabacco, sia per non riscaldarne soverchiamente l'ambiente, sia per non insudiciarne il pavimento col continuo sputacchiare ch'essi fanno, il che ne guasta l'aria respirabile.

2° La temperatura delle camere non sia mai maggiore di 15 o 16 gradi del termometro Reaumur nei climi freddi o nell'inverno, ciò che i capitani potranno facilmente determinare e misurare. Un maggior grado di calore, oltrechè riuscirebbe forse molesto, provocherebbe soverchiamente la traspirazione, che è causa essa pure non ultima della corruzione dell'aria.

3° Le stufe di ghisa, usate specialmente dalla marineria Inglese, e nelle quali si brucia del carbon fossile, non le crediamo molto salutari, non già per il metallo di che sono formate, ma per la materia che sono destinate a bruciare; giacchè contenendo il carbon fossile molto zolfo, allorchè esso brucia, lascia svolgere dei gaz, i quali, oltre riuscire molesti, sono anche nocivi non poco alla respirazione ed alla salute. Ci sembrano quindi molto più convenienti e salutari, abbenchè forse meno comodi, i *bracieri di terra cotta* usati da molte navi mercantili di Napoli e Romagna ed anche Sarde, nei quali si fa prima accendere e consumare sopra-coperta una certa quantità di carbone vegetale, e poi si portano sotto-coperta ad oggetto di riscaldare le camere.

4° Sieno attentamente esaminati i recipienti tutti contenenti materie fermentate liquide, e le alcooliche o spiritose soprattutto, per vedere se sieno in buona condizione, ben turati e suggellati, e si conservino in luoghi appositi e sempre custoditi (§§ 766, 773).

5° Quando per effetto della fermentazione putrida, comunque avvenuta nel carico della nave, o in una parte di esso, comincia a manifestarsi il fumo, si getti prontamente in mare la materia fermentata, nè si speri di arrestare i progressi di quella fermentazione con altri mezzi, giacchè il *calore* che per essa si va continuamente generando e concentrando più o meno in diversi punti della nave, distrugge prontamente le pareti legnose, le carbonizza e si genera poi per questa l'incendio, e quindi la distruzione. Sia però grande l'avvertenza in questi malaugurati casi, perchè tante volte l'aprire la boccaporta della stiva ove sta la materia infiammata, dà tale ansa all'incendio, che in breve ora distrugge la nave in mezzo ad un vortice di fiamme.

6° Sia attentamente vegliato a che nè i marinai, nè i passeggieri o fumando, o comunque maneggiando fuoco, o per via di lumi accesi, gettino sul pavimento le smoccolature o gli avanzi dei zolfanelli o dei sigari, e ciò specialmente quando sono nelle loro camere. Queste inavvertenze hanno talvolta prodotto le più disastrose conseguenze, massime quando si avevano a bordo delle materie facilmente infiammabili.

7° Non sono sgraziatamente rarissimi i casi d'incendio, avvenuti per essere stato colpito un bastimento dal fulmine. Abbiamo detto di quale utile presidio sieno i parafulmini (§ 769): ricorderemo qui l'obbligo che corre ai capitani, tuttavolta ne sia il loro bastimento proveduto, di farli visitare di tempo in tempo, acciò sieno conservati in buono stato. Vi sono navi nelle quali non si arma il parafulmine se non se quando minaccia ben da presso la burrasca: e ciò è male; perchè essendo l'abitudine sprezzatrice del pericolo, avviene spesso che la tempesta scoppia, nè il parafulmine uscì ancora dalla cassa in cui viene custodito. Così accade, che essendo troppo corto il conduttore metallico e fortemente attaccato al corpo della nave, nelle forti *bandadde* l'estremità del conduttore non tocca più l'acqua, e gravissimo è in allora il pericolo dell'incendio, se il fulmine cadesse a bordo. Così raccomandiamo ai capitani la più grande vigilanza sullo stato delle *punte* dei parafulmini e dei loro *conduttori metallici*.

Che se non si volesse usare di questo validissimo preservativo contro gli accidenti del fulmine, noi raccomanderemmo almeno quel metodo, che da pochi anni vedemmo usarsi da non poche navi mercantili inglesi, il quale consiste nel fasciare quasi per intiero l'albero di *maestra* di una lamina in rame dall'alto al basso senza che la sia interrotta; la quale *fascia metallica* comunica direttamente con una sbarra di ferro, che, tenuta ferma con adatti ritegni, pesca alcune braccia in mare, qualunque sia la posizione del naviglio. Una piccola punta metallica sta alla estremità superiore dell'albero, ed è essa pure mantenuta sempre in comunicazione colla sua camicia metallica.

8° In ogni caso d'incendio sviluppatosi a bordo di una nave mercantile, il soccorso delle *pompe ad incendio* per estinguerlo è indispensabile. E ciò principalmente trattandosi di navi facienti lunghi viaggi e di grossa portata, le quali dovrebbero perciò esserne per ogni occorrenza provedute, come altrove abbiamo caldamente raccomandato (§ 768).

ART. III.

Regole e misure igieniche da prendersi a bordo delle navi mercantili nei viaggi e nelle traversate, onde prevenire o togliere le cause diverse d' insalubrità.

§ 784. Lo sviluppo dell'*umidità,* o dell'*umido-caldo* congiuntamente al difetto di *rinnovazione dell'aria e di ventilazione,* oppure al viziamento di questa comunque avvenuto, sono, generalmente parlando, le cause più ordinarie della *insalubrità* di una nave, nonchè di alcune gravi malattie che non raramente si manifestano a bordo. E queste cause hanno per lo più la loro origine ed il fomite loro precipuo nella sentina e nella stiva; le due parti della nave in cui si radunano le materie tutte capaci di generare umidità ed emanazioni diverse più o meno nocevoli alla salute degli equipaggi (§ 30).

E però a menomare, o meglio ancora ad impedire questa generazione di cause ed effetti tanto nocivi, che durante una lunga navigazione potrebbero prendere proporzioni assai grandi, si dovrà dai capitani avere continuamente l'avvertenza a che queste due parti della nave sieno tenute costantemente nella *maggiore nettezza;* sia facendo in modo che le acque della sentina vengano il più spesso possibile evacuate, e questa ripetutamente sciacquata; sia rinnovando e purificando l'aria della stiva, e togliendo così ogni sorgente d'umidità, o diminuendone almeno il più possibile gli effetti.

§ 785. È a lamentarsi, ed a ragione, che nei bastimenti del commercio non si possano mettere a partito quei così detti *fornelli a vento,* usati specialmente in Francia sui bastimenti da guerra, mercè dei quali si rinnova e si purifica l'aria della stiva (pag. 423). Tuttavia noi raccomandiamo vivamente, che (permettendolo il tempo) vi si facciano arrivar sempre e *aria* e *luce* per mezzo della boccaporta di *maestra*, che in giornate serene si potrà lasciare aperta per alcune ore.

§ 786. Nella estrazione o *succhiamento* colle *pompe* delle acque della sentina vi ha una osservazione molto importante a farsi; ed è, che in certi casi, tra per lo stagnamento assai prolungato delle acque stesse, e tra per la macerazione in esse e dissoluzione putrida delle materie organiche, e specialmente dei cereali, i cui grani vi penetrano non difficilmente per le fenditure del tavolato *(pagliuolo)*, si sprigionano emanazioni così fetide e mefitiche, che non solo riescono di nocumento alla respirazione ed alla salute dell'equipaggio, ma alterano ben anco il carico stesso della nave (§ 84).

§ 787. Or bene, in questi casi si avrà la precauzione:
1° di diluire colla introduzione dell'acqua di mare quella che si trova già nella sentina, e che si deve estrarre;
2° d'introdurre nella pompa una soluzione di due o tre cucchiai di sale da cucina *(cloruro di sodio)* in quattro o cinque litri d'acqua dolce, facendola penetrare nella sentina, e lasciandovela dalla sera fino al mattino, tempo in cui se ne farà la estrazione colla pompa stessa. Operazione questa, che si dee ripetere ogni giorno, fino a tanto che l'acqua venga fuori dalla pompa priva affatto di ogni odore mefitico.

§ 788. Se non che per compiere con tutte le utili precauzioni il *vuotamento* di queste acque, bisogna che i tubi delle pompe sieno muniti di conduttori o metallici o di gutta-percha, pei quali l'acqua possa passare dalla sentina direttamente in mare, senza traversare la coperta, bagnandola e infettandola col suo pessimo odore, e insudiciandola per di più di una melma nerastra, la cui evaporazione sarebbe certo grandemente nocevole alla salute.

Più ancora, il capitano dee vigilare a che il *pompamento*

possa essere effettuato senza difficoltà e completamente; e perciò farà visitare di tempo in tempo (se gli sarà possibile) il fondo del naviglio, per vedere se i fori *(bussole o biscie)* dei *madieri* e *zangòni* siano liberi, e se l'acqua vi possa circolare liberamente, e portarsi sotto i *tubi* delle trombe, senza imputridire tra gli interstizi o *piazze*, siccome ben di spesso succede.

§ 789. Però si avverta, che discendendo a visitare la sentina, non vi si deve entrare se non dopo ripetuta introduzione di nuova acqua, onde sciacquarla convenientemente. Si farà quindi l'esperimento di calarvi per entro un lume acceso, il quale se continuerà ad ardere, sarà certo indizio di potervisi introdurre senza pericolo, previa però l'avvertenza sempre utile di tenere un pannilino inzuppato di aceto alle labbra, e di bevere alcun po' di acquavite pria di discendervi.

§ 790. Nonostante tutto questo, avviene talvolta il caso, che l'aria tanto della stiva, quanto della sentina si corrompa di modo, che la più libera ventilazione non valga più a purificarla. E ciò succede specialmente, quando le cause produttrici di un tale viziamento sieno permanenti, massime allora che si tratti di materie organiche fermentate, od arrivate ad un grado assai avanzato di putrefazione. In questi casi si dovrà ricorrere ad altri mezzi depuratori dell'aria, molto più efficaci dei più sopra ricordati.

§ 791. Questi mezzi consistono nelle *aspersioni, fumigazioni, o suffumigi, o profumi*, che dire si vogliano, fatti con sostanze che si chiamano perciò appunto *disinfettanti*.

L'impiego di questi mezzi è facile, l'effetto pronto, e possono benissimo essere adoperati da chiunque si trovi nella necessità di correggere, o neutralizzare l'aria corrotta da putride emanazioni. Noi verremo qui indicando per norma dei capitani marittimi quei *suffumigi*, o mezzi *disinfettanti*, che sono di più facile adoperamento, e maggiormente in uso presso le più accreditate marinerie mercantili.

1° Fuoco. — Un ottimo disinfettante è il *fuoco*. Prima che la chimica trovasse altri mezzi assai più di questo *efficaci*, esso era il generalmente adoperato. Quando si sviluppavano a bordo delle navi delle malattie gravissime o contagiose, il *fuoco* era l'unico mezzo di cui si faceva uso a purificarne l'aria viziata; e con esso si arrivò più d'una volta ad arrestare i progressi dei più micidiali contagi. Questo mezzo è così ovvio, che non abbisogna di speciale istruzione per essere nel caso opportunamente applicato.

2° Calce. — La *calce* comune *(viva)* sciolta nell'acqua, ed esposta in larghi recipienti nelle camere, od in altri luoghi della nave, oppure distesa con adatto pennello sulle pareti, costituisce essa pure un *discreto* mezzo disinfettante. Se si espone la soluzione della calce nell'acqua *(idrato di calce)* in luoghi dove l'aria sia stata viziata dalla respirazione di più persone, si vede dopo un certo tempo formarsi alla superficie del liquido una pellicola biancastra, che altro non è che *creta (carbonato di calce)*, la quale si va via via formando, per l'assorbimento appunto dell'aria viziata *(acido carbonico)* che prevale nell'ambiente, depurandone perciò l'aria respirabile.

3° Cloruro di calce. — Ciò che si ottiene colla *calce idrata* si può meglio, e assai più prontamente, ottenere per mezzo del *cloruro di calce*, perchè, evaporando, lascia svolgere il *cloro*, il quale è un *potente* disinfettante. A tale scopo si sciolgano cento grammi di cloruro di calce in quattro circa litri d'acqua dolce, che si agiterà fortemente con un pezzo di legno.

Volendone usare, si espone il recipiente che contiene questa soluzione nel luogo che vuolsi purificare; oppure si fanno tanto colla *calce sciolta*, quanto col suo *cloruro* delle *aspersioni* sul pavimento, o delle *bagnature* sulle pareti interne del bastimento.

Si avverta però, che quando questo mezzo potentissimo di disinfettazione si volesse usare in casi di malattie contagiose sviluppatesi a bordo, la proporzione del cloruro nell'acqua dovrebb'essere accresciuta; perciò si farà sciogliere sempre nella proporzione di un chilogramma di cloruro di calce per ogni quaranta litri d'acqua.

Che se si volesse rendere questa soluzione anche più attiva, non si avrà che ad aggiungere alla predetta miscela tanta quantità di *acido solforico (olio di vitriolo)*, quanta è quella del *cloruro* che si è impiegato.

Questo sale di calce *(cloruro)*, che costa pochissimo, serve anche assai bene a neutralizzare i cattivi odori della putrefazione, basta solo che se ne aumenti alquanto la dose.

Devesi avere la più grande attenzione acciò esso sia debitamente conservato lungi dall'azione dell'aria, dell'umido e della luce; ed è perciò che se ne riempiranno delle boccette di circa una libra caduna, si terranno assai bene turate e si riporranno in cassette di legno chiuse con tutta diligenza, avendo cura di collocarle in luoghi il più possibile asciutti (pag. 391).

4° SUFFUMIGI, O FUMIGAZIONI DI ACIDO NITRICO. — Molte volte per cagione del tempo, o per la grande umidità che portano le *aspersioni* tanto coll'*acqua di calce*, che col *cloruro*, o non si possono fare, o riuscirebbe assai nocevole il farle. Allora si ricorre alle *fumigazioni*, o *suffumigi* propriamente detti, che sono mezzi disinfettanti anche più *efficaci* di quelli nominati fin qui.

Non si confondano però con queste di cui andiamo a parlare, quelle *fumigazioni* che si praticano talvolta o colla evaporazione dell'*aceto*, o colla combustione delle *foglie di tabacco*, delle *bacche di ginepro*, dello *zucchero*, dell'*incenso*, del *benzoino*, della *polvere da cannone* e simili; perchè con questi mezzi non si fa che *mascherare* momentaneamente l'odore cattivo dell'ambiente, ma non si distrugge, nè si neutralizza nè punto nè poco la causa che lo produce.

Le *fumigazioni* di cui intendiamo parlare sono per lo più *acide*, e si ottengono con diversi metodi e con mezzi diversi.

Prima diremo di quelle che si fanno coll'*acido nitrico* o *azotico (acqua forte* del commercio).

Si prenda, venticinque grammi di *salnitro (nitrato o azotato di potassa)* ridotto in polvere, si metta in un vaso qualunque di maiolica, e vi si versino sopra poco a poco dodici grammi di *acido solforico (olio di vitriolo* del commercio) e si mescoli il tutto con una canula o spatola di vetro. Si eleveranno dal miscuglio dei *vapori acidi*, i quali disinfetteranno in due ore circa una stanza capace per ben venti individui.

Si usi la precauzione, facendo tali *suffumigi*, di non istar sopra la miscela quando si elevano i vapori, ciò riuscendo molesto alla respirazione ed agli occhi. Non si accrescano le dosi delle due sostanze impiegate, perchè ciò potrebbe recare nocumento alla salute degli individui che sono nella stanza, siccome accade appunto quando per un tale aumento di dose si elevano dei *vapori rossi*.

5° FUMIGAZIONI DI CLORO E DI ACIDO IDROCLORICO. — Si prendano cento grammi di *sale di cucina* polverizzato *(cloruro di sodio)*, e si mettano in un recipiente di maiolica bene inverniciato. Vi si versino sopra poco a poco dodici grammi di *acido solforico (olio di vitriolo)*, mescolando la miscela con una canula, o spatola di vetro. I vapori che si eleveranno saranno più *abbondanti* e più *forti* dei primi (n.° 4), e perciò si preferiranno nel caso che si tratti di malattie gravi, o contagiose sviluppatesi a bordo, o regnanti in modo epidemico nel paese in cui si abbia approdato. Ma siccome questi vapori offendono più vivamente la respirazione che non tutti gli altri sopra descritti, così si avrà cura che non resti alcun individuo nella camera in cui vengono praticati.

6° SUFFUMIGI DI CLORO, SECONDO IL METODO DI GUYTTON-MORVEAU. — Prendansi cento grammi di *sale da cucina (cloruro di sodio)*, dodici grammi di *perossido di manganese*, amendue polverizzati, e debitamente vengano mescolati insieme. Si versino poco a poco su questo miscuglio cento grammi di *acido solforico (olio di vitriolo)*, e si rimuovi il miscuglio stesso con una canula, o spatola di vetro. Il recipiente in cui saranno messi dev'essere di maiolica bene inverniciato. Da questa miscela si eleveranno vapori *densi* e di un colore *verdastro*. Se nella camera in cui si fa un tale *suffumigio* vi fossero delle persone sia malate che sane, si abbia la precauzione di versare goccia a goccia l'acido sul miscuglio; ma se fra gli individui malati ve ne fosse alcuno di malattia di petto, venga assolutamente allontanato prima di lasciare svolgere i vapori, questi riuscendo per esso assai nocivi, ottendendo molto la respirazione. Con questo *suffumigio* non solamente si disinfettano bene prontamente le camere e i locali, ma anche le vesti, le biancherie, le merci e qualunque siasi oggetto. Esso è il più generalmente usato sulle navi, nei lazzaretti e negli spedali.

Si può accrescerne la forza a piacimento; ma allora bisogna chiudere i locali, lasciarvi dentro gli oggetti da disinfettare, acciò il vapore che se ne svolge, li possa circondare da tutte le parti, penetrarli, e distruggere così il principio miasmatico o contagioso. In tal caso si prendano cinque parti di *acido solforico*, allungato con tre parti d'*acqua*, si versino sopra a tre parti di *sale da cucina* ed una parte e mezza di *perossido di manganese*.

Si avrà però l'avvertenza in tale caso:

A) di non lasciare esposta persona alcuna all'azione di questi vapori;

B) di togliere qualunque metallo o superficie metallica dalla stanza in cui si fanno cotali suffumigi, altrimenti ne sarebbero più o meno guasti e anneriti;

c) di togliere subito la umidità che lasciano tanto sulle pareti, quanto sugli oggetti sottoposti alla loro azione;

D) di maneggiare con tutta prudenza i recipienti contenenti l'*acido solforico* e *nitrico*, perchè sono potentemente corrosivi, e cauterizzano la pelle, siccome bruciano il legno sul quale possono venire a contatto;

E) per fare che lo svolgimento dei *vapori di cloro* continui per alcune ore, si dovrà avere la precauzione di collocare il recipiente, o vaso che contiene la soluzione del *sale* col *manganese* sopra della cenere calda.

7° CASSOLLETTES DE SALUBRITÉ. — Il metodo che si è descritto al n.° 6 può essere usato ad ogni occorrenza, tuttavolta però si possano avere a disposizione le sostanze disinfettanti necessarie. Non però in tutte le circostanze è possibile a bordo il provocare di questo modo lo svolgimento del *cloro* nel modo appunto in esso metodo indicato, perchè ciò richiede del tempo ed una operazione più o meno lunga, massime se si debba fare in momenti di burrasca.

Ad ovviare a questa perdita di tempo, e per avere il *cloro* prontamente sviluppato tuttavolta occorra, alcuni Chimici francesi hanno pensato al modo di poterne ottenere lo sviluppo immediato, senza il bisogno di aspettarlo col metodo del MORVEAU; ed hanno perciò ideato le così dette *cassollettes de salubrité*, il cui uso riesce *facile* e *comodo* ad ognuno. Ecco il modo di prepararle.

Si abbia un recipiente, o vaso di maiolica bene verniciato, di forma cilindrica a pareti il più possibile resistenti e grosse, con collo alto e bocca ben turata, e della capacità di circa due litri. Vi si versino dentro cento grammi d'*acido nitrico* concentrato, ed altrettanti d'*acido muriatico ossigenato (cloro liquido)*, quindi cinque dramme di *perossido di manganese* finamente polverizzato. Appena introdotta la miscela, si chiuda ermeticamente il vaso con turacciolo di sovero inzuppato d'olio e di cera calda, acciò non possano sfuggire i vapori, che si vanno elevando dalla superficie del liquido. Sarà anche bene aggiungere sopra il turacciolo una pergamena fitta e resistente, strettamente legata al collo stesso del recipiente. Se si avesse un vaso di cristallo a turacciolo bene smerigliato e che lo chiudesse ermeticamente, sarebbe anche meglio.

Questa miscela, perchè si conservi, vuol essere custodita in luogo fresco, oscuro e dentro ad una cassa di legno.

Volendo disinfettare un qualche locale, non si ha che ad aprire il vaso, dopo avere agitato alquanto il liquido contenutovi. I vapori di cloro ne escono *abbondanti*, e disinfettano prontamente qualunque locale o robbe.

Per un bastimento di mediocre portata basterebbe la metà della dose qui sopra indicata, e sei minuti di tempo sarebbero sufficienti alla completa sua disinfettazione.

Si debbono avere però le stesse precauzioni rispetto alle persone, che sonosi già accennate ai n.ri 5 e 6 (pag. 436).

Con questo però vuolsi dopo sei ore circa rinnovare il suffumigio, tuttavoltachè, per essersi reso intollerabile al respiro, si avesse dovuto sospenderlo; ma fuori di questo caso, usato anche una sola volta nella giornata è sufficiente.

8° FUMIGAZIONI DI ZOLFO. — Si prendano cinque grammi di *fiori di zolfo* e centocinquanta di *nitro*, entrambi finamente polverizzati; si mettano sopra carboni accesi: appena cominciano a sollevarsi i vapori, si chiuda la camera od ambiente in cui si fanno, allontanandone gli uomini.

Queste fumigazioni sono utilissime per distruggere animali incomodi, come sarebbero *topi*, *cimici* ecc., nonchè per disinfettare gli abiti e le biancherie dei rognosi (§ 618).

9° CARBONE DI LEGNA. — Taluni proposero di disinfettare una camera od un locale qualunque in cui sienvi anche degli ammalati, servendosi del fuoco di carbone di legno ben consumato e tuttavia ardente, smorzandolo collo spruzzarvi sopra dell'acqua dolce, e poscia riducendolo in polvere grossolana. Questa *polvere di carbone* viene poi riposta per entro a due o tre piatti di larga superficie, che vengono collocati verso sera sul pavimento del locale di cui vuolsi correggere l'atmosfera, e vi si lasciano fino al mattino in cui si tolgono via, facendo allora entrare l'aria esterna liberamente per mezzo dei *ventilatori* (§ 781). Questa operazione va però ripetuta per vari giorni, usando ad ogni volta della polvere di carbone di cui non siasi ancora usato.

§ 792. Esposti così brevemente i principali mezzi di disinfettazione, crediamo utile dare alcune *avvertenze generali* per ciò che risguarda la pratica delle *fumigazioni*.

Qualunque sia il metodo di *fumigazione* che venga prescelto, e specialmente quando (trattandosi di sospetto di una qualche malattia contagiosa) si ricorrerà ai suffumigi di *cloro* i più potenti (§ 791, n.° 6), abbiansi presenti sempre dai capitani le seguenti *avvertenze*, che noi qui formoliamo per sommi capi.

1° Il locale o camera entro cui si vogliono praticare i *suffumigi* dev'essere chiuso per modo, che non vi possa avere accesso l'aria esterna;

2° i vapori che si sviluppano, per riuscire efficaci, devono essere *densi* come una folta nebbia;

3° le fumigazioni devono durare *non meno* di otto ore continue;

4° i vasi, piatti, o recipienti nei quali stanno le miscele o gl'ingredienti necessari alla evaporazione, vogliono essere collocati sul pavimento, giacchè l'aria più corrotta occupa quasi sempre gli strati più bassi dell'atmosfera;

5° in casi gravi le fumigazioni sieno ripetute cinque, sei e più volte ancora se occorre nella giornata;

6° l'ora più conveniente per farle è il mattino, perchè così si ha il tempo necessario di lasciar penetrare l'aria libera esterna quando sieno fatte: trattandosi però di locale non abitato è indifferente l'ora;

7° tutti gli oggetti per vestimento e biancherie diverse, e coperte, e quante altre possono sospettarsi contenere germi contagiosi, devono disporsi sopra corde, ed essere ben dispiegati, acciò possano essere investiti e penetrati in ogni lor parte dai vapori sia di *cloro* (§ 791, n.ᵢ 5 e 6), che di *zolfo* (§ 791, n.° 8);

8° le biancherie dovranno prima essere bagnate nell'acqua, poscia sottoposte alla fumigazione, quindi lavate nuovamente nell'acqua dolce;

9° finita la fumigazione del locale e prima di penetrarvi dentro, si dovrà farvi entrare liberamente l'aria esterna, o cacciarvela colla *manica a vento* o colla *pompa* (§ 784 A, § 768);

10° abbiasi grande attenzione nel praticare le fumigazioni di non dipartirsi dalle regole sopra indicate, e di non dimenticare le più piccole circostanze più sopra raccomandate, giacchè l'azione loro disinfettante è oggimai assicurata dall'esperienza, per cui non può fallirne l'effetto, semprechè esse sieno praticate a dovere e nel modo che abbiamo proposto.

CAPITOLO IV.

Delle regole e misure igieniche applicabili alle navi mercantili,

QUANDO APPRODANO AI LUOGHI DI LORO DESTINAZIONE.

§ 793. Ma gli obblighi dei capitani marittimi in quanto alla igiene navale non si limitano soltanto ai suaccennati, nè le providenze igieniche da prendersi nei diversi casi comprendono solamente la *partenza* e la *traversata*, ma esse si estendono egualmente all'*approdo* delle navi mercantili *ai luoghi di loro destinazione*. Oltrechè, vi hanno poi doveri speciali che, sotto tale aspetto, impongono le nuove

Leggi sanitarie introdotte dalla Convenzione internazionale, i quali non si possono, nè si devono da noi nè trascurare, nè tacere. Per cui sempre più si chiarisce la necessità da parte dei capitani marittimi di essere instruiti in queste materie, allorchè approdano al luogo di loro destinazione, o sono malgrado loro costretti dalle avaríe e dalle varie fortune del mare a toccar terra.

§ 794. L'*approdo* adunque di una nave mercantile può essere *volontario* e già prefisso, e quindi meta del viaggio o della traversata; può essere invece *involontario* e *forzato*, come quando le procelle od altri impreveduti accidenti della navigazione costringono la nave a gittarsi sulla costa, o a cercare rifugio in un littorale o porto, che non si sarebbe certamente scelto, qualora la *scelta* fosse stata libera e possibile.

§ 795. Tuttavia, quando si sia liberi di approdare più in uno che in altro luogo, sarà bene che si abbiano presenti le avvertenze seguenti, che noi proponiamo nel puro interesse della igiene navale; cioè:

1° di non gittar l'áncora in paesi o luoghi nei quali si sapesse dominante una qualche malattia epidemica od altra contagiosa;

2° che quando pure fosse il capitano costretto ad approdarvi, faccia il possibile di tenere *il largo*, piuttosto che accostarsi di troppo al littorale;

3° che quando fosse obbligato di toccarlo, o di accostarvisi molto davvicino, si metta, per quanto può, al riparo dal vento che spira da quella parte, facendo chiudere, il meglio che gli è possibile, le boccaporte del bastimento e tutte le aperture che esso ha e che trovansi rivolte verso la parte di terra;

4° non si dia fondo (se lo si può) in vicinanza di paludi, maremme, stagni od acque comunque *morte*, massime in stagioni calde; giacchè in simili luoghi elevandosi dei vapori putridi e dei miasmi più o meno nocevoli alla salute, vi si sviluppano con tutta facilità delle febbri intermittenti più o meno gravi e perniciose, che possono attaccare facilmente chi nuovo vi approdi (§§ 485 e seg.).

5° si avverta, che nel modo stesso che i venti di terra trasportano a considerevoli distanze i profumi dei fiori, così anche i miasmi, i vapori mefitici e i germi stessi contagiosi delle più gravi malattie vengono con tutta facilità riversati sugli equipaggi di que' navigli, che si trovano sotto la loro corrente, o dentro la sfera della loro malefica azione. La storia medico-navale contiene non pochi esempi di malattie epidemiche gravissime manifestatesi a bordo delle navi, senza che queste avessero avuto nessun rapporto colla terra, ma delle quali solo se ne doveva accagionare la direzione dei venti;

6° per evitare il pericolo di queste correnti, o della direzione dei venti di terra spiranti da luogo infetto, quando non si possa a meno di gittar l'áncora in que' paraggi, si abbia almeno la precauzione, oltre di tenere, come avvertimmo, la nave colle sue boccaporte chiuse dalla parte che è rivolta verso terra, di stendere innanzi alla medesima da quella parte una gran vela, e di bagnarla spesso con acqua di mare o con una soluzione di cloruro di calce (§ 794, n.° 3);

7° le stesse precauzioni si vorranno usate anche quando spirino venti di terra umido-freddi, ovvero umido-caldi, massime in certe ore del giorno, o quando soffino altri di un caldo soffocante, come sarebbe l'*harmatan* nella Guinea e i venti della costa occidentale d'Africa, che sono tanto perniciosi alla salute degli equipaggi;

8° vi hanno poi littorali e luoghi il cui approdo riesce soltanto funesto in certe stagioni, e sotto date circostanze. Ciò dee sapersi dall'esperto capitano, acciò non esponga il suo equipaggio a sì pericolose influenze: — il coraggio in questo caso sarebbe una vera temerità.

Quindi molto saviamente vi ha in Francia, fin dal 1825, una legge, la quale ordina, che le truppe destinate alle Colonie debbano sbarcare alle Antille e al Sénegal nel mese di dicembre, a Cajenna in aprile, nel Madagascar in maggio, essendo queste appunto le epoche più favorevoli alla salute dei forestieri, che vanno colà a prender terra.

9° Si avverta in massima generale, che l'epoca dell'anno in cui si può approdare a' lidi lontani, posti in climi e latitudini diverse od opposte benanco alle proprie, gli è appunto quella in cui la temperatura della stagione è *media;* e si ricordi perciò sempre, che bisogna evitare gli estremi opposti sia del molto calore, che dell'eccessivo freddo;

10° insalubre generalmente è l'ancoraggio lungo quelle coste o littorali, che per la loro navigazione, o per la grande differenza che corre tra l'atmosfera terrestre e la marittima, sono sepolti spessissimo fra le più dense nebbie, o dove vi hanno sbocchi di fiumi in mare; essendochè la mescolanza dell'acqua dolce a quella del mare áltera non poco la costituzione dell'atmosfera marittima locale, che si rende perciò allora più o meno nociva alla salute di chi vi soggiorna in molta vicinanza;

11° in generale, sono pure da evitarsi, potendolosi, tutti quelli ancoraggi che si fanno in prossimità di sponde o coste, sulle quali stanno ammucchiate materie in putrefazione, e dove l'acqua marina apparisce in sul far della sera molto lucente o fosforica; — segno questo non dubbio di sostanze organiche in essa putrescenti;

12° quando poi per circostanze impreviste, o indipendenti dalla volontà del capitano, fosse questi costretto di ancorare in luoghi più o meno insalubri, abbia almeno l'avvertenza di modificare il vitto di bordo a norma delle circostanze dell'ancoraggio stesso. E però, trattandosi di luoghi in cui si abbia a temere l'azione de' venti umido-freddi, snervanti più o meno le forze, sarà bene che faccia au-

mentare il vitto specialmente carneo, ed accordi una qualche porzione di vino o di acquavite di più dell'ordinario,
e tenga i marinai meno che sia possibile esposti a questi
venti, e faccia loro indossare camicie di lana, obbligandoli
nel tempo stesso a cuoprirsi bene, specialmente durante
la notte (§§ 253, 254, 256);

13° approdando in climi caldi si avrà cura, che, per mezzo
di vele o corde, il bastimento sia tenuto a *traverso del
vento*, e ciò specialmente nelle ore più calde della giornata;

14° finalmente si dovrà curare con tutta attenzione, che il
bastimento che approda in un dato luogo, si trovi in
buone condizioni d'igiene e di *nettezza* tale, che l'Agente
Sanitario locale, delegato alla visita del medesimo, possa
facilmente constatarle, il che risparmia tempo e agevola
grandemente l'ammissione alla *libera pratica;* sapendosi
che vi hanno circostanze nelle quali un *cattivo stato igienico della nave* basta di per sè ad autorizzare le Autorità
sanitarie a sospendere per giorni e giorni la *pratica,* sia
ciò come cautela sanitaria, o quale giusta e meritata pu-
nizione alla trasgressione della legge.

PARTE SETTIMA

Stabilire le regole e misure igieniche generali e speciali applicabili alle navi mercantili in caso di malattie importabili esistenti in qualche punto di littorale, o sospettate esistenti, sì prima di salpare dal porto, che durante i viaggi e le traversate, e prima di approdare e sbarcare il carico.

IGIENE DURANTE LE EPIDEMIE

§ 796. Può accadere (e non essere infrequente il caso), che mentre una nave mercantile si trova ancorata in qualche porto, venga a notizia del capitano essersi manifestata, o sospettarsi almeno esistente una qualche malattia *epidemica* o *contagiosa* su quel littorale, costa, o paese marittimo qualsiasi, verso del quale la nave stessa era diretta, od era pronta a mettersi in viaggio.

Dato questo caso, e nel supposto che non si possa, o non sia almeno in facoltà del capitano di cambiare quella destinazione, si domanda quali saranno le *norme* e le *cautele igieniche*, alle quali si dovrà egli attenere nel caso pratico, per non esporre al pericolo d'infezione la sua nave e l'equipaggio; e ciò, tanto *prima della partenza*, che *durante il viaggio e la traversata*, e *prima di toccar terra* nel luogo infetto *e sbarcare il carico*.

Oppure, può darsi l'altro non difficile caso, che la nave, sbattuta dalle tempeste, sia costretta a toccare una costa infetta, od un littorale temuto per le morbose infezioni, o perniciose influenze d'ogni maniera, che vi regnano *endemiche;* il che non esporrebbe certamente a minor pericolo la salute e la vita dell'equipaggio, qualora non si adottassero *misure igieniche preventive.*

Che se invece la malattia, sia *endemica* (vale a dire propria del paese (§ 449), o *epidemica* (ossia generale, e dipendente soprattutto dall'aria), o *contagiosa* (cioè comunicabile dal malato al sano (§ 406) tanto *direttamente* che *indirettamente*), si manifestasse nel paese in cui si trova la nave ancorata, durante appunto la sua stazione di ancoraggio, e volesse poscia il capitano *abbandonare* quel porto per navigare ad altre terre non egualmente colpite da alcuna di queste malattie, allora il caso sarebbe diverso, e soggetto per questo rapporto a tutte le misure attualmente vigenti presso le più colte nazioni d'Europa segnatarie della Convenzione Internazionale, relativamente alla *partenza delle navi da porti infetti, o sospettati tali;* misure delle quali daremo nella parte 8ª di questo *manuale* un'abbastanza esatta cognizione (§§ 792 e seg.)

D'altronde molte cose avendo noi già esposte su questo particolare nella parte 6ª, massime per quanto riguarda la partenza delle navi mercantili prima di salpare dal porto (§§ 772 e seg.), si possono assai bene applicare quelle generali e speciali norme e precauzioni igieniche, anche al caso particolare che qui si suppone.

§ 797. Intanto per massima generale avvertiamo, che se per ogni viaggio o traversata più o meno lunga, cui si accinge una nave commerciante da un luogo sano ad un altro pur sano, abbisogna *indispensabilmente* ch'essa si *costituisca* e si *mantenga* in buone condizioni igieniche, le quali debbono essere constatate dalle competenti Autorità ad ogni partenza; tanto più un cosiffatto bisogno si fa maggiore, ogni volta che si tratti di più o men lunga navigazione da paesi sani a luoghi infetti, od almeno sospettati tali.

CAPITOLO I.

Delle regole e misure igieniche applicabili in tempo di epidemia alle navi mercantili, prima di salpare dal Porto.

§ 798. O è il caso di chi voglia salpare da un *porto sano* per navigare ad altro *infetto*, o *sospettato tale;* o è quello di chi si trovi ancorato in paese ove regna una qualche malattia epidemica, o contagiosa, e ne voglia partire. Nel primo supposto, noi riduciamo alle seguenti le principali misure igieniche da adottarsi dal capitano; cioè:

1° una maggiore vigilanza nello allestire il naviglio in quanto alla pulizia, lavamenti, imbianchimenti, espurghi ed altre cautele igieniche, che si sono diffusamente esposte nella parte 6ª (§§ 772 e seg.);

2° una maggiore vigilanza nello allestire il carico, guardarne la scelta, disporlo sul naviglio, attenendosi severamente a tutte le avvertenze, che abbiamo indicate nella parte 2ª (§ 40);

3° una maggiore vigilanza nella scelta delle provigioni e dei viveri tutti di bordo, onde impedire che ve n'abbiano dei guasti, o facilmente alterabili durante il viaggio; ciò che il capitano potrà sempre evitare, se osserverà le regole, che si sono indicate nella parte 3ª (§ 90 e seg.);

4° finalmente, premunirsi in ogni maniera contro tutte le possibili eventualità di malattie, che possono svilupparsi a bordo durante il viaggio, acciò l'equipaggio possa arrivare ai luoghi di sua destinazione in istato di salute, e la nave mantenersi sempre in buone condizioni igieniche.

§ 799. Che se invece fosse il caso di malattia epidemica, o contagiosa, sviluppatasi nel paese ove si trova ancorata la nave, e di dove la nave stessa sta per salpare, allora, oltre la severa osservanza di tutte le stesse regole e misure igieniche generali e speciali, che già abbiamo descritte nelle precedenti parti del *manuale*, consigliamo pur quella delle seguenti avvertenze:

1° impedire, se è possibile, qualunque comunicazione dell'equipaggio col paese ove regna il morbo: — ove ciò assolutamente nol si possa, abbia almeno il capitano la precauzione d'incaricare del servizio di comunicazione gli individui *più attempati* del suo bordo;

2° non si permetta però mai che alcuno di questi incaricati della comunicazione col paese infetto scenda a terra a stomaco digiuno, essendochè in tale stato è assai più facile il contrarre le malattie epidemiche e contagiose;

3° prima del tramonto del sole tutto l'equipaggio si dovrà trovare a bordo; e in ciò il capitano sia severissimo ed inflessibile nel punire i mancanti, perchè è molto facile il contrarre tali malattie in sul venire appunto della sera;

4° sia vietato assolutamente il trasporto di merci e di vestimenta (specialmente di oggetti di *lana* e *tessuti animali* in genere) da terra a bordo della nave sotto qualunque pretesto, essendo questo un mezzo facilissimo di trasmissione ed importazione della malattia (§ 63);

5° gli oggetti necessari pel servizio della nave, quali sono ad esempio il legname da fuoco, le carni e viveri diversi ed altre materie di pura necessità, che si dovranno ritirare da terra, sieno, prima di usarne, sottoposte ai suffumigi col *cloruro* (§ 791 n.° 3), od almeno all'azione dell'*aceto*, o del *fuoco*, a seconda delle regole e dei metodi tracciati nella parte 6ª (§ 791);

6° nei porti in cui regna una qualche malattia contagiosa, sia severamente proibito agli equipaggi delle diverse navi in essi ancorate di accomunarsi fra loro, visitandosi da una nave all'altra, o scambiando fra essi oggetti di cibaria e specialmente di vestiario: l'isolamento il più possibilmente completo è la *prima* fra le molte misure di precauzione;

7° si faccia dai capitani osservare a bordo la massima nettezza e pulizia; sia la nave continuamente sottoposta alla ventilazione (§ 781); sieno vietati gli eccessi nel mangiare e nel bere, e così l'adunamento di più persone; si procuri con ogni mezzo perchè sieno i marinai allegri ed occupati (§ 274);

8° abbandonisi il più presto possibile quel porto, o paese mal sano, od infetto; ma prima si accerti il capitano dello stato di salute del suo equipaggio, acciò non s'imbarchi alcuno dell'equipaggio coi sintomi della malattia dominante, o con evidente disposizione a svilupparsi.

§ 800. Queste sono le avvertenze generali e speciali, che crediamo applicabili nel caso supposto. Nè ci estendiamo in maggiori particolarità, perchè avendone già trattato più o meno a lungo nei precedenti capitoli, ed essendo pur sempre le stesse regole igieniche, correremmo rischio d'inutili ripetizioni.

CAPITOLO II.

Delle regole e misure igieniche applicabili in tempo di epidemia alle navi mercantili, durante i viaggi e le traversate.

§ 801. Il più sgraziato accidente che possa occorrere ad una nave mercantile, egli è quando, dopo avere salpato da un porto più o meno infetto, o sospettato tale, anche dopo aver prese tutte le precauzioni igieniche suaccennate (§ 798), mentre naviga in alto mare, gli si sviluppa a bordo una qualche malattia contagiosa, od avente tutto l'aspetto di quella, che dominava nel paese da cui la nave salpò. Allora il pericolo di contaminarsi tutto l'equipaggio si fa maggiore: ed è allora che la prudenza, il coraggio ed il senno di un esperto capitano vengono messi alla prova e maggiormente abbisognano.

§ 802. E poichè in tale frangente, quando non si possa subito approdare a qualche terra, quello che più interessa si è d'impedire che la malattia si comunichi agli altri individui dell'equipaggio, egli è ad impedire un così triste avvenimento, che noi esortiamo:

1° di sbarcare il malato, o i malati tuttavoltachè si sia in grado di poterlo fare, acciò vengano curati a terra, e la nave si liberi dal prossimo pericolo del contagio;

2° quando non lo si possa, d'isolarli il più possibile dai sani, collocandoli sopra-coperta quando siavi la *tuga* (§ 757), o separandoli altrimenti e nel modo il più completo che sia possibile, impedendo sempre ogni comunicazione cogli altri individui che si trovano a bordo;

3° sia delegato un individuo a servirli ed assisterli, e si prescelga a questo pietoso, quanto difficile ufficio uno dei più coraggiosi e ben disposti dell'equipaggio o passeggieri, dandogli però tutte quelle instruzioni circa l'*isolamento*, che sono necessarie a metterlo in guardia da imprudenti comunicazioni;

4° sia specialmente vietato di respirare l'alito dell'infermo e di stare ad immediato e continuo contatto con esso. Le persone destinate a servirlo abbiano la precauzione di lavarsi di frequente sì le mani che la faccia con acqua ed aceto, o meglio ancora con acqua *clorurata* (§ 791 n.° 3);

5° nella camera dell'infermo sia sempre tenuto un vaso contenente della soluzione di *cloruro di calce* (§ 791 n.° 3), la quale servirà anche a lavare via via i vari oggetti ed utensili usati dall'infermo. Sarà anche molto giovevole il fare per una o due volte al giorno le fumigazioni indicate nella parte 6ª, scegliendo le più efficaci a seconda della gravezza del caso e delle circostanze (§ 791, n° 6);

6° alle persone sane dell'equipaggio sia vietato di accostare, sotto qualunque pretesto, il malato. Si tengano queste il più che sia possibile distratte ed allegre; si dia loro una

doppia razione di vino, o qualche dose di bevande spiritose; se ne migliori possibilmente il vitto, e non si aggravino
di fatiche, e s'imponga loro la più scrupolosa osservanza di
tutte quelle regole igieniche, che si sono ampiamente descritte e raccomandate nelle parti 4ª e 6ª di questo *manuale*;

7° guarito, o morto l'infermo, tutti i suoi effetti d'uso verranno
espurgati e suffumigati secondo i metodi tracciati nella
parte 6ª (§ 791), non bastando la semplice loro esposizione all'aria e la ventilazione a depurarli dei miasmi
contagiosi nel caso di malattia attaccaticcia;

8° per la ventilazione, lavatura, pulimento, espurgazione,
fumigazione delle vesti, od altro che sia servito ad uso
del guarito, o del morto, si eseguiranno *severamente*
tutte le precauzioni che già vennero altrove indicate, evi-
tandone cioè il *contatto immediato*, e valendosi di *molle
di ferro*, o d'altri mezzi consimili per toccare questi corpi
infetti, prima di essere sottoposti alle dovute operazioni
di disinfettamento;

9° si avverta però, potersi dare il caso, che si sviluppi a
bordo una malattia avente più o meno *rassomiglianza* con
quella che dominava nel paese da cui salpò la nave, senza
poterlasi perciò dire *identica*. Egli è in tale caso, che la
causa assai probabilmente si anniderà o nel carico della nave,
o in qualche infezione esistente sulla nave stessa. In questo
caso nessun rimedio vi ha più efficace per troncare il rapido
progredire della malattia, che quello di approdare il più
presto possibile in qualche porto, per ivi lasciarvi gli ammalati, e *scaricare* la nave *completamente*, per quindi distruggere, coi mezzi altrove suggeriti (§ 794), il germe
della infezione. Quando ciò non fosse fattibile, si gettino
in mare le merci che soffersero avaríe, o si corruppero,
si separino le meno alterate da quelle in buono stato,
e si purifichi il più possibilmente l'interno della nave
coi mezzi già più sopra indicati (§ 791, n.° 6).

CAPITOLO III.

Delle regole e misure igieniche applicabili in tempo di epidemia alle navi mercantili, prima di approdare e sbarcare il carico.

§ 803. In quanto all'*approdo* di una nave a un dato porto, e alle precauzioni igieniche da prendersi *avanti di approdare* e *sbarcare il carico*, ci fa d'uopo partire egualmente da un duplice caso supposto. O si tratta di gittar l'áncora in luogo, o porto infetto, appartenente cioè a paese in cui domini una qualche malattia contagiosa; e allora tutte le precauzioni e cautele saranno da prendersi dal capitano per non avere comunicazione sia diretta, o indiretta col paese, a meno che non vi sia spinto da *assoluta necessità;* e in questo caso, previe sempre quelle cautele igieniche, che abbiamo enumerate nel 1° capitolo di questa parte 7ª. Più, egli deve governarsi con senno e prudenza, per tenere il suo naviglio (supposto che si trovi in *ottime condizioni igieniche*) nel maggiore *isolamento* possibile, e non permettere al suo equipaggio alcun contatto con quelli del paese, procurando di salparne al più presto. Ovvero si tratta del caso, in cui, essendosi sviluppata una malattia contagiosa a bordo della nave durante il viaggio e la traversata, vuolsi approdare ad un luogo sano; ed in allora proveggono in proposito i regolamenti sanitari locali; e le misure da prendersi in queste contingenze, saranno tutte di competenza delle Autorità del porto in cui si approda.

§ 804. E qui noi supponiamo, che qualunque sia questo porto, in qualunque parte dei mari navigabili esso si trovi, v'abbiano *leggi* e *regolamenti igienici* destinati ad impedire la importazione di malattie contagiose; leggi e regolamenti, che il capitano della nave infetta deve eseguire e far eseguire dalla sua gente, assogettandosi ai medesimi *scrupolosamente* e di buon grado, ed aiutando per sua parte quanto meglio gli è possibile la purificazione del naviglio.

Se il porto cui si approda appartiene ad una delle Potenze segnatarie della Convenzione Sanitaria Internazionale, l'approdo e lo sbarco sono regolati da un complesso di disposizioni saviissime, contenute nei titoli IV° V° e VI° del Regolamento annesso all'Atto Convenzionale medesimo; per cui siamo sicuri, che le Autorità sanitarie del luogo, preposte alla esecuzione del medesimo, sapranno ottenerne in qualunque occorrenza il pieno adempimento. E però noi non possiamo, che esortare ed instare con ogni maggiore raccomandazione, acciò i capitani marittimi, che si possono trovare nel caso supposto, vogliano sottomettervisi prontamente, ed averne ognora presenti le singole disposizioni, che troveranno compendiate, come già dicemmo, nella parte 8ª di questo *manuale*.

§ 805. Qui noi per ora non facciamo che riepilogare per sommi capi quelle più precipue e indispensabili misure, che, per debito di onore e di coscienza, spetta ai capitani di eseguire e di far eseguire, siano esse o no imposte dai regolamenti locali della Pulizia sanitaria.

Queste misure sono le seguenti:

1° il bagno ed altre cure corporali per gli uomini tutti dell'equipaggio;

2° il tramutamento da un luogo all'altro delle mercanzie sulla nave, la loro ventilazione e la massima esposizione di esse all'aria libera;

3° l'incenerimento, o distruzione, ovvero sommersione in mare ad una certa distanza dalla terra di tutti i viveri e bevande guaste, o merci comunque avariate, o corrotte, o fermentate;

4° la lavatura ed espurgo di tutte le vesti e biancherie che si trovano a bordo;

5° la pulizia della stiva, e il vuotamento intiero e la disinfettazione della sentina;

6° la ventilazione generale di tutte le parti del bastimento,
o con *pompe ad aria* (§ 781, n.° 2, F), o con altro mezzo
equivalente;

7° la raschiatura, fregamento, lavatura e le *fumigazioni clori-
che* di tutto l'interno del bastimento (§ 791 n.° 3);

8° l'invio al lazzaretto.

Queste misure igieniche vengono ordinate dalle competenti
Autorità prima di ammettere il bastimento alla libera pratica,
e vogliono essere eseguite nel *più perfetto isolamento della
nave*, competentemente però sempre alle circostanze della
località (§ 836).

E i capitani delle navi mercantili, che si trovassero nel caso
di dover subíre la esecuzione di tutte queste disposizioni,
saranno i primi dal canto loro a sottomettervisi volonterosi,
e ad agevolarle ben anco, ciò importando specialmente all'interesse della publica salute, di loro stessi e della loro gente.

§ 806. Ma d'altra parte v'ha anche dal lato dei Governi
segnatari della Convenzione Internazionale Sanitaria un obb-
bligo, che molto volentieri vedemmo espresso negli Atti stessi
della Conferenza di Parigi; ed è quello, di rendere il più possibilmente sani i rispettivi porti d'approdo, allontanandone
con ogni cura le innumerevoli cause d'infezione, che massime in alcune località vi sono permanenti. Quest'obbligo è
per essi indeclinabile, non tanto rispetto agli abitanti delle
città marittime, che hanno tutto il *diritto* di essere preser-
vati dalla importazione di queste terribili malattie, delle
quali subiscono essi primi, e in modo sempre gravissimo, le
luttuose conseguenze, quanto agli equipaggi delle navi mercantili, che, colla frequenza dei traffici, ne rendono prosperi
e fiorenti i commerci.

Allorchè i porti marittimi di tutte almeno le Potenze Me-
diterranee saranno costituiti in ottime condizioni igieniche;

allorchè la salubrità dei luoghi di approdo sarà stabilita sotto tutti i rapporti ; le Autorità sanitarie marittime avranno un più *ampio diritto* di agire nel modo il più rigoroso e severo contro tutte quelle navi mercantili, le quali non si trovassero, approdando, in *ottime condizioni igieniche.* Allora le misure quarantenarie *di rigore* saranno meglio, e con più di ragione minacciate ed imposte, che oggi nol possano essere; massime là dove vi hanno punti d'approdo, che sono di per sè stessi, o possano almeno essere assai facilmente, perenne cagione d'insalubrità, per le pessime condizioni appunto d'igiene in cui si trovano, e sono costantemente mantenuti.

PARTE OTTAVA

⌒⌒

Dare una precisa idea dell'igiene quarantenaria e delle leggi
e regolamenti attualmente in vigore negli Stati Sardi, che
vi si riferiscono.

IGIENE QUARANTENARIA

~co~

CAPITOLO I.

Avvertenze generali.

§ 807. La legge che prescrive l'*osservanza delle quarantene* ha base nel diritto che ha qualunque paese, o porto marittimo, che si trovi *libero* da malattie contagiose, o trasmissibili, di premunirsi contro le provenienze o di terra, o di mare, da paesi, o porti, nei quali si sappia che regnino, o si abbia almeno fondato sospetto che regnino di cotalfatta malattie. Anticamente, quando le malattie pestilenziali erano assai più frequenti, e che era perciò più facile la loro diffusione, od importazione per mezzo del commercio marittimo, si obbligavano le navi ad un *isolamento* da ogni contatto, che durava *quaranta giorni*, donde venne appunto la denominazione di *quarantene*. Ma col crescere della civiltà e degli studi relativi alla publica igiene, anche là dove per tanti secoli questa la fu negletta o sconosciuta, s'andarono facendo più miti le *misure quarantenarie*, per guisachè in oggi le vediamo ridotte, si può dire, ai *minimi* termini.

§ 808. Dopochè le dodici Potenze Marittime del Mediterraneo segnarono il 3 febbraio 1852 in Parigi la Convenzione

SANITARIA INTERNAZIONALE in un coll'annesso REGOLAMENTO di applicazione, la igiene quarantenaria trovasi subordinata a quella Legge organica, che a quest'ora già venne ratificata da alcune delle Potenze rappresentate al Congresso Sanitario.

La Sardegna, che fu una delle dodici Potenze che intervennero a quel Congresso, è regolata attualmente (sotto questo rapporto) dalla LEGGE SANITARIA del 2 dicembre 1852, cui tenne dietro un apposito REGOLAMENTO *locale*, publicato il 9 dicembre stésso; legge e regolamento, i quali vennero in alcuni punti modificati da un'altra LEGGE posteriore (13 aprile 1854), però sempre in rapporto colla CONVENZIONE e REGOLAMENTO INTERNAZIONALI sopracitati.

§ 809. Presentemente le misure quarantenarie non sono più applicabili, che quando si tratti di Peste, di Febbre-gialla e di Cholera, di cui si possano sospettare infette, o lo sieno realmente, le provenienze marittime dei paesi, o porti in cui domini alcuna di queste tre malattie. E tutte le misure igieniche di precauzioni generali da prendersi per parte di ciascuna delle dodici Potenze segnatarie della citata CONVENZIONE, mirano appunto ad impedire la importazione dei germi contagiosi, capaci di svolgere cosiffatte malattie.

§ 810. Senonchè mal si potrebbe sperare di raggiungere quest'ultimo scopo, che è del più alto interesse, qualora nei diversi porti marittimi non esistessero regolamenti o leggi *particolari* di applicazione dei principii sanzionati nell'ATTO memorando della CONFERENZA INTERNAZIONALE.

E però molto saviamente alcune delle Potenze segnatarie, specialmente la Francia e la Sardegna, diedero a que' principii il più largo sviluppo possibile. Chè le leggi attualmente vigenti nei due paesi, abbracciano e tutelano nel modo il più efficace l'*igiene quarantenaria*, prescrivendo:

1° misure e providenze sanitarie diverse da eseguirsi ad ogni *partenza* di un naviglio mercantile, e pel rilascio delle patenti di sanità (§§ 812 e seg.);

2° varie cautele da prendersi *durante i viaggi e nelle traversate* (§§ 851 e seg.);

3° provedimenti diversi per ciò che concerne l'*arrivo* dei bastimenti, aventi o non aventi *patente di sanità*, sia *netta* o *brutta*; e quindi la istituzione delle *quarantene* propriamente dette, e l'invio ai lazzaretti, non tanto delle navi, quanto dei passeggieri e degli equipaggi (§§ 834 e seg.);

4° le tasse sanitarie da riscuotersi (§§ 881 e seg.);

5° la istituzione e attribuzione delle Autorità sanitarie delegate alla esecuzione delle leggi sucitate (§§ 888 e seg.);

6° la misura finalmente delle pene da infliggersi alla violazione delle leggi medesime (§§ 894 e seg.)

§ 811. Noi verremo ora in altrettanti capitoli separati accennando alle singole prescrizioni delle Leggi sanitarie vigenti specialmente negli Stati Sardi, modellate più o meno su quella Internazionale suaccennata, essendosi questa variata soltanto in ciò che riguarda le applicazioni accessorie, ossia le condizioni affatto *speciali* di località.

CAPITOLO II.

Delle misure igieniche prescritte dalle vigenti Leggi sanitarie marittime di Francia e di Sardegna alle navi mercantili, prima di partire dal porto.

§ 812. La Convenzione sanitaria internazionale coll'annesso Regolamento essendo stati resi esecutorii in Francia con decreto imperiale del 4 giugno 1853, e negli Stati Sardi colle già ricordate leggi speciali dei 2 e 9 dicembre 1852 e 13 aprile 1854 (§ 808), le *misure igieniche* che verranno da noi indicate siccome *obbligatorie*, sono state desunte appunto da quelle disposizioni, e noi non facciamo che qui epilo-

garle per lume e scorta dei capitani e degli armatori , ai
quali deve interessare di averne la più esatta cognizione.

§ 813. L'*art.* 5 del Regolamento internazionale sanitario
prescrive, che non si possa lasciar partire una nave mercantile per un viaggio di lungo corso , se non sia stata dalla
locale Autorità sanitaria riconosciuta e verificata la *buona
condizione igienica della nave stessa, del carico e dell'equipaggio*. Egli è perciò evidente la obbligazione che ha ogni capitano
od armatore di sottomettersi non solo ad una tale misura, ma
di agevolare egli stesso alle Autorità locali la via, acciò possano constatare debitamente lo stato igienico del suo naviglio.
E però , prima d'imbarcare il carico dovrà essere la nave
visitata in ogni sua parte dall'Ufficiale sanitario delegato,
acciò possa verificare se ne sarà salubre lo abitarla , o
adottare in caso contrario quelle misure, che si avviseranno
opportune (*art.* 7, 8 , 9 del Regol. internaz. sanit.).

Queste visite (lo notino bene i capitani e gli armatori)
che le leggi sanitarie attualmente vigenti in Francia e negli
Stati Sardi prescrivono, costituiscono la base di tutta l'attuale *riforma* quarantenaria, nonchè la parte *più essenziale* di
tutta la igiene navale. Imperocchè per esse l'Autorità locale
sanitaria si accerta, se la nave abbia *sufficienti viveri e bevande* per tutto il viaggio, se questi siano di *buona qualità*
e in *buono stato* (*art.* 10), e s'informa di tutto quanto riguarda
il *carico* e i *passeggieri* a bordo : — e i capitani e padroni
delle navi sono tenuti di dare alla medesima tutti i ragguagli
e schiarimenti richiesti (*art.* 11). Che se mai essi credessero
poter eludere queste richieste, od informare *insufficientemente*
o *falsamente* l'Autorità, allorchè essa visita il naviglio
avanti di caricarlo, sappiano a loro norma, che il successivo *art.* 12 del citato Regolamento dà ampia facoltà all'Autorità medesima, che fosse venuta in sospetto di essere stata
male informata, di poter procedere ad una seconda visita
dopo che il naviglio sarà caricato, e ciò anche ad oggetto di

verificare se tutte le misure igieniche prescritte furono eseguite, o no. E ciò che qui si dice della nave vuota, o carica, e delle merci caricate, debbesi maggiormente intendere per gli uomini che ne compongono l'equipaggio. I quali, giusta l'*art.* 13, devono essere visitati tutti da un medico a ciò delegato, sospendendo l'imbarco di quelli affetti da malattie trasmissibili; visita questa, che si dovrà fare colla maggiore sollecitudine possibile, acciò non si ritardi di soverchio la partenza del bastimento (*art.* 14).

Vuolsi però notare, che quando le navi da visitarsi non appartenessero ad alcuna delle Potenze segnatarie della Convenzione internazionale, l'Autorità sanitaria non potrà procedere alle visite prescritte dai citati *art.* 9, 10, 11, 12, 13 e 14 del Regolamento sanitario internazionale, senza prima concertarsi coi Consoli, od Agenti Consolari delle rispettive Nazioni alle quali appartengono le navi medesime (*art.* 15).

§ 814. Quanto poi al *numero* delle persone, che potranno essere imbarcate sopra bastimenti a vela od a vapore, alla *sufficienza* e *salubrità* degli alloggi, alla *quantità* dei viveri *bastevoli* alla probabile durata del viaggio, attendonsi ancora i regolamenti particolari, che ognuna delle Potenze segnatarie della Convenzione obbligavasi di publicare nei rispettivi suoi Stati (*art.* 16) (1).

§ 815. Per altro ben si comprende facilmente, che a queste visite di rigore non puonno essere assoggettate le navi della marina militare (*art.* 17), perchè esse hanno a bordo un servizio sanitario convenientemente organizzato.

§ 816. Del resto, quando si tratti di navi mercantili, o bastimenti di qualunque portata, destinati a trasportare

---

(1) Negli Stati Sardi furono publicate in proposito delle *norme* dal Ministro della Marina, in data del 16 aprile 1855, delle quali daremo il testo dopo quest'ultima parte, e ciò a norma dei capitani, che si danno a questo commercio.

passeggieri, o che abbiano un certo numero di persone di equipaggio a bordo, non possono salpare dal porto, se prima non hanno fatto riconoscere e constatare dall' Autorità sanitaria locale di possedere a bordo una *cassetta di medicamenti* i più indispensabili per tutte quelle malattie, o accidenti morbosi, che possono manifestarsi durante il viaggio che stanno per intraprendere (*art.* 18).

§ 817. Quando un capitano o patrone abbia per questa guisa potuto convincere l' Autorità sanitaria locale delle *buone condizioni igieniche* della propria nave, e del *carico,* nonchè dello stato di salute delle *persone* del suo equipaggio, l' Autorità stessa non potrà negargli la *patente di sanità,* la quale non si accorda che a quelli, i quali adempirono appunto a tutte le formalità richieste dalla legge (*art.* 19).

§ 818. E poichè siamo venuti a parlare della *patente,* che le vigenti leggi prescrivono debbano avere tutte le navi mercantili, che fanno specialmente viaggi di lungo corso in mari e paesi diversi, è bene che i capitani conoscano esattamente tutte le singole disposizioni date in proposito dalle vigenti leggi, il che verrà appunto dimostrato nell' articolo seguente.

ART. I.

Della Patente di sanità.

§ 819. Non vi hanno che due specie di *patente;* quella, cioè, che dicesi *netta,* e l'altra, che volgarmente chiamasi *brutta.* — La prima dichiara, che nel paese, o porto da cui fu rilasciata si gode la più perfetta salute; la seconda invece attesta l' esistenza di una qualche malattia contagiosa, dominante nel paese stesso.

Ognuno vede adunque quanto importi questa misura della *patente* che la legge impone a *qualunque nave,* che viaggi da un mare all' altro e dall' uno all' altro paese, giacchè per essa si viene ad avere una guarentigia contro la importazione di malattie contagiose.

§ 820. Ed infatti tutte le navi sono obbligate a premunirsene. Solamente in tempo ordinario ne sono esonerati:

1° i battelli pescarecci,

2° i battelli-piloti,

3° le scialuppe al servizio delle Dogane,

4° i bastimenti guarda-coste,

5° le navi che fanno il cabotaggio fra i diversi porti dello stesso paese, e che sono perciò separatamente indicate nei REGOLAMENTI LOCALI di ciascuno dei Governi segnatari della CONVENZIONE SANITARIA INTERNAZIONALE (*art.* 20).

§ 821. Egli è perciò, che negli Stati Sardi viene dal REGOLAMENTO SANITARIO vigente stabilito agli *art.* 124 e 125, che le navi addette al cabotaggio sul littorale dello Stato sieno dispensate dall' obbligo della *patente,* e debbano invece ricevere una *licenza di cabotaggio,* durevole per un anno; la quale sono obbligati di presentare all' Ufficio di sanità del luogo in cui approdano (*art.* 124); e così quelle altre navi, che fanno il piccolo cabotaggio entro un raggio di dieci leghe dall' Ufficio di sanità, sono anche esonerate da ogni qualunque formalità sanitaria e dal presentarsi all' Ufficio stesso (*art.* 125). Se non che, giusta l'*art.* 150, quando avvenisse il caso, che in alcun punto degli Stati Sardi, avente giurisdizione col mare, si sviluppasse una qualche malattia di natura sospetta, allora il *permesso,* o *licenza di cabotaggio* vuolsi che cessi di essere valevole per un anno, e le procedenze da quel luogo (che nei tempi ordinari sono esenti dall' obbligo della *patente*) vengano assoggettate, come le procedenze dai porti esteri, alle stesse discipline sanitarie e misure igieniche prescritte dal REGOLAMENTO INTERNAZIONALE.

§ 822. Ogni nave adunque deve munirsi della *patente di*

sanità, che non può essere che *una* per ciascun bastimento (*art.* 21 e 127 del Regol. sanit.). Questa viene rilasciata dall'Autorità sanitaria in nome del rispettivo Governo, con facoltà ai Consoli di visarla; *patente*, la quale fa fede in tutti i porti appartenenti alle diverse Potenze segnatarie della Convenzione sanitaria internazionale (*art.* 22).

§ 823. Negli Stati Sardi le *patenti* sono spedite e firmate dall'Autorità sanitaria in nome del rispettivo Governo, con facoltà ai Consoli di *visarle* (*art.* 136), e rilasciate poi dai Consoli di Marina, Agenti principali di Sanità nella giurisdizione loro consolare (*art.* 24, 237), tranne in Genova, ove sono contemporaneamente firmate dal Direttore Generale e dall'Impiegato all'ufficio di partenza (*art.* 138). Chi rilascia la *patente* si rende responsabile della veracità delle attestazioni nella medesima contenute (Regol. sanit., *art.* 13).

§ 824. Quanto però concerne le *patenti* portate da navi estere, il Governo Sardo ha dichiarato, che fino a tanto che la Convenzione sanitaria internazionale non sia ratificata da tutte le Potenze, che vi presero parte, esso continuerà ad ammettere, come per lo passato, siccome valide le *patenti* rilasciate dai Magistrati ed Intendenze sanitarie estere riconosciute, non che quelle date dai Consoli delle Nazioni Europee residenti negli scali o porti, dove non esistono Amministrazioni sanitarie.

§ 825. Del resto, quelli ai quali la legge accorda la facoltà di rilasciare le *patenti di sanità* negli Stati Sardi, sono obbligati di conformarsi strettamente al Regolamento sanitario dello Stato, non che alle istruzioni date loro proposito dal Direttore Generale della Sanità Marittima (*art.* 24). E in ogni caso poi viene prescritto, che non possano rilasciarle se non dopo aver esaurite tutte le formalità volute dall'*art.* 19, del Regolamento internazionale surriferito, e dopo avere ottenuta dal capitano della nave di partenza una dichiarazione in iscritto, dalla quale risulti, che tutte le condizioni igieniche volute dagli *art.* 8 *e seguenti* furono adempiute (*art.* 140); imperocchè qualunque rilascio di *patente* è sempre sotto la responsabilità di chi la concede (*art.* 142). Così pure, prima di rilasciarla, il Direttore sanitario, o chi per esso, dovrà accertarsi per mezzo della ricevuta della Dogana, che sarà a lui resa ostensibile dal capitano, o suoi Incaricati, aver esso pagati i diritti sanitari ed ogni altro diritto di navigazione portato dalle Leggi sarde attualmente vigenti (*art.* 154). I *permessi sanitari di cabotaggio* vengono rilasciati nello stesso modo e dalle stesse Autorità sanitarie. Essi sono valevoli per un anno, e solamente son *validi* per la navigazione di cabotaggio da un porto all'altro dello Stato (*art.* 146).

ART. II.

Del contenuto nella Patente.

§ 826. Nella *patente*, oltre la menzione del *nome del naviglio*, di quello *del capitano o patrone* e i ragguagli relativi al *tonnellaggio*, alle *mercanzie*, agli *uomini dell' equipaggio*, ai *passeggieri* ecc., vi si debbono trovare pure delle informazioni relative

1º allo *stato sanitario del paese*, quale risulta all' Autorità del luogo da ragguagli presi;

2º allo *stato igienico del bastimento*, se cioè buono o cattivo:

3º alla esistenza di *ammalati a bordo* ;

4º finalmente, a tutte quelle indicazioni o cognizioni le più acconcie a mettere a portata l' Autorità sanitaria del porto pel quale si accinge a partire la nave, di potersi fare una idea esatta delle condizioni igieniche e della publica salute del paese da cui la nave stessa salpò, non che del suo

stato igienico e di quello del carico e dell'intiero equipaggio all'atto della partenza (REGOL. INTERN. *art.* 23). E
perchè non possa esservi contestazione sulla interpretazione
di questi vari punti, l'*art.* 24 dello stesso REGOLAMENTO
ordina, che per tutte le Potenze segnatarie della CON-
VENZIONE INTERNAZIONALE venga adottato uno stesso *modello
di patente.*

§ 827. Quando nel luogo di partenza della nave, o nei
dintorni del luogo stesso (giusta l'*art.* 23, si considerano
dintorni ad un porto tutti i luoghi, che entrano nella circoscrizione giurisdizionale del medesimo) regnasse alcuna delle
tre malattie trasmissibili (PESTE, FEBBRE-GIALLA e CHOLERA),
e che l'Autorità sanitaria del luogo stesso ne avesse dichiarata la esistenza, la *patente* dovrà contenere la data di questa
dichiarazione, oppure quella della cessazione egualmente constatata della malattia stessa (*art.* 25).

E siccome abbiamo già avvertito, che d'ora innanzi non
vi sarà più che la *patente* o *netta* o *brutta* giusta l'*art.* 26,
così è, che, a tenore dell'*articolo* stesso, non potrà a
meno l'Autorità sanitaria locale che rilascia la *patente*, di
pronunciarsi pel *sì* o pel *nò* sulla *esistenza* o *non* di malattia contagiosa; giacchè, quando anche vi esistesse soltanto un dubbio, la *patente* non potrebbe rilasciarsi che
brutta.

§ 828. Quanto agli individui che s'imbarcano a bordo
delle navi mercantili, vero è che attualmente (giusta l'*art.*
27 del REGOLAMENTO INTERNAZIONALE) non si richieggono più
i *bullettini*, o *certificati di sanità individuali*, ad eccezione
ancora (rispetto alla Turchia) del così detto sistema dei
Teschieri, che vi si conserva tuttavia. Cionullameno l'Autorità sanitaria, a senso dell'*articolo* stesso, potrà in certi casi
pretendere un *attestato medico* relativo a quegli individui
da imbarcarsi, la cui salute potesse credersi in qualche
modo compromettente per gli altri passeggieri durante

il viaggio, potendone in qualche caso impedire anche
l'imbarco (1).

ART. III.

Della validità della Patente.

§ 829. L'*art.* 28 del REGOL. INTERN. stabilisce, che la
patente non verrà considerata *valida*, se non quando sarà
stata rilasciata entro le 48 ore precedenti la partenza della
nave. Che se questa partenza venisse ritardata, l'Autorità
che rilasciava la *patente* dovrà nuovamente vidimarla, e
dichiarare se lo stato sanitario del luogo abbia, durante il
ritardo, sofferto o no qualche cambiamento.

§ 830. In appoggio a questa savia disposizione, il REGOL.
SANIT. degli Stati Sardi all' *art.* 144 prescrive, che occorrendo
dopo il rilascio della patente alcuna variazione nel numero
delle persone dell'equipaggio o dei passeggieri, l'Impiegato
sanitario all' Ufficio di partenza debba notare la occorsa
variazione con ispeciale osservazione a parte.

Del resto, tanto è il valore che dalle leggi attuali si accorda
alla *patente*, che, giusta il successivo *art.* 29 del REGOL.
INTERNAZ., non cesserebbe di essere considerata *netta*, quand'
d'anche nel lazzaretto del paese da cui venne rilasciata,
esistessero uno o più casi di malattia reputata trasmissibile
e contagiosa.

(1) Egli è in questo senso appunto, che la Direzione Generale di
Sanità prescriveva con suo foglio del 6 ottobre 1855 (n.º 6235) l'obbligo nei passeggieri al disotto dei 18 anni, di giustificare del sofferto vajuolo, o della subita vaccinazione, nel modo istesso che già
era stato determinato dal Consiglio d'Ammiragliato per i giovani, che
vogliono darsi alla marineria (§ 222 n. 3).

CAPITOLO III.

Delle misure igieniche prescritte dalle vigenti Leggi sanitarie marittime di Francia e di Sardegna alle navi mercantili, durante i viaggi e nelle traversate.

§ 831. Le misure e cautele igieniche necessarie a prendersi dai capitani delle navi mercantili in caso di malattie importabili, esistenti in qualche punto del littorale, vennero da noi ampiamente descritte nella parte 7ª di questo *manuale*. Le Leggi sanitarie attualmente vigenti in Francia e negli Stati Sardi, s'informano tutte allo spirito delle disposizioni contenute nel *titolo III.* del REGOL. INTERNAZ. SANIT. più volte citato. Solamente si attendono ancora quelle *istruzioni pratiche*, che i vari Governi segnatari di quell' ATTO si obbligarono coll'*art.* 30 di emanare, a norma specialmente dei capitani di mare. Se qualcuno di essi Governi ha già adempiuto a quest'obbligo, molti però nol fecero ancora; e l'obbligo da essi contratto è solenne, dappoichè (giusta il successivo *art.* 31) i capitani di navi mercantili, che al loro arrivo in uno dei porti appartenenti alle Potenze segnatarie mancassero di queste *istruzioni* del rispettivo Governo, potrebbero correre rischio di vedere le loro navi trattate siccome aventi *patente brutta*.

Da questa misura sono però esenti i piroscafi con obbligo di *patente*, i quali si dedicano al trasporto di passeggieri; perchè ad essi viene imposto dall'*art.* 32 di avere a bordo un Sanitario, il quale è incaricato di vigilare sulla salute tanto dei passeggieri, quanto dell'equipaggio, — di far osservare la più scrupolosa igiene a bordo, — di raccogliere tutte le informazioni le più utili all'igiene publica e navale, — di tenere esatto registro di tutti i casi ed accidenti morbosi osservati a bordo, — e di farne relazione al suo arrivo al porto di destinazione.

§ 832. Quando poi si tratti di navi mercantili non aventi l' obbligo di tenere a bordo un sanitario, tutti questi ragguagli igienici saranno (giusta l' *art.* 33) raccolti giornalmente dal capitano della nave e registrati nel libro di bordo; tenendo pure esatto conto di tutte le comunicazioni avute dalla nave durante il viaggio o la traversata. E perciò nel successivo *art.* 34 è detto, che qualunque capitano o patrone di nave, il quale *rilascerà*, od entrerà in un qualche porto durante il viaggio, sarà obbligato di far vidimare la sua *patente* dall' Autorità sanitaria locale, e in mancanza di questa dall' Incaricato della pulizia del luogo. Ma trattandosi di porti di *rilascio*, viene però dall' *art.* 35 vietato alle Autorità locali di ritenere la *patente* stata emessa al punto di partenza dalle competenti Autorità, e ciò all' oggetto che la nave possa continuare il suo viaggio. La patente non può essere cambiata che nel porto o scalo in cui la nave compie l' intiero sbarco del carico, acciò non si venga a perdere la cognizione del luogo da cui primariamente procedeva nonchè del cammino che ha fatto e delle mercanzie che portava; — circostanze tutte, che possono servire di lume alle Autorità Sanitarie per conoscere se un bastimento debba o no meritare la libera pratica.

Nei porti di rilascio, o di parziali operazioni di commercio, la patente vuol essere semplicemente vidimata, con far risultare sulla stessa ogni qualsiasi movimento avesse avuto luogo, tanto in riguardo al personale, quanto relativamente al carico.

§ 833. Finalmente; allorchè durante la traversata siasi in alcuno degli individui dell' equipaggio, o passeggieri verificato qualche caso di morte per malattia di *natura sospetta*, viene prescritto dall' *art.* 36, che tutti gli oggetti di vestito e il letto che servirono all' individuo defunto sieno abbruciati, quando la nave si trovi ancorata, e sieno invece gittati in mare quando la si trovi in viaggio, facendo però in modo che non vengano *a galla*. Tutti gli altri oggetti di proprietà del defunto, che non avranno servito, o non saranno stati usati durante la sua malattia, prescrivesi, vengano sottoposti o alla libera ventilazione, od all'espurgo, praticato secondo le norme che si sono indicate in questo *manuale* (parte 6ª).

Tali sono in complesso le misure igieniche ordinate dalle leggi vigenti *durante i viaggi e le traversate delle navi mercantili*. Ora vedremo quali sieno quelle relative al loro *approdo nei vari porti di destinazione*.

CAPITOLO IV.

Delle misure igieniche prescritte dalle vigenti Leggi sanitarie marittime di Francia e di Sardegna alle navi mercantili, allorchè approdano nei porti di loro destinazione.

§ 834. Le misure riguardanti l'*arrivo*, o *approdo delle navi mercantili ai porti di loro destinazione*, sono contenute nel *titolo* IVº del Regolamento internazionale sanitario più volte citato; e la Sardegna col suo Regolamento del 9 dicembre 1852, siccome colla Legge del 13 aprile 1854, non fece che rendere attuabili quelle disposizioni stesse, per ciò che riguarda ai bisogni e condizioni locali della sua marina mercantile.

§ 835. Qualunque bastimento mercantile arrivando in porto soggiace alle formalità della *ricognizione* (*art.* 37) e della *visita sanitaria*, della quale (secondo i casi, e massime quando si tratti di provenienze da paesi sani, o di navi tragittanti da un porto all'altro) potrà essere dispensato anche dai *regolamenti* sanitari particolari del paese (*art.* 38), od in forza di *dichiarazioni* emesse reciprocamente dalle Potenze segnatarie, rispetto a quelle provenienze, che fossero destinate dai porti dell'una a quelli dell'altra (*art.* 39). Del resto, la *ricognizione* e la *visita* del bastimento saranno fatte dall'Agente sanitario delegato a quest'uopo, che ne consegnerà i risultati in apposito registro (*art.* 40). Del pari che per le navi che vogliono salpare, anche per quelle che arrivano, tutti i *ragguagli dubbi* o *insufficienti* verranno interpretati *sfavorevolmente,* e il bastimento si dovrà mettere in *provisoria osservazione* (*art.* 41). Nè si potrà ammettere in *libera pratica* una nave, se non dopo la visita, tutte le volte che l'Autorità locale sanitaria lo avviserà necessario (*art.* 42). Quando si presentasse il caso d'individui ammalati esistenti a bordo, verranno il più prontamente sbarcati e curati (*art.* 43).

Ma quando il bastimento, ancorchè munito di *patente netta,* avesse avuto malati a bordo durante il viaggio, o si trovasse all'arrivo in *cattive condizioni igieniche,* potrà essere messo in *osservazione,* fino a che l'Autorità sanitaria si pronunci; — decisione però, che dovrà da essa darsi entro ventiquattr'ore (*art.* 44).

§ 856. Secondo poi le più o meno cattive condizioni di salubrità del bastimento arrivato, l'Autorità stessa potrà, quale misura igienica, ordinare (§ 805):

1° il *bagno,* ed altre cure corporali alle persone dell'equipaggio;

2° lo *spostamento* delle merci a bordo;

3° l'*abbruciamento,* o la *sommersione* a distanza nel mare di tutti i viveri o merci guaste, corrotte, o fermentate;

4° la *lavatura* delle biancherie e vesti dell'equipaggio;

5° la *pulitezza* della stiva, e il *vuotamento* delle acque ed espurgo della sentina;

6° la libera *ventilazione* ed *aereazione* di tutto il bastimento, col mezzo della *pompa ad aria,* o con altri mezzi;

7° le *fumigazioni* di cloro, la *raschiatura, fregamento* e *lavatura* delle varie parti del bastimento;

8° il suo *invio al lazzaretto.*

Le quali misure verranno eseguite nel maggiore *possibile isolamento*, e dietro le istruzioni apposite della locale Autorità sanitaria (*art.* 45).

Del resto, ad eccezione delle disposizioni transitorie contenute nei *paragrafi* 4 e 5 dell'*art.* 4 della CONVENZIONE INTERNAZIONALE, concernente le provenienze dalla Turchia Europea ed Asiatica, non che dall'Egitto, è detto all'*art.* 46, che ogni nave mercantile avente *patente netta*, la quale non abbia avuto in mare nè accidenti morbosi, nè comunicazioni d'indole sospetta, e che si presenterà in *buone condizioni igieniche*, debba essere ammessa immediatamente alla libera pratica.

Tali sono le misure generali prescritte dal REGOLAMENTO INTERNAZIONALE SANITARIO. Vedremo ora quali sieno quelle, che, in esecuzione del REGOLAMENTO stesso, vennero adottate negli Stati Sardi.

ART. I.

Misure igieniche cui vengono assoggettate le navi mercantili al loro approdo negli Stati Sardi, prima della loro ammissione alla libera pratica.

§ 837. Giusta il più volte citato REGOLAMENTO SANITARIO del 9 dicembre 1852, viene all'*articolo* 3 stabilito, che tutte le procedenze di mare da paesi notoriamente sani e munite di *patente netta*, quando la traversata fu *incolume*, nè si sieno avute in mare comunicazioni sospette, sieno ammesse alla *libera pratica*, appena però abbiano i capitani subito il *costituto* prescritto, e siasi eseguita a bordo la visita medica, tanto per l'equipaggio, quanto per constatare lo stato igienico della nave (vedi l'*ordinanza* relativa in fine del *manuale*).

Se non che, in forza di una speciale *ordinanza* emanata dalla Direzione della Sanità marittima in data del 30 aprile 1854, viene prescritto, a senso dell'*art.* 7 § 4 del REGOLAMENTO, che ogni qualunque bastimento mercantile, il quale o per la sua provenienza, o per altre circostanze eventuali debba soggiacere alla *visita* e *costituto* prima della sua ammissione in libera pratica, debba, appena arrivato in porto, inalberare una *fiamma gialla*, quale indizio, o segnale del suo temporario sequestro, o isolamento; la quale *fiamma* non si dee togliere se non dopo aver ottenuta l'*ammissione alla libera pratica* (Vedi questa *ordinanza* in fine del *manuale*). E così ogni *lancia*, od *imbarcazione* di una nave arrivata, che si trovi in questa condizione di *temporario isolamento*, o di *contumacia*, non potrà recarsi all'Ufficio di sanità, nè in altro punto del porto a qualche distanza dalla nave stessa, senza avere puranche inalberato sopra un'asta visibile lo stesso *segnale*, o *fiamma gialla*. Così il capitano che si reca col proprio battello all'Ufficio di sanità del porto, o a quello del Molo-Nuovo per deporre il suo *costituto*, sarà pure proveduto dello stesso *segnale giallo;* e quando esso non l'abbia, gli verrà dato provisoriamente dallo stesso Ufficio di sanità. Quando un bastimento che arrivi non inalberi subito questo *segnale*, si prescrive di sospendergli l'ammissione alla *libera pratica*, e si minacciano pene alle Guardie di sanità, le quali trascurassero di farlo inalberare a tutti indistintamente.

§ 838. Da questa *visita di ricognizione* però (secondo l'*art.* 4 del REGOLAMENTO SARDO) sono esenti in tempi ordinari:
1° i battelli addetti alla pesca sulle coste e littorale dello Stato,
2° i bastimenti delle R. Dogane,
3° le navi di cabotaggio munite di apposito permesso,
4° i bastimenti a vela od a vapore procedenti da porti esteri, i quali abbiano impiegato nella traversata un tempo non

maggiore di trentasei ore, e che siano muniti di patente netta, rilasciata e vidimata nel luogo ultimo di partenza, nonchè di documenti comprovanti le *buone condizioni igieniche* della nave e la salute dell' equipaggio e passeggieri.

Ma questa *esenzione* cessa poi, giusta il successivo *art.* 5, tuttavoltachè, per motivi interessanti la salute publica, venga creduto dall' Autorità competente di farla cessare.

§ 839. Quando l' Agente sanitario delegato non ravvisi dal *costituto* del capitano alcun argomento sufficiente per dover sospendere l'ammissione del naviglio alla *libera pratica,* o quando la provenienza nella *tabella delle quarantene* ordinata dal Ministro, e di cui si parlerà più oltre (§ 875), non colpisca quel naviglio di qualche *contumacia,* previo l' invio a bordo dell' Impiegato sanitario ad oggetto di verificare e conoscere il numero delle persone imbarcate, lo stato loro apparente di salute, le condizioni igieniche del bastimento, e che il risultato della visita sia pienamente conforme al *costituto* del capitano, ammette immediatamente alla *libera pratica* il bastimento medesimo, non che l'equipaggio e i passeggieri (*art.* 122).

ART. II.

Casi eccezionali di sospensione all' ammissione alla libera pratica.

§ 840. Quantunque il luogo di provenienza non porti *quarantena,* e quantunque la nave sia munita di *patente netta,* pure l'Impiegato di sanità all' ufficio di approdo sospenderà l'ammissione sua alla *libera pratica,* ogni volta che gli consti esistervi una delle seguenti circostanze; cioè:

1° se il numero delle persone trovate a bordo non corrisponde a quello del ruolo e a quello indicato nella *patente;*

2° se la patente non sia *a stampa;*

3° se essa sia *raschiata* in qualche parte, o presenti una qualche alterazione di scrittura (§ 872);

4° se il nome, cognome, patria e connotati del capitano descritti nella patente, sieno diversi da quelli spiegati dal medesimo, o dagli individui dell'equipaggio nel *costituto giurato;*

5° quando la patente sia *postillata,* o in qualunque altro modo *alterata;*

6° quando risulti di alcuna, ancorchè leggiera, alterazione di salute in alcuna delle persone, che si trovano a bordo;

7° se il carico è tutto, od in parte composto di sostanze capaci di compromettere la salute publica, siccome stracci, corna e sostanze animali in putrefazione;

8° se le condizioni igieniche volute dal Regolamento inter-nazionale non sono *soddisfacenti;*

9° se si riconosca che nella traversata abbia avuto luogo un qualche caso di malattia, o di morte;

10° se risulti di comunicazione sospetta avuta in mare (*art.* 127).

§ 841. Oltreciò, viene dall'*art.* 74 prescritto ai Direttori dei lazzaretti di non ammettere in *libera pratica* nè persone, nè merci, senza averne avuto dal Direttore della sanità marittima l'ordine in iscritto.

§ 842. Del resto, vi ha sempre luogo alla *sospensione alla libera pratica,* tuttavoltachè non siasi proceduto dal Medico delegato alla visita del bastimento; la quale visita però (giusta l'*art.* 90) non potrà farsi prima di dodici ore precedenti l'ammissione alla *libera pratica* (§ 864). Che se poi dalla visita stessa risultasse il *più piccolo dubbio* sul perfetto stato di salute delle persone, a scadenza di pratica dovranno gli Agenti sanitari sospenderne l'ammissione in *libera comunicazione,* e, a norma dell'*art.* 91, informarne al più presto il Direttore della sanità.

ART. III.

Formalità che si praticano nei porti degli Stati Sardi all'arrivo delle navi mercantili, prima della loro ammissione alla libera pratica.

§ 843. Il REGOLAMENTO SARDO all'*art.* 79 prescrive, che, dopo avere il capitano fatto il *costituto* all'Ufficio di sanità del porto, si debbano imbarcare le Guardie di sanità in numero sufficiente, e munite delle necessarie *istruzioni* per recarsi a bordo della nave arrivata.

Quando si tratti di una nave sottoposta ad una semplice *quarantena di osservazione*, od a semplice *sequestro* per *misure igieniche*, una Guardia sola basta all'uopo; mentre, se si tratta di bastimenti soggetti ad una *quarantena di rigore*, dovranno essere due (*art.* 44).

§ 844. Su quei bastimenti che hanno due Guardie, una di esse dovrà imbarcarsi nello schifo di bordo ogniqualvolta dovrà accompagnare alcuno dell'equipaggio ai parlatoj, o si avranno a trasportare (previa sempre la superiore autorizzazione) merci al lazzaretto. Queste Guardie poi, a norma dell'*art.* 45, appena arrivate a bordo, dovranno verificare lo *stato di salute* dell'equipaggio e dei passeggieri, nonchè le *condizioni igieniche* del bastimento, e farne immediato rapporto al Direttore dello stabilimento quarantenario, e, giusta l'*art.* 46, dovranno ricevere o dal Direttore stesso, o dall'Agente sanitario incaricato tutte le *istruzioni* necessarie per lo sciorinamento degli oggetti di dosso, tanto delle persone dell'equipaggio, quanto dei passeggieri, esigendone nel modo più assoluto la piena esecuzione. Sono pure incaricate di far esporre all'aria libera tutti gli oggetti dell'equipaggio e dei passeggieri senza veruna eccezione; vigilando perchè questa esposizione si faccia nelle ore prescritte, e duri per tutto il tempo indicato dall'Autorità. La quale *vigilanza* loro deve pure estendersi a che nessuno degli oggetti esistenti a bordo venga disbarcato, senza il permesso in iscritto del Direttore dello Stabilimento quarantenario (*art.* 47). Al quale sono obbligati di riferire, non solamente i casi di malattia che si potessero sviluppare a bordo, ma ben anco ogni contravvenzione alle leggi sanitarie che potesse commettersi, tanto dal capitano, quanto dall'equipaggio, o dai passeggieri (*art.* 48). E però dovranno assolutamente proibire ogni sorta di comunicazione di questi con altre persone non appartenenti allo stesso bordo (*art.* 49). Ond'è, ch'esse Guardie dovranno restare sempre *in sentinella* sul ponte del bastimento, tranne nelle ore destinate al loro riposo, giusta la distribuzione che verrà ad esse assegnata dal Direttore, od Agente della sanità (*art.* 50).

§ 845. Le Guardie poi *di vigilanza* ai lazzeretti e negli stabilimenti di quarantena dovranno impedire, che vi entrino od escano persone ed imbarcazioni di qualsiasi grado e condizione, senza un permesso in iscritto dell'Autorità sanitaria superiore (*art.* 57).

§ 846. E perchè queste Guardie sieno da tutti riconosciute, vien loro prescritto d'indossare, nell'esercizio delle loro funzioni, *una fascia a tracollo*, che non potranno deporre fino a che non sia loro dato il cambio nel servizio, e ciò sotto pena di sospensione, o di destituzione (*art.* 43).

§ 847. Le Guardie di sanità debbono *astenersi assolutamente* dal prendere parte ad affari, od operazioni di bordo estranee al loro servizio: ed è prescritta loro una grande *subordinazione* inverso tutti gli Uffiziali di sanità, non che una somma *decenza e riservatezza* così verso i capitani, che verso gli equipaggi e passeggieri (*art.* 52).

§ 848. Ed è parimenti proibito loro di *domandare* e *ricevere*, sotto qualunque denominazione o motivo, ricompensa alcuna dai capitani, dall'equipaggio o passeggieri delle navi e imbarcazioni sulle quali si trovano di servizio, tanto in tempo di quarantena, quanto dopo il termine di questa. Qualsiasi leggiera mancanza nella esecuzione di questo *articolo*, viene punita colla immediata destituzione, giusta l'*art.* 53.

§ 849. Quanto poi all'applicazione in certi casi delle varie *misure igieniche* portate dall'*art.* 45 del REGOLAMENTO INTERNAZIONALE, e da noi rammentato superiormente nel *capitolo* 4°, il REGOL. SARDO stabilisce (*art.* 15), essere in facoltà tanto del Direttore Generale residente in Genova, quanto degli Agenti sanitari nei capi-luoghi delle Direzioni Consolari marittime, di applicare tutte, od alcune soltanto di quelle misure, secondo la gravità del caso. Senonchè in tutte quelle Direzioni od Uffici di sanità marittima in cui vi abbia un Medico applicato alla sanità stessa, si dovrà udirne sempre il parere, per vedere se quello sia o no il caso di procedere a quelle misure, essendo in debito l'Autorità locale di dare per iscritto il *motivo* di tale determinazione, rimettendone *copia* alle parti interessate.

Tuttavia, in gravi emergenze le Autorità sanitarie potranno prendere *misure eccezionali*, quand'esse le reputino necessarie alla tutela della publica salute, conchè però ne dieno immediato avviso al Direttore Generale, della sanità al quale poi spetta di farne immediato rapporto al Ministero, in uno colla esposizione dei motivi tutti, che avranno potuto indurre quell'Autorità ad adottare cosiffatte misure (*art.* 9).

ART. IV.

Delle quarantene applicabili alle navi mercantili, a norma del REGOLAMENTO INTERNAZIONALE SANITARIO, — (TITOLO V.)

§ 850. Ogni bastimento che arrivi in porto con *patente brutta*, verrà dichiarato in *quarantena* (*art.* 47): lo potrà essere egualmente, anche quando abbia *patente netta*, tuttavoltachè arrivi in quelle *condizioni igieniche*, che sono contemplate dall' *art.* 3° della CONVENZIONE INTERNAZIONALE, tali e così compromettenti di loro natura la publica salute, da essere pareggiata alla *patente brutta*. Cionullameno, non si potrà mettere in quarantena alcuna provenienza da un porto qualunque, senza una *decisione motivata,* che dovrà essere immediatamente significata al capitano della nave (*art.* 48). Del resto, tranne il caso in cui esista a bordo la peste, o la febbre-gialla, o il cholera-morbus, qualunque bastimento potrà riprendere il mare, sia prima di essere dichiarato in quarantena, sia anche in corso di quarantena; e perciò, quando non fosse ancora arrivato al posto di sua destinazione, gli sarà restituita la sua *patente di sanità* (§ 852), sulla quale però l'Agente sanitario locale farà menzione della *durata* della quarantena e delle *circostanze* del suo soggiorno in quel porto, e dello *stato* in cui ripiglia il viaggio (§ 863). Ed ancorchè vi fossero malati ordinari a bordo, ciò non farà ostacolo al lasciarlo partire, amenochè l'Autorità locale non fosse certa, che i malati sarebbero per soffrire gravemente nel viaggio, nel quale caso, quelli che volessero restare in lazzaretto ne avranno sempre il *pieno diritto* (*art.* 49).

§ 851. Vi ha, come già avvertimmo (§ 843), una *quarantena di osservazione* ed una *di rigore* (*art.* 50). La prima comincia a scontarsi dal momento che si è messa una Guardia di sanità a bordo, per vegliare alla esecuzione delle misure igieniche ordinate dall'Autorità competente. Alla *quarantena di rigore* sono soggetti tanto gli individui, quanto le merci ed il naviglio. Per ciò che riguarda alle persone, essa comincia dal momento del loro ingresso in lazzaretto, ed in quanto alla nave, dal momento che siasi operato lo *sbarco intiero* e il suo *completo vuotamento*. Per le merci invece ha principio dal momento in cui si faranno le disinfettazioni, che saranno state prescritte (*art.* 51).

§ 852. La *quarantena d'osservazione* si limita a vigilare per un dato tempo il bastimento arrivato, non che gli equipaggi e passeggieri a bordo, senza verun obbligo di sbarcare le mercanzie in lazzaretto. Essa potrà aver luogo o a bordo del bastimento stesso, oppure nel lazzaretto a piacimento degli individui che sono a bordo. Intanto per pura precauzione igienica, la nave sarà tenuta *isolata* da ogni comunicazione, e ciò per mezzo di un sufficiente numero di Guardie, e nel frattempo la si esporrà alla libera ventilazione in ogni sua parte (*art.* 52).

§ 853. Negli Stati Sardi, giusta l'*art.* 117 del più volte citato REGOLAMENTO, è disposto, che la *quarantena di osservazione* potrà scontarsi in tutti quei porti, nei quali vi hanno *mezzi sicuri d'isolamento*, e dove esistonvi stabilimenti acconci a ricevere i passeggieri sani od infermi, per ivi compiere il periodo di loro contumacia. I porti destinati alla *quarantena d'osservazione* sono designati dal Ministro della Marina. Quando però si tratti solamente d'*isolamento* per semplice *misura igienica,* la quarantena potrà scontarsi in qualunque punto, dietro sempre approvazione del Direttore della sanità.

§ 854. La *quarantena di rigore,* oltre le misure igieniche stabilite per quella di *osservazione,* richiede anche quelle di *purificazione* e di *disinfettamento* speciale, che saranno giudicate necessarie dall'Autorità sanitaria. In certi casi poi, essa sarà accompagnata dallo sbarco in lazzaretto delle merci di *prima classe* (§§ 63, 868) e, secondo le circostanze e i Regolamenti locali, anche di quelle di *seconda* (*art.* 53).

La *quarantena di rigore* in riguardo alla PESTE non potrà essere purgata che in un porto avente lazzaretto. Quella invece che viene imposta ad una nave per causa di *sucidume,* trovandosi in condizioni evidentemente *cattive* e *compromettenti,* potrà purgarsi in una parte isolata di qualunque porto (*art.* 54).

§ 855. Per gli Stati Sardi, in appoggio di tutte queste ed altre disposizioni del REGOLAMENTO INTERNAZIONALE, troviamo all'*art.* 150 del più volte citato Regolamento del 9 dicembre 1852 indicato il caso delle *quarantene eccezionali*, che dalla Direzione Generale o locale di sanità possono essere talvolta imposte per *circostanze particolari*, o per *misure di precauzione*. Or bene, in tale caso è detto all'*articolo* sunotato, che dovrà sempre precedere la visita e il rapporto del Medico addetto al servizio, il cui *parere e rapporto*, unitamente alla informazione dell'Impiegato di sanità all'Ufficio di approdo, dovrà al più presto possibile farsi pervenire al Direttore, o a qualche Autorità superiore sanitaria del littorale che lo rappresenta, e restare registrato nelle *deliberazioni* prese dalla superiore Autorità sanitaria.

In appoggio poi dell'*art.* 48 del Regolamento internazionale si trova all'*art.* 80 del Regolamento sardo prescritto, che nessuna provenienza possa venir dichiarata in quarantena, senza una *motivata decisione* del Direttore Generale di sanità, o di chi per esso, o ben anco del Ministero. Copia di questa decisione sarà data immediatamente al capitano o padrone del naviglio, ed in essa dovrà essere specificata la *qualità* e la *durata* della quarantena a cui viene sottoposto.

§ 856. La Convenzione sanitaria internazionale all'*art.* 2 stabilisce, che l'*applicazione* delle misure quarantenarie è regolata secondo la dichiarazione officiale della *reale esistenza* della malattia fatta dall'Autorità istituita nel porto di partenza. Parimenti la *cessazione* delle misure stesse sarà determinata dietro una simile *dichiarazione*, che la malattia sia estinta, dopo però un certo tratto di tempo, che per la peste è fissato a 30 giorni, a 20 per la febbre-gialla, a 10 per il cholera-morbus.

§ 857. All'*art.* 4 poi della Convenzione medesima è detto, che in riguardo alle quarantene viene adottato il principio di un *minimum* e di un *maximum*.

Riguardo alla peste il *minimum* è fissato a *dieci* giorni pieni, ed il *maximum* a *quindici*.

Alloraquando il Governo Ottomano avrà portato a conpimento nel termine prescritto dal REGOLAMENTO annesso alla CONVENZIONE l' organamento del suo servizio sanitario, e quando dei Medici europei saranno già stabiliti, per diligenza dei rispettivi Governi, in tutti i punti nei quali sarà giudicata necessaria la loro presenza, allora le provenienze dall' Oriente con *patente netta* saranno ammesse in *libera pratica* in tutti i porti delle Potenze contraenti. Per ora resta convenuto, che queste medesime provenienze arrivando con *patente netta* dopo *otto* giorni di tragitto, allorchè le navi abbiano a bordo un sanitario, e dopo *dieci* giorni quando non ve l'abbiano, saranno ricevute in *libera pratica*.

In riguardo alla FEBBRE-GIALLA, quando nel tragitto non sia avvenuto alcun accidente, il *minimum* sarà di *cinque* giorni pieni, ed il *maximum* di *sette*. Questo *minimum* potrà ridursi a *tre* giorni, qualora il tragitto durasse più di *trenta* giorni ed il bastimento si trovasse in *buone condizioni igieniche*. Quando però vi fossero stati accidenti nel tragitto, il *minimum* di quarantena da imporsi al bastimento sarà di *sette* giorni, e il *maximum* di *quindici*.

In poi riguardo al CHOLERA-MORBUS, le provenienze dai luoghi ove regnerà questa malattia *potranno* essere sottomesse ad una *quarantena di osservazione* di *cinque* giorni pieni, compresovi il tempo del tragitto; per le provenienze invece dai luoghi vicini o intermedi *notoriamente compromessi* potranno essere sottoposte ad una *quarantena di osservazione* di *tre* giorni, compresavi la durata del tragitto.

Le misure igieniche saranno *obbligatorie* in tutti i casi e per tutte queste tre malattie.

§ 858. Vuolsi però avvertire, che l'applicazione di queste misure quarantenarie non potendo farsi che per via di *motivate decisioni* emanate dai Consigli sanitari marittimi, o dalle Autorità sanitarie superiori, dopo avere uditi i rapporti dei Consigli delegati, l'*art.* 8 della CONVENZIONE INTERNAZIONALE molto saviamente stabilisce, che i Consoli delle Potenze segnatarie di quella CONVENZIONE potendo essere ammessi alle deliberazioni dei Consigli sanitari, per farvi le loro osservazioni, apportarvi degli schiarimenti e darvi il loro avviso sulle quistioni sanitarie, saranno invitati ad intervenire nel Consiglio suddetto, e saranno uditi nelle loro osservazioni, tuttavolta si tratti di prendere una *speciale risoluzione* riguardante un paese, o *dichiararlo in quarantena.*

§ 859. L'*art.* 55 poi del REGOLAMENTO INTERNAZIONALE ammette, che la quarantena potrà essere purgata in un porto intermedio fra il punto di partenza e il porto di destinazione. Qualora il bastimento presenti la prova di questa quarantena, sarà tosto ammesso in *libera pratica.*

§ 860. Il tempo del tragitto si conterà per tutti i bastimenti dal momento della *partenza,* constatata per mezzo del libro di bordo, ed attestata dalla dichiarazione del capitano o padrone del bastimento (*art.* 56).

§ 861. Qualunque bastimento, che, durante la traversata, avrà avuto a bordo un qualche caso di una delle tre malattie reputate importabili e trasmissibili (§ 827), sarà di diritto (qualunque siasi la sua *patente*) trattato come avente *patente brutta* (art. 57).

§ 862. Qualora durante la traversata, o durante la quarantena abbiasi avuto uno o più casi di *cholera-morbus* a bordo, questa quarantena conterà dal momento dell'arrivo e della esecuzione delle misure igieniche, e non sarà tenuto conto della traversata (*art.* 58).

§ 863. Il REGOLAMENTO SARDO più volte citato nel suo *art.* 133 stabilisce, che non si potrà impedire ad un capitano di mare già ammesso in quarantena di partire, se il voglia, prima di averla *consumata,* domandando la restituzione della sua *patente* (§ 850).

Ma in questo caso, il Capo dello stabilimento quarantenario o del lazzaretto, oppure l'Impiegato sanitario all'Ufficio di partenza dichiarerà nella *patente*, con apposita annotazione, i giorni scontati di quarantena, e quanti altri mancavano a compirla prima della ammissione alla *libera pratica*, a norma dei *decreti ministeriali* emanati negli Stati Sardi.

§ 864. Nelle dodici ore precedenti la scadenza della quarantena gl'individui tutti saranno visitati dal Medico di sanità (§ 842), e così pure i facchini che si trovassero al maneggio delle merci prima di essere messi in *libera pratica*, del che il Direttore del lazzaretto farà un apposito processo verbale (*art. 72*).

§ 865. Coll'*art. 76* è poi rigorosamente proibito ai Direttori di lazzaretti di poter diminuire anche di *un solo momento* i rispettivi periodi di quarantena e di espurgo delle merci indicati e prescritti da *ordinanze ministeriali*, o come misura straordinaria d'urgenza ordinata dal Direttore Generale della sanità.

§ 866. Applicando poi col successivo *art. 77*, l'*art. 76* del REGOLAMENTO INTERNAZIONALE, viene pure proibita a chiunque ogni comunicazione *diretta* ed *immediata* colle persone e le cose sospette, o reputate tali, che sono in quarantena: Oltre alle pene inflitte dalle leggi e dai regolamenti, chiunque sarà stato in contatto con queste persone o robe (vedi la *Legge* sulla fine del *manuale*), sarà dichiarato esso pure in quarantena, e considerato da quel momento come faciente parte della medesima provenienza, salve le eccezioni che l'Autorità Sanitaria credesse di poter ammettere, e di cui essa soltanto sarà giudice.

§ 867. Egualmente ogni imbarcazione di piloti od altra, che si rechi incontro alle navi prima della loro ammissione a pratica, e similmente qualunque battello delle Dogane e del Comando dei porti e spiaggie sono sottoposti a *particolari avvertenze*, e se avvengono comunicazioni prima della pratica, vanno soggetti alle misure stesse cui va sottoposta la nave colla quale avessero comunicato (*art. 8*).

§ 868. Il REGOLAMENTO INTERNAZIONALE, conformemente all'*art.* 5 della CONVENZIONE SANITARIA, stabilisce all'*art.* 62, che per poter applicare d'ora innanzi le misure quarantenarie alle merci o mercanzie imbarcate, queste verranno distinte in tre *classi*, o categorie come già venne da noi accennato nella 2ª parte di questo *manuale* (§ 63).

Nella *prima* si annoverano i bagagli, le vestimenta ed effetti d'uso personale, gli stracci, i cenci, le cuoia, i pellami, le penne o piume, i crini ed ogni avanzo di materie animali, finalmente la lana e la seta. Tutte queste materie verranno assoggettate ad una quarantena *obbligatoria* ed alle *fumigazioni* (§ 791).

Le materie o tessuti di lana, di lino e canepa entrano nella *seconda* categoria, e saranno passibili di una quarantena, che si lascia *facoltativa* alle Autorità locali.

La *terza* classe finalmente abbraccia tutte le materie ed oggetti, che non sono compresi nelle due prime classi, e vanno quindi *esenti* da qualsiasi misura quarantenaria.

§ 869. All'*art.* 63 viene poi stabilito, che qualora un bastimento arrivasse con *patente brutta*, le mercanzie della *prima classe* verrebbero sempre sbarcate al lazzaretto, e sottomesse alle purificazioni; mentre quelle della *seconda classe* potrebbero essere ammesse subito in libera pratica, od anche sbarcate in lazzaretto ond'esservi purificate, secondo le circostanze e i regolamenti sanitari particolari di ciascuno dei paesi contraenti. Le mercanzie poi della *terza classe* potrebbero essere consegnate immediatamente al commercio, sotto la vigilanza però sempre dell'Autorità sanitaria.

Che se fosse il caso di arrivo con *patente brutta* per FEBBRE-GIALLA, senza però verun accidente avutosi nella traversata, quando questa traversata avesse durato più di *dieci* giorni, allora le mercanzie, senza essere sbarcate, non verranno sottoposte che ad una semplice esposizione all'aria libera quale misura igienica. Ma se si avessero avuti accidenti morbosi a bordo, o che la traversata avesse durato meno di *dieci* giorni, le mercanzie potranno essere trattate come quelle che arrivano con *patente brutta* di PESTE, cioè sbarcate in lazzaretto e purificate: — ma questa misura è lasciata in facoltà dell' Autorità sanitaria locale, la quale apprezzerà il caso e le circostanze (*art. 64*).

All' incontro, quando si tratti di arrivo con *patente brutta* di CHOLERA-MORBUS, le mercanzie non possono essere assoggettate ad alcuna misura sanitaria particolare; il bastimento verrà soltanto aereato, ventilato e sottoposto a quelle misure igieniche, *sempre obbligatorie,* che si sono già altrove avvertite (*art. 65*).

In qualunque arrivo poi con *patente brutta*, le lettere e carte saranno sottoposte alle purificazioni d' uso (*art. 66*).

Qualsiasi merce, od oggetto qualunque che provenga da luogo sano, e che sia contenuto in un *involto* suggellato *officialmente,* ed in modo da non poter essere assoggettato agli espurghi, sarà ammesso immediatamente in libera pratica, qualunque sia la patente del bastimento. Che se l' *involto* conterrà, o sarà di materia per la quale le misure igieniche sono *facoltative,* l'ammissione alla libera pratica sarà pure *facoltativa* (*art. 67*).

§ 870. Quanto agli *animali vivi,* questi resteranno soggetti alle quarantene e purificazioni già in uso nei diversi paesi (*art. 68*).

In quanto agli animali vivi, di cui parla l' *art.* 68 del qui citato REGOLAMENTO INTERNAZIONALE, il REGOLAMENTO SARDO nel suo *art.* 131 stabilisce, che se le navi d' approdo procedenti dall' estero anche con *patente netta* avessero sul loro bordo animali appartenenti alla specie bovina e cavallina, prima di essere ammessi a pratica, l'Impiegato sanitario all' Ufficio di approdo debba, mediante informazioni esatte assunte dal capitano o patrone della nave, od anche dai marinai e passeggieri interrogati separatamente, bene accertarsi, che non sieno affetti da qualche *malattia epizootica*, o *attac- caticcia* fra animali della stessa specie, e capace perciò di recare grave pregiudizio ai privati e publici interessi. In ogni caso poi, gli accennati animali dopo lo sbarco si faranno visitare da un Veterinario approvato, e se questo manchi nel luogo d' approdo da Periti ed esperti del paese.

§ 871. Qualunque bastimento che arrivi *senza patente*, mentre in ragione del luogo di sua provenienza *dovrebbe esserne provisto*, potrà, secondo le circostanze, essere sottoposto ad una *quarantena* o d' *osservazione* o di *rigore*, la cui durata sarà fissata dall' Autorità sanitaria locale; conchè però essa non ecceda i *tre* giorni, se il bastimento arriva da paesi notoriamente sani e si trovi in *buone condi- zioni igieniche*. Del resto, il caso di *forza maggiore* e la perdita *accidentale* della patente saranno sempre apprezzati dall' Autorità sanitaria del luogo (*art.* 69).

§ 872. Qualunque patente *raschiata* o *alterata* comunque sarà considerata come *nulla*, e metterà il bastimento nelle condizioni previste dall' *art.* 69 precedente (§ 840); e ciò senza pregiudizio della processura che potrà istituirsi contro gli autori della commessa alterazione (*art.* 70).

§ 873. Che se durante la quarantena, e qualunque sia il punto a cui la sia giunta, si manifestasse un qualche caso di PESTE, di FEBBRE-GIALLA, o di CHOLERA-MORBUS, la quarantena ricomincierà (*art.* 71).

§ 874. Finalmente, oltre le quarantene previste, e le misure igieniche specificate tanto dalla CONVENZIONE, quanto dal REGOLAMENTO INTERNAZIONALE annesso alla medesima, le Autorità sanitarie di ciascun paese avranno il diritto, in presenza di un pericolo imminente e fuori d' ogni previsione, di prescrivere, *sotto la loro responsabilità* verso le Autorità superiori, tutte quelle misure che avvisassero indispensabili a tutelare la salute publica, ed in mancanza di locali appo- siti, o di stabilimenti a ciò destinati, potranno convertire in lazzaretti dei navigli isolati e custoditi per modo, da impedire qualunque comunicazione al di fuori (*art. 72*).

§ 875. In esecuzione di tutte le disposizioni recate cogli *articoli* surriferiti tanto della Convenzione quanto del Regolamento internazionale, S. M. il Re di Sardegna ha per la sua parte stabilito su quelle norme precise il *nuovo sistema quarantenario* attualmente in vigore.

E la Direzione Generale della sanità marittima ha fatto compilare un ben inteso quadro sinottico di tutte le diverse quarantene per lume e norma degli Uffici e Stabilimenti sanitari marittimi, ai quali spetta di concorrere alla esecuzione delle prescritte misure. Per dare di ciò una giusta idea, e mostrare quanto apprezziamo il savio divisamento preso dalla prefata Direzione Generale della sanità marittima degli Stati Sardi, noi ci siamo procurati la tabella da essa publicata, che per la sua chiarezza non può non essere subito valutata dai capitani e patroni di bastimenti mercantili, ai quali deve interessare sommamente di avere una esatta cognizione di tutte queste misure. Noi la riporteremo fedelmente sulla fine di questa parte 8ª.

ART. V.

Dei Lazzaretti e discipline diverse che riguardano questi stabilimenti.

§ 876. In esecuzione dell'*art. 6* della Convenzione internazionale, il Regolamento sanitario annesso alla medesima stabilisce, nel *titolo VI sezione 1ª*, la istituzione e disposizione dei lazzaretti, e nella *sezione 2ª* tratta del personale e della sorveglianza del servizio interno dei medesimi.

§ 877. Il Governo di S. M. il Re di Sardegna non ha fatto che tradurre nel proprio Regolamento quelle savie disposizioni, dando soltanto una qualche estensione ad alcune di esse, o modificandone altre, in ragione soltanto delle *circostanze locali*, ma serbandone mai sempre illeso lo spirito, e mantenendone religiosamente le basi.

Ed infatti, mentre nel suo REGOLAMENTO all'*art.* 114 si stabilisce, che, allorquando un bastimento, o per ragione di sua provenienza, o per la patente brutta dovrà essere sottoposto ad una quarantena, se questa è *di rigore*, lo si dovrà inviare ad un porto o lazzaretto, accetta poi pienamente tutte le disposizioni degli *articoli* 3 e 72 del REGOLAMENTO INTERNAZIONALE già da noi riferiti aggiungendo soltanto all'*art.* 116, essere accordata ai bastimenti indirizzati al lazzaretto la facoltà di rimorchiare le provisioni, ove ne abbisognino, ben s'intende con tutte le dovute cautele ecc.

§ 878. Omettendo di qui riferire quanto riguarda più specialmente la fondazione e distribuzione dei lazzaretti, del che si occupa specialmente la *sezione* 1ª del *titolo* VI del REGOLAMENTO INTERNAZIONALE, cioè dall'*art.* 73 a tutto l'*art.* 78, ci limiteremo a riportare qui alcune delle più importanti disposizioni contenute nella *sezione* 2ª, dove si tratta del personale e del servizio sanitario nell'interno dei lazzaretti medesimi.

Art. 79. " I lazzaretti e tutti i luoghi riservati alle quarantene tanto dei passeggieri quanto delle merci sono posti sotto la immediata autorità delle Amministrazioni sanitarie ".

Art. 80. " In ogni lazzaretto vi sarà un Direttore responsabile con sufficiente numero d'Impiegati, onde assicurare la disciplina sanitaria, e di Guardie incaricate della esecuzione delle misure prescritte ".

Art. 81. " In ogni lazzaretto vi sarà un Medico incaricato di visitare e curare i malati, e cooperare alla esatta esecuzione delle misure sanitarie ".

Art. 82. " Gli ammalati nei lazzaretti riceveranno, sotto il rapporto medico e religioso, tutte quelle migliori cure, che si possono ricevere negli ospedali i meglio organizzati, salvo sempre a mettere in quarantena i Medici e le persone compromesse ".

Art. 83. " Si lascia però facoltativo a qualunque malato di farsi curare da Medici estranei al lazzaretto. In tale caso però la visita del Medico estraneo avrà luogo in presenza e sotto la sorveglianza del Direttore del lazzaretto. Oltraciò, questo Medico sarà obbligato di fare il suo rapporto ogni volta all' Ufficio di sanità, e l' Amministrazione manderà cionopertanto di quando in quando il suo proprio Medico per visitare il malato, onde conoscere la natura della malattia ".

Art. 84. " Le persone povere, riconosciute tali dall' Autorità sanitaria, saranno non solamente ammesse, ma mantenute e curate gratuitamente nei lazzaretti ".

Art. 85. Ciascun lazzaretto avrà una tariffa stabilita e riveduta ogni tre mesi dall' Autorità, nella quale il prezzo dei viveri sarà regolato con una tassa la più moderata ".

Art. 86. " L' Amministrazione fornirà gratuitamente ai quarantenanti, subito dopo la loro entrata nel lazzaretto, i mobili e gli oggetti di prima necessità ".

Art. 87. " Le visite sanitarie del Medico saranno gratuite. I quarantenanti non pagheranno che le cure estranee al servizio sanitario ".

§ 879. Il REGOLAMENTO SARDO del 9 dicembre 1852 ha, come già accennammo altrove, adottate tutte quante le misure disciplinari prescritte dagli *articoli* qui sopra riferiti del REGOLAMENTO INTERNAZIONALE, coll' aggiunta o modificazione di alcune altre. Esso stabilisce all' *art.* 65, che gli spurghi, gli sciorini e i travasamenti delle merci esistenti in lazzaretto debbano essere fatti sotto la sorveglianza immediata del Direttore dello stabilimento, a seconda degli ordini a lui impartiti dal Direttore della sanità. Esso dovrà pure invigilare, a che persone e merci appartenenti a diverse navi vengano collocate in stanze o magazzini separati, impedendo qualunque comunicazione fra loro (*art.* 66); come anche dovrà proibire ogni comunicazione fra le varie categorie di quarantenanti coi locali diversi di espurgo e facchini che vi sono destinati, nonchè con persone, o cose esistenti fuori del lazzaretto (*art. 67*).

Solamente potrà permettere ai quarantenanti in lazzaretto d'intrattenersi in ogni ora del giorno nei locali a ciò destinati con persone che si rechino a visitarli, facendo sorvegliare il colloquio da una Guardia, messa in tale distanza, che possa osservare e constatare se abbia avuto luogo alcuna comunicazione o contatto (*art. 68*).

Finalmente è fatto obbligo dai Direttori dei lazzaretti di prodigare ogni cura ai quarantenanti, acciò il sequestro non abbia veruna apparenza di *pena* o di *carcere*, provedendo a chè sieno serviti quando richiedono viveri, od oggetti che fossero da loro domandati, senza però farsi garanti del *pagamento* e delle *spese* che richiedessero codesti servizi (*art. 69*).

Del resto, il Regolamento sardo adempie nel modo il più lato e generoso a tutte le esigenze del Regolamento internazionale anche in riguardo ai lazzaretti, come in ogni altra parte della nuova *Riforma quarantenaria* recentemente introdotta.

§ 880. Nel *titolo* VI, *sezione 5ª*, del Regolamento internazionale si parla del trattamento delle mercanzie, oggetti d'uso e dispacci nei lazzaretti; — noi ne diamo qui un esatto ragguaglio, affinchè i capitani e padroni delle navi possano averne cognizione, giacchè si tratta dei loro più vitali interessi.

L'*art.* 89 prescrive, che le mercanzie dovranno essere depositate in magazzini spaziosi, perfettamente asciutti ed ivi esposte alla libera corrente d'aria, e di quando in quando smosse; i colli e le balle saranno aperti, acciò l'aria possa penetrarvi; e questa aereazione si continuerà per tutta la quarantena.

Ma siccome le mercanzie possono essere di *categorie* differenti (§§ 53, 868) e per conseguenza passibili di *diverse qua-*

rantene, così è, che saranno il più possibilmente separate le une dalle altre e depositate in locali diversi (*art.* 90).

Quanto alle merci della *prima categoria* dovranno essere depositate in locali lontani dagli appartamenti occupati dai quarantenanti, e quando fosse il caso di una infezione notoria, o di tale alterazione e sucidume, che potessero compromettere la salute, queste merci potranno essere assoggettate a tutte quelle misure di espurgo, che l'Autorità sanitaria avvisasse necessarie di prescrivere (*art.* 91).

Però si avverte, che qualsiasi *specie di materie animali* o *vegetabili* in istato di putrefazione, non potrà mai essere sbarcata nei lazzaretti, ma dovrà essere abbruciata, o gittata in mare, a norma dell'*art.* 61 dello stesso REGOLAMENTO INTERNAZIONALE (*art.* 92).

Del resto, in ogni lazzaretto vi sarà un locale destinato a ricevere le mercanzie *purificate* (*art.* 93), ed in quanto ai bagagli ed oggetti d'uso dei passeggieri, dovranno essere, durante la quarantena, esposti alla ventilazione in luoghi separati e adattati a questo uopo, sotto la esatta vigilanza dell'Autorità sanitaria e delle Guardie a ciò incaricate (*art.* 94).

Se non che, quando fosse il caso di biancherie od oggetti serviti ad uso di persone morte, od attaccate dalla PESTE, o d'altra malattia contagiosa, si dovranno fare gli espurghi i più rigorosi o colle *fumigazioni di cloro* (§ 791 n.° 5), o colla *immersione nell'acqua marina*, o per mezzo del *calore*, secondo la natura dei vari oggetti (*art.* 95); avvertendo però, che in quanto alle *lettere* e *scritture*, la disinfettazione sarà operata per modo da non alterare mai lo scritto (*art.* 96).

Tutte queste operazioni debbono essere fatte alla presenza del Direttore del lazzaretto (*art.* 97), facendosi diritto sempre ai Consoli, o Rappresentanti delle Potenze Estere di assistere all'apertura e purificazione delle lettere e dispacci ad essi inviati, oppure ai loro Connazionali. Lo stesso diritto è riserbato pure alle Amministrazioni postali (*art.* 98).

CAPITOLO V.

Dei diritti o tasse sanitarie diverse.

§ 881. L'*art.* 7 della Convenzione internazionale stabilisce:

1° che qualunque nave arrivando in un porto, qualunque sia la sua bandiera, pagherà un diritto sanitario proporzionato al suo tonnellaggio;

2° che le navi sottomesse a quarantena pagheranno per soprappiù un diritto giornaliero di stazione;

3° che le persone soggiornanti nei lazzaretti pagheranno un diritto fisso per ciascun giorno di loro residenza in quegli stabilimenti;

4° che le mercanzie depositate e disinfettate nei lazzaretti saranno assoggettate ad una tassa in ragione di peso o di valore.

I *diritti* e le *tasse* menzionate nel presente *articolo* (7) saranno fissati da ciascun Governo, e significati alle altre Parti contraenti.

§ 882. Nel *titolo* VII poi del Regolamento annesso alla Convenzione stessa (*art.* 99) vengono esentati dal pagamento dei diritti sanitari

1° i bastimenti da guerra;

2° i navigli in rilascio forzato, quand' anche ammessi in *libera pratica*, purchè non si dieno ad alcuna operazione di commercio nel porto in cui approdano;

3° le navi dispensate dal munirsi di *patente;*

4° i fanciulli al disotto dei sette anni, e i poveri imbarcati a spese del Governo del loro paese, o d'ufficio per mezzo dei Consoli.

§ 883. Coll' *art.* 100 poi si aboliscono tutti i *diritti sanitari* e *tasse* di qualsiasi specie non menzionati nella Convenzione.

ART. I.

Dei diritti sanitari stabiliti nei porti di S. M. il Re di Sardegna.

§ 884. La Legge del 2 dicembre 1852, che accetta la Convenzione internazionale, stabilisce nel suo *art.* 18, che nei porti dello Stato Sardo ad ogni approdo in libera pratica sieno imposte le seguenti *tasse sanitarie.*

Le navi che abbiano toccata la Turchia Asiatica od Europea, l'Egitto, la Siria, o le Isole dell'Impero Ottomano, nonchè quelle provenienti dalle Americhe e dalle Coste occidentali d'Africa (eccettuati i possedimenti del Marocco) e dai paesi al di là del Capo di Buona Speranza, pagheranno per ogni tonnellata *ottanta centesimi.* Questa *tassa* però dalla Legge 13 aprile 1854 (*art.* 1) è stata ridotta della metà, cioè a soli *quaranta centesimi* per tonnellata.

Ogni altra provenienza marittima dall'estero pagherà per ogni tonnellata *centesimi venti.*

I piroscafi provenienti dai porti o littorali esteri (eccettuati i luoghi accennati nell'*art.* 18 qui sopra riferito) pagano *centesimi cinque* per ogni tonnellata e per ogni approdo dall'estero, fermo restando il disposto dell'ultimo *alinea* dell'*art.* 8 della Legge 26 giugno 1851.

Quei piroscafi, i quali, procedendo da porti esteri in corso regolare di corrispondenza, abbiano una durata ordinaria di navigazione non maggiore di *dodici ore,* possono contrarre abbuonamento per sei mesi o per un anno, in ragione di *cinquanta centesimi* per tonnellata e per anno, qualunque sia il numero dei loro viaggi (Legge 13 aprile 1854 *art.* 1).

Del resto, lo stesso *art.* 18 della Legge stabilisce pure, che le navi provenienti dall'estero pagheranno le *tasse sanitarie* nel primo luogo d'approdo dello Stato. Trasferendosi direttamente da questo punto ad un altro del littorale dello Stato stesso, andranno esenti dal pagamento di altre *tasse*.

Nel caso di due approdi nello stesso mese, i piroscafi procedenti da luoghi di diversa categoria pagheranno sempre la *tassa più forte*.

Le navi soggette ad una *quarantena* pagheranno, oltre la *tassa* proporzionata al tonnellaggio, una *tassa fissa* di *centesimi dieci* per ogni tonnellata e per ogni giorno di stazione (*art.* 19).

(N. B. Questa tassa venne coll' *art.* 2 della citata Legge 13 aprile 1854 ridotta a soli *centesimi tre*).

§ 885. Le persone sbarcate nei lazzaretti dello Stato Sardo pagheranno un *diritto* fisso di residenza, fissato in *lire cinque* per ogni giorno, oltre le spese del proprio mantenimento (*art.* 21).

Le visite sanitarie del Medico saranno *gratuite*. I quarantenanti non pagheranno che le cure estranee al servizio sanitario, e quelle di malattie accidentali e comuni durante il tempo della contumacia, sia a bordo, che nei lazzaretti, od altri stabilimenti sanitari, a tenore della seguente tariffa (*art.* 112) (N. B. La nuova Legge del 13 aprile 1854 abolisce all' *art.* 3 ogni *tassa* per alloggio e suppellettili, che erasi messa a carico delle persone, le quali scontano la quarantena nei lazzaretti degli Stati Sardi).

Le visite dei Medici di sanità curanti passeggieri, capitani ed altri, non comprese nella categoria delle visite comandate *d'ufficio*, verranno pagate in ragione di *lire cinque* per ognuna, compresa la spesa di trasporto. Per eseguire la sezione di qualche cadavere *lire venticinque*, e per assistere soltanto alla sezione *lire quindici*.

886. Le mercanzie depositate nei lazzaretti vanno soggette ad una *tassa* secondo il peso o valore, stabilita negli Stati Sardi nella seguente proporzione:

Per gli stracci, cenci, avanzi d'animali e corna, — per ogni cento kilògrammi, *centesimi cinque*.

Le cuoia di qualunque specie, — per ogni cento, *lire una.*

Pelli di montone, di capra e vitellini, — per ogni cento pelli, *centesimi cinquanta.*

Lane, lini, canape, cotone, — per ogni cento kilogrammi, *cinquanta centesimi.*

La seta greggia, le stoffe e tessuti di seta, — per ogni cento kilog., *lire nuove quattro.*

Le patenti sono date *gratuitamente.*

Il permesso sanitario di cabotaggio porta un diritto fisso di *lire due ogni anno* (*art.* 20).

ART. II.

Delle esenzioni dal pagamento dei diritti sanitari stabilite negli Stati Sardi.

§ 887. La Legge del 2 dicembre 1852 anzi citata, applicando in tutta la sua estensione l'*art.* 99 più sopra da noi riferito del Regolamento internazionale, dichiara nel suo *art.* 17 esenti da ogni pagamento di diritti sanitari

1° i bastimenti da guerra;

2° le navi in rilascio forzato, anche ammesse a pratica, quando però non facciano operazioni di commercio nei porti d'approdo;

3° i battelli addetti alla pesca;

4° le navi dispensate dall'obbligo di munirsi d'una patente; e perciò nel littorale dello Stato Sardo quelle che sono addette al *cabotaggio;*

5° i fanciulli al di sotto dei sette anni di età sbarcati nei lazzaretti, e così pure i poveri ivi fermantisi, purchè imbarcati a spese dell'erario dello Stato, o per ordine dei Consoli nazionali od esteri.

L'*art.* 16 poi dello stesso Regolamento dichiara formalmente abolito qualunque diritto sanitario non menzionato nei sovracitati articoli, approvando pienamente quanto viene stabilito dall'*art.* 100 del REGOLAMENTO INTERNAZIONALE superiormente riferito (§ 883).

CAPITOLO VI.

Delle Autorità sanitarie incaricate della esecuzione delle leggi e misure quarantenarie.

§ 888. A parte le speciali *disposizioni*, che sono relative alla organizzazione sanitaria dell'Oriente, il REGOLAMENTO INTERNAZIONALE sviluppando ampiamente l'*art.* 8 della CONVENZIONE, che mette le Autorità sanitarie sotto la immediata Direzione del Governo, stabilisce sovra basi uniformi la creazione di queste Amministrazioni sanitarie.

Le quali a norma dell'*art.* 101 si devono comporre
1° di un Agente responsabile;
2° di un Consiglio locale.

§ 889. L'Agente rappresenta essenzialmente il *Potere centrale*, e debb'essere preso il più possibilmente nel Corpo medico, dandogli il titolo di *Direttore della Sanità* (*art.* 102).

Il quale *Direttore* sarà il Capo del servizio attivo e ne avrà la responsabilità. Tutti gl'Impiegati dipendono da lui; veglia alla esecuzione delle leggi e regolamenti sanitari; riconosce e fa riconoscere lo stato sanitario dei bastimenti che arrivano; rilascia le *patenti di sanità* a quelli che partono; ha la direzione e la sorveglianza dei lazzaretti e porti di quarantena (*art.* 103).

§ 890. Il *Consiglio* rappresenterà più particolarmente gli interessi locali, e si comporrà di diversi elementi amministrativi e scientifici, che possono in ciascun paese vegliare più efficacemente al mantenimento della publica salute (*art.* 104).

Il Direttore, o Agente farà parte di diritto del Consiglio (*art.* 105). Questo poi eserciterà una generale sorveglianza sul servizio sanitario, ed avrà specialmente per missione d'illuminare il Direttore, o Agente, e di dargli degli *avvisi* sulle misure da prendersi in caso d'invasione, o di minaccia d'invasione d'una malattia ritenuta importabile o trasmissibile, di vegliare alla esecuzione dei Regolamenti generali e particolari relativi alla pulizia sanitaria, e, occorrendo, di denunziare al Governo le infrazioni od omissioni. Sarà consultato su tutte le quistioni amministrative e mediche, e concorrerà, unitamente al Direttore o Agente, alla preparazione dei Regolamenti locali o interni (*art.* 106).

Il Consiglio si riunirà *periodicamente* nelle epoche stabilite dall'Autorità superiore, ed anche *straordinariamente* tuttavoltachè lo richiederà qualche circostanza relativa alla publica salute (*art.* 107).

Gli *articoli* 108, 109, 110 e 111 stabiliscono poi altri doveri del Direttore, o Agente sanitario, e le diverse competenze in caso di dissidenza tra questi e il Consiglio, e la istituzione di un Ispettorato sanitario, e le corrispondenze a tenersi fra le Autorità sanitarie di un paese e quelle dell'altro, per essere sempre a giorno delle notizie relative allo stato della publica salute nei singoli paesi.

ART. I.

Organizzazione del servizio sanitario marittimo negli Stati Sardi.

§ 891. La organizzazione del *servizio sanitario marittimo* attualmente in vigore negli Stati Sardi è modellata affatto sulle disposizioni contenute nel *titolo* VIII del REGOLAMENTO INTERNAZIONALE qui sopra allegato. Questa organizzazione ha la sua base precipua nella LEGGE del 2 dicembre 1852, e nell'annesso REGOLAMENTO del 9 dicembre stesso anno, più volte citato, che furono poi completati con varie aggiunte e modificazioni dalla più recente Legge del 13 aprile 1854, come già abbiamo avuto occasione di accennare.

Riportiamo per sommi capi la sostanza principale tanto di quella Legge, quanto del Regolamento citati, per lume e governo dei capitani della marina mercantile.

§ 892. Al Governo del Re, sotto la dipendenza del Ministro della Marina, sono riservate le *competenze e attribuzioni tutte* in materia sanitaria marittima.

Al solo Ministro della Marina è fatta facoltà di *stabilire* e *revocare* i periodi di quarantene ed ogni altra misura sanitaria diretta a tutelare la salute publica, per rapporto alle procedenze di mare (Legge cit. art. 3 e Reg. cit. *art.* 1).

Hannovi nello Stato Sardo due Direzioni, assistite da un Consiglio sanitario marittimo (*art.* 6 Legge cit.). L'una a Genova pel littorale dei Regi Stati di terraferma, compresa l'Isola di Capraja; l'altra a Cagliari pel littorale della Sardegna (Legge cit. *art.* 4).

. (N. B. Questo *art.* 4 della Legge 2 dicembre 1852, è stato abolito dall'*art.* 4 della Legge 13 aprile 1854, col quale la Direzione sanitaria di Cagliari fu abolita, e resone il servizio dipendente da quella di Genova, che ha perciò assunto il titolo di *Direzione Generale della sanità marittima degli Stati Sardi*).

Il Direttore Generale della Sanità marittima essendo Capo del servizio sanitario marittimo, ha sotto la sua dipendenza tutti gli Agenti ed Impiegati dell'amministrazione sanitaria e dei lazzaretti (Legge cit. *art.* 11 e Regol. cit. *art.* 20).

Sono Agenti principali di sanità, o Capi del servizio sanitario, nelle Direzioni Consolari Marittime, i Consoli di Marina (eccettuato quello di Genova, ove risiede il Direttore Generale) (*art.* 21 del Reg. Sardo), ed Agenti subalterni nei siti d'ancoraggio lungo la circoscrizione territoriale delle Direzioni medesime, i Capitani dei Porti e spiaggie, o gli

Amministratori della Marina mercantile. In difetto di questi, suppliscono, come *Delegati*, gl' Impiegati delle Regie Dogane (Leg. cit. *art.* 5, e 22 del Reg. Sardo).

ART. II.

Circoscrizione delle varie Direzioni Consolari marittime, od Agenzie principali di sanità esistenti negli Stati Sardi, e loro attribuzioni.

§ 893. A norma dell' *art.* 21 del Regolamento 9 dicembre 1852, e per le disposizioni contenute nel successivo *art.* 25, vi hanno negli Stati Sardi, in conformità del Regolamento della Marina mercantile del 13 gennaio 1827, *sette Direzioni Consolari*, che sono le seguenti:

1ª Genova, che è ad un tempo Direzione Generale per tutto lo Stato: — 2ª Nizza: — 3ª Oneglia: — 4ª Savona: 5ª Chiavari: — 6ª Spezia: — 7ª Cagliari.

Da queste Direzioni dipendono gli altri Uffici retti da vice-Consoli di Marina, da Commessi, Delegati, o da Agenti delle R. Dogane. Vediamo ora partitamente quali sieno tutti questi Uffici, e quali le loro attribuzioni, a norma dei capitani.

UFFIZI DI SANITA' NEL CONTINENTE

Esistenti nel distretto della Direzione Consolare di Genova.

1. CATEGORIA		
Genova (porto) Varignano (Lazzaretto)		I Direttori degli stabilimenti nelle dicontro località, sono facoltizzati ad ammettere a pratica qualsiasi derivazione marittima con patente netta, semprechè nella traversata non abbiano avute luogo circostanze aggravanti.

2. CATEGORIA	ARENZANO VOLTRI SESTRI-PONENTE SAN PIER D'ARENA FOCE NERVI RECCO CAMOGLI CAPRAJA	Autorizzati all'ammissione a pratica nei tempi ordinari, di tutte le procedenze dall'estero, con patente netta e senza circostanze aggravanti nella traversata; meno però quelle dal Levante o dall'America.
4. CATEGORIA	PRA PEGLI BOCCADASSE STURLA QUINTO BOGLIASCO SORI	Abilitati semplicemente ad ammettere a pratica le provenienze marittime nel raggio di 10 leghe, quando non presentino circostanze aggravanti di malati a bordo, e che il loro carico sia composto di sostanze in perfetta condizione. — Non possono rilasciare patenti, nè permessi sanitari.

Dipendenti dalla Direzione Consolare di Nizza.

1. CATEGORIA	NIZZA VILLAFRANCA	I dicontro Uffizi sono facoltizzati ad ammettere a pratica tutte le provenienze marittime, comprese quelle dal Levante e dall'America, con patente netta, e senza circostanze aggravanti nella traversata.
2. CATEGORIA	SANT'OSPIZIO MENTONE VENTIMIGLIA S. REMO	Autorizzati all'ammissione a pratica, nei tempi ordinari, di tutte le procedenze dall'estero, con patente netta e senza circostanze aggravanti nella traversata; meno però quelle dal Levante e dall'America.
3. CATEGORIA	BORDIGHERA ARMA	Abilitati alla pratica delle provenienze dal littorale dei R. Stati, compreso dalla Sardegna. — Non possono rilasciare patenti, ma solo permessi sanitari di cabotaggio.

4. CATEGORIA — SPEDALETTI

Abilitato per le sole provenienze (a LEVANTE) da Genova e scali intermedi, e (a PONENTE) da Nizza e scali intermedi — Non può rilasciare nè patenti, nè permessi sanitari.

Dipendenti dalla Direzione Consolare di Oneglia.

2. CATEGORIA — ONEGLIA, SANTO STEFANO, PORTO MAURIZIO, DIANO, LAIGUEGLIA, ALASSIO

Autorizzati i dicontro Uffizi all'ammissione a pratica, nei tempi ordinari, di tutte le procedenze dall'estero, con patente netta, e senza circostanze aggravanti nella traversata; meno però quelle dal Levante e dall'America.

3. CATEGORIA — ALBENGA

Abilitato alla pratica delle provenienze dal littorale dei R. Stati, compresa la Sardegna. — Non può rilasciare che soli permessi sanitari di cabotaggio.

4. CATEGORIA — RIVA DI TAGGIA, S. LORENZO, CERVO

Abilitati per le sole provenienze (a LEVANTE) da Genova, (a PONENTE) da Nizza e scali intermedi. — Non possono rilasciare nè patenti, nè permessi sanitari.

Dipendenti dalla Direzione Consolare di Savona.

4. CATEGORIA — SAVONA

Il dicontro Uffizio è facoltizzato ad ammettere a pratica tutte le provenienze marittime, comprese quelle dal Levante e dall'America, con patente netta, e senza circostanze aggravanti nella traversata.

2. CATEGORIA	LOANO FINALE SPOTORNO VADO VARAZZE	Autorizzati all'ammissione a pratica, nei tempi ordinari di tutte le provenienze dall'estero, con patente netta e senza circostanze aggravanti nella traversata; meno però quelle dal Levante e dall'America.
3. CATEGORIA	PIETRA COGOLETO	Abilitati alla pratica delle provenienze dal littorale dei R. Stati, compresavi la Sardegna. — Non possono però rilasciare se non semplici permessi sanitari.
4. CATEGORIA	CERIALE BORGHETTO (S.to Spirito) NOLI ALBISSOLA CELLE	Abilitati per le sole provenienze (a LEVANTE) da Genova (a PONENTE) da Nizza e scali intermedi. — Non possono rilasciare nè patenti, nè permessi sanitari.

Dipendenti dalla Direzione Consolare di Chiavari.

2. CATEGORIA	CHIAVARI PORTOFINO SANTA MARGHERITA RAPALLO LAVAGNA SESTRI LEVANTE RIVA	Autorizzati i dicontro Uffizi alla ammissione a pratica, nei tempi ordinari, di tutte le procedenze dall'estero, con patente netta, e senza circostanze aggravanti nella traversata; meno però quelle dal Levante e dall'America.
4. CATEGORIA	ZOAGLI MONEGLIA	Abilitati per le sole provenienze (a LEVANTE) dalla Spezia, (a PONENTE) da Genova e scali intermedi. — Non possono rilasciare nè patenti, nè permessi sanitari.

Dipendenti dalla Direzione Consolare della Spezia.

4. CATEGORIA	SPEZIA GRAZIE	I dicontro Uffizi sono facoltizzati ad ammettere a pratica tutte le provenienze marittime, comprese quelle dal Levante e dall'America, con patente netta, e senza circostanze aggravanti nella traversata.

2. CATEGORIA	LEVANTO PORTOVENERE FEZZANO LERICI	Autorizzati all'ammissione a pratica, nei tempi ordinari, di tutte le provenienze dall'estero, con patente netta e senza circostanze aggravanti nella traversata; meno però quelle dal Levante e dall'America.
3. CATEGORIA	MONTEROSSO VERNAZZA RIOMAGGIORE AMEGLIA	Abilitati alla pratica delle provenienze dal littorale dei R. Stati, compresa la Sardegna e le derivazioni dai limitrofi Stati Estensi e littorale Toscano. — Non possono rilasciare patenti, ma soltanto permessi sanitari.
4. CATEGORIA	DEIVA FRAMURA BONASSOLA	Abilitati per le sole provenienze (a PONENTE) da Genova e (a LEVANTE) dai porti e scali ai confini dello Stato. — Non possono rilasciare nè patenti, nè permessi sanitari.

UFFIZI DI SANITA' IN SARDEGNA

Dipendenti dalla Direzione Consolare stabilita in Cagliari.

1. CATEGORIA	CAGLIARI S. ANTIOCO (nel Golfo Palmas) CARLOFORTE (isola di S. Pietro) ALGHERO PORTOTORRES MADDALENA (isola)	Facoltizzati ad ammettere a pratica tutte le provenienze marittime, comprese quelle dal Levante e dall'America, con patente netta, e senza circostanze aggravanti nella traversata.
2. CATEGORIA	ORISTANO BOSA LONGONSARDO (S. Teresa) TORTOLI (nell' Ogliastra)	Autorizzati all'ammissione a pratica, nei tempi ordinari, di tutte le provenienze dall'estero, con patente netta e senza circostanze aggravanti nella traversata; meno però quelle dal Levante e dall'America.

	TERRALBA		

<table>
<tr><td rowspan="7">3. CATEGORIA</td><td>TERRALBA</td><td rowspan="7">Autorizzati alla pratica delle provenienze dai porti e scali d'Italia, dalla vicina Corsica, e dai porti della Francia nel Mediterraneo.</td></tr>
<tr><td>CASTELSARDO</td></tr>
<tr><td>TERRANOVA</td></tr>
<tr><td>SINISCOLA</td></tr>
<tr><td>OROSEI</td></tr>
<tr><td>MURAVERA</td></tr>
<tr><td>(nel Sarrabus)</td></tr>
</table>

CAPITOLO VII.

Delle pene da infliggersi alle infrazioni delle leggi sanitarie.

§ 894. Nè la CONVENZIONE, nè il REGOLAMENTO INTERNAZIONALE recano esplicite disposizioni sulle pene di cui può essere passibile la *violazione* tanto dell'una quanto dell'altro. Ciò vuol dire, che s'intendono applicabili alle loro *infrazioni* quelle pene, che sono già in vigore nei diversi Stati, che concorsero alla CONFERENZA SANITARIA di Parigi. E per vero, la Francia nell'avere rattificato i due ATTI or mentovati col decreto imperiale dei 4 giugno 1853, non abrogava le leggi del 3 marzo 1822 e del 24 dicembre 1850, che in quelle sole parti, le quali erano in opposizione a questi nuovi ATTI. E specialmente quest'ultima legge viene all'*art.* 15 del mentovato decreto conservata in tutte le sue disposizioni e quadri annessi, che non sono contrari al disposto della CONVENZIONE e del REGOLAMENTO INTERNAZIONALE. Ond'è, che bisogna ricorrere ai *titoli* III e IV della citata Legge 24 dicembre 1850, non che alle altre precedenti, per trovarvi le norme tanto della processura criminale, quanto delle penalità diverse applicabili in materia di violazione delle leggi sanitarie.

§ 895. Parimenti il Governo di S. M. il Re di Sardegna nell'avere accettato e fatto sanzionare dal Potere Legislativo tanto la CONVENZIONE quanto il REGOLAMENTO INTERNAZIONALE, non mutò che in parte la sua legislazione penale, relativamente ai crimini in materia *sanitaria marittima*. E per vero, all' *art.* 17 del REGOLAMENTO 9 dicembre 1852 essendo detto, che ogni infrazione o contravvenzione in materia sanitaria, e ad altri ordinamenti presi a difesa della preservazione publica, è punita a tenore delle vigenti leggi; e coll' *art.* 26 della LEGGE 2 dicembre stesso anno venendo modificato l' EDITTO PENALE dell' 11 ottobre 1831 in quanto alla *pena di morte*, ch' era comminata ai contravventori delle quarantene e cordoni sanitari, col sostituirvi i *lavori forzati a vita;* chiaro emerge, che l' Editto di cui sopra s' intende abbia negli Stati Sardi il pieno suo vigore.

§ 896. In ogni modo, i nuovi ordinamenti sanitari tanto in Francia quanto negli Stati Sardi non hanno alterata minimamente, si può dire, la *legislazione penale* preesistente nei due paesi. Ed è bene che i capitani sappiano, come questa legislazione sia severa, specialmente in Sardegna, dopo l' *editto* dell' 11 ottobre 1831 dianzi citato, che a maggiore loro norma riferiremo intiero per ultimo nel *manuale*. Bisogna dunque ch'essi vadano guardinghi nel non commettere una qualche violazione delle vigenti leggi, acciò non incorrano nelle pene da esse comminate, le quali sono varie e rigorose, soprattutto quando una calamità publica aggravi sul paese, come sarebbe in tempo in cui regni una qualche malattia epidemica, o contagiosa.

APPENDICE

Circolari emanate dalla Direzione Generale della Sanità marittima negli Stati Sardi, relative alla igiene quarantenaria.

Norme per l'imbarco dei passeggieri sulle navi mercantili.

(*Vedi le pag.* 58 *e* 467 *del* manuale)

MINISTERO DELLA MARINA

Intanto che si avvisa a provvedimenti legislativi i quali, giusta l'art. 16 del vigente Regolamento sanitario internazionale, sanciscano le condizioni pel trasporto dei passeggieri sulle navi a vela ed a vapore, è di tutta urgenza che siano adottate disposizioni per ovviare alle funeste conseguenze degli abusi, che si commettono imbarcandone un numero soverchio, e non in proporzione alla capacità della nave ed alla quantità delle sussistenze.

Appoggiato il Ministero al disposto dal suddetto Regolamento, in forza del quale non si devono spedire Patenti Sanitarie se non sono completamente eseguite le formalità dal medesimo specificate, ed a seguito del parere favorevole del Consiglio di Stato, si è determinato di approvare, siccome approva e manda osservarsi, le *norme* alle quali devono gli Agenti della Sanità Marittima attenersi per il rilascio delle Patenti alle navi, che imbarcano passeggieri per trasportarli a lontane regioni, e ne fa a tale effetto la pubblicazione nel tenore seguente:

Art. 1. Non saranno rilasciate Patenti di Sanità a bastimenti destinati a viaggi di lungo corso, i quali facciano trasporto di passeggieri, se prima non risulta all'Autorità sanitaria del luogo di partenza per mezzo di apposita visita ed ispezione, che il numero degli individui imbarcati non supera la relativa capacità della nave, e se non sieno accertate le altre condizioni portate dalle presenti *norme*.

Art. 2. Trattandosi di viaggi per le Americhe, le Coste Occidentali dell'Africa e le Indie Orientali, non potranno essere imbarcati passeggieri se non in proporzione di uno per ogni tonnellata almeno di spazio libero, corrispondente ad un metro cubo e quarantacinque centimetri.

I ragazzi dell'età minore di un anno non saranno computati nel numero dei passeggieri; quelli di un anno a dieci saranno calcolati per un passeggiere ogni due.

Art. 3. Quando lo spazio fra il tavolato del falso-ponte e il disotto della coperta non abbia un'altezza eccedente i due metri e trenta centimetri netti, non vi si potranno praticare che due sole file di cucchiette (letticciuoli).

Art. 4. Le cucchiette avranno la lunghezza di un metro e ottanta centimetri su di sessanta centimetri di larghezza.

Art. 5. La cucchietta più bassa sarà sollevata dal tavolato del ponte inferiore, o seconda coperta, di 14 centimetri almeno.

Questo spazio sarà sempre mantenuto sgombro da qualsiasi oggetto.

La seconda fila di cucchiette verrà praticata alla metà dello spazio che resta fra le inferiori ed i bagli di coperta.

Art. 6. Ogni cucchietta non potrà servire che per un solo individuo.

Art. 7. Le cucchiette saranno tutte divise fra loro con adatte separazioni in tavole, fatte colla maggiore solidità, e ad angoli o spigoli rotondati.

Art. 8. La parte del corridoio che dà passaggio alle cucchiette non sarà di larghezza minore di un metro, anche quando vi fossero due corridoi laterali alle cucchiette di mezzo.

Art. 9. Il corridoio sarà conservato sempre affatto sgombro da qualsiasi oggetto.

Se per il minore numero di passeggieri una parte del corridoio rimane vacante, si permetterà un ingombro parziale del corridoio in proporzione dello spazio rimasto vuoto.

In questo caso tanto il carico quanto le provviste verranno separati dal restante del corridoio destinato ai passeggieri.

Art. 10. Dalle provviste che, nel caso contemplato nell'articolo precedente, potranno essere conservate nella parte del corridoio rimasta libera, devono assolutamente escludersi i barili di carne, i pesci comunque conservati, ed ogni sostanza capace di tramandare odore incomodo od emanazioni nocive.

Art. 11. Saranno praticate, per quanto è possibile, aperture quadrangolari nei fianchi della nave. In difetto di queste si supplirà con *occhi di bue* messi in coperta, e moltiplicati quanto maggiormente si possa.

Art. 12. La boccaporta che dà accesso al corridoio sarà munita di adatto tambuccio con larga apertura e scala comoda per discendere sotto-coperta.

Art. 13. Sarà vietato l'imbarco d'individui malati, od appena convalescenti di lunga e grave infermità, sieno dell'equipaggio o passeggieri. Solo in alcuni casi eccezionali potranno ammettersi passeggieri infermi, quando risulti della possibilità di segregarli a bordo dai sani, e dell'indole non contagiosa del morbo di cui sono affetti.

Art. 14. Non sarà accettato l'imbarco di donne in istato di gravidanza, ove questa dovesse compiersi durante la traversata.

Art. 15. Oltre le solite latrine di poppa, dovrà esservene

una a prora, quando i passeggieri sieno al disotto dei cento: questo numero eccedendo, ve ne saranno due.

Art. 16. Il bastimento destinato al trasporto di passeggieri non potrà caricar merci che possano comunque nuocere alla loro salute, e nemmeno materie infiammabili, come olio di vitriolo, acqua di ragia ecc.

Art. 17. Dovranno esservi a bordo due trombe a vento, e due *salvagente*, mantenuti questi appesi a poppa. Oltre a ciò, vi saranno almeno tre imbarcazioni proporzionate.

Art. 18. La quantità delle provviste dovrà essere sempre fatta in previsione della più lunga durata del viaggio che sta per intraprendersi; così

1º sarà di settanta giorni per un viaggio alle Coste Orientali, per l'America Settentrionale, al Nord del Capo S. Rocco, comprese le Antille;

2º di giorni ottanta per viaggi al Golfo Messico;

3º di giorni settantacinque in viaggi al Sud del Capo S. Rocco fino a Bahia; di giorni ottantacinque fino al Rio Janeiro;

4º di giorni novantacinque al Rio della Plata;

5º di giorni centoquaranta per i paesi, o scali al di là del Capo Horn e di Buona Speranza, al Sud dell'Equatore;

6º di giorni centosettanta per i paesi al di là dei detti Capi, ed al Nord dell'Equatore.

L'acqua di provvista sarà conservata, per quanto possibile, in casse di ferro.

Art. 19. Qualunque sia il numero dei passeggieri e dell'equipaggio, qualunque la portata del bastimento, è obbligatoria una cassetta di medicinali i più indispensabili nei lunghi viaggi marittimi, accompagnata da apposita instruzione per ben usarne in caso di malattia nei passeggieri e nella gente dell'equipaggio.

Art. 20. Ogni bastimento che imbarca passeggieri per trasportarli a lontani lidi, dovrà subire prima di salpare dal porto di partenza due visite sanitarie. L'una, prima di cominciare l'assesto del bastimento pel viaggio che sta per intraprendere; l'altra, uno o tutto al più due giorni prima della partenza.

Art. 21. Nella prima visita sarà constatato se il bastimento è adatto al trasporto dei passeggieri, e se trovisi nelle condizioni igieniche giudicate necessarie.

Art. 22. Nella seconda visita sarà esaminato se le prescrizioni delle presenti norme furono eseguite. Più, saranno visitate le provviste, la cassetta dei medicinali, e verrà constatato lo stato di salute dei passeggieri e dell'equipaggio.

Art. 23. Prima della seconda visita, il Capitano sarà tenuto a presentare alla Direzione Generale della Sanità la nota della qualità e quantità delle provviste imbarcate, la nota dei passeggieri che intende imbarcare, ed una indicazione sommaria del trattamento che si obbliga di dare alle varie classi dei medesimi.

Art. 24. I Consoli di Marina non consegneranno le spedizioni dei bastimenti che trasportano passeggieri per lunghi viaggi, se non dopo di essersi assicurati, che tutte le condizioni prescritte da queste norme sieno state riconosciute dalla visita sanitaria.

Art. 25. La presente sarà tenuta affissa in tutti gli Uffizi della Sanità Marittima, e nei Consolati di Marina, nè si potrà nella spedizione delle Patenti Sanitarie scostare dalle sue prescrizioni, se non in casi affatto eccezionali, e previa autorizzazione della Direzione Generale della Sanità Marittima.

Torino, il 16 aprile 1855.

Il Ministro
GIACOMO DURANDO

(Circolare n.° 635)

Misure igieniche per le provenienze con carico di stracci, cenci, avanzi di sostanze animali, concime, ingrassi ecc.

(*Vedi la pag.* 49 *del* manuale)

L'Amministrazione di Sanità Marittima quale venne tracciata nella Conferenza Internazionale di Parigi, e che il R. Governo ed il Parlamento hanno con solenne voto sanzionata tra noi, non è circoscritta entro gli angusti limiti delle Amministrazioni precedenti, ed il suo scopo è più nobile, più largo e più consentaneo alla civilizzazione dei tempi. Egli è un fatto che non abbisogna di dimostrazione, come le malattie trasmissibili le più micidiali e desolanti si estinguano se vengono distrutti i fomiti dai quali procedono, o che sono nei lunghi viaggi marittimi mantenuti. È pure un fatto dimostrato, che l'IGIENE NAVALE ha rese più rare e fatte quasi completamente svanire affezioni perniciose, che decimavano nelle età trascorse gli equipaggi delle navi di lungo corso, siccome lo scorbuto e le febbri navali d'indole tifoidea e maligna, come pure è per mille esempi comprovato, che il pericolo è ben maggiore nei punti d'approdo da navi in pessime condizioni igieniche, che da quelle nelle quali si scorgono quelle condizioni conformi ai dettami della pubblica igiene e al prescritto dalle leggi, che presso le nazioni le più avanzate in civiltà vi provvedono. Sono per verità rarissimi i casi di trasmissione di morbo esotico contagioso per mezzo di un naviglio in cui si curi la pulizia dei corpi, degli abiti, la buona qualità degli alimenti e delle bevande, la mondezza per tutto, e vi si pratichi un buon sistema di ventilazione nei fianchi e nelle parti più recondite e profonde della nave. La storia depone, che tutte le volte che una malattia contagiosa è stata trasportata in lontani lidi, nol fu pressochè mai senza che prima nel tragitto non si fossero infaustamente avverati casi di morbo. Ora è evidente, che alla incolumità della traversata debba possentemente contribuire l'osservanza delle leggi igieniche a bordo, con che i fomiti contagiosi, se vi esistono, vengono distrutti o neutralizzati.

Il R. Governo quindi con molta sapienza ha voluto incaricare la nuova Amministrazione Sanitaria di una vigilanza incessante sulla Igiene navale, ripromettendosi dall'attuazione delle disposizioni del Congresso Sanitario Internazionale che mirano a questo importante fine, maggiore benefizio per le popolazioni dei R. Stati, che non dalle facilitazioni rimpetto all'antico sistema ottenute colla recente Riforma quarantenaria.

Ma non solo il R. Governo nella sua sollecitudine mirava a distogliere i pericoli, che provengono dalle navi destinate ai lunghi viaggi di mare e che fanno il commercio con lontane regioni, nelle quali certe malattie micidiali-trasmissibili hanno condizioni favorevoli di suolo e di clima, o vi nascono spontaneamente, ma esso ravvisava parimente, come anche, qualunque sia il luogo della provenienza o vicino o lontano, ne possano derivare funeste conseguenze alla salute pubblica a causa di circostanze fortuite diverse, e principalmente per la natura del carico a bordo, il quale, se composto in totalità od in parte di sostanze animali, o di avanzi di materie organiche, può dar luogo allo sviluppo di esalazioni miasmatiche più o meno deleterie, e divenire causa di funeste malattie. Egli è quindi che ad evitare questi danni, fu pure per legge preposta la nuova Amministrazione Sanitaria Marittima; nè io, accettando la grave responsabilità della Direzione di questo ramo importantissimo di servizio pubblico, ebbi mai intendimento di declinare, qualunque ne sia la difficoltà, dal mandato che mi è imposto. Il benefizio che ne deve necessariamente conseguirne, è uno stimolo potente, perchè niuna fatica sembri grave, quando per essa è tutelata meglio, che non fu finora, la salute e il ben essere della popolazione dei R. Stati.

Per le sovraesposte considerazioni, e in ciò seguitando gli eccitamenti anche recentemente pervenuti a quest'Ufficio Generale dal Superiore Dicastero, mi trovo nella circostanza d'indicare a V. S. Ill.ma come obbligatorie le seguenti instruzioni ad ogni approdo di navi nelle spiaggie, rade e porti della sua giurisdizione con carico di stracci, cenci, avanzi di sostanze animali quando non sieno completamente diseccati, di concime o d'ingrassi ecc.

1° Le materie o sostanze anzidette saranno, se la nave è in libera pratica, disbarcate in qualche parte del littorale, avuto riguardo alle diverse località, il più possibilmente lontana dall'abitato, e poste sotto la sorveglianza dei preposti delle Dogane del littorale, incaricati anche del servizio di Guardie di sanità, fino alla completa disinfettazione.

2° L'esposizione di quelle sostanze alle correnti d'aria libera non potrà avere una durata minore di 48 ore.

3° È fatta facoltà all'Agente sanitario locale di protrarre il tempo della esposizione alla ventilazione delle dette sostanze, quando lo stato loro di alterazione o decomposizione esigesse cautele maggiori.

4° In ogni caso, l'esposizione anzidetta non potrà essere protratta ad un termine maggiore di cinque giorni, senza averne ottenuta l'autorizzazione dell'Agente Principale di Sanità, Console di Marina, della rispettiva Direzione.

5° Gli stracci, cenci, le sostanze animali disbarcate, il concime e gl'ingrassi saranno esposti alle correnti atmosferiche in istrati di poca spessezza, ed in modo che l'aria possa facilmente penetrare in tutta la massa.

6° Non sarà dagli Agenti sanitari locali permesso lo sbarco di quelle sostanze, senza che i Capitani o Padroni delle navi per mezzo di un atto di sottomissione si assoggettino alle prescrizioni igieniche relative sopraindicate.

Mi conforta il pensiero che V. S. Ill.ma, siccome contribuì finora con incessante opera al migliore indirizzo del servizio sanitario tra noi, vorrà continuare in così lodevole proposito, affine di rendere un siffatto servizio sempre più meritorio ed accetto al Paese ed al Ministro, da cui riceve ogni giorno il più nobile ed efficace impulso.

Genova, li 13 marzo 1855.

Il Direttore Generale di Sanità Marittima
nei R. Stati di Terraferma
D.re Angelo Bo

(Circolare n.º 4974)

Misure sanitarie da adottarsi in occasione di approdo di navi con stracci e cenci derivanti dall'estero.

(*Vedi la pag.* 49 *del* manuale)

La S. V. Ill.ma è prevenuta, che per deliberazione di questa Direzione Generale, nessuna quantità e qualità di stracci e cenci derivanti per via di mare dall'estero potrà essere ammessa in libero commercio, se non dopo previo sciorino od esposizione alle correnti d'aria libera per cinque interi giorni in luogo appartato del littorale, sotto la vigilanza di appositi Guardiani, a carico dei proprietari della merce.

È una misura di pubblica preservazione di somma importanza, a cui non può essere in alcuna maniera derogato, senza incorrere in una grave responsabilità verso il Governo ed il Paese.

Genova, li 28 dicembre 1854.

Il Direttore Generale della Sanità Marittima
D.re A. Bo

(Circolare n.° 6554 e 6355)

Misure sanitarie da adottarsi in occasione di approdo di navi con stracci e cenci.

(Vedi la pag. 49 del manuale)

Ai Consoli di Marina in Nizza ed Oneglia.

Ho l'onore di prevenire la S. V. Ill.ᵐᵃ, che per disposizione di questa Direzione Generale di Sanità non sarà d'ora innanzi, e a cominciare dal primo di dicembre prossimo, permesso la introduzione e lo sbarco di stracci e cenci giunti per via di mare in nessun punto del littorale compreso in cotesta Direzione Consolare, senza che prima risulti all'Agente di Sanità locale, che i stracci e cenci abbiano subíta una disinfettazione nel Lazzaretto di Villafranca, dove dovranno esporsi alle correnti d'aria libera in strati sottili per la durata di cinque intieri giorni, rimanendo però in pratica il bastimento e le persone che si trovassero a bordo.

Io la prego a diramare instruzioni e ordini conformi a tutti gli Agenti sanitari suoi dipendenti, perchè vi si conformino esattamente, ponendo questa Direzione Generale e il Consiglio Generale di Sanità marittima del Regno la maggiore importanza a tutela della salute pubblica nel rigoroso adempimento di questa disposizione.

Genova, li 29 ottobre 1855.

Il Direttore Generale della Sanità Marittima
·D.ʳᵉ A. Bo

(Circolare n.º 6556 e 6557)

Misure sanitarie da adottarsi in occasione di approdo di navi con stracci, cenci e avanzi di sostanze animali.

(Vedi la pag. 49 del manuale)

Ai Consoli di Marina in Nizza ed Oneglia.

Questa Direzione Generale e il Consiglio Generale di Sanità marittima del Regno sono per ripetute osservazioni e per l'autorità di Scrittori eminenti in fatto d'igiene persuasi, che a una buona tutela della pubblica incolumità e a prevenire fatali diffusioni di morbi popolari od epidemici nulla meglio giovi, che l'allontanare dai luoghi abitati le immondezze che ne viziano l'aria, e il rimuovere tutti i fomiti d'infezione, che pur troppo in ogni parte del nostro littorale si veggono accumulati senza che le Autorità locali abbiano finora pensato ai rimedi, o se pure vi hanno pensato, troppi ostacoli essendosi frapposti perchè scomparissero.

Alla S. V. Ill.ma è noto quanta cura ponesse il Congresso Sanitario Internazionale riunito nel 1851 in Parigi, nell'indicare tutti i mezzi atti a migliorare le condizioni igieniche dei navigli e delle spiaggie e dei porti dei paesi marittimi. Le deliberazioni di quel Congresso hanno forza di legge tra noi; ed è costante pensiero del Governo di curarne per tutto l'esatto adempimento.

Gli stracci, i cenci, gli avanzi di sostanze animali sono per unanime consenso degli uomini competenti in fatto di pubblica igiene considerati pericolosi fomiti d'infezioni e mezzi atti a trasmettere, o a dare sviluppo e a propagare funeste malattie nelle popolazioni. Vi sono argomenti per i quali è comprovato, che il tifo micidiale, che da tre lustri miete assai vittime nella Liguria, trova esca ed alimento da depositi di materie organiche in corruzione conservate entro l'abitato senza veruna cautela.

Ad ovviare che abbiano più a lungo a verificarsi tra noi i deplorabili danni che dall'incuria delle Autorità municipali nel provvedere a rimuovere cagioni tanto infeste alla pubblica incolumità degli abitanti lungo il littorale marittimo ne derivano, debbo rivolgermi alla S. V. Ill.ma come Agente principale in cotesta Direzione Consolare, affine che si compiaccia di prevenire i Sig.ri Sindaci dei paesi marittimi posti nella di lei giurisdizione, che se risulterà, che gli stracci e i cenci ed altre materie che servono di concime sieno conservati, o depositati entro l'abitato delle città e paesi del littorale in luoghi chiusi e non ventilati, l'Autorità Sanitaria marittima non permetterà ulteriormente lo sbarco di quelle sostanze organiche in paesi nei quali non saranno destinati locali atti a riceverle e a conservarle, senza pericolo di portare alterazione alla pubblica salute.

Trascorsi due mesi da questo diffidamento, questa Direzione Generale, secondando l'eccitamento del Consiglio Generale di Sanità marittima del Regno, rifiuterà l'introduzione per via di mare dei carichi di stracci, cenci e concimi in quelle località, dove non sieno adottati i provvedimenti opportuni per rendere i depositi di quelle sostanze meno perniciosi alla popolazione.

L'autorizzo a dare comunicazione di questa nota alle Autorità Municipali dei paesi marittimi di cotesta Direzione Consolare nei quali siffatte cause d'insalubrità più frequentemente si verificano, senza che finora siasi preso alcun provvedimento atto ad allontanarne è rimuoverne possibilmente i pericoli.

Genova, li 29 ottobre 1855.

Il Direttore Generale della Sanità Marittima

D.re A. Bò

(Circolare n.° 680, diretta ai cinque Consoli di Marina)

Misure igieniche relative allo sbarco delle cuoia.

(*Vedi la pag.* 56 *del* manuale)

Il commercio delle cuoia e pelli ha ricevuto in questi ultimi tempi un incremento notabile, e può dirsi una primaria fonte di ricchezza nel paese. Senonchè, appunto in ragione della estensione presa da questo commercio, si ebbero a deplorare più frequenti i casi di *pustola maligna,* volgarmente detta *carbonchio,* in coloro, che maneggiano quella merce, o la trasportano, o sono impiegati a prepararla per gli usi moltiplici a cui serve. Ciò evidentemente dipende da che alcune pelli infette di carbonchio si trovano frammiste alle sane, onde se non sieno le prime separate e non ne vengano recise ed esportate le parti nelle quali il tumore carboncoloso ha sede, diventano cagione del morbo maligno nell' uomo, che viene con esse a contatto.

Ad evitare le funeste conseguenze che ne derivano, questa Direzione Generale stima necessario, sull'esempio di quanto è praticato con molta utilità in Genova, di rivolgere alla S. V. Ill.ma la preghiera, di nominare in codesta sua residenza e nei punti più frequenti di approdo della sua giurisdizione uno o più Periti, destinati alla visita delle pelli e cuoia che arrivassero per via di mare, onde separare le infette dalle sane. Non solo i Periti avrebbero a visitare le pelli e cuoia derivanti dall'estero, ma quelle pure che provengono dalla Sardegna e da ogni altro porto, o spiaggia dello Stato.

Mi giova quindi invitarla a dare i provvedimenti opportuni perchè d'ora innanzi in nessun punto del littorale di codesta Direzione Consolare non si mettano in libero commercio pelli e cuoia arrivate per via di mare di qualunque natura esse siano, non escluse le pelli di vitello, di montone, di capra, e le piccole pelli di agnello, o di capretto, nonchè le così dette *neonate*, se non sono prima le medesime visitate da Periti designati per ciascuna località da V. S. Illma.

Nella tabella annessa al Regolamento speciale sanitario dei 9 dicembre p. p., all'articolo *Mercedi*, troverà indicata la indennità dovuta ai Periti per siffatta visita a carico dei proprietari.

Quando si rinvengano cuoia con traccie di carbonchio, la parte affetta di esse verrà esportata e distrutta col fuoco, il restante della pelle sarà lasciato in immersione per tre giorni in una soluzione concentrata di calce viva, dopo di che potrà senza pericolo consegnarsi ai proprietari. Trattandosi di pelli di bestie minute, la pelle intera in cui si rimarchi alcun vestigio o macchia carboncolosa verrà distrutta od abbruciata.

Confido nella sollecitudine e intelligente solerzia di V. S. Illma per il completo eseguimento di queste misure, che hanno grande importanza igienica, e mi sarà graditissimo averne da Lei a suo tempo opportuni ragguagli, affine che io possa rassegnarli al Superior Dicastero.

Genova, 18 marzo 1853.

Il Direttore Generale della Sanità Marittima
D.^{re} A. Bo

(Circolare n.° 5046)

Avvertenze sullo sbarco degli stracci, cotone, lane, cuoia ed altre sostanze animali.

(Vedi La pag. 56 del manuale)

È avvenuto frequenti volte, che per difetto di retta interpretazione della Circolare di questo Generale Ufficio in data dei 15 marzo p. p. (N.° 635), si sieno dagli Agenti Sanitari lungo il littorale dei Regi Stati frapposti ostacoli allo sbarco e libero commercio delle lane e cotoni arrivati per via di mare con navi in libera pratica, per cui ne vennero dei riclami per parte dei Capitani ed altri interessati nel carico.

Questa Direzione Generale volendo provvedere acciò quegli inconvenienti non si rinnovino, i quali non sarebbero giustificati nè dalla tutela della pubblica salute, nè da alcun articolo dei Regolamenti sanitari in vigore, stima necessario far presenti alla S. V. Ill.ᵐᵃ le seguenti avvertenze.

1° Che solamente nei casi di applicazione della quarantena di rigore debbano espurgarsi ed essere sottoposte alla disinfettazione nei lazzaretti la lana, le cuoia ed altre sostanze animali.

2° Che meno questa circostanza, non si fa luogo per le suddette merci o sostanze a veruna disinfettazione od espurgo.

3° Che in quanto ai cotoni nemmeno ha luogo l'espurgo o la disinfettazione nell'emergenza di quarantena di rigore, essendo questa merce, di cui lo sbarco e la disinfettazione è lasciata dal Congresso Internazionale di Parigi facoltativa ai diversi Governi segnatari della Convenzione Sanitaria, considerata tra noi come affatto incapace a trasmettere germi importabili e contagiosi.

4° Che fu abolita dal Congresso di Parigi la distinzione tra sostanze suscettive e non suscettive, siccome impropria e non sufficientemente comprovata dalla ragione scientifica e dai fatti.

5° Che quindi la Circolare sopraccitata non mirava che ad impedire lo sbarco e la libera introduzione nei centri di popolazione delle sostanze in istato di putrefazione, fermentazione, o corruzione, ed evidentemente alterate, nè per essa fu inteso mai di portare ostacolo al libero sbarco e introduzione delle lane e cotoni, come sostanze nocive alla pubblica incolumità.

6° Che solamente esigono particolari avvertenze le cuoia e le pelli a causa del carbonchio da cui sono spesso infette, e gli stracci ed altri avanzi di sostanze organiche, perchè spesso in cattiva condizione, o corruzione evidente.

7° Che finalmente, meno i casi preveduti e ampiamente dichiarati nella Circolare sopramenzionata, non potrebbesi da veruno Agente sanitario impedire che qualsiasi merce o sostanza, o parte del carico che si trova a bordo di una nave non soggetta a quarantena, possa essere disbarcata immediatamente all'approdo, non dovendo subire veruna operazione di espurgo, nè essere sottoposta a misure sanitarie di sorta.

Porto fiducia che la S. V. Ill.ma nell'interesse della navigazione e del commercio vorrà rigorosamente attenersi alle presenti istruzioni.

Genova, li 27 febbraio 1854.

Il Direttore Generale della Sanità Marittima
D.re A. Bo

(Circolare n.º 6634)

Misure sanitarie relative alla introduzione per via di mare di generi coloniali e di drogheria alterati o corrotti.

(Vedi la pag. 60 del manuale)

L' obbligo imposto a tutti gli Agenti di sanità marittima lungo il littorale dei Regi Stati d' impedire la introduzione in paese di sostanze alimentari corrotte, giunte per via di mare, vuol essere così largamente interpretato nell' interesse della pubblica incolumità, da includere in quella denominazione generale anche i generi coloniali e le droghe, sieno desse destinate ad uso di alimento, o di bevanda, o di medicamento. È antico instituto delle Magistrature sanitarie, che vuol essere con tutto rigore mantenuto, il curare che anche siffatte sostanze, che negli usi della vita sono spesso di assoluta necessità, non sieno introdotte, nè poste in vendita, se prima non risulti in modo abbastanza sicuro e per mezzo di Periti competenti del loro perfetto stato di integrità. Tanto più siffatte cautele si rendono indispensabili, quanto è minore la facilità di discoprirne l' alterazione, non tutti potendo dalla sola inspezione, come accade per i cereali, attestare la buona condizione di molti generi coloniali e delle droghe.

Già questa Direzione per i concerti presi colla Camera di Commercio, si è addossata volontieri l' incarico di vigilare perchè dal Portofranco non s' introducano in città coloniali e droghe adulterate o guaste ; ma vuol essere questa vigilanza estesa anche ai carichi di siffatta merce a bordo delle navi di approdo, e perciò mi giova rinnovare alla S. V. gli eccitamenti già dati a tale riguardo a tutti gli Agenti di sanità marittima.

Ella è quindi prevenuta, che sarà obbligo suo, prima di permettere lo sbarco in libero commercio delle suddette sostanze, di accertare accuratamente se sono in condizione di integrità e scevre da alterazione o corruzione.

Quando ciò risulti, e ne consti per dichiarazione di Periti competenti, la S. V. impedirà l'introduzione di quelle sostanze alterate e guaste, e vorrà riferirne immediatamente a questo Ufficio Generale di Direzione per gli ulteriori incombenti, che saranno del caso a norma delle leggi sanitarie e regolamenti in vigore.

Genova, li 6 gennaio 1856.

Il Direttore Generale della Sanità Marittima
D.re A. Bo

———

(Circolare n.° 1399)

Misure sanitarie relative allo sbarco di cereali.

(Vedi pag. 62 del manuale)

Accade sovente, che i bastimenti con carico di grano ed altri cereali sbarchino l'intero carico, non facendo la dovuta separazione tra la parte sana e non corrotta dei grani, da quella che in più o meno quantità suole rimanere in fondo della stiva a contatto della sentina, e che, fermentata e corrotta, può riuscìre di grave nocumento alla salute pubblica introdotta in città e venduta per uso di alimento umano.

Sotto l'antico regime delle quarantene per le provenienze dal Levante, siccome rimaneva una Guardia di Sanità a bordo fino al completo scarico della nave, i riguardi dovuti alla salute pubblica erano mantenuti illesi, nè vi era bisogno di veruna provvidenza speciale, dappoichè la Guardia di Sanità a bordo era obbligata d' impedire l' introduzione in città del grano, o cereale guasto e avariato.

Dopo l' abolizione delle quarantene dal Levante, ne è avvenuto, che si opera lo sbarco dei cereali senza veruna inspezione sanitaria; il che conduce a gravissimi inconvenienti e al pericolo di compromettere la salute pubblica, pur troppo l' avidità di lucro facendo tacere i più santi motivi di umanità, conculcati colla vendita illecita di una sostanza alimentare, frequenti volte, per lo stato di alterazione in cui si trova, ridotta alla condizione di alimento pernicioso, capace a dar luogo a malattie popolari d' indole deleteria e micidiale.

Questa Direzione di Sanità ebbe luogo a riconoscere anche ultimamente siffatti enormi abusi, e seppe come maliziosamente si eludeva la vigilanza degli Agenti Doganali, colla introduzione clandestina di cereali alterati, comprati a vile prezzo a bordo delle navi ancorate in questo Porto.

Pertanto essendo stretto obbligo dell' Autorità Sanitaria Marittima d' impedire con tutti i mezzi che sono in suo potere, lo sbarco e la vendita di sostanze organiche, e specialmente di sostanze alimentari alterate o in istato di fermentazione e decomposizione giunte per via di mare, ho presa la determinazione, in senso dei vigenti Regolamenti, di prescrivere che d' ora innanzi ogni bastimento, con carico di cereali a bordo, non possa operarne lo sbarco all' approdo in qualunque punto del littorale dei R. Stati, senza che prima il Capitano o Padrone della nave sottoscriva all' Ufficio sanitario locale un *atto di sottomissione*, con cui si obblighi di non isbarcare alcuna porzione di quella merce alterata o corrotta, e di sottomettersi alle visite e inspezioni relative, che l' Autorità sanitaria locale stimerà a questo scopo di adottare.

Mi giova quindi prevenire V. S. Ill.ma, che d' ora innanzi Ella sarà tenuta di fare, ad ogni arrivo in codesto punto del littorale dei R. Stati di Navi con carico di cereali, visitare i grani se in buona condizione, e, giunto che sia lo sbarco a due terzi almeno della totalità del carico, dovrà pure per mezzo o dei Guardiani di Sanità o dei Preposti delle R. Dogane, chè là dove non sono Guardiani di Sanità ne adempiono le funzioni, ordinare una seconda visita degli strati inferiori del cereale a bordo, i quali, come l'esperienza tutti i giorni dimostra, sogliono essere maggiormente soggetti a corruzione o putrefazione.

Ella riconoscerà tutta la importanza di questo mandato commesso alla nota solerzia di V. S. Ill.ma. Dall'esecuzione accurata e severa di esso ne può dipendere la conservazione del più prezioso tra i beni di una popolazione, che è la salute dei corpi, e la preservazione quindi della pubblica incolumità.

La Sanità Marittima, che i nostri Padri hanno portata a sì alto grado di perfezione da dettar leggi a tutta l'Europa civilizzata, acquisterà mediante il concorso illuminato ed operoso degli Agenti, incaricati del servizio sanitario nei Regi Stati, nuovi titoli alla riconoscenza pubblica e alla considerazione del Governo.

Prego la S. V. Ill.ma ad accusarmi ricevuta della presente Circolare, che viene direttamente diramata da quest'Ufficio generale a tutti gli Agenti di sanità marittima sì principali che subalterni del littorale.

Genova, li 16 agosto 1853.

Il Direttore Generale della Sanità Marittima
D.re A. Bo

(Circolare n.º 3314, ai cinque Consoli di Marina)

Sullo sbarco dei cereali.

(*Vedi pag.* 62 *del* manuale)

Uno dei grandi benefizi, oltre alle agevolezze recate al commercio, che si hanno giustamente a ripetere dalla riforma sanitaria colla Legge dei 2 dicembre 1852 iniziata nei Regi Stati, è quella certamente di avere rivolta più particolarmente l'attenzione dell'Autorità sanitaria marittima sulle cause, che, cogli arrivi di mare, possono compromettere la pubblica salute mediante introduzione nel paese di sostanze alimentari avariate, o corrotte.

A tal fine la Legge ha date agli Agenti sanitari nei punti d'approdo facoltà e attribuzioni, che non sarebbero comportabili colle forme legali volute in altri procedimenti, se non si trattasse d'un interesse superiore di gran lunga ad ogni altro, che non ammette dilazioni o ritardi nel provvedervi, quello cioè della pubblica preservazione.

Questa Direzione Generale ha pur troppo nel presente incarimento dei cereali, e in generale di tutte le sostanze alimentari, riconosciuto per diversi e frequenti esempi, come si cerchi d'introdurre sostanze di tal genere avariate o corrotte, allettati gli speculatori dai grossi guadagni, e poco curando e mettendo in non cale gl'interessi i più sacri dell'umanità, rimpetto alla utilità turpe che ad essi può da un *illecito* commercio derivarne.

Un intero carico di grano frammisto a semi estranei e nocivi si tentò ultimamente d'introdurre in Nizza, e poscia in Genova; il che se fosse avvenuto, o non avesse l'Autorità sanitaria di quella località usata ogni cura per impedirne l'introduzione e la vendita, nessuno può prevedere quali deplorabili danni avrebbero potuto derivarne nella popolazione.

Il Console di Nizza per gli efficaci provvedimenti da esso presi in quella ed in altre identiche circostanze, ha potuto preservare il Paese da una causa di malattie popolari e deleterie.

Questa Direzione Generale inerendo alle precedenti ordinanze a tale effetto da essa emanate, e specialmente alla Circolare N.º 1399 in data dei 16 agosto 1853, si crede in debito di eccitare la S. V. Ill.ma a volere raddoppiare di zelo onde prevenire mali, i quali non conoscono rimedio che nell' assidua vigilanza degli Agenti preposti alla pubblica incolumità nei diversi punti d'approdo del littorale di questi Stati.

Ella vorrà considerare, che dopo il recente ordinamento della Sanità Marittima, l'igiene navale, che nell' antico sistema era affatto negletta e trascurata, forma uno dei cardini fondamentali della Riforma Sanitaria, resa presso di noi un fatto compiuto coll' applauso delle Nazioni le più incivilite del mondo.

Quindi io non dubito punto, che la S. V. Ill.ma profondamente, come io la credo, penetrata di un tale fatto, non sia per diramare agli Agenti subalterni che da Lei dipendono quegli eccitamenti ed instruzioni, che crederà più acconcie ad ottenere uno scopo, di cui non ravviso verun altro più lodevole, più umanitario e meglio conforme allo spirito che informa la legge sanitaria in vigore in questi Stati.

Genova, li 3 aprile 1854.

Il Direttore Generale della Sanità Marittima
D.re A. Bo

(Ordinanza n.° 1874)

Obbligo di presentarsi immediatamente all'arrivo all'Ufficio di Sanità Marittima del luogo per i capitani o padroni di navi di qualunque provenienza e anche di rilascio forzato.

(Vedi pag. 478 del manuale)

È venuto a cognizione di quest' Ufficio Generale di Direzione, che spesso in alcuni punti del littorale dei Regi Stati approdano di rilascio navi così derivanti da porti esteri, come da spiaggie dello Stato, senza che i capitani o padroni si presentino immediatamente all'arrivo all'Ufficio di Sanità, per le necessarie indicazioni del costituto volute dal Regolamento in vigore; chè anzi alcune volte invitati a ciò fare, vi si ricusarono, sul pretesto che non volevano altrimenti mettersi in libera pratica, rimanendo intanto sull'áncora per assai cospicuo spazio di tempo, e non rare volte per intieri giorni.

Questa Direzione Generale di Sanità riconosce da siffatto abuso invalso gravi inconvenienti così dal lato economico, o delle Finanze dello Stato, come da quello ancora più importante della pubblica preservazione. Gli Agenti Doganali infatti sono costretti, a causa della procedenza incerta di suddette navi, a rimanersi inoperosi in presenza di possibili emergenze di contrabbando; oppure, se hanno a montare a bordo, rimangono sottoposti alle circostanze sanitarie del naviglio, e a possibili quarantene e temporari isolamenti, il che non può comportarsi.

Che se si voglia questo abuso riguardare dal semplice lato sanitario, si scorgerà di leggieri, che, anche per questo riguardo, non sono meno deplorabili le conseguenze che potrebbero derivarne. Egli è infatti noto, che un naviglio di cui non si conoscono esattamente le condizioni, nè la qualità della patente, se non è in tutte le ore del giorno e della notte sorvegliato da Guardiani di Sanità, potrebbe operare clandestinamente lo sbarco di effetti e di persone capaci di gravemente compromettere la pubblica salute: ma la *sorveglianza continua* in ogni punto del littorale è impossibile ad avverarsi, e riuscirebbe d'altronde di grave peso all'Erario dello Stato, se pure volesse tentarsi.

Quindi è forza, che assolutamente cessi siffatta pratica; e mi rinfranca il pensiero che la S. V. Ill.ma vorrà con ogni maggior zelo adoperarsi onde abbia termine, e non si rinnovi in avvenire.

Pertanto Ella avrà cura di far prevenire, al gettare dell'áncora di alcun naviglio nel littorale compreso nella di Lei giurisdizione, il Capitano o Padrone della nave dell'obbligo che ad esso incumbe, di recarsi immediatamente per il costituto all'Ufficio di sanità, anche nei casi di rilascio forzato, e quando pure dichiarasse di non volersi mettere in comunicazione col paese, e ricusasse di voler essere ammesso a pratica.

Vorrà egualmente la S. V. Ill.ma prendere gli opportuni concerti coll'Ufficio di Dogana della sua residenza, onde, in caso di rifiuto per parte dei Capitani o Padroni di Nave a presentarsi alla Sanità immediatamente all'arrivo, quando però accada nelle ore comprese tra l'alba e il tramonto del sole, possa esso coadiuvare colla sua opera e per mezzo dei Preposti delle Regie Dogane, che adempiono pure alle incumbenze di Guardiani di Sanità, a tutelare gl'interessi delle Regie Finanze e quelli pure della incolumità pubblica gravemente compromessi da una trasgressione così enorme delle leggi e regolamenti sanitari in vigore nei Regi Stati.

Di ogni caso di trasgressione accaduto per parte dei Capitani o Padroni di navi vorrà Ella farne prontamente rapporto, onde quest' Ufficio Generale provveda ai mezzi di punire colle pene inflitte dalla legge i trasgressori, pene che, come Ella sa, sono, in ogni caso d'infrazione di discipline sanitarie, severissime.

Genova, li 17 ottobre 1855.

Il Direttore Generale della Sanità Marittima
D.^{re} A. Bo

(Ordinanza n.º 1146)

Obbligo alle navi mercantili d'inalberare una fiamma gialla prima della loro ammissione ALLA LIBERA PRATICA.

(*Vedi pag. 479 del* manuale)

All'oggetto di viemaggiormente provvedere al retto andamento del servizio sanitario a riguardo dei bastimenti, ai quali venisse sospesa la pratica, o si trovassero in quarantena nei porti dei Reali Dominii

Abbiamo ordinato ed ordiniamo quanto segue:

1º Ogni nave, la quale procedendo da porti esteri sarà in conformità ai vigenti regolamenti assoggettata a regolare costituto e a visita Medica prima della sua ammissione in libera pratica, dovrà inalberare un segnale consistente in una *fiamma gialla*, dal quale risulti il suo stato temporario di sequestro od isolamento.

2º Questo segnale non potrà essere tolto se non dopo l'ammissione a pratica della nave soggetta a particolari discipline sanitarie.

3° Ogni lancia od imbarcazione di una nave in condizione d'isolamento o di contumacia, non potrà recarsi all'Uffizio di sanità, o in altro punto del porto a qualche distanza dalla nave nelle condizioni sopraccennate, senza avere pure inalberato sopra ad un'asta il segnale o *fiamma gialla* di cui è parola nel 1° articolo.

4° Il Capitano che si reca all'Uffizio di sanità del porto o a quello del Molo Nuovo per deporre il suo costituto e imbarcare una Guardia di vigilanza, sarà provveduto del segnale anzidetto da inalberarsi sul bastimento da esso comandato.

5° È imposto alle Guardie di sanità ed ai bassi-Ufficiali di esse Guardie di esigere dai Capitani delle navi sulle quali essi stanno di vigilanza d'inalberare il suddetto segnale o *fiamma gialla* sino dal primo momento che la Guardia di sanità è imbarcata a bordo.

6° È imposto ai bassi-Ufficiali e Padroni di battello di sospendere l'ammissione a libera pratica ai bastimenti sui quali non sventolasse il segnale anzidetto, riferendone immediatamente al Direttore dello Stabilimento stesso da cui l'ordine di ammissione a pratica fu rilasciato.

7° I Direttori degli Stabilimenti di sanità del Porto potranno ammonire i Capitani che fossero riconosciuti in contravvenzione alla presente ordinanza.

In caso di recidiva, ne faranno rapporto al Direttore Generale per le disposizioni ulteriori, che, a norma del Regolamento, potranno essere adottate.

8° La Guardia di sanità che al primo momento del suo imbarco sopra una nave sulla quale è comandata non avrà fatto inalberare il segnale indicato, verrà punita colla sospensione temporanea dal suo impiego: quando l'omissione si rinnovi, anche con pene disciplinari maggiori da infliggersi dal Direttore a termini dell'articolo 59 del Regolamento sanitario speciale in vigore.

9° Copia di questa ordinanza verrà affissa negli Uffizi principali di Sanità Marittima del Regno, onde nessuno possa allegarne ignoranza, ed ottenga il suo perfetto adempimento.

Genova, 13 maggio 1854.

Il Direttore Generale della Sanità Marittima
D.^{re} A. Bo

(n.° 2456)

REGIO EDITTO

pel quale S. M. stabilisce le pene contro i violatori delle Leggi e cautele sanitarie.

(*Vedi la pag.* 512 *del* manuale)

CARLO ALBERTO PER LA GRAZIA DI DIO ECC. ECC.

Mentre siamo intenti a preparare, ed ordinare tutti i provvedimenti necessari, affinchè il contagio che imperversa in parecchie contrade di Europa si tenga lontano dai nostri Stati, ed affinchè, nel caso, che Iddio non voglia, di una qualche manifestazione di tal morbo nelle Provincie con Noi confinanti, o in qualche parte eziandio dei nostri Dominii, ogni cosa trovisi apprestata per preservare gli amatissimi nostri Sudditi dal rischio di maggior avvicinamento, o di ulterior propagazione del contagio; abbiamo intanto considerato, che rendesi specialmente necessario di stabilire insin d'ora quelle punizioni che deggiono corrispondere alla violazione delle Leggi e cautele sanitarie, acciocchè mentre l'universalità de' nostri sudditi riposa tranquilla sulla efficacia degli espedienti, che vanno adoperandosi per questo rilevantissimo servizio, il timore della pena concorra anche a tener in freno quei pochi che, o spinti dall'avidità del guadagno, o non considerando l'importanza somma di quelle cautele, e le terribili conseguenze della violazione delle regole, stimate anche le meno importanti, potrebbero, con la disobbedienza loro alle Leggi ed ai Regolamenti, compromettere gravemente la pubblica sanità. Quindi è, che in vigore del presente, di certa nostra scienza, ed autorità Regia, avuto il parere del nostro Consiglio, abbiamo ordinato ed ordiniamo quanto segue:

1° La violazione delle Leggi e dei Regolamenti sanitari è punita colla pena capitale, se per mezzo di essa si è operata una comunicazione con paesi, le cui provenienze sono sottomesse alla regola della *patente brutta*, o colle stesse provenienze, o coi luoghi, o persone, o cose poste sotto la medesima regola.

2° La pena sarà della galera da due a dieci anni, e di una multa di lire dugento a lire ventimila, ad arbitrio dei Magistrati, sempre quando la comunicazione operata come sopra, si riferisca ai luoghi, provenienze, persone, o cose poste sotto il regolamento di *patente sospetta*.

5° La pena sarà della prigionia da uno a cinque anni, allorchè la comunicazione avvenga con luoghi, persone, provenienze, o cose, che quantunque non comprese nei casi sovra specificati, non fossero ancora ammesse a *libera pratica*.

La multa sarà da lire cento a lire diecimila, da stabilirsi proporzionatamente ai casi dai Magistrati di Sanità.

4° Coloro che si rendessero colpevoli di comunicazione con persone, o cose assoggettate a qualche *quarantena*, saranno puniti colle medesime pene di cui sovra, secondo le rispettive qualità della comunicazione per mezzo loro operata.

5° Qualunque individuo che ricevesse scientemente materie, o persone in contravvenzione alle Leggi sanitarie, sarà punito con le stesse pene incorse dal portatore, o dal delinquente colto in sul fatto.

6° Nel caso che la violazione delle regole di *patente brutta,* di cui all'art. 1°, non avesse occasionato l'invasione o propagazione del morbo, potrà la pena essere ridotta a quella stabilita dall'art. 2°.

7° Benchè non sia seguita l'invasione o propagazione del morbo per la violazione delle Leggi sanitarie, pure sempre quando tale violazione sia stata accompagnata da ribellione, o commessa con armi apparenti od ascose, o con frattura, o scalata dei luoghi destinati al servizio sanitario, la pena sarà della morte nel caso dell'art. 1°; della galera da due a venti anni nel caso dell'art. 2°, e della catena da due a cinque anni nei casi dell'art. 3°, e ciò senza pregiudizio delle multe di cui sovra, e delle altre pene, nelle quali per le altre qualità del fatto saranno incorsi i rei.

Queste disposizioni avranno pure luogo per i casi contemplati nell'articolo 4°.

8° Qualunque Officiale od Impiegato sanitario, o tale per propria destinazione, o chiamato a prestare il suo officio nel servizio sanitario per ragione di altri pubblici doveri a lui commessi, come anche qualunque Medico o Chirurgo, il quale nel rilasciare un certificato od una dichiarazione, o nel fare una relazione in materia sanitaria, alterasse scientemente, o dissimulasse i fatti in modo da compromettere la pubblica salute, sarà punito colla pena capitale, se ne seguì l'invasione, o la propagazione del contagio.

Essi saranno puniti colla galera da due a dieci anni, e con una multa da lire dugento a lire ventimila, ad arbitrio dei Magistrati, anche quando non ne sia avvenuta disgrazia, se però il fatto alterato o dissimulato era di natura tale, che, distogliendosi dall'eseguimento delle precauzioni sanitarie, potesse far luogo all'invasione, o propagazione del contagio.

Saranno puniti con una multa di lire cento a lire diecimila, o col carcere in sussidio da uno a cinque anni, se hanno esposta la pubblica sanità, trascurando senza legittima scusa d'informare le Autorità competenti dei fatti ad essi noti, che potranno essere cagione di pericolo sanitario; ovvero, se senza essere complici delle violazioni di cui sovra, hanno scientemente, e per loro colpa lasciato violare, o violato eglino stessi le disposizioni di Regolamento, mercè cui si sarebbe potuto prevenire quel pericolo.

9° Le Guardie di sanità sono punite con le pene medesime incorse dai delinquenti, se non oppongonsi alle violazioni con tutti i mezzi che sono in loro potere; se non le denunziano senza indugio; se avendo notizia delle trame ordite per commettere violazioni non ne danno pronto avviso alle Autorità superiori; o se durante il tempo in cui sono state commesse le dette violazioni, hanno abbandonato il loro posto, o la loro consegna.

10° Sono punite con pena minore esse Guardie, quando la violazione ha avuto luogo per semplice loro negligenza.

Sono esenti da castigo allorquando, prima che le Autorità superiori ne siano informate altrimenti, denunziano la violazione occasionata dalla loro negligenza.

11° Le Guardie che per tre volte hanno per la loro negligenza dato occasione ad infrangere i regolamenti sanitari, sono destituite, e non possono essere di nuovo ammesse al servizio sanitario.

12° Sono punite col carcere sino ad un anno, e con una multa sino alla somma corrispondente ad un mese di salario, ovvero colla destituzione, le Guardie che saranno colpevoli delle contravvenzioni che seguono:

1° Se non fanno eseguire la consegna ricevuta.

2° Se si discostano dal loro posto prima di essere stato dato loro lo scambio.

3° Se perdono di vista i *quarantenarii* che sono incaricati di sorvegliare, e di condurre ai parlatoi, nei lazzaretti, o case di *contumacia*.

4° Se trascurano di fare scrupolosamente eseguire tutto ciò, che trovasi prescritto nei regolamenti per gli *sciorini*, suffumigi, o *purgazioni* delle merci.

5° Se non dichiarano le armi che qualcuno dei *quarantenarii* avesse ritenuto dopo la sua entrata in lazzaretto.

6° Se concorrano a spargere qualche allarme, divulgando le commissioni loro date, o rivelando lo stato sanitario del luogo, o delle persone da loro sorvegliate.

7° Se vendono vino, liquori, commestibili, ed altri oggetti alle persone collocate sotto la loro vigilanza.

8° Se disobbediscono ai loro Capi di qualunque grado; se occultano, essendo di servizio, le leggiere violazioni o negligenze; se sono turbolente, rissose, o dedite all'ubbriachezza.

13° Le Guardie che dichiarassero essere state condotte al lazzaretto le merci tutte, quando una parte di esse non vi fosse stata introdotta; o essersi fatti intieramente i suffumigi in qualche parte ommessi; o che dichiarassero falsamente il tempo impiegato negli *sciorini;* o che, essendo incaricate di far comparire innanzi al Medico alcune persone, non impedissero la surrogazione di un'altra; o facessero altre simili dichiarazioni inesatte, o false; saranno punite colla prigionia d'un anno almeno, se mancheranno per ignoranza, od inavvertenza: qualora poi le loro false dichiarazioni fossero volontarie o maliziose, saranno considerate come complici, e incorreranno nelle maggiori corrispondenti pene.

14° Le Guardie sanitarie, le quali ricevessero o pretendessero dai *quarantenarii,* da' proprietari o altrimenti incaricati delle mercanzie, qualche retribuzione o regalo sotto qualunque denominazione, sono punite con la prigionia da uno a cinque anni.

15° I facchini impiegati nei lazzaretti per lo *sciorino* delle merci, sono sottoposti alla medesima polizia delle Guardie di sanità, ed in caso di contravvenzione alle regole, assoggettati alle medesime pene.

16° Sarà punito di morte qualunque individuo, che facendo parte di un cordone sanitario, o trovandosi di sentinella per sorvegliare una *quarantena*, o per impedire una comunicazione interdetta, abbandonerà il posto, o violerà la consegna.

17° Qualunque Comandante della forza pubblica, il quale, richiesto dall'Autorità competente, ricusasse di far agire per un servizio sanitario la forza posta sotto i suoi ordini, sarà punito con prigionia da uno sino a cinque anni.

18° Sarà punito con egual pena, e con una multa da lire cinquanta a lire cinquecento, ogni individuo addetto al servizio sanitario, od incaricato per ragione di altro suo officio dell'eseguimento di qualche parte di esso servizio, il quale, senza legittima scusa, ricuserà o trascurerà di riempiere i suoi obblighi; come anche qualunque individuo, che incaricato dall'Autorità competente della rimessione di spacci, o lettere riguardanti esso servizio non le avesse rimesse, od avesse compromesso la pubblica salute indugiando a farlo.

19° Sarà punita còl carcere fino a tre mesi, e con una multa non maggiore di lire dugento, qualunque altra persona, che non essendo in alcuno dei casi previsti negli articoli precedenti, e venendo in caso di urgenza richiesta pel servizio sanitario, avesse ricusato di obbedire alle fattegli ingiunzioni; e così pure chiunque, informato di un qualche sintomo di contagio, avesse trascurato d'informarne l'Autorità del luogo.

Se il colpevole fosse Medico, o Chirurgo, la pena sarà del doppio, e sarà anche castigato con una interdizione dall'esercizio della sua facoltà da uno a cinque anni.

20° La prigionia sino a quindici giorni, e una multa proporzionata sarà pronunciata contro di coloro, che, senza aver commesso alcuno dei delitti sovra specificati, avranno contravvenuto in materia sanitaria ai Regolamenti generali o locali, o agli ordini delle Autorità competenti.

21° Le violazioni alle Leggi sanitarie saranno esenti da qualunque pena, qualora non fossero commesse che per forza maggiore, o per portar soccorso in caso di grave pericolo, purchè siane stata immediatamente fatta la dichiarazione all'Autorità competente.

22° Potrà anche essere esimito da ogni inquisizione, o liberato dalla pena colui, che, avendo dapprima alterato la verità, o trascurato di dirla nei casi preveduti nell'art. 8°, riparerà l'ommissione, o ritratterà il già detto, avanti che siane potuto risultare verun danno per la pubblica sanità, o che siansi conosciuti i medesimi fatti per altra via.

23° I Magistrati di Sanità, e le Giunte Divisionarie erette nei nostri Stati, sono investiti di tutta la giurisdizione necessaria per l'applicazione di queste pene.

24° I delitti specificati negli articoli 16 e 17 saranno, in quanto alla forma del giudicio ed alla competenza di esso, considerati come delitti militari; epperciò si seguiranno in tali casi le norme generali prescritte nel Codice penale militare.

25° Ci riserbiamo, secondo la quantità ed urgenza dei casi, di creare speciali Commissioni incaricate della giurisdizione criminale, e nella forma sommaria per l'applicazione delle pene stabilite col presente.

26° Gl'Ispettori, ed altri Officiali preposti ai lazzaretti, alle case di *contumacia*, alle Dogane, eserciteranno nei casi sovra specificati la polizia giudiziaria. Essi potranno far procedere all'arresto dei contravventori, e punire anche le più lievi colpe col carcere estensibile ad una settimana, dando ragguaglio dell'operato ai Magistrati, e salvo il ricorso agli stessi Magistrati di qualunque persona che si trovasse gravata.

27° Per i delitti contemplati nel presente Editto, si avranno per maggiori quelli, che avranno compiti gli anni venti.

Deroghiamo ad ogni Legge contraria al presente Editto,

e mandiamo ai Senati nostri, ed alla Camera de' Conti di interinare il presente, ed alle copie stampate nella nostra Stamperia Reale prestarsi la stessa fede come all'originale, che tale è nostra mente.

Dato in Torino addì undici del mese di ottobre, l'anno del Signore mille ottocento trent'uno, e del Regno nostro il primo.

(Vedi la *Raccolta degli Atti del Governo di S. M. il Re di Sardegna.* Vol. XXI — Anno 1832 — pag. 353).

COMMISSIONE

PER

L'AGGIUDICAZIONE DEL PREMIO STRADA

Il sottoscritto avendo diligentemente confrontato il presente *Manuale*, a stampa, coll'originale manoscritto stato premiato, ed esistente negli Archivi della Direzione Generale della Sanità Marittima, lo dichiara pienamente a quello conforme in ogni sua parte.

Ed in fede

Genova, li 28 Gennaio 1856

Il Vice Direttore della Sanità
Segretario della Commissione
G. QUESTA

Firmati all'originale

D.r A. Bo *Pres. della Commissione pel premio Strada*
D.r PASQUALI ANDREA *Membro della Commis.e suddetta.*
D.r ANSALDO MATTEO   *Id.*   *Id.*
D.r RAPETTI GIUSEPPE   *Id.*   *Id.*
D.r FRESCHI FRANCESCO *Relatore della predetta Commiss.*

QUADRO SINOTTICO

o INDICE ALFABETICO delle principali materie trattate in questo MANUALE,

ad oggetto di agevolarne l'uso alla gente di mare.

A

dal carico alterata § 72. In quali circostanze bisogni distruggere il carico avariato § 805, 836. Quando occorra raddoppiare di vigilanza sul carico § 798. Carichi più o meno suscettibili d'infettarsi di principii deleteri e trasmissibili § 62, 63, 64, 65, 66. Leggi sanitarie che governano la igiene del carico § 813. Cautele da usarsi nel caricare nei climi molto caldi § 272.

E

G

H

I

N

O

P

S

ratteri distintivi del buono § 140 — quali del guasto § 141 — in qual modo si possa conservare a bordo § 186.

T

Lightning Source UK Ltd.
Milton Keynes UK
UKHW051231280322
400719UK00006B/499

9 781273 542756